应用型本科会计人才培养系列教材
YINGYONGXING BENKE KUAIJI RENCAI PEIYANG XILIE JIAOCAI

新编中级财务会计学习指导

XINBIAN ZHONGJI CAIWU KUAIJI XUEXI ZHIDAO

主　编○徐　蓉
副主编○朱小云

西南财经大学出版社
Southwestern University of Finance & Economics Press
中国·成都

应用型本科会计人才培养系列教材
YINGYONGXING BENKE KUAIJI RENCAI PEIYANG XILIE JIAOCAI

编委会

总 序

会计学院是广州华商学院最早成立的院系之一，现开设会计学、财务管理、审计学和税收学四个专业。其中，会计学专业设会计师、注册会计师、管理会计师、金融会计、会计智能化和国际注册会计师（ACCA）六个专业方向；财务管理专业设公司理财和财务分析师（CFA）两个专业方向；审计学专业设审计师和信息技术（IT）审计两个专业方向；税收学专业设注册税务师专业方向。经过多年的探索，会计学院逐步形成以下办学特色：一是以ACCA和CFA为代表的国际化教学特色，二是以管理会计师（GAMA）卓越班为代表的协同育人特色，三是以线上线下混合教学实验区为代表的建构教学特色，四是将会计与投融资融为一体的多学科融合特色，五是以华商云会计产业学院为代表的产教融合特色。目前，会计学专业为国家一流专业建设点，财务管理专业为省级一流专业建设点，会计学科为广东省会计类特色重点学科。

在长期的教学实践中，广州华商学院一直秉承优质的教学理念，优选国内同类教材中最受欢迎的教材作为各专业课程的指定教材。教材选定的一般原则是：若有多种同类教材，首选教育部规划教材；若有多种教育部规划教材，首选其中的获奖教材；若没有教育部规划教材，优先选择国内知名高校的教材。这种教材筛选方式保证了会计学科各专业教学的高质量，但也不可避免地带来了一些问题。首先，所选教材难以满足应用型高校会计人才培养的需要。财政部出台的《会计行业中长期人才发展规划（2010—2020年）》明确指出，适应经济社会发展对高素质应用型会计人才需求，加大应用型高层次会计人才培养力度。华商学院作为一所民办应用型高校，不论是从办学分工，还是从社会需求角度考虑，都必须以培养应用型人才为主要目标，但现有的教育部规划教材或名校教材大多偏重理论教学，鲜有明确为培养应用型人才而打造的教材。其次，各专业教材之间的衔接度不高。现有教材大多是各专业教师根据各学科教学要求选择的高规格知名高校教材，导致所选各学科教材之间的衔接度不高，有的内容重复讲授，有的内容则被遗漏，教学内容缺乏系统安排。最后，所选教材知识陈旧，跟不上相关会计准则与制度的变化。近年来，我国会计准则及税法、审计等相关法规制度均发生了较大变化，如新的《企业会计准则》的持续发布和重新修订、《管理会计基本指引》和《管理会计应用指引》的发布与实施，以及增值税法规和《中华人民共和国企业所得税法》的相继修订，导致现有教材内容跟不上制度的变化，学生无法系统地学习最新专业知识。在这一背景下，及时编写一套实践性和系统性强、体系完整、内容新颖、适用于应用型高校会计人才培养的会计系列教材就显得极为必要。

本系列教材的特点主要表现在以下几方面：第一，实践性强。本系列教材知识体系的构建、教学内容的选择以应用型人才培养为主要目标。第二，系统性强。各教材之间互有分工、各有重点、密切配合，共同构建了一个结构合理、内容完整的知识体系。第三，通用性强。本系列教材力求同时满足会计学、财务管理、审计学和税收学四个专业，多个专业方向同类课程的教学和学习要求，既方便了教师的教学安排，又增加了学生跨专业选课的便利性。第四，新颖性强。本系列教材根据最新发布的会计准则、税收法规，以及相关规章制度编写，以确保学生所学专业知识的新颖性。第五，可读性强。本系列教材力求做到通俗易懂、便于理解和使用，以方便学生自主学习、自主探索。

本系列教材包括会计学、财务管理、审计学和税收学四个专业的专业基础课、专业必修课和专业选修课教材。首批教材包括《初级财务会计》《中级财务会计》《高级财务会计》《成本会计》《管理会计》《财务管理》《审计学》《会计学》。第二批教材包括《财务共享服务》《会计信息系统》《企业行为模拟》《资本市场运作》《高级财务管理》。第三批教材包括《会计职业道德》《金融会计》《税法》《税收筹划》等。

本系列教材由广州华商学院的教授或教学经验丰富的教师担任主编，并由广州华商学院特聘教授或特聘讲席教授负责审稿，从而为所编教材的质量提供了保证。鉴于本系列教材涉及面较广，相关会计准则、制度处于不断的变动之中，加之编者学识有限，难免存在不当之处，真诚希望各位读者批评指正。

2021年6月

重印前言

党的二十大报告明确提出“加强教材建设和管理”。教材是育人育才的重要依托，教材建设是铸魂工程。教材是学校教育教学的基本依据，是解决“培养什么人、怎样培养人、为谁培养人”这一根本问题的重要载体，是贯彻党的教育方针、实现教育目标不可替代的重要抓手。

为使读者深入理解和掌握财务会计的知识，并能将其熟练地应用于会计实务中，我们特意编写了《新编中级财务会计学习指导》。本书是经济管理类主干课程中级财务会计的配套学习参考书，是《中级财务会计》教材的重要补充。我们借鉴国内同类教材的经验，在《新编中级财务会计学习指导》中精心编写了大量典型的练习题，旨在帮助学生巩固教材中所学的知识。本书既可以作为学生课后练习使用，也可以作为学生应对各类考试的复习参考书。

本书参照新修订的企业会计准则、新的增值税税率编写，书中还使用了大量的实务资料，并按章设计了学习指导、练习题、练习题参考答案。其中，学习指导包括本章结构、学习目的和要求、本章重点难点三个部分。本章结构是《中级财务会计》各章的知识体系；学习目的和要求帮助学生了解《中级财务会计》各章学习的目标；本章重点难点是《中级财务会计》各章内容的提炼。练习题的设计突出理论联系实际，涵盖的内容比较丰富，体现出综合性和超前性，学生通过练习能更多地接触会计实务，提高分析问题和解决问题的能力。练习题参考答案对练习题进行详细解析，有利于学生检查学习成果、拓展思路，提高学生理论联系实际的能力。

本书在编写过程中，得到了西南财经大学出版社的大力支持和热心帮助，同时广州华商学院会计学院的领导与教师也给本书提出了宝贵的建议，在此一并表示衷心的感谢。

本书由徐蓉任主编，朱小云任副主编，全书共分 17 章。具体编写分工为：第 1~9 章由朱小云编写，第 10~17 章由徐蓉编写。

本书凝结了我们的智力成果，由于时间和能力所限，不足在所难免，欢迎广大读者和同行批评指正。

编　者

2023 年 8 月

目 录

第一章
财务会计概念框架

第一节　学习指导

一、本章结构

本章结构如图 1-1 所示。

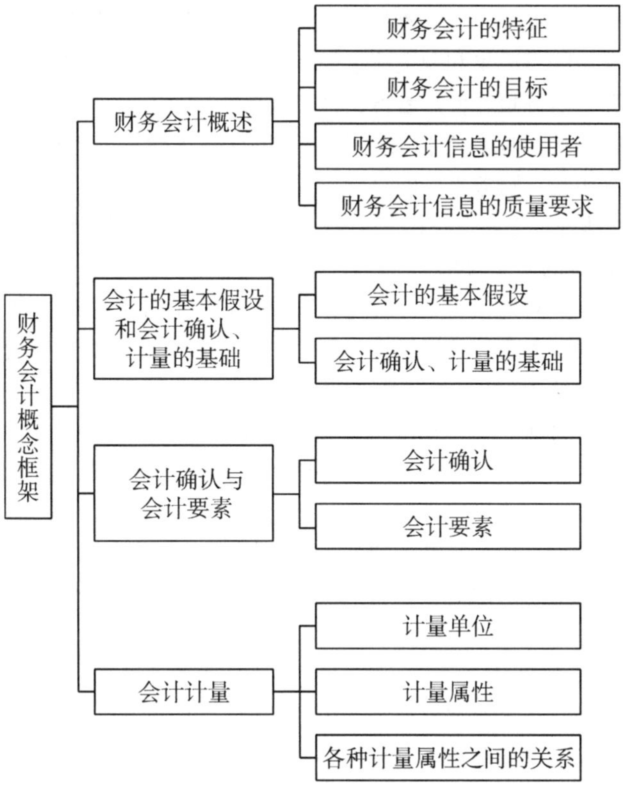

图 1-1　本章结构

二、学习目的和要求

了解：财务会计的定义及目标、会计信息的主要使用者。
理解：财务会计的基本假设，会计的确认基础、计量属性以及各属性间的关系。
掌握：会计信息的质量要求、会计确认与会计要素。

三、本章重点难点

1. 财务会计的含义及特征

财务会计是对外报告会计，它以会计规范为指导，运用一系列专门的技术与方法，对企业资金运动进行全面反映、监督与控制，以便向信息使用者提供企业相关财务会计信息。这种会计信息最终表现为通用的财务会计报告。与管理会计相比，财务会计具有如下特征：以计量和传送信息为主要目标；以会计报告为工作核心；以传统会计模式作为数据处理和信息加工的基本方法；以公认会计原则和行业会计制度为指导；对数据的正确性要求比较严格，各项数据之间存在勾稽关系。

2. 财务会计的目标

财务会计的目标定位有两种不同的观念，即受托责任观和决策有用观。受托责任观认为，财务报告的目标应当反映企业管理层受托责任的履行情况，以帮助外部投资者和债权人等评价企业的经营管理责任和资源使用的有效性。决策有用观认为，企业财务会计的目标是向会计信息的使用者提供与其做出经济决策相关的信息。

我国《企业会计准则——基本准则》规定，财务报告的目标是向财务报告使用者提供与企业财务状况、经营成果和现金流量等有关的会计信息，反映企业管理层受托责任的履行情况，有助于财务报告使用者做出经济决策。

我国的财务报告的目标要求相关财务会计信息满足投资者等信息使用者决策的需要，体现了决策有用观；财务报告的目标还要求相关财务会计信息反映企业管理层受托责任的履行情况，体现了受托责任观，可见财务报告的决策有用观与受托责任观是统一的。

3. 财务会计信息的质量要求

财务会计的目标是对外报告会计信息，其质量如何直接影响信息使用者进行各类决策。为了更好地实现财务会计的目标，会计人员必须提高会计信息质量，并掌握高质量会计信息应具备的特征。

我国《企业会计准则——基本准则》规定了财务会计信息的质量要求的基本规范，其内容包括可靠性、相关性、可理解性、可比性、实质重于形式、重要性、谨慎性和及时性。其中，可靠性、相关性、可理解性和可比性是财务会计信息的主要质量要求，是企业财务报告提供的会计信息应具备的基本质量特征；实质重于形式、重要性、谨慎性和及时性是财务会计信息的次要质量要求，是对可靠性、相关性、可理解性和可比性主要质量要求的补充和完善。

4. 财务会计要素的确认

财务会计要素的确认主要解决两个方面的问题：一是何时、以何种金额、通过何种账户记录；二是何时、以何种金额并通过何种要素列入财务报告。

我国企业会计准则规定了财务会计要素确认的基本条件，如资产的确认要同时具备以下两个条件：与该资产有关的经济利益很可能流入企业；该资产的成本或价值能够可靠地计量。负债的确认也要同时满足以下两个条件：与该义务有关的经济利益很可能流出企业；未来流出的经济利益的金额能够可靠地计量。至于所有者权益的确认，主要取决于资产、负债、收入、费用等要素的确认。

收入的确认视不同收入来源的特征而有所不同。费用的确认应当满足以下严格的条件：一是与费用相关的经济利益应当很可能流出企业；二是经济利益流出企业会导致资产的减少或负债的增加；三是经济利益的流出额能够可靠地计量。利润的确认主要依赖于对收入和费用及利得和损失的确认，其金额的确定主要取决于收入、费用、利得、损失金额的确定。

5. 财务会计要素的计量

财务会计要素的计量是指将符合确认条件的财务会计要素列报于财务报告中并确定其货币金额的过程。这一计量过程由计量单位和计量属性两个要素构成。从会计角度讲，计量属性反映的是财务会计要素金额的确定基础，按我国企业会计准则的规定，主要包括历史成本、重置成本、可变现净值、现值和公允价值等。

第二节　练习题

一、单项选择题

1. 财务会计信息必须是客观的和可验证的信息质量要求是（　　）。

A. 可理解性　B. 相关性　C. 可靠性　D. 可比性

2. 明确财务会计工作为之服务的特定单位，规定财务会计核算范围的财务会计基本假设是（　　）。

A. 会计主体　B. 持续经营　C. 会计分期　D. 货币计量

3. 我国企业进行财务会计确认、计量和报告的基础是（　　）。

A. 收付实现制　B. 集中核算制　C. 分散核算制　D. 权责发生制

4. 下列各项中不属于财务会计计量属性的是（　　）。

A. 重置成本　B. 历史成本　C. 未来成本　D. 可变现净值

5. 要求信息在对用户失效之前就提供给用户的会计信息质量要求是（　　）。

A. 可比性　B. 明晰性　C. 及时性　D. 重要性

6. 反映企业经营成果的财务会计要素是（　　）。

A. 资产　B. 费用　C. 所有者权益　D. 负债

7. 财务会计主要以（　　）作为信息传递的手段。

A. 原始凭证和记账凭证　B. 序时账簿和分类账簿

C. 会计报表为核心的财务报告　D. 证、账、表为核心的通知公告

8. 会计信息更多地强调相关性，会计计量在坚持历史成本之外，也会较多地采用除历史成本之外的计量属性。该财务报告目标是定位于（　　）。

A. 受托责任观　B. 资产负债观　C. 决策有用观　D. 收入费用观

9. 关于货币计量假设，下列说法中不正确的是（　　）。

A. 货币计量假设并不表示货币是会计核算中唯一的计量单位

B. 假定货币的币值是基本稳定的

C. 存在多种货币的情况下，我国境内企业都要求以人民币作为记账本位币

D. 货币计量假设为历史成本计量奠定了基础

10. 确定会计核算空间范围的基本前提是（　　）。

A. 持续经营　B. 会计主体　C. 货币计量　D. 会计分期

11. 企业将劳动资料划分为固定资产和低值易耗品，是基于（　　）会计核算质量要求。

A. 重要性　B. 可比性　C. 谨慎性　D. 可理解性

12. 企业将融资租入固定资产按自有固定资产的折旧方法计提折旧，遵循的是（　　）要求。

A. 谨慎性　B. 实质重于形式　C. 可比性　D. 重要性

13. 甲企业2020年5月购入了一批原材料，会计人员在7月才入账，该事项违背的会计信息质量要求是（　　）要求。

A. 相关性　B. 客观性　C. 及时性　D. 明晰性

14. 依据企业会计准则的规定，下列有关收入和利得的表述中正确的是（　　）。

A. 收入源于日常活动，利得也可能源于日常活动

B. 收入会影响利润，利得也一定会影响利润

C. 收入源于日常活动，利得源于非日常活动

D. 收入会导致所有者权益的增加，利得不一定会导致所有者权益的增加

15. 关于损失，下列说法中正确的是（　　）。

A. 损失是指由企业日常活动发生的，会导致所有者权益减少的经济利益的流出

B. 损失只能计入所有者权益项目，不能计入当期损益

C. 损失是指由企业非日常活动发生的、会导致所有者权益减少的、与向所有者分配利润无关的经济利益的流出

D. 损失只能计入当期损益，不能计入所有者权益项目

16. 以下计量属性不能用于负债计量的是（　　）。

A. 历史成本　B. 可变现净值　C. 现值　D. 公允价值

17. 下列各项业务中，通常应采用“可变现净值”作为计量属性的是（　　）。

A. 对固定资产计提固定资产减值准备　B. 对存货计提存货跌价准备

C. 对应收账款计提坏账准备　D. 对无形资产计提无形资产减值准备

二、多项选择题

1. 财务会计信息是否具有相关性应考虑的因素有（　　）。

A. 预测价值　B. 反馈价值　C. 可核性　D. 真实性

2. 属于财务会计基本假设的项目有（　　）。

A. 会计主体　B. 持续经营　C. 会计分期　D. 货币计量

3. 反映企业某一时点财务状况的会计要素有（　　）。

A. 收入　B. 负债　C. 所有者权益　D. 资产

4. 财务会计计量属性包括的项目有（　　）。

A. 历史成本　B. 重置成本　C. 可变现净值　D. 公允价值

5. 下列属于流动资产的项目有（　　）。

A. 应收账款　B. 存货　C. 固定资产　D. 投资性房地产

6. 下列各项中属于我国财务报告主要目标的有（　　）。

A. 向财务报告使用者提供决策有用的信息

B. 反映企业管理层受托责任的履行情况

C. 与同行业信息做比较

D. 客观地反映企业的财务和经营状况

7. 下列属于财务报告使用者的有（　　）。

A. 潜在投资者　B. 政府　C. 贷款人　D. 供应商

8. 下列组织中可以作为一个会计主体进行核算的有（　　）。

A. 合伙企业　B. 子公司　C. 企业集团　D. 企业生产车间

9. 某企业 2020 年 5 月销售商品一批，增值税发票已经开出，商品已经发出，并办妥托收手续，但此时得知对方企业在一次交易中发生重大损失，财务发生困难，短期内不能支付货款，为此该企业本月未确认收入。这是根据（　　）会计核算质量要求。

A. 实质重于形式　B. 重要性　C. 谨慎性　D. 相关性

10. 反映企业经营成果的会计要素包括（　　）。

A. 收入　B. 费用　C. 资产　D. 利润

三、判断题

1. 财务会计的目标就是财务会计的目的，也是财务报告的目标。（　　）

2. 某一财产物资的所有权属于某企业，则该财产物资必定要确认为该企业的资产。（　　）

3. 企业预期的经济业务所要发生的债务应当作为负债处理。（　　）

4. 法律主体必定是会计主体，会计主体也必定是法律主体。（　　）

5. 将融资租入固定资产视作承租方的资产遵循了实质重于形式的信息质量要求。（　　）

6. 管理会计与财务会计相同，都要在统一的会计制度的约束下，为会计信息的使用者提供信息。（　　）

7. 法律主体往往是会计主体，会计主体不一定是法律主体。（　　）

8. 由于持续经营假设，产生了权责发生制和收付实现制的区别。（　　）

9. 货币计量假设隐含了币值稳定假设。（　　）

10. 我国企业会计准则规定，所有单位都应以权责发生制为基础进行会计核算。（　　）

11. 无论何种情况下，企业都应按照持续经营的基本假设选择会计核算的原则和方法。（　　）

12. 判断一项会计事项是否具有重要性，主要取决于会计制度的规定，而不是取决于会计人员的职业判断。因此，同一事项在某一企业具有重要性，在另一企业则也具有重要性。（　　）

13. 按照谨慎性原则的要求，企业可以合理估计可能发生的损失和费用，因此企业可以任意提取各种准备。（　　）

14. 会计人员人为估计固定资产的折旧年限，违反了会计的可靠性信息质量要求。（　　）

15. 负债增加则资产一定增加。（　　）

16. 利得和损失一定会影响当期损益。（　　）

17. 谨慎性要求企业尽可能低估资产、少计收入。（　　）

18. 满足会计信息可比性的要求，就要求企业不能变更会计政策。（　）

19. 经营性租入的资产，因为其在本企业使用，所以属于本企业资产。（　）

20. 企业在对会计要素进行计量时，既可以采用历史成本计量属性，也可以采用其他计量属性。（　）

第三节　练习题参考答案

一、单项选择题参考答案

1. C。财务会计信息如果是客观的和可验证的，那就意味着企业以实际发生的交易或事项为依据进行确认、计量和报告，满足了可靠性的信息质量要求。

2. A。会计主体是指财务会计为之服务的特定单位，是会计工作特定的空间范围，即企业财务会计确认、计量和报告的空间范围。

3. D。现行企业会计准则规定，财务会计的确认、计量和报告应当以权责发生制为基础。目前，我国的行政单位会计采用收付实现制，事业单位会计除经营业务可以采用权责发生制外，其他大部分业务采用收付实现制。

4. C。按我国企业会计准则的规定，会计计量属性包括历史成本、重置成本、可变现净值、现值和公允价值，未来成本不属于财务会计计量属性。

5. C。及时性要求企业对于已经发生的交易或事项应当及时进行确认、计量和报告，不得提前或延后。质量再好的财务会计信息如果不及时提供，就失去了时效性。信息在对用户失效之前就提供给用户，表明会计信息质量要求是及时性。

6. B。资产、负债和所有者权益都是反映企业财务状况的会计要素，费用是反映企业经营成果的财务会计要素之一。

7. C。财务会计的目标是提供财务报告，凭证和账簿等都是财务报告的信息来源。

8. C。相关性也就是有用性，强调提供的会计信息对决策者做出决策有用，也就是符合会计目标中的决策有用观。

9. C。存在多种货币的情况下，我国境内企业在记账时可以选择其中一种常用的货币作为记账本位币，但是在出具财务报告时，必须换算为人民币。

10. B。会计主体规范了会计核算的空间范围，明确为谁做账。

11. A。重要性原则是根据该项目的性质和金额大小两方面来做职业判断。我们常常把金额较大且使用时间较长的归为企业的固定资产，而对于金额较小或使用时间较短的劳动资料，可以实行一次转销，归类为低值易耗品。

12. B。融资租赁租入的固定资产，从法律形式看所有权属于租赁公司，从经济实质看企业具有控制权，会计处理将其作为自有固定资产处理，遵循了实质重于形式的要求。

13. C。及时性要求企业不得提早也不得延后反映会计信息，应及时处理会计信息。

14. C。收入源于日常经营活动，会导致所有者权益增加；利得源于非日常活动，会导致所有者权益增加。

15. C。根据所有者权益的特征可知，损失是指由企业非日常活动发生的、会导致所有者权益减少的、与向所有者分配利润无关的经济利益的流出，损失也属于损益类科目，影响当期损益。

16. B。可变现净值是核算存货期末价值的一个计量属性，不用于负债的计量。

17. B。可变现净值是专门用于衡量期末存货是否减值的一个计量属性。

二、多项选择题参考答案

1. AB。财务会计信息具有的可核性、中立性和真实性是可靠性应考虑的因素；预测价值和反馈价值是相关性（也称有用性）应考虑的因素。

2. ABCD。财务会计的基本假设包括会计主体、持续经营、会计分期和货币计量。历史成本是计量属性之一。

3. BCD。反映企业某一时点财务状况的会计要素有资产、负债和所有者权益。

4. ABCD。根据我国企业会计准则的规定，财务会计计量属性包括历史成本、重置成本、可变现净值、现值和公允价值。

5. AB。固定资产、无形资产和投资性房地产属于非流动资产。

6. AB。我国财务会计的目标体现为受托责任观和决策有用观。

7. ABCD。财务报告使用者范围广。

8. ABCD。能够进行独立核算的企业或部门都可以作为会计主体。

9. AC。实质重于形式是指当法律形式和经济实质相冲突时，企业应当以经济实质为主确认会计核算。对方财务困难，经济利益很可能难以收回，不符合确认收入的条件，虽然法律形式上商品已经交易了，但实质上不能确认为收入。这体现了实质重于形式，同时也反映了企业不高估收益的谨慎性。

10. ABD。收入、费用、利润反映企业的经营成果。资产、负债、所有者权益反映企业的财务状况。

三、判断题参考答案

1. √。财务会计的目标是指财务会计达到的最终目的和要求。财务会计的目标也称财务报告的目标或财务会计的目的。

2. ×。按照我国企业会计准则的规定，资产的确认要同时具备以下两个条件：与该资产有关的经济利益很可能流入企业；该资产的成本或价值能够可靠地计量。也就是说，某财产物资的所有权是确认为企业资产的前提而不是必要条件。

3. ×。为了达到财务会计信息可靠的质量要求，企业不得根据虚构的、没有发生的、尚未发生的交易或事项进行确认、计量和报告。企业预期的经济业务所要发生的债务不能作为负债处理。

4. ×。会计主体不同于法律主体。一般而言，法律主体必然是一个会计主体，但会计主体不一定是法律主体。

5. √。企业融资租入固定资产，在租赁期内并未付清款项，从法律形式上看，设备的所有权并没有完全转移给租入方。但从经济实质上看，租入方已经控制并实际使用该项固定资产，该资产给企业带来了相应的经济利益，符合资产要素的本质特征，企业可以将其确认为资产。将融资租入固定资产视作承租方的资产遵循了实质重于形式的会计信息质量要求。

6. ×。管理会计不受统一的会计制度约束，方法比较灵活。

7. √。会计主体的范畴包含了法律主体。

8. ×。会计分期假设产生了权责发生制。

9. √。货币计量假设的前提条件是货币不存在严重的通货膨胀，币值较为稳定。

10. ×。我国行政事业单位目前仍采用收付实现制为基础进行会计核算。

11. ×。当企业进入破产清算环节时，采用破产清算会计进行核算，持续经营假设失效。

12. ×。某些财务会计信息对一个企业而言具有重要性，但对另一个企业未必具有重要性。这需要看事件的重要性和实质性以及金额大小。

13. ×。谨慎性原则要求企业不能高估资产和收益，不能低估负债和费用，不能随意提取各种准备，应如实提取。

14. ×。固定资产年限错误属于会计估计变更，企业应当披露重要的会计估计。

15. ×。负债增加也可能会令所有者权益减少，或者是令另一项负债减少。

16. ×。利得和损失都包括两项：直接计入当期损益的利得和损失、直接计入所有者权益的利得和损失。只有计入当期损益的利得和损失才会影响损益，计入所有者权益的利得和损失不影响损益。

17. ×。谨慎性要求企业不能高估资产和收益，但是也要遵循可靠性原则。

18. ×。为了满足可比性要求，企业一般不能随意变更会计政策，但如果变更会计政策会令会计信息更客观可靠，那么可以变更会计政策。

19. ×。经营性租入的资产，其所有权和控制权都不属于企业，不属于企业的资产。

20. ×。企业对会计要素进行计量时，应按要素属性选择计量属性。

第二章
货币资金

第一节　学习指导

一、本章结构

本章结构如图 2-1 所示。

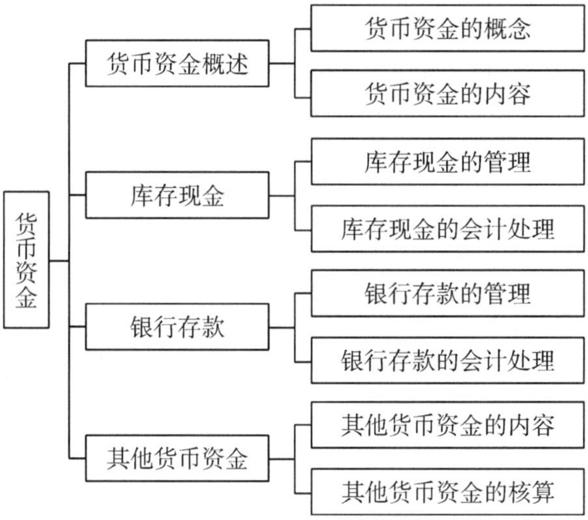

图 2-1　**本章结构**

二、学习目的和要求

了解：其他货币资金的对接流程。

理解：货币资金的特点与组成。

掌握：货币资金管理及内控的相关规定、货币资金日常收付的会计处理、其他货币资金的概念和账务处理。

三、本章重点难点

1. 现金

（1）现金管理制度。现金管理制度包括现金使用范围、库存现金限额和现金收支规定。库存现金限额一般按照单位 3~5 天日常零星开支所需确定，交通不便地区可按多于 5 天、但不得超过 15 天的日常零星开支的需要确定。现金收支不得从本单位的现金收入中直接支付，即不得“坐支”现金。

（2）现金的账务处理。企业应当设置“库存现金”科目，企业内部各部门周转使用的备用金，可以单独设置“备用金”科目核算。月度终了，现金日记账的余额应当与现金总账的余额核对，做到账账相符。

（3）现金的清查。如果账款不符，企业发现的有待查明原因的现金短缺或溢余，应先通过“待处理财产损溢”科目核算。企业按管理权限报经批准后，分别按以下情况处理：

①如为现金短缺，属于应由责任人赔偿或保险公司赔偿的部分，计入其他应收款；属于无法查明的其他原因的，计入管理费用。

②如为现金溢余，属于应支付给有关人员或单位的，计入其他应付款；属于无法查明原因的，计入营业外收入。

2. 银行存款

（1）银行存款的账务处理。银行存款是企业存放在银行或其他金融机构的货币资金。为了反映和监督企业银行存款的收入、支出和结存情况，企业应当设置“银行存款”科目，借方登记企业银行存款的增加，贷方登记企业银行存款的减少，期末借方余额反映期末企业实际持有的银行存款的余额。

（2）银行存款的核对。企业应当设置银行存款总账和银行存款日记账，分别进行银行存款的总分类核算和明细分类核算。银行存款日记账应定期与银行对账单核对，至少每月核对一次。企业银行存款账面余额与银行对账单余额之间如有差额，应通过编制银行存款余额调节表调节。

第一：未达账项。银行存款日记账应定期与银行对账单核对，调整未达账项。

①企业已收，银行未收（企业银行存款日记账大于银行对账单余额）。

②企业已付，银行未付（企业银行存款日记账小于银行对账单余额）。

③银行已收，企业未收（企业银行存款日记账小于银行对账单余额）。

④银行已付，企业未付（企业银行存款日记账大于银行对账单余额）。

第二：银行存款余额调节表的编制。

①企业已记，银行未记，调银行存款余额调节表。

②银行已记，企业未记，调企业存款余额调节表。

第三：银行存款余额调节表只用于核对账目，不能作为记账的依据。

3. 其他货币资金

其他货币资金是企业除现金、银行存款以外的其他各种货币资金，主要包括银行汇票存款、银行本票存款、信用卡存款、信用证保证金存款、存出投资款、外埠存款等。

第二节　练习题

一、单项选择题

1. 下列项目中不包括在现金使用范围内的是（　　）。
   A. 支付职工福利费　　B. 结算起点以下的零星支出
   C. 向个人收购农副产品　　D. 支付银行借款利息

2. 实行定额备用金制度的企业报销时通常编制的会计分录是（　　）。

A. 借记“管理费用”科目，贷记“库存现金”科目

B. 借记“其他应收款”科目，贷记“库存现金”科目

C. 借记“管理费用”科目，贷记“其他应收款”科目

D. 借记“库存现金”科目，贷记“其他应收款”科目

3. 在企业开立的多个银行账户中可以办理提取现金以发放工资的账户是（　　）。

A. 基本存款账户　　B. 一般存款账户

C. 临时存款账户　　D. 专用存款账户

4. 下列项目中不属于其他货币资金的是（　　）。

A. 汇到外地并开立采购专户的款项

B. 委托银行开出的银行汇票

C. 存入证券公司准备购买股票的款项

D. 向银行申请的银行承兑汇票

5. 结算起点以下的零星支出的结算起点是（　　）元。

A. 1 200　　B. 600　　C. 1 000　　D. 2 000

6. 企业收到承租方交来现金 500 元，系出租包装物押金，应编制的会计分录是（　　）。

A. 借：库存现金　500
　　贷：主营业务收入　500

B. 借：库存现金　500
　　贷：其他业务收入　500

C. 借：库存现金　500
　　贷：其他应收款　500

D. 借：库存现金　500
　　贷：其他应付款　500

7. 下列项目中企业可以用现金支付的是（　　）。

A. 支付个人劳动报酬　　B. 偿还银行小额借款

C. 支付前欠某单位 1 200 元货款　　D. 退还某单位多付货款 1 500 元

8. 职员李四出差归来，报销差旅费 1 500 元，退回剩余现金 500 元。企业应编制的会计分录是（　　）。

A. 借：库存现金　2 000
　　贷：其他应收款　2 000

B. 借：管理费用　2 000
　　贷：其他应收款　2 000

C. 借：其他应收款　2 000
　　贷：库存现金　500
　　　　管理费用　1 500

D. 借：管理费用　1 500
　　　　库存现金　500
　　贷：其他应收款　2 000

9. 某企业在现金清查中发现库存现金较账面余额多出 200 元。经反复核查，长款原因仍然不明，经批准后应转入（　　）科目。

A. “库存现金”　　B. “营业外收入”

C. “待处理财产损溢”　　D. “其他应付款”

10. 经查明原因，企业转出应由出纳员赔偿的现金短款 200 元，应编制的会计分录是（　　）。

A. 借：其他应收款　200
　　贷：库存现金　200

B. 借：其他应收款　200
　　贷：待处理财产损溢　200

C. 借：应收账款　200
　　贷：待处理财产损溢　200

D. 借：应收账款　200
　　贷：库存现金　200

11. 一个单位只能在一家金融机构开设一个（　　）。

A. 一般存款户　B. 专用存款　C. 临时存款账户　D. 基本存款账户

12. 信用卡存款应在（　　）科目核算。

A. “其他应收款”　B. “银行存款”　C. “其他货币资金”　D. “短期投资”

13. 银行存款日记账由（　　）登记。

A. 会计负责人　B. 会计人员　C. 出纳人员　D. 业务经办人员

14. 支票的提示付款期限为自出票日起（　　）。

A. 3天　B. 5天　C. 10天　D. 15天

15. 银行本票的提示付款期限为自出票日起最长不超过（　　）。

A. 1个月　B. 2个月

C. 3个月　D. 6个月

16. 某企业收到面额为20 000元的转账支票一张，系东方公司归还的前欠货款。企业已将支票和填制的进账单送到银行办理收款手续，此时应当编制的会计分录是（　　）。

A. 借：银行存款　20 000
　贷：应收账款　20 000

B. 借：应付账款　20 000
　贷：银行存款　20 000

C. 借：银行存款　20 000
　贷：应付账款　20 000

D. 借：应收账款　20 000
　贷：银行存款　20 000

17. 存出投资款应在（　　）科目核算。

A. “其他应收款”　B. “银行存款”　C. “其他货币资金”　D. “短期投资”

18. 企业现金清查中经检查仍无法查明原因的现金短款，经批准后应计入（　　）。

A. 财务费用　B. 管理费用　C. 销售费用　D. 营业外支出

19. 下列各项中不通过“其他货币资金”科目核算的是（　　）。

A. 信用证保证金存款　B. 备用金

C. 存出投资款　D. 银行本票存款

20. 对于银行已经收款而企业尚未入账的未达账项，企业应做的处理为（　　）。

A. 以银行对账单为原始记录将该业务入账

B. 根据银行存款余额调节表和银行对账单自制原始凭证入账

C. 在编制银行存款余额调节表的同时入账

D. 待有关结算凭证到达后入账

二、多项选择题

1. 下列业务中可以用现金支付的有（　　）。

A. 向个人收购农副产品　B. 日常零星采购

C. 差旅费支出　D. 缴纳税金

2. 现金溢缺的账务处理会涉及的会计账户有（　　）。

A. “其他应收款”账户　B. “财务费用”账户

C. “营业外收入”账户　D. “待处理财产损溢”账户

3. 企业对于现金的管理按规定必须做到的有（　　）。

A. 出纳员兼管会计档案　B. 日清月结

C. 保持大量库存现金　D. 出纳人员定期轮换

4. 下列经济事项中不符合银行结算纪律要求的有（　　）。

A. 不影响企业自身业务时，可以暂时将账户借给他人使用

B. 考虑到未来的现金收入，可以签发远期支票

C. 不论账户是否有足够的资金，是否付款都由企业决定

D. 可以根据业务核算需要开立多个基本存款账户

5. 银行存款日记账余额与银行转来的对账单余额不符时，产生的原因可能有（　　）。

A. 企业没有收到托收款项的收款通知　B. 企业方面记账有错误

C. 企业收到的转账支票没有送存银行　D. 持票人未到银行办理转账

6. 货币资金包括（　　）。

A. 库存现金　B. 银行存款　C. 股票　D. 信用卡存款

7. 关于现金管理，下列说法正确的有（　　）。

A. 在国家规定的范围内使用现金结算

B. 库存限额一经确定，不得变更

C. 每天下班时必须对现金进行清点

D. 必须每天登记现金日记账

8. 下列各项中通过“其他货币资金”账户核算的有（　　）。

A. 外埠存款　B. 银行汇票存款　C. 备用金　D. 银行本票存款

9.《支付结算办法》中规定的结算纪律为（　　）。

A. 不准签发没有资金保证的票据或远期支票，套取银行信用。

B. 不准签发、取得和转让没有真实交易和债权债务的票据，套取银行和他人资金

C. 不准无理拒绝付款，任意占用他人资金

D. 不属于现金开支范围的业务一律通过银行办理转账结算

10. 下列行为中不符合结算有关规定的有（　　）。

A. 用现金支付出差人员的差旅费

B. 用现金支付向供销社采购的农副产品款

C. 用信用卡结算 10 万元以上的商品交易款项

D. 签发的支票金额超过企业的银行存款余额

11. 商业汇票的签发人可以是（　　）。

A. 购货单位　B. 销货单位

C. 购货单位开户银行　D. 销货单位开户银行

12. 下列票据可以背书转让的有（　　）。

A. 转账支票　B. 银行汇票　C. 银行本票　D. 商业汇票

13. 下列票据中银行见票即付的有（　　）。

A. 未超过一个月的银行汇票　B. 未超过一个月的银行定额本票

C. 未超过两个月的银行不定额本票　D. 到期的商业承兑汇票

14. 企业银行存款日记账与银行对账单不符的主要原因有（　　）。

A. 存在企业已付银行未付的账项　B. 存在企业已收银行未收的账项

C. 存在银行已付企业未付的账项　D. 存在银行已收企业未收的账项

三、判断题

1. 清点库存现金发现短缺时，如有“白条”可以抵库。 （ ）

2. 现金日记账和现金总账都应逐日逐笔地进行登记。 （ ）

3. 企业日常结算和现金收付业务都应通过基本存款账户办理。 （ ）

4. 填写银行结算凭证的有关印鉴应集中由出纳人员保管。 （ ）

5. 企业在银行转来的对账单上发现的未入账业务，可以依据银行存款余额调节表进行记账。 （ ）

6. 银行汇票存款结算后的余额只能从收款单位收取，不能从银行转回。 （ ）

7. 一个企业可以根据需要在银行开立基本存款账户、一般存款账户、临时存款账户和专用存款账户。 （ ）

8. 商业汇票是出票人签发的，委托付款人在指定日期无条件支付确定的金额给收款人或持票人的票据。商业汇票的付款期限由交易双方商定,但最长不得超过 10 个月。 （ ）

9. 月份终了，企业账面结存款与银行对账单结存数之间如有差额，原因可能有两个：一是企业或银行记账有差错，二是存在未达账项。 （ ）

10. 企业内部涉及货币资金管理和控制的业务人员应实行定期轮岗制度。 （ ）

四、业务题

某企业 3 月份业务如下：

（1）3 月 12 日，企业开出现金支票一张，从银行提取现金 3 600 元；企业用现金支付水电费 400 元；张明去北京采购材料，不方便携带现款，故委托当地银行汇款 5 650 元到北京开立采购专户，并从财务预借差旅费 2 000 元，财务以现金支付。

（2）3 月 18 日，张明返回企业，交回采购有关的供应单位发票账单，共支付材料款项 5 650 元。其中，材料价款 5 000 元，增值税 650 元。张明报销差旅费 2 200 元，财务以现金补付余款。

（3）3 月 21 日，企业收到上海公司上月所欠货款 47 000 元的银行转账支票一张。企业将支票和填制的进账单送交开户银行。

（4）3 月 25 日，采购员持银行汇票一张前往深圳采购材料，汇票价款 8 000 元，购买材料时，实际支付材料价款 6 000 元，增值税 780 元。

（5）3 月 26 日，采购员返回企业时，银行已将多余款项退回企业开户银行。

（6）3 月 30 日，企业对现金进行清查，发现现金短缺 600 元，原因正在调查。

（7）3 月 30 日，企业发现短缺的现金是由于出纳小华的工作失误造成的，应由其赔偿，金额为 300 元；另外 300 元无法查清，经批准转作管理费用。

要求：根据上述业务编制会计分录。

第三节　练习题参考答案

一、单项选择题参考答案

1. D。根据国务院发布的《现金管理暂行条例》的规定，开户单位可以在下列范围内使用现金：职工工资、津贴；个人劳动报酬；根据国家规定颁发给个人的科学技术、文化艺术、体育等各种奖金；各种劳保，福利费用以及国家规定的对个人的其他支出；向个人收购农副产品和其他物资的价款；出差人员必须随身携带的差旅费；结算起点以下的零星支出（结算起点为 1 000 元）；中国人民银行确定需要支付现金的其他支出。选项 D 不在其范围内。

2. A。实行定额备用金制度的企业，报销时会计部门应补充报销部门和个人的定额备用金数额，因此选项 A 正确。

3. A。基本存款账户是企业办理日常结算和现金收付业务的账户，企业职工薪酬等现金的支取只能通过该账户办理。

4. D。其他货币资金主要包括外埠存款、银行汇票存款、银行本票存款、存出投资款、信用证保证金存款和信用卡存款等。向银行申请的银行承兑汇票是银行转账结算方式之一，属于商业汇票，不属于其他货币资金的内容。

5. C。按国务院发布的《现金管理暂行条例》的规定，结算起点为 1 000 元。

6. D。押金需要偿还，于企业而言是负债，因此用“其他应付款”科目。

7. A。根据现金管理规定，企业对个人的相关支付可以使用现金，出差人员携带的差旅费可以使用现金，在结算起点以下的支出可以使用现金。其余情况都需经过银行转账。

8. D。员工出差归来报销差旅费，表示之前有预借差旅费，因此归来报销时，站在企业的角度，计入管理费用，同时确认其他应收款的减少。

9. B。无法查明原因的现金溢余，批准后应当计入营业外收入。

10. B。现金短缺，经批准后，企业核销待处理财产损溢，同时确认其他应收款。

11. D。基本存款账户具有唯一性。

12. C。信用卡存款属于“其他货币资金”科目核算范围。

13. C。出纳人员掌管与资金相关的两个日记账的登记。会计人员不得登记与资金相关的日记账。

14. C。根据《中华人民共和国票据法》的规定，支票的提示付款期限为自出票日起 10 日内。

15. B。银行本票的提示付款期限为自出票日起最长不超过 2 个月。

16. A。收到归还的欠款，对于企业而言，银行存款增加，应收账款减少。

17. C。存出投资款属于“其他货币资金”科目核算的内容。

18. B。无法查明原因的现金长款经批准记入“营业外收入”科目，但是无法查明原因的现金短款，一般由于管理因素导致的，记入“管理费用”科目。

19. B。备用金不经“其他货币资金”科目核算。“备用金”本身即为会计科目。

20. D。银行存款余额调节表不作为调账的依据，企业需等有关结算凭证到达后才入账。

二、多项选择题参考答案

1. ABC。选项D缴纳税金不在现金使用范围之内。

2. ACD。企业如发现有待查明原因的现金短缺或溢余，应通过“待处理财产损溢”科目挂账。待查明原因后，如为现金短缺，属于应由责任人赔偿或保险公司赔偿的部分，借记“其他应收款——应收现金短缺款”等科目；属于无法查明原因的现金溢余，经批准后，贷记“营业外收入——盘盈利得”科目。

3. BD。选项A和选项C不符合《现金管理暂行条例》的规定。

4. ABCD。各选项都不符合银行结算纪律的要求。

5. ABCD。企业没有收到托收款项的收款通知、企业收到的转账支票没有送存银行、持票人未到银行办理转账属于未达账项；企业方面记账有错误和银行方面记账有错误属于一方记账有错误。这两方面的原因都会使银行存款日记账余额与银行转来的对账单余额不符。

6. ABD。股票不属于货币资金，属于金融资产。

7. ACD。B选项库存限额一经确定，不得随意变更。

8. ABD。“备用金”不属于“其他货币资金”的范围。

9. ABCD。

10. BCD。向个人农产品生产者购买农副产品允许使用现金，而供销社不属于个人农业生产者，因此选项B不对；信用卡结算金额应当限制在10万元以内，因此选项C不对；不允许签发空头支票，支票金额不能超过银行存款余额，因此选项D不对。

11. AB。商业汇票的签发人可以是收款人，也可以是付款人，但不会是开户银行。

12. ABCD。

13. ABC。银行汇票、银行本票都属于见票即付，商业汇票属于远期票据，到期才能提示付款。

14. ABCD。存在未达账项和记账错误都会导致企业日记账与银行对账单不一致。

三、判断题参考答案

1. ×。按现金管理及内部控制的要求，“白条”是不可以充抵库存现金的。

2. ×。企业的现金日记账由出纳人员按照经济业务发生的先后顺序，逐日逐笔登记；库存现金总账由不从事出纳工作的会计人员负责登记，一般采用汇总记账凭证、科目汇总表等形式，定期或月份终了时，根据汇总收付款凭证或科目汇总表，登记“库存现金”总账科目，不一定要求逐日逐笔地进行登记。

3. √。基本存款账户就是企业办理日常结算和现金收付业务的账户。

4. ×。按银行结算纪律的规定，填写银行结算凭证的有关印鉴应由非出纳人员的专门人员负责保管。

5. ×。未达账项应在结算凭证到达以后再记账，不应根据调节表所列金额立即记账。调节表中所列双方相等的调节后的余额，是企业在编表日期可以动用的银行存款实有额。

6. ×。银行汇票存款结算业务是由企业的开户银行负责办理的，因此银行汇票存款结算后的余额只能从银行转回。

7. √。按银行开立账户的规定，一个企业可以根据需要在银行开立基本存款账户、一般存款账户、临时存款账户和专用存款账户。

8. ×。商业汇票是出票人签发的，委托付款人在指定日期无条件支付确定的金额给收款人或持票人的票据。商业汇票的付款期限由交易双方商定，纸质商业汇票付款期限不超过 6 个月，电子商业汇票付款期限不超过 12 个月。

9. √。企业账面结存款与银行对账单结存数之间如有差额，原因可能有两个：一是企业或银行记账有差错，二是存在未达账项。

10. √。实行定期轮岗制有利于规避风险。

四、业务题参考答案

（1）①提取现金。

借：库存现金	3 600	
贷：银行存款		3 600
②支付水电费。		
借：管理费用	400	
贷：库存现金		400
③开设采购专户。		
借：其他货币资金——外埠存款	5 650	
贷：银行存款		5 650
④借差旅费。		
借：库存现金	2 000	
贷：银行存款		2 000
借：其他应收款——张明	2 000	
贷：库存现金		2 000
（2）借：原材料	5 000	
应交税费——应交增值税（进项税额）	650	
贷：其他货币资金——外埠存款		5 650
借：管理费用	2 200	
贷：库存现金		200
其他应收款——张明		2 000
（3）借：银行存款	47 000	
贷：应收账款——上海公司		47 000
（4）借：其他货币资金——银行汇票存款	8 000	
贷：银行存款		8 000
借：原材料	6 000	
应交税费——应交增值税（进项税额）	780	
贷：其他货币资金——银行汇票存款		6 780

（5）借：银行存款	1 220	
贷：其他货币资金——银行汇票存款		1 220
（6）借：待处理财产损溢	600	
贷：库存现金		600
（7）借：其他应收款——小华	300	
管理费用	300	
贷：待处理财产损溢		600

第三章
存　　货

第一节 学习指导

一、本章结构

本章结构如图 3-1 所示。

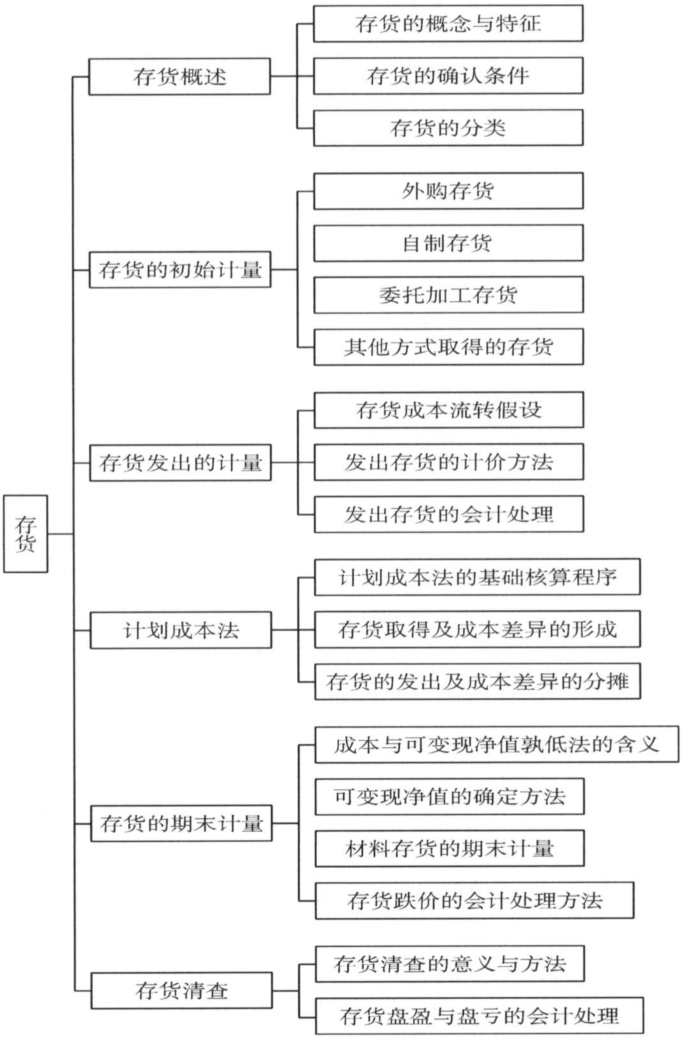

图 3-1 本章结构

二、学习目的和要求

理解：存货的概念、特征、确认条件和分类。

掌握：存货初始计量的原则和不同方式取得存货成本的确定及会计处理；委托加工存货的会计处理；发出存货的计价方法、周转材料的摊销方法和发出商品的会计处理；存货清查的方法及存货盘盈盘亏的会计处理；存货可变现净值的确定方法、存货跌价准备的计提及会计处理。

三、本章重点难点

1. 存货的含义、性质及特征

存货是指企业在日常活动中持有以备出售的产成品或商品、处在生产过程中的在产品、在生产过程或提供劳务过程中耗用的材料和物料等。存货经常处于被不断销售、耗用或重置之中，具有鲜明的流动性，因此属于企业的流动资产。

存货具有如下特征：第一，存货是有形资产；第二，存货具有较强的流动性，但其流动性又弱于现金等流动资产；第三，存货具有时效性并存在价值减损的可能性。在企业正常生产经营期间，存货能转换为现金，但是长期不能销售的存货或需要折价销售的存货将给企业造成损失。

2. 存货的分类及管理的重要性

不同企业的存货根据企业性质及用途的不同分为制造业存货和商品流通企业存货。制造业存货通常按用途分为原材料、在产品、自制半成品、产成品、周转存货。商品流通企业存货主要分为商品、材料物资、低值易耗品、包装物等。

存货的分类是为了便于更好地管理。在企业中，存货往往占流动资产的较大比重。存货在保持安全及防止损失等各个方面，其重要程度并不低于现金。对于存货的管理，企业首先要保证其安全完整，防止偷盗事件发生，此外还要在数量上保持适中。适量的存货储备要求既能避免存货过多而占用资金，又能避免因存货不足影响正常生产经营活动而失去获利的良机。

3. 外购存货的初始计量

外购存货的初始计量的重点是确认外购存货的成本。外购存货的成本是指存货从采购到入库前发生的全部支出，即采购成本，一般包括购买价款、相关税费、运输费、装卸费、保险费以及其他可归属于存货采购成本的费用。

购买价款是指所购货物发票账单上列明的价款，但不包括按规定可予以抵扣的增值税进项税额。相关税费是指进口关税、购买存货发生的消费税以及不能从增值税销项税额中抵扣的进项税额等。其他可归属于存货采购成本的费用是指存货采购过程中发生的除上述各项费用以外的仓储费、包装费、运输途中的合理损耗、大宗物资的市内运杂费、入库前的挑选整理费用等可直接归属于存货采购成本的费用。

4. 采用赊购方式购入存货的初始计量

在采用赊购方式购入存货的情况下，对于赊购存货的货款，企业应通过“应付账款”科目记录。如果赊购附有现金折扣条件，则其会计处理有总价法和净价法之分。

总价法是将未减去现金折扣前的金额作为应付账款的入账价值，购货方将给予客户的现金折扣作为购货价格的扣减，调减购货成本；净价法是将扣减最大现金折扣后的金额作为应付账款的入账价值，由于客户超过折扣期限而多收入的金额视为购货价格的增加，调增购货成本。

如果企业赊购存货支付的价款超过了正常的信用条件（一般为 3 年），则该项分期付款购货实质上具有融资性质，企业不能直接按合同或协议价款确定购货成本，而应按合同或协议价款的现值确定购货成本，并将合同或协议价款与其现值之间的差额作为未确认融资费用，在合同或协议约定的分期付款期限内采用实际利率法进行摊销，计入各期财务费用。

5. 除外购和自制存货以外的存货成本的计量规则

委托加工存货的成本，一般包括加工过程中实际耗用的原材料或半成品成本、加工费、运输费、装卸费等以及按规定应计入加工成本的税费。

投资者投入存货的成本，应当按照投资合同或协议约定的价值确定，但合同或协议约定价值不公允的除外。

企业接受捐赠的存货，应分情况确定存货的实际成本。如果捐赠方提供了有关凭证，企业应当按照凭证上标明的金额加上应支付的相关税费确定；如果捐赠方未提供有关凭证，企业应当参照同类或类似存货的市场价格加上应支付的相关税费确定；不满足上述两个条件的，企业应当采用估值技术确定。

6. 存货成本流转假设

在会计实务中，由于存货品种繁多，不同时间、不同地点以及不同方式取得的存货的单位成本各异，很难保证存货的成本流转与实物流转完全一致。因此，企业可以按照一个假定的成本流转方式来确定发出存货的成本，而不强求存货的成本流转与实物流转一致，但企业选择的存货的成本流转应当与实物流转方式大致相同，以减少人为操纵的可能性，提高会计信息的可靠性。

采用不同的存货成本流转假设，在期末结存存货与本期发出存货之间分配存货成本，就产生了不同的存货计价方法。由于不同的存货计价方法得出的计价结果各不相同，因此存货计价方法的选择将对企业的财务状况和经营成果产生一定的影响。例如，存货计价方法对资产负债表中流动资产总额及所有者权益数额的计算有直接影响。如果期末存货计价低估或高估，就会低估或高估当期收益；如果期初存货计价低估或高估，就会高估或低估当期收益。

7. 发出存货计价方法的利弊

我国企业会计准则规定，企业发出存货的计价方法可以采用个别计价法、先进先出法和加权平均法。发出存货的计价方法属于会计政策范畴。

个别计价法也称个别认定法，是对发出的存货分别加以认定的一种方法。个别认定法比较简单，但是这种方法由于需要分别确认每批发出存货和期末存货的批次及数量，因此实施起来比较困难，另外还可能导致企业任意选用较高或较低的单位成本进行计价，人为地调节成本水平。

先进先出法是假定先入库的存货先发出，并根据这种假定的成本流转顺序，对发出存货和结存存货进行计量的一种方法。采用先进先出法进行存货计价，可以随时确定发出存货的成本，从而保证了产品成本和销售成本计算的及时性，并且期末存货成本是按最近购货成本确定的，比较接近现行的市场价值。但是，企业采用这种方法计算发出存货成本时，有时要同时按两个或两个以上单位成本进行计算，计价核算烦琐。

月末一次加权平均法是以月初结存存货数量和本月各批入库存货数量作为权数，计算本月存货的加权平均单位成本，据以确定本月发出存货成本和月末结存存货成本的一种方法。按照月末一次加权平均法计算发出存货的单位成本，每月只计算一次，简化了存货的计价工作，但平时不能提供发出存货的单位成本资料。在将其与存货现行成本进行比较时，两者之间有一定差距，当物价上涨时，加权平均成本会小于现行成本。

移动加权平均法是平时每入库一批存货，就以原有存货数量和本批入库存货数量为权数，计算一个加权平均单位成本，据以对其后发出的存货进行计价的一种方法。移动加权平均法的特点是将存货的计价和明细账的登记分散在平时进行，从而可以随时掌握发出存货的成本和结存存货的成本，为存货管理及时提供所需信息。采用这种方法，每次收货都要计算一次加权平均单位成本，计算工作量较大，不适合收发货频繁的企业使用。

8. 计划成本法及其核算程序

计划成本法是存货的日常收入、发出和结存都按预先制定的计划成本计价，并设置“材料成本差异”科目登记实际成本与计划成本之间的差异，月末再通过对存货成本差异的分摊，将发出存货的计划成本和结存存货的计划成本调整为实际成本进行反映的一种核算方法。计划成本法是实际成本法的一种变通形式，其本质还是实际成本法。

计划成本法的核算程序如下：制定存货的计划成本目录，规定存货的分类以及各类存货的名称、规格、编号、计量单位和单位计划成本；设置“材料成本差异”科目，登记存货实际成本与计划成本之间的差异；设置“材料采购”科目，将购入存货的实际成本与计划成本进行计价对比；月末通过对存货成本差异的分配，将本月发出存货的计划成本和月末结存存货的计划成本调整为实际成本进行反映。

9. 存货成本差异的形成与分配

存货成本差异是指存货的实际成本与计划成本之间的差异。本期存货成本的差异主要来源于以不同方式取得的存货初始确认的金额（实际成本）与计划成本之间的差异，如外购存货的采购成本与计划成本的差异、自制存货的实际成本与计划成本的差异等。存货的增加会形成存货成本差异，而存货的发出会减少存货成本差异。

期初存货成本差异和本期存货成本差异之和应在期末结存存货与本期发出存货之间进行分配，通常在期末通过计算存货成本差异率进行分配。存货成本差异率包括本期存货成本差异率和期初存货成本差异率两种。计算存货成本差异率的目的是将发出存货和库存存货的计划成本调整为实际成本。

10. 计划成本法的优点

存货的计划成本法具有如下优点：一是可以简化存货的日常核算手续。因为在计划成本法下，同一种存货只有一个单位计划成本，因此存货明细账平时可以只登记收、发、存数量，而不必登记收、发、存金额。企业需要了解某项存货的收、发、存金额时，以该项存货的单位计划成本乘以相应的数量即可求得，避免了烦琐的发出存货计价，简化了存货的日常核算手续。二是有利于考核采购部门的工作业绩。企业通过实际成本与计划成本的比较，可以得出实际成本偏离计划成本的差异，通过对差异的分析寻求实际成本偏离计划成本的原因，据以考核采购部门的工作业绩，促使采购部门不断降低采购成本。鉴于此，计划成本法在我国大中型工业企业中应用比较广泛。

11. 成本与可变现净值孰低法及其对财务报表的影响

成本与可变现净值孰低法是对期末存货按照成本与可变现净值两者之中较低者进行计量的一种方法。

成本是指期末存货的实际成本，即采用先进先出法、加权平均法等存货计价方法，对发出存货（或期末存货）进行计量所确定的期末存货账面价值。如果存货的日常核算采用计划成本法则存货的成本是指通过差异调整后的实际成本。

可变现净值是指在日常活动中，存货的估计售价减去至完工时估计将要发生的成本、估计的销售费用以及相关税费后的金额。

采用成本与可变现净值孰低法对期末存货进行计量，当某项存货的可变现净值跌至成本以下时，表明该项存货为企业带来的未来经济利益将低于其账面价值，企业应按可变现净值低于成本的金额确认存货跌价准备，并将其从存货价值中扣除，否则就会虚计当期利润和存货价值；而当可变现净值高于成本时，企业不能按可变现净值高于成本的金额确认这种尚未实现的存货增值收益，否则就会虚计当期利润和存货价值。因此，成本与可变现净值孰低法体现了谨慎性的会计信息质量要求。

12. 存货可变现净值的确定方法

由于企业持有产成品和商品存货的目的是对外销售，因此该类存货的可变现净值应按其估计售价减去估计的销售费用和相关税费后的金额确定。其中，估计售价的确定至关重要。

如果产成品和商品存货是为执行销售合同而持有的，则应当以产成品或商品的合同价格作为估计售价；如果产成品和商品存货没有销售合同，则应当以产成品或商品的一般销售价格作为估计售价。

由于企业持有材料类存货的目的并非对外销售，而是主要用于产品生产，因此材料类存货的可变现净值应当以所生产的产成品的估计售价减去至完工时估计将要发生的成本、估计的销售费用和相关税费后的金额确定。也就是说，材料存货可变现净值的确定以其生产的产成品为基础。

如果用该材料生产的产成品的可变现净值预计高于生产成本，则该材料存货应当按照成本计量；如果材料价格的下降表明产成品的可变现净值低于生产成本，则该材料存货应当按可变现净值计量，并相应地计提存货跌价准备。

如果企业将材料类存货用于对外出售（少数情况），则其可变现净值的确定方法与产成品和商品存货可变现净值的确定方法相同。

13. 存货清查结果的账务处理

对于盘盈的存货，企业应按其重置成本作为入账价值，及时予以登记入账，借记“原材料”等存货科目，贷记“待处理财产损溢——待处理流动资产损溢”科目；待查明原因，按管理权限报经批准处理后，冲减当期管理费用。只有真正的盘盈、盘亏和毁损的存货才转入“待处理财产损溢”科目进行反映，如果是因账户记录有误产生的存货，应按照常规更正方法予以更正。

对于存货盘亏和存货毁损，企业应根据盘亏和毁损的原因，分以下情况进行账务处理；属于定额内自然损耗造成的短缺，计入管理费用；属于收发计量差错和管理不善等原因造成的短缺或毁损，将扣除可收回的保险公司和过失人赔款以及残料价值后的净损失，计入管理费用；属于自然灾害等非常原因造成的毁损，将扣除可收回的保险公司和过失人赔款以及残料价值后的净损失，计入营业外支出。

第二节 练习题

一、单项选择题

1. 下列项目中不属于资产负债表中“存货”项目报告的内容是（　　）。

A. 生产成本　　B. 在途物资
C. 工程物资　　D. 委托加工物资

2. 企业外购存货发生的下列支出中，通常不应计入采购成本的是（　　）。

A. 运输途中的保险费　　B. 运输途中的合理损耗
C. 入库前的挑选整理费用　　D. 市内零星货物运杂费

3. 在通常情况下，企业购进存货支付的市内零星运杂费应当记入（　　）科目。

A. “销售费用”　　B. “管理费用”
C. “其他业务成本”　　D. “存货成本”

4. 企业购货时取得的现金折扣，其正确的会计处理是（　　）。

A. 冲减管理费用　　B. 冲减购货成本
C. 冲减财务费用　　D. 冲减资产减值损失

5. 企业采购过程中发生的存货短缺，应计入有关存货采购成本的是（　　）。

A. 意外事故等非常原因造成的存货短缺　　B. 供货单位的责任造成的存货短缺
C. 运输单位的责任造成的存货短缺　　D. 运输途中的合理损耗

6. 企业委托其他单位加工物资，不应计入委托加工物资成本的是（　　）。

A. 发出原材料的成本　　B. 承担的运费
C. 业务人员的差旅费　　D. 支付的加工费

7. 接受投资者投资取得的存货，其入账价值应当是（　　）。

A. 投入存货的原账面余额　　B. 投入存货的原账面价值
C. 投资各方协商确认的价值　　D. 该存货的可变现净值

8. 存货计价采用先进先出法，在存货价格上涨的情况下，会使企业（　　）。

A. 期末存货增加，当期利润减少　　B. 期末存货增加，当期利润增加
C. 期末存货减少，当期利润减少　　D. 期末存货减少，当期利润增加

9. A公司的存货采用计划成本法核算。A公司购入一批原材料，实际购买价为18 000元，增值税专用发票上注明的增值税税额为2 340元，发生的超支差异为360元。“原材料”科目应记录的存货金额为（　　）元。

A. 21 060　　B. 18 360　　C. 18 000　　D. 17 640

10. 企业本月月初库存原材料的计划成本为60 000元，材料成本差异为贷方余额1 200元；本月购进原材料的计划成本为360 000元，实际成本为352 800元。该企业本月的材料成本差异率为（　　）。

A. 超支2%　　B. 节约2%　　C. 超支1.4%　　D. 节约1.4%

11. 企业本月月初库存原材料的计划成本为5 000元，材料成本差异为借方余额1 000元；本月购进原材料的计划成本为300 000元，实际成本为292 000元。该企业本

月的材料成本差异率为（　　）。

A. 超支 2%　　B. 节约 2%　　C. 超支 3%　　D. 节约 3%

12. 某企业本月的材料成本差异率为超支 3%，本月生产领用原材料的计划成本为 16 000 元，实际成本为（　　）元。

A. 15 520　　B. 16 000　　C. 16 480　　D. 16 800

13. 企业的存货采用计划成本法核算。某年年末，结存存货的计划成本为 50 000 元，计提的存货跌价准备为 6 000 元，材料成本差异为借方余额 2 000 元。该企业本年年末资产负债表上“存货”项目应填列的金额为（　　）元。

A. 42 000　　B. 44 000　　C. 46 000　　D. 50 000

14. 企业的存货采用计划成本法核算。某年年末，结存存货的计划成本为 160 000 元，计提的存货跌价准备为 20 000 元，材料成本差异为贷方余额 10 000 元。该企业本年年末资产负债表上“存货”项目应填列的金额为（　　）元。

A. 130 000　　B. 140 000　　C. 150 000　　D. 160 000

15. 根据现行企业会计准则的要求，存货在资产负债表上列示的价值是（　　）。

A. 公允价值　　B. 账面成本

C. 可变现净值　　D. 成本与可变现净值较低者

16.“成本与可变现净值孰低”中的成本是指（　　）。

A. 存货的现行买价　　B. 存货的现行卖价

C. 存货的账面成本　　D. 存货的重置成本

17. 企业于期末按存货可变现净值低于成本的差额计提的存货跌价准备，应记入（　　）科目。

A.“管理费用”　　B.“资产减值损失”

C.“公允价值变动损益”　　D.“营业外支出”

18. 企业的存货如果已经计提了跌价准备，则存货的账面价值是指（　　）。

A. 入账成本　　B. 现行市价　　C. 公允价值　　D. 可变现净值

19. 某年年末，某企业 A 商品的账面成本为 300 000 元，可变现净值为 250 000 元。计提存货跌价准备前，“存货跌价准备”科目有贷方余额 20 000 元。该企业当年应计提的存货跌价准备金额为（　　）元。

A. 20 000　　B. 30 000　　C. 50 000　　D. 70 000

20. 企业为自制一台专用生产设备而领用了本企业的原材料。该原材料账面成本为 9 000 元，公允价值为 10 500 元，增值税税率为 13%。企业领用该原材料应计入在建工程成本的金额为（　　）元。

A. 9 000　　B. 10 365　　C. 10 170　　D. 11 865

21. 企业在清查存货时发现存货盘亏，但无法查明原因，应当计入（　　）。

A. 财务费用　　B. 管理费用　　C. 其他业务成本　　D. 营业外支出

22. 存货因计量差错造成的盘亏，报经批准处理后应当计入（　　）。

A. 销售费用　　B. 管理费用　　C. 制造费用　　D. 生产成本

23. 因自然灾害造成的存货毁损，应将其净损失计入当期（　　）。

A. 制造费用　　B. 管理费用　　C. 其他业务成本　　D. 营业外支出

24. 下列各项中，增值税一般纳税人企业不应计入收回委托加工物资成本的是（　　）。

A. 随同加工费支付的增值税　　B. 支付的加工费　　C. 往返运杂费

D. 支付的收回后直接用于销售的委托加工物资的消费税

25. 甲公司委托乙公司加工一批材料（属于应税消费品），原材料成本为 620 万元，支付的加工费为 100 万元（不含增值税），消费税税率为 10%（受托方没有同类消费品的销售价格），材料加工完成并已验收入库，加工费用等已经支付。双方适用的增值税税率为 13%。甲公司按照实际成本核算原材料，将加工后的材料直接用于销售（售价不高于受托方计税价格），则收回的委托加工物资的实际成本为（　　）万元。

A. 720　　B. 737　　C. 800　　D. 817

26. 某企业为增值税一般纳税人企业，适用的增值税税率为 13%。该企业委托其他单位（增值税一般纳税人企业）加工一批属于应税消费品的原材料（非金银首饰）。该批委托加工原材料收回后用于继续生产应税消费品，两种商品适用的消费税税率均为 10%。发出材料的成本为 180 万元，支付的不含增值税的加工费为 90 万元，支付的增值税为 11.7 万元。该批原材料已加工完成并验收入库，其实际成本为（　　）万元。

A. 270　　B. 280　　C. 300　　D. 315.3

27. 下列各项中，不应计入存货采购成本的是（　　）。

A. 小规模纳税人购入存货时支付的增值税　　B. 进口商品应支付的关税

C. 运输途中合理损耗　　D. 采购人员差旅费

28. 甲公司系增值税一般纳税人（增值税税率为 13%），本期购入一批商品，增值税专用发票上注明的售价为 400 000 元，所购商品到达后验收发现短缺 30%，其中合理损失 5%，另 25%的短缺尚待查明原因。假设不考虑其他因素，该存货的实际成本为（　　）元。

A. 468 000　　B. 400 000　　C. 368 000　　D. 300 000

29. 某增值税一般纳税人购入农产品一批，支付买价 12 000 元，装卸费 1 000 元，入库前的挑选整理费 400 元。按照税法的规定，该购进农产品可按买价的 9%抵扣增值税。该批农产品的采购成本为（　　）元。

A. 12 000　　B. 12 194　　C. 12 400　　D. 12 320

30. 甲公司期末原材料的账面余额为 100 万元，数量为 10 吨。该原材料专门用于生产与乙公司所签合同约定的 20 台 Y 产品。该合同约定：甲公司为乙公司提供 Y 产品 20 台，每台售价 10 万元。甲公司将该原材料加工成 20 台 Y 产品尚需发生加工成本 95 万元，估计销售每台 Y 产品需发生相关税费 1 万元。本期期末市场上该原材料每吨售价为 9 万元，估计销售每吨原材料需发生相关税费 0.1 万元。期末，该原材料的账面价值为（　　）万元。

A. 85　　B. 89　　C. 100　　D. 105

31. 某工业企业为增值税一般纳税人，原材料采用实际成本法核算。该企业购入 A 种原材料 500 吨，收到的增值税专用发票上注明的价款为 400 万元，增值税税额为 52 万元，另发生运输费用 5.68 万元（不含增值税），装卸费用 2 万元，途中保险费用 1.5 万元。原材料运抵企业后，验收入库原材料为 499 吨，运输途中发生合理损耗 1 吨。该原材料的实际单位成本为（　　）万元。

A. 0.82　　B. 0.81　　C. 0.80　　D. 0.83

32. 甲公司按单项存货计提存货跌价准备。2019 年年初企业存货中包含甲产品 1 800 件，单位实际成本为 0.3 万元，已计提的存货跌价准备为 45 万元。2019 年该公司未发生任何与甲产品有关的进货，甲产品当期售出 600 件。2019 年 12 月 31 日，该公司对甲产品进行检查时发现，库存甲产品都无不可撤销合同，其市场销售价格为每件 0.26 万元，预计销售每件甲产品还将发生销售费用及相关税费 0.005 万元。假定不考虑其他因素，则该公司 2019 年年末对甲产品计提的存货跌价准备为（　　）万元。

A. 9　　B. 24　　C. 39　　D. 54

33. 某企业采用成本与可变现净值孰低法对存货进行期末计价，成本与可变现净值按单项存货进行比较。2019 年 12 月 31 日，甲、乙、丙三种存货成本与可变现净值分别为甲存货成本 10 万元，可变现净值 8 万元；乙存货成本 12 万元，可变现净值 15 万元；丙存货成本 18 万元，可变现净值 15 万元。甲、乙、丙三种存货已计提的跌价准备分别为 1 万元、2 万元、1.5 万元。假定该企业只有这三种存货，则该企业 2019 年 12 月 31 日应补提的存货跌价准备总额为（　　）万元。

A. -0.5　　B. 0.5　　C. 2　　D. 5

34. 甲企业为增值税一般纳税人企业，本月购进原材料 100 千克，货款为 8 000 元，增值税为 1 040 元；发生的保险费为 350 元，中途仓储费为 1 000 元，采购人员的差旅费为 500 元，入库前的挑选整理费用为 150 元。甲企业在验收入库时发现数量短缺 5%，经查属于运输途中合理损耗。甲企业该批原材料实际单位成本为每千克（　　）元。

A. 105.26　　B. 114.32　　C. 100　　D. 95

35. 2019 年 12 月 31 日，A 公司库存原材料 B 材料的账面价值（成本）为 120 万元，市场价格总额为 110 万元，该材料用于生产 K 型机器。由于 B 材料市场价格下降，K 型机器的销售价格由 300 万元下降为 270 万元，但生产成本仍为 280 万元。A 公司将 B 材料加工成 K 型机器尚需投入 160 万元，预计销售费用及税费为 10 万元。2019 年年底 B 材料计入当期资产负债表“存货”项目的金额为（　　）万元。

A. 110　　B. 100　　C. 120　　D. 90

二、多项选择题

1. 下列税费中应计入存货成本的有（　　）。
   A. 由受托方代收代缴的委托加工收回后直接用于对外销售（售价不高于受托方计税价格）的商品负担的消费税
   B. 由受托方代收代缴的委托加工收回后继续用于生产应税消费品负担的消费税
   C. 小规模纳税人企业购入材料支付的增值税
   D. 一般纳税人企业进口原材料缴纳的增值税

2. 下列关于存货可变现净值的说法中正确的有（　　）。
   A. 材料生产的产品过时，导致其市场价格低于产品成本，可以表明存货的可变现净值低于成本
   B. 为执行销售合同或劳务合同而持有的存货，通常应当以产成品或商品的合同价格作为其可变现净值的计算基础
   C. 如果持有的存货数量少于销售合同订购数量，实际持有与该销售合同相关的存货应以销售合同规定的价格作为可变现净值的计算基础

D. 用于出售的材料等，通常以其生产的商品的售价作为其可变现净值的计算基础

3. 下列选项中，计算材料存货可变现净值时，可能会影响可变现净值的有（　　）。

A. 估计售价　　B. 存货的账面成本

C. 估计发生的销售费用　　D. 至完工估计将要发生的加工成本

4. 在确定存货可变现净值时，估计售价的确定方法有（　　）。

A. 为执行销售合同或劳务合同而持有的存货，通常应当以产成品或商品的合同价格作为其可变现净值的基础

B. 如果企业持有存货的数量多于销售合同订购的数量，超出部分的存货可变现净值应当以产成品或商品的合同价格作为计量基础

C. 没有销售合同约定的存货，但不包括用于出售的材料，其可变现净值应当以产成品或商品的一般销售价格（市场销售价格）作为计量基础

D. 用于出售的材料等，应当以其预计售价作为其可变现净值的计量基础

5. 下列选项中，应计入存货实际成本的有（　　）。

A. 用于直接对外销售（售价不高于受托方计税价格）的委托加工应税消费品收回时支付的消费税

B. 材料采购过程中发生的非合理损耗

C. 发出用于委托加工的物资在运输途中发生的保险费

D. 商品流通企业外购商品时支付的运杂费等相关费用

6. 下列选项中，可以引起期末存货账面价值发生增减变动的有（　　）。

A. 计提存货跌价准备　　B. 转回存货跌价准备

C. 存货出售结转成本的同时结转之前计提的存货跌价准备

D. 存货盘盈

7. 企业期末编制资产负债表时，下列各项应包括在“存货”项目中的有（　　）。

A. 库存商品　　B. 周转材料　　C. 在产品　　D. 材料成本差异

8. 下列各种物资中应当作为企业存货核算的有（　　）。

A. 委托代销商品　　B. 发出商品　　C. 工程物资　　D. 在产品

9. 与其他资产相比，下列能反映存货特征的有（　　）。

A. 存货是有形资产　　B. 有些存货属于非流动资产

C. 存货具有时效性和潜在损失的可能性

D. 存货具有较大的流动性，但其流动性低于现金等流动资产

10. 下列选项中，属于制造业存货的有（　　）。

A. 包装物　　B. 低值易耗品　　C. 在产品　　D. 自制半成品

11. 存货的初始计量应以取得存货的实际成本为基础，实际成本包括的内容有（　　）。

A. 市内零星货物运杂费　　B. 一般纳税人的增值税

C. 采购成本　　D. 加工成本

12. 下列选项中，属于企业存货的有（　　）。

A. 自制半成品　　B. 工程物资

C. 在途物资　　D. 生产成本

13. 增值税一般纳税人购入原材料过程中发生的下列支出，应计入原材料采购成本的有（　　）。

A. 采购人员差旅费　　B. 运杂费

C. 运输途中合理损耗　　D. 增值税

14. 企业委托其他单位加工应税消费品，加工完成后直接用于销售，下列项目中应计入该委托加工物资成本的有（　　）。

A. 发出原材料的成本　　B. 支付的运杂费

C. 支付的加工费　　D. 支付的消费税

15. 根据企业会计准则的规定，发出存货的计价应当采用（　　）。

A. 个别计价法　　B. 先进先出法

C. 加权平均法　　D. 移动平均法

16. 关于存货可变现净值的确定，下列各项中正确的有（　　）。

A. 备售产成品的可变现净值为该产成品的估计售价

B. 备售产成品的可变现净值为该产成品的估计售价减估计销售税费

C. 备售原材料的可变现净值为该原材料的估计售价

D. 备售原材料的可变现净值为该原材料的估计售价减估计销售税费

17. 企业期末进行存货盘点时，发生的下列存货盘亏或毁损中应将净损失计入管理费用的有（　　）。

A. 定额内自然损耗　　B. 收发计量差错造成的盘亏

C. 管理不善造成的丢失　　D. 管理不善造成的霉烂变质

三、判断题

1. 商品流通企业在采购过程中发生的大额进货费用应当计入存货成本。（　　）

2. 投资者投入的存货，应按投资合同或协议约定的价值作为实际成本，但合同或协议约定价值不公允的除外。（　　）

3. 用于出售的材料等，通常以其生产的商品的售价作为其可变现净值的计算基础。（　　）

4. 持有存货的数量多于销售合同订购数量的，超出部分的存货可变现净值应当以产成品或商品的合同价格作为计算基础。（　　）

5. 不同行业的企业，虽然经济业务的内容各不相同，但是存货的具体构成是相同的。（　　）

6. 工业企业在采购存货过程中发生的运输费、装卸费、保险费以及其他可归属于存货采购成本的费用都应计入存货采购成本。（　　）

7. 一般来说，市内零星货物运杂费、采购人员的差旅费、采购机构的经费等，都不应当包括在存货的采购成本中。（　　）

8. 存货的初始计量应以取得存货的实际成本为基础，实际成本具体指存货的采购成本。（　　）

9. 如果应付账款附有现金折扣条件，在总价法下，购货方应将丧失的现金折扣视为超期付款支付的利息，计入当期财务费用。（　　）

10. 如果购入存货超过正常信用条件延期支付价款，实质上具有融资性质的，企业购入的存货应按购买价款的现值金额入账。（　）

11. 如果购入存货超过正常信用条件延期支付价款，实质上具有融资性质的，未确认融资费用通常采用直线法分期摊销，计入各期财务费用。（　）

12. 在存货采购过程中发生的仓储费用以及在生产过程中为使存货达到下一个生产阶段所必需的仓储费用，应当计入存货成本。（　）

13. 企业在存货采购过程中如果发生存货短缺、毁损等情况，报经批准处理后，应计入有关存货的采购成本。（　）

14. 企业在存货采购过程中发生了存货短缺，经查属于自然灾害或意外事故等非常原因造成的存货毁损，报经批准处理后，将净损失计入存货成本。（　）

15. 高估期末存货的价值会引起本期收益的高估，低估期末存货的价值会引起本期收益的低估。（　）

16. 发出存货的计价方法一旦选定，前后各期应当保持一致，不得变更。（　）

17. 个别计价法的特点是成本流转与实物流转完全一致，因此在会计实务中应用最为广泛。（　）

18. 在建工程领用原材料，相应的增值税进项税额应当转出，随同原材料成本一并作为有关工程项目成本。（　）

19. 存货采用计划成本法核算，在资产负债表中应按计划成本反映存货的价值。（　）

20. 存货采用计划成本法核算，计划成本高于实际成本的差异称为超支差异。（　）

21. 存货采用计划成本法核算，企业对取得的存货都应通过“材料采购”科目进行计价对比，确定存货成本差异。（　）

22. 我国企业会计准则要求，存货的期末计价应采用成本与可变现净值孰低法。其中，成本是指存货的重置成本。（　）

23. 企业某期计提的存货跌价准备金额，为该期期末存货的可变现净值低于成本的差额。（　）

24. 产成品的可变现净值，应按产成品的估计售价减去至完工时估计将要发生的成本、估计的销售费用和相关税费后的金额确定。（　）

25. 企业在存货清查中发现盘盈，报经批准处理后，应当转入营业外收入。（　）

26. 存货盘盈应冲减管理费用，而固定资产盘盈应计入当期营业外收入。（　）

27. 企业因收发计量差错造成的库存存货盘亏，应计入营业外支出。（　）

28. 企业因管理不善而造成库存存货霉烂变质的，应将净损失计入营业外支出。（　）

四、业务题

1. 2021 年 6 月，甲公司购入一批原材料，增值税专用发票上注明的材料价款为 20 000 元，增值税税额为 2 600 元。

要求：按照下列不同情况，分别编制甲公司购入原材料的会计分录。

（1）原材料已验收入库，款项也已经支付。

（2）款项已经支付，但原材料尚在运输途中。

①6 月 15 日，支付款项。

②6 月 20 日，原材料运抵企业并验收入库。

（3）原材料已验收入库，但发票账单尚未到达企业。

①6 月 22 日，原材料运抵企业并验收入库，但发票账单尚未到达。

②6 月 28 日，发票账单到达企业，企业支付货款。

（4）原材料已验收入库，但发票账单尚未到达企业。

①6 月 25 日，原材料运抵企业并验收入库，但发票账单尚未到达。

②6 月 30 日，发票账单仍未到达，企业对该批原材料估价 20 500 元入账。

③7 月 1 日，企业用红字冲回上月末估价入账会计分录。

④7 月 5 日，发票账单到达企业，企业支付货款。

2. M 企业委托 N 企业加工应税消费品，M 企业和 N 企业均为增值税一般纳税人，适用的增值税税率均为 13%，适用的消费税税率均为 10%。M 企业对原材料按实际成本进行核算，收回加工后的 A 材料用于继续生产应税消费品 B 产品。相关资料如下：

（1）2021 年 11 月 2 日，M 企业发出加工材料 A 材料一批，实际成本为 710 000 元。

（2）2021 年 12 月 20 日，M 企业以银行存款支付 N 企业加工费 100 000 元（不含增值税）以及相应的增值税和消费税（对方代收代缴的消费税额为 90 000 元，计算过程略）。

（3）2021 年 12 月 31 日，A 材料加工完成，已收回并验收入库。

要求：（1）编制 M 企业委托加工材料的有关会计分录。

（2）假定 M 企业将收回的委托加工物资直接出售（不考虑价差），则上述加工物资加工完收回后的最终成本是多少？会计处理有什么不同？

3. 2021 年 8 月初，星海公司结存原材料的计划成本为 54 000 元，材料成本差异为节约 3 500 元。8 月，星海公司购进原材料的实际成本为 247 000 元，计划成本为 230 000 元。星海公司本月领用原材料的计划成本为 250 000 元，其中生产领用 235 000 元，车间一般消耗 12 000 元，管理部门耗用 3 000 元。

要求：做出星海公司发出原材料的下列会计处理。

（1）按计划成本领用原材料。

（2）计算本月材料成本差异率。

（3）分摊材料成本差异。

（4）计算月末结存原材料的实际成本。

4. 甲公司的产成品采用计划成本法核算。2021 年 5 月，甲公司月初结存产成品的计划成本为 500 000 元，产品成本差异为超支 14 000 元。甲公司本月生产完工入库的产成品实际成本为 2 493 000 元，计划成本为 2 600 000 元；本月发出产成品的计划成本为 2 800 000 元，其中对外销售的产成品计划成本为 2 500 000 元（售价为 3 000 000 元，增值税销项税额为 390 000 元，款项已全部收存银行），在建工程领用的产成品计划成本为 300 000 元。

要求：做出甲公司发出产成品的下列会计处理。

（1）编制销售产成品并结转产品销售成本的会计分录。

（2）编制在建工程领用产成品的会计分录。

（3）计算本月产品成本差异率。

（4）分摊产品成本差异。

（5）计算产成品在资产负债表“存货”项目中应列示的金额。

5. 甲公司委托乙公司加工一批低值易耗品，发出 A 材料的计划成本为 100 000 元，月初材料成本差异率为超支 2.5%；支付加工费 30 000 元，支付运杂费 500 元，支付增值税 3 900 元。该批委托加工的低值易耗品计划成本为 135 000 元。

要求：编制甲公司委托加工低值易耗品的下列会计分录。

（1）发出 A 材料，委托乙公司加工低值易耗品。

（2）支付加工费和运杂费。

（3）支付由乙公司代收代缴的增值税。

（4）低值易耗品加工完成，验收入库。

6. 甲公司按单项存货、按年计提跌价准备。2021 年 12 月 31 日，甲公司期末存货有关资料如下：

（1）A 产品库存 100 台，单位成本为 15 万元。A 产品市场销售价格为每台 18 万元，预计运杂费等销售税费平均为每台 1 万元。甲公司未签订不可撤销的销售合同。

要求：判断 A 产品期末是否计提存货跌价准备。说明 A 产品期末在资产负债表“存货”项目中列示的金额。

（2）B 产品库存 500 台，单位成本为 4.5 万元。B 产品市场销售价格为每台 4 万元。甲公司已经与长期客户某企业签订了一份不可撤销的销售合同，约定在 2022 年 2 月 10 日向该企业销售 B 产品 300 台，合同价格为每台 5 万元。向长期客户销售的 B 产品运杂费等销售税费平均为每台 0.3 万元，向其他客户销售的 B 产品运杂费等销售税费平均为每台 0.4 万元。B 产品的存货跌价准备期初余额为 50 万元。

要求：计算 B 产品计提的存货跌价准备金额并编制相关会计分录。说明 B 产品期末在资产负债表“存货”项目中列示的金额。

（3）C 产品存货跌价准备的期初余额为 270 万元，2021 年销售 C 产品结转存货跌价准备 195 万元。年末 C 产品库存 1 000 台，单位成本为 3.7 万元。C 产品市场销售价格为每台 4.5 万元，预计运杂费等销售税费平均为每台 0.5 万元。甲公司未签订不可撤销的销售合同。

要求：计算 C 产品本期计提或转回存货跌价准备的金额，并编制相关会计分录。说明 C 产期末在资产负债表“存货”项目中列示的金额。

（4）D 原材料共 400 千克，单位成本为 2.25 万元，合计 900 万元。D 原材料市场销售价格为每千克 1.2 万元。现有 D 原材料可用于生产 400 台 D 产品，预计加工成 D 产品还需投入成本为每台 0.38 万元。D 产品已签订不可撤销的销售合同，约定次年按每台 3 万元价格销售 400 台。预计平均运杂费等销售税费为每台 0.3 万元。

要求：判断 D 原材料是否计提存货跌价准备。说明 D 原材料期末在资产负债表“存货”项目中列示的金额。

（5）E 配件共 100 千克，每千克配件的账面成本为 24 万元，市场价格为 20 万元。该批配件可用于加工 80 件 E 产品，估计每件加工成本尚需投入 34 万元。E 产品 2021 年 12 月 31 日的市场价格为每件 57.4 万元，估计销售过程中每件将发生销售费用及相关税费 24 万元。E 配件期初的存货跌价准备余额为 0。

要求：计算 E 配件计提存货跌价准备的金额并编制相关会计分录。说明 E 配件期末在资产负债表“存货”项目中列示的金额。

7. D 公司是一般纳税人，适用的增值税税率为 13%. 期末存货采用成本与可变现净值孰低法计价。2021 年 9 月 26 日，D 公司与 M 公司签订销售合同：由 D 公司于 2022 年 3 月 6 日向 M 公司销售笔记本电脑 10 000 台，每台售价 1.5 万元。2021 年 12 月 31 日，D 公司库存笔记本电脑 14 000 台，单位成本为每台 1.41 万元。2021 年 12 月 31 日，市场销售价格为每台 1.3 万元，预计销售税费为每台 0.05 万元。D 公司于 2022 年 3 月 6 日向 M 公司销售笔记本电脑 10 000 台，每台 1.5 万元。D 公司于 2022 年 4 月 6 日销售笔记本电脑 1 000 台，市场销售价格为每台 1.2 万元。货款均已收到。2022 年年末，笔记本电脑的市场销售价格为每台 1.3 万元。

要求：(1) 编制 2021 年年末计提存货跌价准备的会计分录，并列示计算过程。

(2) 编制 2022 年有关销售业务及期末计提存货跌价准备的相关会计分录。

8. 飞翔公司为增值税一般纳税人，适用的增值税税率为 13%，材料采用实际成本进行日常核算。该公司 2021 年 3 月末结存存货 200 万元，全部为 A 产品，存货跌价准备余额为 0。该公司按月计提存货跌价准备，4 月发生如下经济业务：

(1) 飞翔公司购买原材料甲一批，增值税专用发票上注明的价款为 360 万元，增值税税额为 46.8 万元。飞翔公司已开出商业承兑汇票一张。该原材料已验收入库。

(2) 飞翔公司销售 A 产品一批，销售价格为 200 万元（不含增值税税额），实际成本为 160 万元，提货单和增值税专用发票已交购货方，货款尚未收到。该销售符合收入确认条件。飞翔公司在销售过程中发生相关费用 4 万元，均用银行存款支付。

(3) 在建工程（厂房）领用外购原材料甲一批，该批原材料实际成本为 40 万元，应由该批原材料负担的增值税税额为 5.2 万元。

（4）飞翔公司本月领用原材料甲 140 万元用于生产 A 产品，生产过程中发生加工成本 20 万元，均为职工薪酬（尚未支付）。本月产成品完工成本为 160 万元，月末无在产品。

（5）飞翔公司在月末发现盘亏原材料甲一批，经查属自然灾害造成的毁损，已按管理权限报经相关部门，原材料的实际成本为 20 万元，增值税税额为 2.6 万元。

（6）飞翔公司 4 月末结存的原材料甲的可变现净值为 100 万元，A 产品可变现净值为 180 万元。4 月末无其他存货。

要求：（1）编制上述经济业务相关的会计分录（“应交税费”科目要求写出明细科目及专栏名称）。

（2）计算飞翔公司 4 月末在资产负债表“存货”项目中列示的金额。

9. 甲公司为增值税一般纳税人，适用的增值税税率为 13%。甲公司在生产中所需的 W 材料按实际成本核算，采用月末一次加权平均法计算和结转发出材料成本。2021 年 6 月 1 日，W 材料结存 1 400 千克，账面余额为 385 万元，未计提存货跌价准备。甲公司 2021 年 6 月发生的有关 W 材料的业务如下：

（1）6 月 3 日，甲公司持银行汇票 300 万元购入 W 材料 800 千克，增值税专用发票上注明的货款为 216 万元，增值税税额为 28.08 万元，对方代垫包装费为 1.8 万元。该材料已验收入库，剩余票款退回并存入银行。

（2）6 月 6 日，甲公司签发一张商业承兑汇票，购入 W 材料 590 千克，增值税专用发票上注明的货款为 163 万元，增值税税额为 21.19 万元，对方代垫保险费为 0.4 万元。该材料已验收入库。

（3）6 月 10 日，甲公司收到乙公司作为资本投入的 W 材料 5 000 千克，并验收入库。投资合同约定该批原材料价值（不含可抵扣的增值税进项税额）为 1 415 万元，增值税进项税额为 183.95 万元，乙公司开具增值税专用发票。假定合同约定的价值与公允价值相等，未发生资本溢价。

（4）6 月 20 日，甲公司销售 W 材料一批，开出增值税专用发票上注明的售价为 171 万元，增值税税额为 22.23 万元，款项已由银行收妥。

（5）6 月 30 日，甲公司因自然灾害毁损 W 材料 50 千克，该批材料购入时支付的增值税为 2.38 万元。经保险公司核定，保险公司应赔偿 10 万元，款项尚未收到；其余损失已经由有关部门批准处理。

（6）甲公司 6 月发出材料情况如下：

①生产车间领用 W 材料 2 000 千克，其中生产 A 产品耗用 960 千克，生产 B 产品耗用 1 040 千克；车间管理部门领用 700 千克；企业行政管理部门领用 450 千克。

②委托加工一批零部件，发出 W 材料 100 千克。

③6 月 20 日对外销售发出 W 材料 600 千克。

（7）6 月 30 日，W 材料的预计可变现净值为 1 000 万元。

假定除上述资料外，不考虑其他因素。

要求：（1）编制甲公司第（1）至（4）项业务的会计分录。

（2）计算甲公司 6 月 W 材料的加权平均单位成本。

（3）①编制甲公司第（5）项业务的会计分录。

②编制甲公司第（6）项结转发出材料成本的会计分录。

（4）计算甲公司 6 月 30 日 W 材料的账面余额。

（5）计算甲公司 6 月 30 日 W 材料计提的存货跌价准备并编制会计分录。

（6）计算甲公司 6 月 30 日 W 材料应计入资产负债表“存货”项目的金额。

（“应交税费”科目要求写明细科目及专栏名称，答案中的金额单位用万元表示）

第三节　练习题参考答案

一、单项选择题参考答案

1. C。工程物资属于非流动资产，不是“存货”科目的报告内容，而应在“工程物资”科目中列报。

2. D。市内零星货物运杂费通常不应计入采购成本，而是作为管理费用处理。

3. B。通常情况下，企业购进存货支付的市内零星运杂费应当记入“管理费用”科目。

4. B。在总价法下，如果购货方在现金折扣内付款，则取得的现金折扣应调减购货成本；在净价法下，如果购货方超过现金折扣期限付款，则丧失的现金折扣应调增购货成本。

5. D。运输途中的合理损耗可以计入存货采购成本；意外事故等非常原因造成的存货短缺计入营业外支出；供货单位的责任和运输单位的责任造成的存货短缺作为其他应收款处理。

6. C。发出原材料的成本、承担的运费以及支付的加工费都可以计入委托加工物资成本；业务人员的差旅费应计入管理费用等。

7. C。接受投资者投资取得的存货，其入账价值应当是投资各方协商确认的价值，其价值是公允的。

8. B。期末结存存货与本期发出存货的关系可用下列公式表示：期末结存存货成本=（期初结存存货成本+本期收入存货成本）-本期发出存货成本。根据上述公式，在存货价格上涨的情况下，存货计价采用先进先出法，意味着本期发出存货成本较低而期末结存存货成本较高；同时，本期发出存货成本较低导致本期利润较高。

9. D。超支差异是指存货实际成本高于计划成本的差额。因此，本题中，计划成本=18 000-360=17 640（元）

10. B。本月材料成本差异率=［-1 200+（352 800-360 000）］÷（60 000+360 000）×100%=-2%

11. B。本月材料成本差异率=［1 000+（292 000-300 000）］÷（50 000+300 000）×100%=-2%

12. C。发出存货的实际成本=发出存货的计划成本+发出存货应负担的超支差异=16 000+16 000×3%=16 480（元）

13. C。存货的实际成本=存货的计划成本+存货应负担的超支差异=50 000+2 000=52 000（元）

存货的账面价值=存货的实际成本-已计提的存货跌价准备=52 000-6 000=46 000（元）

14. A。存货的实际成本=存货的计划成本-存货应负担的节约差异=160 000-10 000=150 000（元）

存货的账面价值=存货的实际成本-已计提的存货跌价准备=150 000-20 000=130 000（元）

15. D。根据现行企业会计准则的要求，存货在资产负债表上列示的价值应当是成本与可变现净值较低者。

16. C。“成本与可变现净值孰低”中的成本是指存货的账面成本，即存货的实际成本，如果日常是按计划成本处理的，则要调整为实际成本。

17. B。企业于期末按存货可变现净值低于成本的差额计提的存货跌价准备，应记入“资产减值损失”科目。

18. D。企业的存货如果已经计提了跌价准备，则存货的账面价值是指存货的可变现净值，也就是期末调整后的账面价值。

19. B。当年应计提的存货跌价准备=当期可变现净值低于成本的差额-“存货跌价准备”科目原有余额=300 000-250 000-20 000=30 000（元）

20. A。在建工程领用的原材料用于自制专用生产设备，相应的增值税进项税额可予以抵扣，应按所领用原材料的账面成本计入有关工程项目成本。

21. B。对于无法查明原因的存货盘亏净损失，属于管理不善造成的，应计入管理费用。

22. B。存货因计量差错造成的盘亏，属于管理不善造成的，报经批准处理后应当计入管理费用。

23. D。因自然灾害造成的存货毁损净损失，属于非常原因（如自然灾害）造成的，应计入营业外支出。

24. A。随同加工费支付的增值税准许抵扣，不计入成本。收回后直接用于销售的委托加工物资的消费税计入委托加工物资的成本。

25. C。由于加工后的材料直接用于销售，消费税是计入成本的，因此委托加工物资的实际成本由三部分构成：发出委托加工物资的材料成本+不含增值税的加工费+消费税。由于受托方没有同类消费品的销售价，因此要计算消费税的组成计税价=(620+100)÷(1-10%)=800万元。消费税=800×10%=80万元。委托加工物资的实际成本=620+100+80=800万元。

26. A。由于委托加工原材料收回后继续用于生产应税消费品，因此消费税不属于委托加工材料的成本。实际成本=180+90=270（万元）

27. D。采购人员的差旅费计入当期损益，不计入存货成本。

28. D。存货的实际成本包含合理损失的5%，但不含不明原因的短缺，不明原因的短缺需要调减存货的账面价值。因此，存货的实际成本=400 000×(100%-25%)=300 000（元）

29. D。农产品的采购成本=买价+装卸费+入库前的挑选整理费。由于购进农产品允许按照买价的9%抵扣增值税，即准许从货款中抵扣12 000×9%=1 080元。采购成本=12 000-1 080+1 000+400=12 320（元）

30. A。本题考核存货的期末计量，需要根据存货成本与存货期末可变现净值孰低法确认存货的账面价值。根据题意，该批存货期末可变现净值为销售Y产品的合同价减去材料加工成产品的加工成本，再减去销售Y产品的销售税费，即10×20-95-1×20=85万元。

31. A。存货的实际单位成本应该用存货的实际总成本÷存货实际数量。存货的实际总成本为400+5.68+2+1.5=409.18万元。存货的实际单位成本为409.18÷499=0.82万元。

32. B。计算期末应计提的存货跌价准备，先要对比期末存货成本与存货可变现净值孰低。期末存货成本为(1 800-600)×0.3=360万元，期末可变现净值为1 200×0.26-1 200×0.005=306万元，成本大于可变现净值，跌价为360-306=54万元，需计提存货跌价准备。由于期初存货跌价准备为45万元，2019年出售600件存货（相当于总存货的1/3），转销存货跌价准备15万元（45万元的1/3），存货跌价准备的余额为30万元。根据备抵法，企业应当计提存货跌价准备金额为54-30=24万元。

33. B。企业于年末计提存货跌价准备金额，应先对比存货成本与可变现净值孰低。由于企业采用单项存货比较，因此逐项分析甲、乙、丙三种存货的跌价情况。甲存货成本10万元>可变现净值8万元，发生跌价2万元。由于之前已计提1万元跌价准备，因此本次期末补提1万元即可。乙存货成本12万元<可变现净值15万元，未发生跌价。由于之前已计提2万元跌价准备，因此本次期末冲减跌价准备2万元。丙存货成本18万元>可变现净值15万元，发生跌价3万元。由于之前已计提1.5万元跌价准备，因此本次期末补提1.5万元即可。综合以上三种存货的计提情况，企业补提2.5万元，冲减2万元，即最终补提0.5万元存货跌价准备即可。

34. C。实际单位成本=原材料的总成本÷原材料的实际数量。运输途中的合理损耗也是计入存货成本的，但是采购人员的差旅费不属于材料成本。因此，原材料的实际单位成本为(8 000+350+1 000+150)÷100×(1-5%)= 100 元。

35. B。计入资产负债表“存货”项目的金额应该是反映存货的账面价值的金额。因此，企业要先对比存货成本与可变现净值孰低来确定存货的账面价值。B 材料的成本为 120 万元，可变现净值为 270-160-10=100 万元，跌价了 20 万元，即存货最终的账面价值为 100 万元。

二、多项选择题参考答案

1. AC。收回后直接用于对外销售的消费税计入存货成本，而继续用于生产应税消费品的消费税允许抵扣。增值税小规模纳税人缴纳的增值税计入存货成本，但增值税一般纳税人缴纳的增值税允许抵扣，不计入存货成本。

2. ABC。用于出售的材料，应将出售材料的售价作为可变现净值的计算基础，因此选项 D 不正确。

3. ACD。根据可变现净值的计算公式，可知选项 A、选项 C、选项 D 是影响可变现净值的因素。选项 B 不属于影响可变现净值的因素。

4. ACD。根据企业会计准则的规定，在确定存货的可变现净值时，估计售价如涉及合同订立的，在合同订购数量内，以合同价为准，超出合同订购数量的或没有合同的，以市场售价为计量基础，因此选项 B 错误。

5. ACD。存货实际成本不包含采购过程的非合理损耗。

6. ABCD。各选项都会令期末存货账面价值发生增减变动。

7. ABCD。

8. ABD。工程物资属于单独核算科目，不属于存货的范畴。

9. ACD。与其他资产相比，存货具有如下特征：存货是有形资产；存货具有较大的流动性，但其流动性又低于现金等流动资产；存货具有时效性和潜在损失的可能性。

10. ABCD。包装物和低值易耗品属于制造业的周转材料；制造业的原材料是指在生产过程中经加工改变其形态或性质并构成产品主要实体的各种原料及主要材料、辅助材料、外购半成品（外购件）、修理用备件（备品备件）、包装材料等，修理用备件属于原材料。

11. CD。存货的初始计量应以取得存货的实际成本为基础，实际成本包括采购成本、加工成本和其他成本。存货的实际成本应结合存货的取得方式分别确定，作为存货入账的依据。

12. ACD。工程物资不属于企业的存货。

13. BC。采购人员差旅费应计入管理费用；增值税一般纳税人购入原材料支付的增值税进项税额可以进行抵扣。

14. ABCD。支付的增值税作为进项税额可以抵扣。

15. ABCD。后进先出法在现行企业会计准则下不能使用。

16. BD。备售产成品的可变现净值为该产成品的估计售价减估计销售税费，选项 A 不对。备售原材料的可变现净值为该原材料的估计售价减估计销售税费，选项 C 不对。

17. ABCD。自然灾害造成的净损失计入营业外支出。

三、判断题参考答案

1. √。进货费用相当于买价，进入存货成本。

2. √。投资者投入的存货，首选合同协议价，除非协议价不公允。

3. ×。用于出售的材料应当以出售材料的售价作为可变现净值的计算基础。

4. ×。超出部分按市场售价作为计算基础。

5. ×。不同行业的企业，经济业务的内容各不相同，存货的具体构成也不尽相同。例如，服务性企业的存货以办公用品、家具用具以及少量消耗性物料用品为主；商品流通企业的存货以待销售的商品为主，也包括少量的周转材料和其他物料用品；制造企业的存货不仅包括各种原材料、周转材料，还包括在产品和产成品等。

6. √。

7. √。市内零星货物运杂费和采购人员的差旅费一般计入管理费用，采购机构的经费计入销售费用。

8. ×。存货的实际成本包括采购成本、加工成本以及使存货达到目前状态发生的其他成本。

9. ×。在总价法下，应付账款按实际交易金额即总价入账，如果购货方未能在折扣期限内付款，则与一般赊购无异，不需要对丧失的现金折扣做专门处理；但若购货方在现金折扣期限内付款，则取得的现金折扣应当冲减购货成本。

10. √。

11. ×。如果购入存货超过正常信用条件延期支付价款，实质上具有融资性质的，未确认融资费用应采用实际利率法分期摊销，计入各期财务费用。

12. √。存货采购过程中发生的仓储费用以及在生产过程中为使存货达到下一个生产阶段所必需的仓储费用，属于生产过程的延续，应当计入存货成本。

13. ×。企业在存货采购过程中如果发生了存货短缺、毁损等情况，报经批准处理后，应区别情况处理：属于运输途中的合理损耗，应计入有关存货的采购成本；属于供货单位或运输单位的责任造成的存货短缺，应由责任人补足存货或赔偿货款，不计入存货的采购成本；属于自然灾害或意外事故等非常原因造成的存货毁损，报经批准处理后，将扣除保险公司和过失人赔款后的净损失计入营业外支出。

14. ×。参见上题说明。

15. √。本期发出存货与期末结存存货的关系可用下列公式表示：本期发出存货成本=(期初结存存货成本+本期收入存货成本)-期末结存存货成本。根据上述公式，高估期末存货的价值会低估本期发出存货的成本，引起本期收益的高估；低估期末存货的价值会高估本期发出存货的成本，引起本期收益的低估。

16. ×。存货计价方法一旦选定，前后各期应当保持一致，不得随意变更，但不是不得变更。如果企业会计准则要求变更或变更会使会计信息更相关、更可靠，则应当变更。

17. ×。个别计价法虽然具有成本流转与实物流转完全一致的优点，但其操作程序相当复杂，因此适用范围较窄，在会计实务中通常只用于不能替代使用的存货或为特定项目专门制造的存货的计价以及品种数量不多、单位价值较高或体积较大、容易辨认的存货的计价。

18. ×。在建工程领用的原材料，相应的增值税进项税额一般是准许抵扣的（如用于设备安装等），应按所领用存货的账面价值计入有关工程成本，相应的进项税额不需要转出。但若增值税进项税额不允许抵扣（如用于建造办公楼等），应将不允许抵扣的进项税额转出，连同所领用存货的账面价值一并计入有关工程成本。

19. ×。存货的日常核算可以采用计划成本法，但在编制会计报表时，应当按实际成本反映存货的价值。

20. ×。存货采用计划成本法核算，计划成本高于实际成本的差异称为节约差异，计划成本低于实际成本的差异称为超支差异。当然，如果这样表述可能就不容易引起误解了：存货采用计划成本法核算，实际成本低于计划成本的差异称为节约差异，实际成本高于计划成本的差异称为超支差异。

21. ×。存货采用计划成本法核算，只有外购的存货需要通过“材料采购”科目进行计价对比、确定存货成本差异，通过委托加工、投资者投入、非货币性资产交换、债务重组等取得的存货，应直接按照实际成本与计划成本之差确定存货成本差异，不需要通过“材料采购”科目进行计价对比。

22. ×。“成本与可变现净值孰低”中的“成本”，是指存货的实际成本或者说是账面成本而不是重置成本。

23. ×。企业某期计提的存货跌价准备金额，为该期期末存货的可变现净值低于成本的差额，再扣除“存货跌价准备”科目原有余额后的金额。

24. ×。产成品的可变现净值，应按产成品的估计售价减去估计的销售费用和相关税费后的金额确定。

25. ×。存货盘盈，报经批准处理后，应当冲减管理费用。

26. ×。存货盘盈应冲减管理费用，而固定资产盘盈应作为前期差错调整留存收益。

27. ×。企业因收发计量差错造成的库存存货盘亏，应计入管理费用。

28. ×。企业因管理不善而造成库存存货霉烂变质的，应将净损失计入管理费用。

四、业务题参考答案

1. 不同情况下外购存货的会计分录。

（1）原材料已验收入库，款项也已支付。

借：原材料	20 000	
应交税费——应交增值税（进项税额）	2 600	
贷：银行存款		22 600

（2）款项已经支付，但材料尚在运输途中。

①6 月 15 日，支付款项。

借：在途物资	20 000	
应交税费——应交增值税（进项税额）	2 600	
贷：银行存款		22 600

②6 月 20 日，材料运抵企业并验收入库。

借：原材料	20 000	
贷：在途物资		20 000

（3）材料已验收入库，但发票账单未到达企业。

①6 月 22 日，材料运抵企业并验收入库，但发票账单尚未到达。

不进行会计处理。

②6 月 28 日，发票账单到达企业，支付货款。

借：原材料　20 000

　　应交税费——应交增值税（进项税额）　2 600

　贷：银行存款　22 600

（4）材料已验收入库，但发票账单未到达企业。

①6 月 25 日，材料运抵企业并验收入库，但发票账单尚未到达。

不进行会计处理。

②6 月 30 日，发票账单仍未到达，对该批材料估价 20 500 元入账。

借：原材料　20 500

　贷：应付账款——暂估应付账款　20 500

③7 月 1 日，用红字冲回上月月末估价入账分录。

借：原材料　[20 500]

　贷：应付账款——暂估应付账款　[20 500]

④7 月 5 日，发票账单到达企业，支付货款。

借：原材料　20 000

　　应交税费——应交增值税（进项税额）　2 600

　贷：银行存款　22 600

2. M 公司有关会计处理如下：

（1）发出委托加工材料时：

借：委托加工物资　710 000

　贷：原材料　710 000

（2）支付加工费及相关税金时：

应支付的增值税 = 100 000×13% = 13 000（元）

应支付的消费税 = 90 000（元）

借：委托加工物资　100 000

　　应交税费——应交增值税（进项税额）　13 000

　　应交税费——应交消费税　90 000

　贷：银行存款　203 000

（3）收回加工材料时：

收回加工材料实际成本 = 710 000+100 000 = 810 000（元）

借：原材料　810 000

　贷：委托加工物资　810 000

假定 M 企业将收回的委托加工物资直接出售（不考虑价差）。

加工物资加工完收回后的最终成本 = 710 000+90 000+100 000 = 900 000（元）

支付加工费及相关税金时：

借：委托加工物资　190 000

　　应交税费——应交增值税（进项税额）　13 000

　贷：银行存款　203 000

3. 甲公司的会计处理如下：

（1）按计划成本领用原材料。

借：生产成本	235 000	
制造费用	12 000	
管理费用	3 000	
贷：原材料		250 000

（2）计算本月材料成本差异率。

材料成本差异率=[(−3 500+17 000)÷(54 000+230 000)]×100%=4.75%

（3）分摊材料成本差异。

生产成本分摊的材料成本差异=235 000×4.75%=11 162.5（元）

制造费用分摊的材料成本差异=12 000×4.75%=570（元）

管理费用分摊的材料成本差异=3 000×4.75%=142.5（元）

借：生产成本	11 162.5	
制造费用	570	
管理费用	142.5	
贷：材料成本差异		11 875

（4）计算月末结存原材料的实际成本。

“原材料”科目期末余额=(54 000+230 000)−250 000=34 000（元）

“材料成本差异”科目期末余额=(−3 500+17 000)−11 875=1 625（元）

结存原材料实际成本=34 000+1 625=35 625（元）

4. 甲公司的会计处理如下：

（1）编制销售产成品并结转产品销售成本的会计分录。

借：银行存款	3 390 000	
贷：主营业务收入		3 000 000
应交税费——应交增值税（销项税额）		390 000
借：主营业务成本	2 500 000	
贷：库存商品		2 500 000

（2）编制在建工程领用产成品的会计分录。

借：在建工程	300 000	
贷：库存商品		300 000

（3）计算本月产品成本差异率。

产品成本差异率=(14 000−107 000)÷(500 000+2 600 000)×100%=−3%

（4）分摊产品成本差异。

销售成本应负担产品成本差异=2 500 000×(−3%)=−75 000（元）

在建工程应负担产品成本差异=300 000×(−3%)=−9 000（元）

借：主营业务成本	[75 000]	
在建工程	[9 000]	
贷：产品成本差异		[84 000]

（5）计算产成品在资产负债表“存货”项目中列示的金额。

产成品期末余额=500 000+2 600 000−2 800 000=300 000（元）

产品成本差异期末余额=14 000+(-107 000)-(-84 000)= -9 000（元）

产成品在资产负债表中应填列的金额（实际成本）=300 000-9 000=291 000（元）

5. 甲公司的会计处理如下：

（1）发出A材料，委托甲公司加工低值易耗品。

借：委托加工物资　　102 000

　贷：原材料——A材料　　100 000

　　　材料成本差异　　2 000

（2）支付加工费和运杂费。

借：委托加工物资　　30 500

　贷：银行存款　　30 500

（3）支付由甲公司代收代缴的增值税。

借：应交税费——应交增值税（进项税额）　　3 900

　贷：银行存款　　3 900

（4）低值易耗品加工完成，验收入库。

低值易耗品的实际成本=102 000+30 500=132 500（元）

借：周转材料　　135 000

　贷：委托加工物资　　132 500

　　　材料成本差异　　2 500

6. 甲公司的会计处理如下：

（1）A产品可变现净值=100×(18-1)=1 700（万元）

A产品成本=100×15=1 500（万元）

可以得知，A产品可变现净值大于A产品成本，则A产品不需要计提存货跌价准备。

2021年12月31日A产品在资产负债表“存货”项目中列示的金额为1 500万元。

（2）①签订合同部分（300台）。

可变现净值=300×(5-0.3)=1 410（万元）

成本=300×4.5=1 350（万元）

签订合同部分不需要计提存货跌价准备。

②未签订合同部分（200台）。

可变现净值=200×(4-0.4)=720（万元）

成本=200×4.5=900（万元）

应计提存货跌价准备=(900-720)-50=130（万元）

借：资产减值损失　　1 300 000

　贷：存货跌价准备　　1 300 000

B产品期末在资产负债表“存货”项目中列示的金额=1 350+720=2 070（万元）

（3）可变现净值=1 000×(4.5-0.5)=4 000（万元）

产品成本=1 000×3.7=3 700（万元）

产品可变现净值高于成本，期末存货跌价准备科目余额为0。

应转回的存货跌价准备=270-195=75（万元）

借：存货跌价准备　　750 000

　贷：资产减值损失　　750 000

C 产品期末在资产负债表“存货”项目中列示的金额为 3 700 万元。

（4）D 产品可变现净值=400×(3-0.3)=1 080（万元）

D 产品的成本=400×2.25+400×0.38=1 052（万元）

由于 D 产品未发生减值，因此 D 原材料不需要计提存货跌价准备。

D 原材料期末在资产负债表“存货”项目中列示的金额为 900 万元。

（5）E 配件是用于生产 E 产品的，因此应先判断 E 产品是否减值。

E 产品可变现净值=80×(57.4-2.4)=4 400（万元）

E 产品成本=100×24+80×34=5 120（万元）

E 产品发生减值，进一步判断 E 配件的减值金额。

E 配件可变现净值=80×(57.4-34-2.4)=1 680（万元）

E 配件成本=100×24=2 400（万元）

E 配件应计提的存货跌价准备=2 400-1 680=720（万元）

借：资产减值损失　　7 200 000

　贷：存货跌价准备——E 配件　　7 200 000

E 配件期末在资产负债表“存货”项目中列示的金额为 1 680 万元。

7. D 公司的会计处理如下：

（1）2021 年年末，由于 D 公司持有的笔记本电脑数量（14 000 台）多于已经签订销售合同的数量（10 000 台），因此销售合同约定数量 10 000 台应以合同价格作为计量基础，超过部分（4 000 台）的可变现净值应以一般销售价格作为计量基础。

①有合同部分：

可变现净值=10 000×1.5-10 000×0.05=14 500（万元）

账面成本=10 000×1.41=14 100（万元）

成本低于可变现净值，没有发生减值，计提存货跌价准备金额为 0。

②没有合同的部分：

可变现净值=4 000×1.3-4 000×0.05=5 000（万元）

账面成本=4 000×1.41=5 640（万元）

可变现净值低于成本，发生了减值，计提存货跌价准备金额=5 640-5 000=640（万元）

③编制会计分录如下：

借：资产减值损失　　6 400 000

　贷：存货跌价准备　　6 400 000

（2）①2022 年 3 月 6 日向 M 公司销售笔记本电脑 10 000 台。

借：银行存款　　175 500 000

　贷：主营业务收入　　150 000 000

　　应交税费——应交增值税（销项税额）　　25 500 000

借：主营业务成本　　141 000 000

　贷：库存商品　　141 000 000

②2022 年 4 月 6 日销售笔记本电脑 1 000 台，市场销售价格为每台 1.2 万元。

借：银行存款　　14 040 000

　贷：主营业务收入　　12 000 000

　　应交税费——应交增值税（销项税额）　　2 040 000

借：主营业务成本　　14 100 000
　贷：库存商品　　14 100 000

因销售应结转的存货跌价准备＝640×1 000÷4 000＝160（万元）

借：存货跌价准备　　1 600 000
　贷：主营业务成本　　1 600 000

2022 年年末剩余笔记本电脑的成本＝3 000×1. 41＝4 230（万元）

可变现净值＝3 000×1. 3＝3 900（万元）

期末存货跌价准备应有余额＝4 230－3 900＝330（万元）

存货跌价准备账户已有金额＝640－160＝480（万元）

转回存货跌价准备＝480－330＝150（万元）

借：存货跌价准备　　1 500 000
　贷：资产减值损失　　1 500 000

8. 飞翔公司的会计处理如下：

（1）编制相关会计分录如下：

①借：原材料　　3 600 000
　　应交税费——应交增值税（进项税额）　　468 000
　贷：应付票据　　4 068 000

②借：应收账款　　2 260 000
　贷：主营业务收入　　2 000 000
　　应交税费——应交增值税（销项税额）　　260 000
借：主营业务成本　　1 600 000
　贷：库存商品　　1 600 000
借：销售费用　　40 000
　贷：银行存款　　40 000

③借：在建工程　　400 000
　贷：原材料　　400 000

④借：生产成本　　1 400 000
　贷：原材料　　1 400 000
借：生产成本　　200 000
　贷：应付职工薪酬　　200 000
借：库存商品　　1 600 000
　贷：生产成本　　1 600 000

⑤借：待处理财产损溢　　200 000
　贷：原材料　　200 000
借：营业外支出　　200 000
　贷：待处理财产损溢　　200 000

⑥4 月末库存原材料甲的账面成本＝360－40－140－20＝160（万元）

可变现净值为 100 万元，不需计提存货跌价准备。

库存 A 产品的账面成本＝200－160+160＝200（万元）

可变现净值为 180 万元，需计提存货跌价准备 20 万元。

借：资产减值损失　　200 000
　贷：存货跌价准备　　200 000
（2）4 月末在资产负债表“存货”中项目中列示的金额＝160+180＝340（万元）
9. 甲公司会计处理如下（答案以万元为单位）：
（1）①借：原材料——W 材料　　217.80
　　　　应交税费——应交增值税（进项税额）　　28.08
　　　贷：其他货币资金——银行汇票存款　　245.88
借：银行存款　　54.12
　贷：其他货币资金——银行汇票存款　　54.12
②借：原材料——W 材料　　163.40
　　应交税费——应交增值税（进项税额）　　21.19
　贷：应付票据　　184.59
③借：原材料——W 材料　　1 415
　　应交税费——应交增值税（进项税额）　　183.95
　贷：实收资本　　1 598.95
④借：银行存款　　193.23
　贷：其他业务收入　　171
　　应交税费——应交增值税（销项税额）　　22.23
（2）W 材料加权平均成本＝(385+217.8+163.4+1 415)÷(1 400+800+590+5 000)＝0.28（万元/千克）
（3）①借：待处理财产损溢　　14
　　　贷：原材料——W 材料　　14
　　借：营业外支出　　4
　　　　其他应收款　　10
　　　贷：待处理财产损溢　　14
②借：生产成本——A 产品　　268.8
　　　　　　——B 产品　　291.2
　　制造费用　　196
　　管理费用　　126
　贷：原材料——W 材料　　882
借：委托加工物资　　28
　贷：原材料　　28
结转销售材料的成本的会计分录如下：
借：其他业务成本　　168
　贷：原材料——W 材料　　168
（4）W 材料账面余额＝(385+217.8+163.4+1 415)−14−882−28−168＝1 089.2（万元）
（5）W 材料可变现价值是 1 000 万元，小于存货账面成本，应计提存货跌价准备＝1 089.2−1 000＝89.2（万元）
借：资产减值损失　　89.2
　贷：存货跌价准备　　89.2
（6）W 材料计入资产负债表“存货”项目的金额＝1 000（万元）

第四章
金融资产

第一节　学习指导

一、本章结构

本章结构如图 4-1 所示。

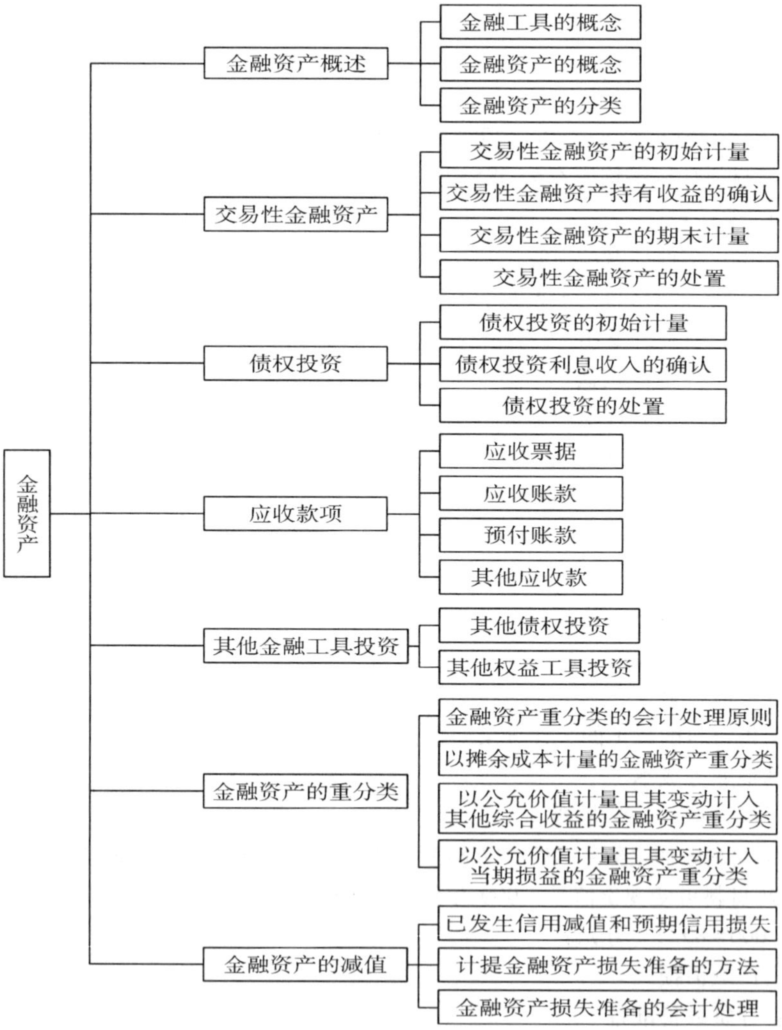

图 4-1　本章结构

二、学习目的和要求

了解：金融工具、金融资产及其分类标准和具体分类，各应收款项的性质。

理解：各类金融资产减值的原理。

掌握：各类金融资产初始计量及后续计量的规则和方法，各类金融资产处置的会计处理方法；其他应收款和预付账款的账务处理；应收票据的确认与贴现的账务处理；应收账款的计价、坏账的确认及其账务处理方法。

三、本章重点难点

1. 金融资产及其分类

金融资产是指企业持有的现金、其他方的权益工具以及符合下列条件之一的资产：从其他方收取现金或其他金融资产的合同权利；在潜在有利条件下，与其他方交换金融资产或金融负债的合同权利；将来须用或可用企业自身权益工具进行结算的非衍生工具合同，且企业根据该合同将收到可变数量的自身权益工具；将来须用或可用企业自身权益工具进行结算的衍生工具合同，但以固定数量的自身权益工具交换固定金额的现金或其他金融资产的衍生工具合同除外。

我国《企业会计准则22号——金融工具确认和计量》规定，企业应根据其管理金融资产的业务模式和金融资产的合同现金流量特征，从金融资产后续计量的角度将金融资产分为以下三类：以摊余成本计量的金融资产，以公允价值计量且其变动计入其他综合收益的金融资产，以公允价值计量且其变动计入当期损益的金融资产。企业对金融资产的分类一经确定，不得随意变更。

2. 债权投资的含义与特征

债权投资是指企业业务管理模式是以特定日期收取合同现金流量为目的的金融资产，具体指企业购入的到期日固定、回收金额固定或可确定，且有明确意图和能力持有至到期的各种债券投资。从企业管理金融资产的业务模式看，管理者的意图是持有到期，不准备随时出售，其特征是收取合同现金流量，即在到期日收取的合同现金流量仅为本金和以未偿付本金金额为基础的利息。

3. 债权投资的初始计量

债权投资的成本应当按取得时的公允价值计量，相关交易费用应当计入初始确认金额。交易费用是指可直接归属于购买、发行或处置债权投资新增的外部费用。新增的外部费用是指企业不购买、发行或处置债权投资就不会发生的费用，包括支付给代理机构、咨询公司、券商、证券交易所、政府有关部门等的手续费、佣金、相关税费以及其他必要支出。

如果实际支付的价款中包含已到付息期但尚未领取的债券利息，企业应将其单独确认为应收项目，不构成债权投资的初始入账金额。企业应当设置“债权投资”科目，并按照债权投资的类别和品种，分别按照“成本”“利息调整”“应计利息”等进行明细核算。其中，“成本”明细科目反映债权投资的面值；“利息调整”明细科目反映债权投资的初始入账金额与面值的差额以及按照实际利率法分期摊销后该差额的摊余金额；“应计利息”明细科目反映企业计提的到期一次还本付息债权投资应计未付的利息。

4. 摊余成本与实际利率法

债权投资的后续计量应当采用实际利率法，按摊余成本计量。债权投资的摊余成本是指持有债权投资的初始确认金额经过下列调整后的结果：一是扣除已偿还的本金；二是加上或减去采用实际利率法将该初始确认金额与到期日金额之间的差额进行摊销形成的累计摊销额；三是扣除累计计提的损失准备（仅限于金融资产）。

实际利率法是指按照债权投资的实际利率计算其摊余成本及各期利息收入的方法。其中，实际利率是指将债权投资在预期存续期间或适用的更短期间内的未来现金流量，折现为债权投资当前账面价值所使用的利率。实际利率法是以债权投资的期初摊余成本乘以实际利率作为当期利息收入，以当期利息收入与按面值和票面利率计算确定的当期应收利息的差额，作为当期利息调整摊销额，以期初摊余成本加上或减去当期利息调整摊销额作为期末摊余成本的一种方法。

实际利息收入、应收利息、利息调整摊销额之间的关系可用公式表示如下：

实际利息收入=债权投资摊余成本×实际利率

应收利息=面值（到期日金额）×票面利率（名义利率）

利息调整摊销额=利息收入-应收利息

在债权投资既不存在已偿还的本金也未发生减值损失的情况下，其摊余成本可用公式表示如下：

摊余成本=初始入账金额±利息调整累计摊销额

=面值±利息调整摊余金额

5. 债权投资的提前出售与到期兑现

如果有证据表明企业持有意图或能力发生变化，使某项投资不再适合债权投资，企业可能会将该项投资提前予以出售。企业提前出售债权投资时，应将取得的价款与该投资账面价值之间的差额计入投资收益。其中，投资的账面价值是指投资的账面余额扣除已计提的减值准备后的差额。企业出售的债权投资已计提减值准备的，在出售时还应同时结转相应的减值准备。

债权投资的到期兑现是指债权投资的期限已满时按面值收回投资和应收未收的利息。如果该债券是分期付息的，到期时企业可以收回债券的面值；如果该债券是一次付息的，到期时企业可以收回债券的面值和利息。企业收回债券的面值和利息时，应借记“银行存款”科目，贷记“债权投资”科目。

6. 债权投资的期末计量

债权投资的期末价值应当采用摊余成本计量，不考虑市价变动的影响。企业应当在资产负债表日对债权投资的账面价值进行检查，如有客观证据表明债权投资发生减值，应当计提减值准备。金融资产发生减值的客观证据是指金融资产初始确认后实际发生的、对该金融资产的预计未来现金流量有影响，且企业能够对该影响进行可靠计量的事项。

在会计期末，如果债权投资发生减值，企业应当按其账面价值减计至预计未来现金流量的现值，将减计的金额确认为减值损失，计入当期损益。债权投资计提减值准备后，如有确凿证据表明其价值又得以恢复，且客观上与确认该损失时发生的事项有关（如债务人原已降低的信用评级又得以提高等），已计提的减值准备应当予以转回，计入当期损益。但是，转回减值准备后的账面价值不应当超过假定不计提减值准备情况下，该债权投资在转回日的摊余成本。

资产负债表日债权投资发生减值的，应按确定的减值金额，借记“资产减值损失”科目，贷记“债权投资减值准备”科目；已计提减值准备的债权投资，若其价值之后又得以恢复，应在原已计提的减值准备金额内，按应恢复的账面价值借记“债权投资减值准备”科目，贷记“资产减值损失”科目。

7. 以公允价值计量且其变动计入其他综合收益的金融资产的含义及构成

同时符合以下两个条件的资产即为以公允价值计量且其变动计入其他综合收益的金融资产：第一，企业管理金融资产的业务模式既以收取合同现金流量为目标又以出售该金融资产为目标；第二，该金融资产的合同条款规定，在特定日期产生的合同现金流量仅为本金和以未偿付本金金额为基础的利息支付。

企业在初始确认时，除符合上述条件的金融资产外，还可以将非交易性权益工具投资（如企业持有的限售股等）指定为以公允价值计量且其变动计入其他综合收益的金融资产，并确认股票股利。该指定一经决定不得撤销。以公允价值计量且其变动计入其他综合收益的金融资产主要包括其他债权投资和其他权益工具投资。

8. 其他债权投资的初始计量

企业取得债券如确认为其他债权投资，初始成本包括该债券交易日的公允价值和相关交易费用之和。如果支付的价款中包含已到付息期但尚未领取的利息，应单独确认为应收项目，不构成其他债权投资的初始入账金额。以后收到支付的价款中包含的已到付息期但尚未领取的利息时，借记“银行存款”科目，贷记“应收利息”科目。企业应设置“其他债权投资”科目，并设置“成本”“利息调整”“应计利息”“公允价值变动”明细科目核算其他债权投资的取得及变动业务。

9. 其他债权投资收益的确认与期末计量

企业在持有其他债权投资期间，应按照债券的摊余成本和初始确认的实际利率确定投资收益；根据票面利息（应收利息），借记“其他债权投资——应计利息”或“应收利息”等科目；根据实际利息收入，贷记“投资收益”科目；根据两者的差额贷记“其他债权投资——利息调整”科目。其他债权投资的期末计量应以公允价值为基础，因公允价值变动形成的未实现利得和损失，作为所有者权益变动，计入其他综合收益，借记或贷记“其他债权投资——公允价值变动”科目，贷记或借记“其他综合收益——其他债权投资公允价值变动”科目。

资产负债表日，其他债权投资的公允价值高于其账面余额时，应按两者之间的差额调增其他债权投资的账面余额，同时将公允价值变动计入其他综合收益，借记“其他债权投资——公允价值变动”科目，贷记“其他综合收益——其他债权投资公允价值变动”科目；其他债权投资低于其账面余额时，应按两者之间的差额调减其他债权投资的账面余额，同时按公允价值变动计入其他综合收益，借记“其他综合收益——其他债权投资公允价值变动”科目，贷记“其他债权投资——公允价值变动”科目。

10. 其他权益工具投资的初始计量

企业取得的股权投资如确认为其他权益工具投资，初始成本包括该债券交易日的公允价值和相关交易费用之和。如果支付的价款中包含已宣告但尚未发放的现金股利，应单独确认为应收项目，不构成其他权益工具投资的初始入账金额。以后收到支付的价款中包含的已宣告但尚未发放的现金股利时，借记“银行存款”科目，贷记“应收股利”科目。企业应设置“其他权益工具投资”科目，并设置“成本”“公允价值变动”明细科目核算其他权益工具投资的取得及变动业务。

11. 其他权益工具投资的期末计量

其他权益工具投资在期末应以公允价值计量。资产负债表日，其他权益工具投资的公允价值高于其账面余额时，企业应按两者之间的差额调增其他权益工具投资的账面余额，同时将公允价值变动计入所有者权益，借记“其他权益工具投资——公允价值变动”科目，贷记“其他综合收益”科目；其他权益工具投资的公允价值低于其账面余额时，企业应按两者之间的差额，调减其他权益工具投资的账面余额，同时按公允价值变动减计所有者权益，借记“其他综合收益”科目，贷记“其他权益工具投资——公允价值变动”科目。

12. 以公允价值计量且其变动计入当期损益的金融资产的初始计量与后续计量

根据以公允价值计量且其变动计入当期损益的金融资产的特征，该金融资产的初始确认金额应当按照公允价值计量。公允价值通常为金融资产和金融负债的交易价格，相关的交易费用在发生时直接计入当期损益。

企业在持有以公允价值计量且其变动计入当期损益的金融资产期间，会产生一定的收益，如获得的现金股利或债券利息，应当确认为投资收益。包含在取得以公允价值计量且其变动计入当期损益的金融资产投资时支付的价款中已宣告但尚未发放的现金股利或已到付息期但尚未领取的债券利息，属于投资者在购买时垫付的资金，是一种债权，在实际收到时应冲减已记录的应收股利或应收利息，不能确认为投资收益。

资产负债表日，以公允价值计量且其变动计入当期损益的金融资产应按公允价值反映，公允价值的变动计入当期损益。资产负债表日，以公允价值计量且其变动计入当期损益的金融资产的公允价值高于其账面余额时，企业应按两者之间的差额调增其账面余额，同时确认公允价值上升的收益，借记“交易性金融资产——公允价值变动”科目，贷记“公允价值变动损益”科目；以公允价值计量且其变动计入当期损益的金融资产的公允价值低于其账面余额时，企业应按两者之间的差额调减其账面余额，同时确认公允价值下降的损失，借记“公允价值变动损益”科目，贷记“交易性金融资产——公允价值变动”科目。

第二节　练习题

一、单项选择题

1. 下列选项中，不属于金融资产的是（　　）。

A. 预付账款　　B. 应收账款

C. 债权投资　　D. 其他权益工具投资

2. 甲公司取得债务工具，以收取合同现金流量和出售债务工具为目标的业务模式应划分的金融资产类别为（　　）。

A. 以公允价值计量且其变动计入当期损益的金融资产

B. 以摊余成本计量的金融资产

C. 以公允价值计量且其变动计入其他综合收益的金融资产

D. 流动资产

3. 下列选项中，不在“交易性金融资产”科目核算的业务是（　　）。

A. 随时准备出售的债权投资

B. 随时准备出售的股票投资

C. 能够随时变现的基金

D. 以摊余成本计量的债权投资

4. 企业购入股票作为以公允价值计量且其变动计入当期损益的金融资产，初始入账金额是（　　）。

A. 股票的面值

B. 股票的公允价值

C. 实际支付的全部价款

D. 股票的公允价值与交易税费之和

5. 关于交易性金融资产的初始计量，下列选项中，正确的是（　　）。

A. 按公允价值计量，交易费用计入当期损益，应收项目应单独确认

B. 按公允价值加上交易费用之和计量

C. 按取得时所发生的全部支出计量

D. 按买价加上交易费用扣除应收项目金额计量

6. 企业取得以公允价值计量且其变动计入当期损益的金融资产支付的手续费等相关交易费用，应计入的项目是（　　）。

A. 投资收益　　B. 管理费用　　C. 财务费用　　D. 初始入账金额

7. 2×21 年 3 月 1 日，A 公司支付价款 520 万元（含已宣告但尚未发放的现金股利 24 万元）购入 B 公司股票并划分为交易性金融资产，另外支付交易税费 1.6 万元。2×21 年 4 月 30 日，A 公司收到购买股票价款中所包含的现金股利。2×21 年 12 月 31 日，B 公司股票的公允价值为 480 万元。2×21 年 12 月 31 日，B 公司股票在资产负债表中列示的金额是（　　）万元。

A. 480　　B. 496　　C. 497　　D. 521

8. 甲企业以每股 3.60 元的价格购入 D 公司股票 36 000 股作为交易性金融资产，并支付交易税费 540 元。股票的买价中包括了每股 0.20 元已宣告但尚未发放的现金股利。该交易性金融资产的初始入账金额是（　　）元。

A. 122 940　　B. 122 400　　C. 129 600　　D. 130 140

9. 甲企业于 2021 年 11 月 2 日从证券市场购入 A 公司股票 100 万股，作为交易性金融资产，每股市价 6 元（含已宣告但尚未发放的现金股利 1 元），另支付交易费用 8 万元。2021 年 12 月 31 日，该股票的公允价值为 503 万元。甲公司应确认的公允价值变动损益为（　　）。

A. 损失 5 万元　　B. 损失 97 万元　　C. 收益 3 万元　　D. 损失 105 万元

10. 2×21 年 1 月 1 日，W 公司购入甲公司于 2×20 年 1 月 1 日发行的面值为 200 万元、期限为 5 年、票面利率为 6%、每年 12 月 31 日付息的债券并划分为交易性金融资产，实际支付购买价款 216 万元（包括已到付息期的债券利息 12 万元，交易税费 0.4 万元）。甲公司购入债券的初始入账金额是（　　）万元。

A. 203.6　　B. 200　　C. 204　　D. 215.6

11. 2×21 年 1 月 1 日，甲公司购入乙公司于当日发行的面值为 360 万元、期限为 3 年、票面利率为 8%、每年 12 月 31 日付息的债券并划分为交易性金融资产，实际支付

购买价款 378 万元（包括交易税费 0.9 万元）。乙公司购入债券的初始入账金额是（　　）万元。

A. 360　　B. 360.9　　C. 377.1　　D. 378

12. 在资产负债表日，交易性金融资产在资产负债表上列示的价值是（　　）。

A. 公允价值　　B. 可变现净值
C. 初始入账金额　　D. 成本与市价较低者

13. 企业将持有的交易性金融资产（股票）出售，实际收到出售价款 144 000 元。在出售日，该交易性金融资产的账面价值为 135 000 元，已计入应收股利但尚未收取的现金股利为 3 600 元。处置该交易性金融资产时确认的处置损益是（　　）元。

A. 3 600　　B. 9 000　　C. 5 400　　D. 12 600

14. 2×21 年 4 月 1 日，甲公司支付价款 164.8 万元（含已宣告但尚未发放的现金股利 4.8 万元）购入 D 公司股票并划分为交易性金融资产，另外支付交易税费 0.4 万元。2×21 年 4 月 30 日，甲公司收到购买股票价款中所包含的现金股利。2×21 年 12 月 31 日，D 公司股票的公允价值为 224 万元。2×22 年 2 月 20 日，甲公司将 D 公司股票出售，实际收到价款 240 万元。甲公司出售 D 公司股票时应确认的投资收益是（　　）万元。

A. 10.8　　B. 16　　C. 80　　D. 75.2

15. 2×21 年 1 月 1 日，A 公司购入甲公司于 2×21 年 1 月 1 日发行的面值为 1 000 万元、期限为 5 年、票面利率为 6%、每年 12 月 31 日付息的债券并划分为交易性金融资产，实际支付购买价款 1 100 万元（包括已到付息期的债券利息 60 万元，交易税费 2 万元）。2×22 年 1 月 10 日，A 公司收到购买价款中包含的甲公司债券利息 60 万元；2×22 年 12 月 31 日，甲公司债券的公允价值为 1 080 万元。2×22 年 12 月 31 日，甲公司债券在资产负债表上列示的金额是（　　）万元。

A. 1 000　　B. 1 040　　C. 1 100　　D. 1 080

16. 2×21 年 1 月 1 日，W 公司购入 D 公司于 2×20 年 1 月 1 日发行的面值为 900 万元、期限为 4 年、票面利率为 6%、每年 12 月 31 日付息的债券并划分为交易性金融资产，实际支付购买价款 975 万元（包括已到付息期的债券利息 54 万元，交易税费 3 万元）。2×21 年 1 月 10 日，W 公司收到购买价款中包含的 D 公司债券利息 54 万元。2×21 年 12 月 31 日，D 公司债券的公允价值为 930 万元。2×22 年 1 月 10 日，W 公司收到 D 公司债券 2×21 年度利息 54 万元。2×22 年 3 月 1 日，W 公司将 D 公司债券出售，实际收到价款 937.5 万元。W 公司出售 D 公司债券时应确认的投资收益是（　　）万元。

A. 7.5　　B. 16.5　　C. 19.5　　D. 37.5

17. 企业购入债券作为以摊余成本计量的金融资产，该债券的初始入账金额是（　　）。

A. 债券面值　　B. 债券面值加相关交易费用
C. 债券公允价值　　D. 债券公允价值加相关交易费用

18. 2×21 年 1 月 1 日，甲公司购入 A 公司于 2×20 年 1 月 1 日发行的面值为 3 000 万元、期限为 4 年、票面利率为 6%、每年 12 月 31 日付息的债券并划分为债权投资，实际支付购买价款 3 200 万元（包括已到付息期的债券利息 180 万元，交易税费 10 万元）。该债券的初始入账金额为（　　）万元。

A. 3 000　　B. 3 100　　C. 3 020　　D. 3 200

19. 企业购入债券作为债权投资，支付的价款中所包含的已到付息期但尚未领取的利息应当作为（　　）。

A. 利息调整　　B. 投资收益　　C. 初始入账金额　　D. 应收利息

20. 企业购入债券作为债权投资，该债券初始入账金额与其面值的差额在取得债券时应当作为（　　）。

A. 利息调整　　B. 投资收益　　C. 应计利息　　D. 财务费用

21. 2×21 年 1 月 1 日，甲企业支付 26 625 元（含已到付息期的债券利息）购入 2×20 年 1 月 1 日发行的面值为 25 000 元、票面利率为 6%、期限为 4 年、每年 12 月 31 日付息的债券作为债权投资。甲企业应记入“债权投资——成本”科目的金额为（　　）元。

A. 25 000　　B. 25 125　　C. 26 500　　D. 26 625

22. 2×21 年 1 月 1 日，A 企业支付 42 600 元（含已到付息期的债券利息）购入 2×20 年 1 月 1 日发行的面值为 40 000 元、票面利率为 5%、期限为 4 年、每年 12 月 31 日付息的债券作为债权投资。A 企业应记入“债权投资——利息调整”科目的金额为（　　）元。

A. 2 600　　B. 2 000　　C. 1 000　　D. 600

23. 2×21 年 1 月 1 日，A 公司购入甲公司于 2×20 年 1 月 1 日发行的面值为 3 000 万元、期限为 5 年、票面利率为 6%、每年 12 月 31 日付息的债券并划分为债权投资，实际支付购买价款 3 070 万元（包括已到付息期的债券利息 180 万元，交易税费 10 万元）。该债券的初始入账金额为（　　）万元。

A. 2 880　　B. 2 890　　C. 3 060　　D. 3 072

24. 2×21 年 1 月 1 日，甲公司购入 A 公司于 2×20 年 1 月 1 日发行的面值为 1 800 万元、期限为 4 年、票面利率为 6%、每年 12 月 31 日付息的债券并划分为债权投资，实际支付购买价款 1 971 万元（包括已到付息期的债券利息 108 万元，交易税费 9 万元）。购入债券时确定的实际利率为 5%。2×21 年 1 月 10 日，甲公司收到购买价款中包含的 A 公司债券利息 108 万元。2×21 年 12 月 31 日，甲公司确认投资收益并摊销利息调整后，A 公司债券的摊余成本为（　　）万元。

A. 1 838. 7　　B. 1 848. 15　　C. 1 869. 3　　D. 1 877. 85

25. 2×21 年 1 月 1 日，A 公司购入甲公司于 2×20 年 1 月 1 日发行的面值为 1 500 万元、期限为 4 年、票面利率为 6%、每年 12 月 31 日付息的债券并划分为债权投资，实际支付购买价款 1642. 5 万元（包括已到付息期的债券利息 90 万元，交易税费 7. 5 万元）。购入债券时确定的实际利率为 5%。2×21 年 1 月 10 日，A 公司收到购买价款中包含的甲公司债券利息 90 万元。2×21 年 12 月 31 日，A 公司确认投资收益并摊销利息调整后，“债权投资——利息调整”科目余额为（　　）万元。

A. 32. 25　　B. 57. 75　　C. 40. 125　　D. 64. 875

26. 企业持有的下列投资中，投资对象可以是债券但不能是股票的是（　　）。

A. 交易性金融资产　　B. 债权投资

C. 随时出售的基金　　D. 长期股权投资

27. 在资产负债表日，债权投资的价值通常是指（　　）。

A. 债券的入账成本　　B. 债券的公允价值

C. 债券的摊余成本　　D. 债券的面值

28. 企业按低于面值的成本购入债券作为债权投资，如果该债券在持有期间没有计提减值准备也没有收回部分本金，其摊余成本是指（　　）。

A. 债券面值加尚未摊销的利息调整　　B. 债券面值减尚未摊销的利息调整

C. 债券面值加已经摊销的利息调整　　D. 债券面值减已经摊销的利息调整

29. 根据企业会计准则的要求，企业购入债券作为其他债权投资，其初始入账金额与债券面值的差额的会计处理是（　　）。

A. 直接计入当期损益　　B. 采用直线法分期摊销

C. 不需要分期摊销　　D. 采用实际利率法分期摊销

30. 企业在持有其他债权投资期间获得的利息，应当计入（　　）。

A. 投资收益　　B. 公允价值变动损益

C. 财务费用　　D. 其他业务收入

31. 其他债权投资期末公允价值的变动，应当计入（　　）。

A. 公允价值变动损益　　B. 投资收益

C. 其他综合收益　　D. 盈余公积

32. 2×21 年 1 月 1 日，D 公司购入乙公司于当日发行的面值为 3 600 万元、期限为 5 年、票面利率为 6%、每年 12 月 31 日付息的债券并划分为其他债权投资，实际支付的购买价款为 3 528 万元。其中，购买日的公允价值为 3 300 万元，已到付息期的债券利息为 216 万元，交易税费为 12 万元，购入债券时确定的实际利率为 8%。2×21 年 1 月 10 日，D 公司收到购买价款中包含的乙公司债券利息 216 万元。2×21 年 12 月 31 日，乙公司债券的公允价值为 3 240 万元，D 公司确认的乙公司债券公允价值变动损失的金额是（　　）万元。

A. 23.04　　B. 60　　C. 72　　D. 120.96

33. 关于其他权益工具投资，下列选项中，应确认为当期投资收益的是（　　）。

A. 资产负债表日公允价值高于账面价值的差额

B. 收到的价款高于其账面余额的差额

C. 期末公允价值与账面价值的差额。

D. 持有期间获得的现金股利

34. 甲公司于 2019 年 3 月 15 日购入乙公司 5%的股权（不具有重大影响），直接指定为以公允价值计量且其变动计入其他综合收益的金融资产。甲公司实际支付价款 100 万元，另支付交易费用 1 万元。乙公司已于 2019 年 2 月 28 日宣告发放现金股利 50 万元。2019 年 3 月 25 日，乙公司支付现金股利。2019 年年末，该股权公允价值为 110 万元。2020 年 2 月 25 日，乙公司宣告发放现金股利 80 万元。2020 年 3 月 1 日，甲公司将该股权投资出售，价款 120 万元。在处置时，甲公司应确认投资收益的金额为（　　）万元。

A. 0　　B. 10　　C. 21.5　　D. 20.5

35. 甲公司 2019 年 3 月 15 日购入乙公司 5%的股权（不具有重大影响），直接指定为以公允价值计量且其变动计入其他综合收益的金融资产。甲公司实际支付价款 100 万元，另支付交易费用 1 万元。乙公司已于 2019 年 2 月 28 日宣告发放现金股利 50 万元。2019 年 3 月 25 日，乙公司支付现金股利。2019 年年末，该股权公允价值为 110 万元。2020 年 2 月 25 日，乙公司宣告发放现金股利 80 万元。2020 年 3 月 1 日，甲公司将该股权投资出售，价款 120 万元。甲公司该项股权投资累计确认投资收益金额为（　　）万元。

A. 4　　B. 14　　C. 23　　D. 16.5

二、多项选择题

1. 金融资产的分类标准是（　　）。

A. 企业管理金融资产的业务模式　　B. 企业管理层的意图

C. 金融资产的合同现金流量特征　　D. 企业管理层的指定

2. 金融资产同时符合（　　）条件的，应当分类为以公允价值计量且其变动计入其他综合收益的金融资产。

A. 企业管理该金融资产的业务模式以收取合同现金流量为目标

B. 该金融资产的合同条款规定，在特定日期产生的现金流量，仅为对本金和以未偿付本金金额为基础的利息的支付

C. 企业管理该金融资产的业务模式以出售该金融资产为目标

D. 企业管理该金融资产的业务模式既以收取合同现金流量为目标又以出售该金融资产为目标

3. 以摊余成本计量的金融资产的核算特点有（　　）。

A. 按公允价值进行初始计量（不包括交易费用）

B. 按公允价值进行初始计量（包括交易费用）

C. 按公允价值进行后续计量

D. 按摊余成本进行后续计量

4. 下列选项中，可作为交易性金融资产的有（　　）。

A. 企业以赚取差价为目的从二级市场购入的股票

B. 企业以赚取差价为目的从二级市场购入的债券

C. 企业以赚取差价为目的从二级市场购入的基金

D. 企业赊销商品确认的应收账款

5. 以公允价值进行后续计量的金融资产有（　　）。

A. 交易性金融资产　　B. 债权投资

C. 应收款项　　D. 其他债权投资

6. 下列选项中，属于以摊余成本计量的金融资产有（　　）。

A. 应收票据

B. 其他应收款

C. 应收账款

D. 准备持有以收取合同现金流量的债券投资

7. 金融资产的摊余成本是指该金融资产的初始确认金额经（　　）调整后的结果。

A. 扣除已收回的本金

B. 加上或减去采用实际利率法将该初始确认金额与到期日金额之间的差额进行摊销形成的累积摊销额

C. 扣除已发生的减值损失

D. 扣除未来信用损失

8. 金融资产发生减值的客观证据包括（　　）。

A. 发行方或债务人发生严重财务困难

B. 债务人违反了合同条款，如偿付利息或本金发生违约、逾期等

C. 权益工具投资的公允价值发生严重或非暂时性下跌

D. 债务人很可能倒闭或进行其他财务重组

9. 交易费用应当计入初始入账价值的金融资产有（　　）。

A. 交易性金融资产　　B. 债权投资

C. 其他权益工具投资　　D. 其他债权投资

10. 对购入或源生的已发生信用减值的金融资产，企业分类为以摊余成本计量的金融资产，计算利息收入时，直接影响利息收入计算的因素有（　　）。

A. 该金融资产的摊余成本　　B. 经信用调整的实际利率

C. 该金融资产的公允价值　　D. 实际利率

11. 企业购入某公司债券，分类为以摊余成本计量的金融资产，假设该债券每年年末付息一次，到期还本。在核算时，企业应设置的总账及其明细科目有（　　）。

A. "债权投资——成本"　　B. "债权投资——利息调整"

C. "债权投资——应计利息"　　D. "应收利息"

12. 企业购入某公司债券，分类为以公允价值计量且其变动计入其他综合收益的金融资产，应设置"其他债权投资"科目，明细科目可能有（　　）。

A. "面值"　　B. "利息调整"

C. "公允价值变动"　　D. "应计利息"

13. 企业将一项直接指定为以公允价值计量且其变动计入其他综合收益的金融资产处置时，下列选项中，能够发生变动的有（　　）。

A. 其他权益工具投资　　B. 盈余公积

C. 未分配利润　　D. 其他综合收益

14. 下列选项中，属于按计量方法表述的金融资产的项目有（　　）。

A. 按成本计量的金融资产　　B. 按公允价值计量的金融资产

C. 按摊余成本计量的金融资产　　D. 应收账款

15. 企业对有关以公允价值计量且其变动计入当期损益的金融资产的下列交易或事项进行会计处理时，涉及"投资收益"科目的有（　　）。

A. 取得投资时支付的交易费用

B. 取得投资时支付的价款中包含的现金股利

C. 持有期间获得的现金股利

D. 持有期间获得的股票股利

16. "交易性金融资产"科目下应设置的明细科目有（　　）。

A. "成本"　　B. "公允价值变动"

C. "利息调整"　　D. "损益调整"

17. 在债权投资的初始入账金额高于其面值的情况下，在持有期间按实际利率法确认的各期利息收入金额的特征有（　　）。

A. 相等　　B. 不相等　　C. 递增　　D. 递减

18. 下列关于债权投资的会计处理的选项中，正确的有（　　）。

A. 债权投资应按面值和票面利率确认投资收益

B. 债权投资应按摊余成本和实际利率确认投资收益

C. 债权投资不需要计提减值准备

D. 债权投资的投资对象可以是债券但不能是股票

19.“债权投资”科目下应设置的明细科目有（　　）。

A.“成本”　　B.“公允价值变动”

C.“利息调整”　　D.“应计利息”

20. 在资产负债表日，在公允价值信息能够持续可靠取得的情况下，可以按公允价值计量的资产有（　　）。

A. 交易性金融资产　　B. 债权投资

C. 其他债权投资　　D. 长期股权投资

21. 下列关于金融资产减值的选项中，正确的有（　　）。

A. 交易性金融资产不计提减值准备

B. 其他权益工具投资不计提减值准备

C. 债权投资的减值损失金额可以转回

D. 其他债权投资的公允价值预期发生信用损失时，应当确认减值损失

22. 坏账损失的核算方法有（　　）。

A. 直接转销法　　B. 账龄分析法

C. 备抵法　　D. 余额百分比法

23. 下列选项中，应计入“坏账准备”账户借方的有（　　）。

A. 提取坏账准备　　B. 冲回多提坏账准备

C. 收回以前确认并转销的坏账　　D. 备抵法下实际发生的坏账

24. 下列选项中，应计提坏账准备的有（　　）。

A. 应收账款　　B. 应收票据　　C. 其他应收款　　D. 预付账款

三、判断题

1. 企业取得交易性金融资产时支付的交易费用应当计入交易性金融资产的初始入账金额。（　　）

2. 企业在持有交易性金融资产期间获得的现金股利或债券利息应当冲减交易性金融资产的初始入账金额。（　　）

3. 在资产负债表日，交易性金融资产应按公允价值计量且公允价值的变动计入当期投资损益。（　　）

4. 债权投资重分类为以公允价值计量且其变动计入当期损益的金融资产时，重分类日原账面价值与公允价值之间的差额计入投资收益。（　　）

5. 企业取得债权投资时支付的相关税费应当计入债权投资的初始入账金额。（　　）

6. 债权投资应当按取得时的公允价值作为初始入账金额，支付的相关交易费用应当计入当期损益。（　　）

7. 如果债权投资的初始入账金额高于其面值，则各期确认的投资收益大于当期的应收利息。（　　）

8. 企业摊销利息调整金额，可能导致债权投资的摊余成本逐期减少，也可能导致债权投资的摊余成本逐期增加。（ ）

9. 企业取得交易性金融资产支付的相关交易费用应计入当期损益，而取得其他债权投资支付的相关交易费用应当计入初始入账金额。（ ）

10. 企业取得的其他债权投资，在持有期间应按公允价值计量且公允价值的变动计入所有者权益。（ ）

11. 交易性金融资产与其他债权投资均按公允价值计量，但公允价值的变动前者计入当期损益，后者计入所有者权益。（ ）

12. 处置其他债权投资时，企业应将已计入所有者权益的公允价值累计变动额转入公允价值变动损益。（ ）

13. 在资产负债表日，债权投资如果发生了减值，企业应按其未来现金流量现值低于账面摊余成本的差额确认减值损失。（ ）

14. 由于其他债权投资在持有期间按公允价值计量，因此不确认减值损失。（ ）

15. 金融资产初始确认时，应当按照公允价值计量。公允价值就是相关金融资产的交易价格。（ ）

16. 以摊余成本计量的金融资产，计算实际利息收入，采用实际利率法时应按该金融资产账面余额乘以实际利率计算。（ ）

17. 以摊余成本计量的金融资产初始计量不包括交易费用。（ ）

18. 直接指定为以公允价值计量且其变动计入其他综合收益的金融资产不能重分类为以公允价值计量且其变动计入当期损益的金融资产。（ ）

19. 企业持有的权益工具投资，在初始确认时，可以将非交易性权益工具投资指定为以公允价值计量且其变动计入其他综合收益的金融资产，并按规定确认股利收入。（ ）

20. 采用备抵法核算坏账损失，需设置“坏账准备”账户。（ ）

21. 企业坏账准备提取的方法和提取的比例由国家统一规定。（ ）

22. 采用应收账款余额百分比法估计坏账损失，是根据企业本期赊销金额和估计的坏账率来确定坏账准备金额的方法。（ ）

23. “坏账准备”账户期末余额在贷方，在资产负债表中列示时，应列于流动负债项目中。（ ）

四、业务题

1. 甲公司 2020 年 1 月 1 日购入乙公司 2019 年 1 月 1 日发行的 5 年期债券，面值为 5 000 万元，票面利率为 8%，每年年末付息一次，到期还本。甲公司支付价款 5 700 万元，另支付交易费用 24 万元，分类为以摊余成本计量的金融资产。假设实际利率为 6%。2022 年 1 月 3 日，甲公司将该项金融资产出售，价款为 5 200 万元。

要求：做出甲公司有关的会计处理。

2. W股份有限公司（以下简称“W公司”）于2×19年1月1日从证券市场上购入B公司于2×18年1月1日发行的债券。该债券期限为5年，票面利率为5%，B公司每年1月5日支付上年度的利息，到期日为2×23年1月1日，到期一次归还本金和最后一次利息。W公司购入债券的面值为2 000万元，实际支付价款总额为2 030.70万元。W公司购入后将其划分为债权投资。假定购入债券的实际利率为6%，按年计提利息。2×21年1月20日，W公司将该债券全部出售，收到款项1 810万元并存入银行。

要求：请按业务的时间顺序，编制W公司从2×19年1月1日至2×21年1月20日上述有关业务的会计分录。

（注：标明相关的二级科目，如有小数点，可保留两位小数，答案中的金额单位以万元表示。）

3. 2019年1月1日，甲公司购入乙公司同日发行的5年期债券，面值为1 250万元，票面利率为4.72%，到期一次还本付息。假设实际利率9%。甲公司支付价款990万元，另支付交易费用10万元，分类为以公允价值计量且其变动计入其他综合收益的金融资产。有关公允价值如下：

（1）2019年年末，公允价值为1 100万元。

（2）2020年年末，公允价值为1 200万元。

（3）2021年10月25日，甲公司业务模式发生重大变更，将其重分类为以摊余成本计量的金融资产。2021年年末，公允价值为1 300万元。

要求：做出甲公司各年的会计处理。

4. M公司于2020年9月5日以银行存款从证券市场购入B公司股票100 000股，初始确认时被指定为以公允价值计量且其变动计入其他综合收益的金融资产（该金融资产同时被指定为非交易性金融资产），每股市价为8元，另支付手续费2 000元。B公司于2020年8月24日宣告每10股派3元现金股利。2020年9月23日为股权登记日。M公司按照净利润的10%计提盈余公积，不再做其他利润分配。

要求：(1) 编制 M 公司购买股票的会计分录。

(2) 假设股票在 2020 年年末每股市价为 12 元，在 2021 年年末每股市价为 10 元，则 M 公司如何编制会计分录。

(3) M 公司在 2022 年 3 月 7 日将 B 公司的股票全部出售，扣除相关税费所得净收入为 1 124 000 元，存入银行，则 M 公司如何编制会计分录。

5. 甲公司为上市公司，2019—2020 年对乙公司股票投资的有关资料如下：

(1) 2019 年 5 月 20 日，甲公司以银行存款 300 万元（其中包含乙公司已宣告但尚未发放的现金股利 6 万元）从二级市场购入乙公司 10 万股普通股股票，另支付相关交易费用 1.8 万元。甲公司将该股票投资划分为以公允价值计量且其变动计入其他综合收益的金融资产。

(2) 2019 年 5 月 27 日，甲公司收到乙公司发放的现金股利 6 万元。

(3) 2019 年 12 月 31 日，乙公司股票收盘价跌至每股 26 元，甲公司预计乙公司股价下跌是暂时的。

(4) 2020 年 4 月 26 日，乙公司宣告发放现金股利每股 0.1 元。

(5) 2020 年 5 月 10 日，甲公司收到乙公司发放的现金股利 1 万元。

(6) 从 2020 年 1 月起，乙公司股票价格持续上升。2020 年 6 月 30 日，乙公司股票收盘价升至每股 28 元。

(7) 2020 年 12 月 24 日，甲公司以每股 31 元的价格在二级市场出售所持乙公司的全部股票，同时支付相关交易费用 1.68 万元。

（注：不考虑所得税因素，所有款项均以银行存款收付。）

要求：根据上述资料，逐笔编制甲公司相关业务的会计分录（“其他权益工具投资”科目写出明细科目）。

6. A 公司于 2019 年 1 月 1 日从证券市场购入 B 公司 2018 年 1 月 1 日发行的 5 年期债券，票面年利率为 5%，每年 1 月 5 日支付上年度的利息，到期日为 2022 年 1 月 1 日，到期日一次归还本金和最后一期的利息。A 公司购入债券的面值为 1 000 万元，实际支付的价款为 1 015. 35 万元，另外支付相关的费用 10 万元。A 公司购入该债券以后将其划分为以摊余成本计量的金融资产，购入债券的实际利率为 6%，假定按年计提利息。2020 年 1 月 2 日，A 公司将该债权投资重分类为其他债权投资，其公允价值为 925 万元。2020 年 2 月 20 日，A 公司以 890 万元的价格出售所持有的 B 公司债券。

要求：(1) 编制 2019 年 1 月 1 日 A 公司购入债券时的会计分录。

(2) 编制 2019 年 1 月 5 日 A 公司收到利息时的会计分录。

(3) 编制 2019 年 12 月 31 日 A 公司确认投资收益的会计分录。

(4) 编制 2020 年 1 月 2 日债权投资重分类为其他债权投资的会计分录。

(5) 编制 2020 年 2 月 20 日 A 公司出售债券的会计分录。

7. 甲企业系上市公司，按年对外提供财务报表。甲企业有关交易性金融资产投资的资料如下：

(1) 2019 年 3 月 6 日，甲企业以赚取差价为目的从二级市场购入 X 公司股票 1 000 000 股，作为交易性金融资产。该股票取得时公允价值为每股为 5. 2 元，每股含已宣告但尚未发放的现金股利 0. 2 元。甲企业另外支付交易费用 5 万元。以上全部价款以银行存款支付。

(2) 2019 年 3 月 16 日，甲企业收到购买价款中所含的现金股利。

(3) 2019 年 12 月 31 日，该股票公允价值为每股 4. 5 元。

(4) 2020 年 2 月 21 日，X 公司宣告每股发放现金股利 0. 3 元。

(5) 2020 年 3 月 21 日，甲企业收到现金股利。

(6) 2020 年 12 月 31 日，该股票公允价值为每股 5. 3 元。

(7) 2020 年 3 月 16 日，甲企业将该股票全部处置，每股 5. 1 元，交易费用为 50 000元。

要求：编制有关交易性金融资产的会计分录。

8. 2019年1月1日，甲公司从二级市场购入乙公司债券，支付价款合计102万元（含已到付息期但尚未领取的利息2万元），另发生交易费用2万元。该债券面值为100万元，剩余期限为2年，票面年利率为4%，每半年末付息一次。甲公司将该债券分类为以公允价值计量且其变动计入当期损益的金融资产。其他资料如下：

（1）2019年1月5日，甲公司收到乙公司债券2018年下半年的利息2万元。

（2）2019年6月30日，乙公司债券的公允价值为115万元（不含利息）。

（3）2019年7月5日，甲公司收到乙公司债券2019年上半年的利息。

（4）2019年12月31日，乙公司债券的公允价值为110万元（不含利息）。

（5）2020年1月5日，甲公司收到乙公司债券2019年下半年的利息。

（6）2020年6月20日，甲公司通过二级市场出售乙公司债券，取得价款118万元。

要求：编制甲公司的相关会计分录（以万元为单位）。

9. 甲企业2019年年末应收账款余额为1 500 000元，均已逾期30天以上。甲企业确定的逾期30天以上的预计坏账准备率为10%。2020年，甲企业发生了坏账损失60 000元，其中A公司20 000元，B公司40 000元，年末应收账款余额为1 800 000元（假定均已逾期30天以上，但不足90天，仍按10%计提坏账准备）。2021年，已冲销的上年A单位应收账款20 000元又收回，期末应收账款余额为1 200 000元（假定均已逾期30天以上，但不足90天，仍按10%计提坏账准备）。

要求：计算甲企业各年应计提的坏账准备并编制相关会计分录。

第三节　练习题参考答案

一、单项选择题参考答案

提示：题目中交易性金融资产与以公允价值计量且其变动计入当期损益的金融资产的意思相同。

1. A。预付账款不符合金融资产的确认条件，不属于从其他方收取现金或其他金融资产的合同权利

2. C。根据金融资产的分类标准，同时以获取合同现金流量和出售为目的的应当分类为以公允价值计量且其变动计入其他综合收益的金融资产。

3. D。随时准备出售的债权投资、股票投资及能够随时变现的基金均在“交易性金融资产”科目核算，以摊余成本计量的债权投资不在“交易性金融资产”科目核算。

4. B。企业购入股票作为交易性金融资产，初始入账金额是股票的公允价值；相关的交易费用在发生时直接计入当期损益。企业取得交易性金融资产所支付的价款中，如果包含已宣告但尚未发放的现金股利或已到付息期但尚未领取的债券利息，在性质上属于暂付应收款，应当单独确认为应收项目，不计入交易性金融资产的初始入账金额。

5. A。交易性金融资产初始计量不应包含已宣告但尚未收到的股利或已到期但尚未领取的利息，这些应作为应收项目处理，交易费用冲减投资收益。

6. A。相关的交易费用在发生时通过投资损益计入当期损益。

7. A。在资产负债表日，交易性金融资产按公允价值计量。因此，B 公司股票在资产负债表上应列示的金额为其公允价值 480 万元。

8. B。交易性金融资产应当按照取得时的公允价值作为初始入账金额，相关的交易费用在发生时直接计入当期损益。企业取得交易性金融资产所支付的价款中，如果包含已宣告但尚未发放的现金股利，应当单独确认为应收项目，不计入交易性金融资产的初始入账金额。D 公司股票的初始入账金额 = (3. 60 − 0. 20) × 36 000 = 122 400（元）

9. C。购入股票时，交易性金融资产初始入账价值为 100 × (6 − 1) = 500 万元。2021 年年末公允价值为 503 万元，即收益为 3 万元。

10. A。交易性金融资产应当按照取得时的公允价值作为初始入账金额，相关的交易费用在发生时直接计入当期损益。企业取得交易性金融资产所支付的价款中，如果包含已到付息期但尚未领取的债券利息，应当单独确认为应收项目，不计入交易性金融资产的初始入账金额。公司债券的初始入账金额 = 216 − 12 − 0. 4 = 203. 6（万元）

11. C。交易性金融资产应当按照取得时的公允价值作为初始入账金额，相关的交易费用在发生时直接计入当期损益。乙公司债券的初始入账金额 = 378 − 0. 9 = 377. 1（万元）

12. A。交易性金融资产期末按公允价值计量。

13. C。交易性金融资产的处置损益是指处置交易性金融资产实际收到的价款，减去所处置交易性金融资产账面余额后的差额。如果在处置交易性金融资产时，已计入应收项目的现金股利或债券利息尚未收回，企业还应从处置价款中扣除该部分现金股利或债券利息，之后确认处置损益。交易性金融资产的处置损益 = 144 000 − 135 000 − 3 600 = 5 400（元）

14. B. 交易性金融资产的处置损益应当计入处置当期投资收益；同时，该交易性金融资产在持有期间已确认的累计公允价值变动净损益应确认为处置当期投资收益，并调整公允价值变动损益。

D 公司股票的初始入账金额 = 164. 8-4. 8 = 160（万元）

D 公司股票公允价值变动 = 224-160 = 64（万元）

D 公司股票处置时的账面余额 = 160+64 = 224（万元）

D 公司股票处置损益 = 240-224 = 16（万元）

处置 D 公司股票时应确认的投资收益 = 16+64 = 80（万元）

也可用售价-初始入账价值 = 240-160 = 80（万元），即得。

15. D。在资产负债表日，交易性金融资产按公允价值计量。因此，甲公司债券在资产负债表上应列示的金额为其公允价值 1 080 万元。

16. A。D 公司债券的初始入账金额 = 975-54-3 = 918（万元）

D 公司债券公允价值变动 = 930-918 = 12（万元）

D 公司债券处置时的账面余额 = 918+12 = 930（万元）= 上一年年末的公允价值

D 公司债券处置损益 = 937. 5-930 = 7. 5（万元）

17. D。该债券的初始入账金额应为债券公允价值和相关交易费用之和。

18. C。债权投资应当按取得时的公允价值与相关交易费用之和作为初始入账金额。如果实际支付的价款中包含已到付息期但尚未领取的债券利息，应单独确认为应收项目，不构成债权投资的初始入账金额。A 公司债券的初始入账金额 = 3 200-180 = 3 020（万元）

19. D。支付的价款中所包含的已到付息期但尚未领取的利息，应当作为应收利息。

20. A。债券初始入账金额与其面值的差额，在取得债券时应当作为利息调整。

21. A。“债权投资——成本”明细科目反映债权投资的面值。

22. D。“债权投资——利息调整”明细科目反映债权投资的初始入账金额与其面值的差额。债权投资的初始入账金额 = 42 600-40 000×5% = 40 600（元）

利息调整金额 = 40 600-40 000 = 600（元）

23. B。甲公司债券的初始入账金额 = 3 070-180 = 2 890（万元）

24. B。在债权投资既不存在已偿还的本金也没有发生减值损失的情况下，其摊余成本为初始入账金额减去（或加上）利息调整累计摊销额。

A 公司债券的初始入账金额 = 1 971-108 = 1 863（万元）

A 公司债券摊余成本 = 1 863-(1 800×6%-1 863×5%) = 1 848. 15（万元）

25. C。利息调整初始金额（借方）=（1 642. 5-90）-1 500 = 52. 5（万元）

2×21 年 12 月 31 日摊销金额 = 1 500×6%-1 552. 5×5% = 12. 375（万元）

摊销后利息调整余额 = 52. 5-12. 375 = 40. 125（万元）

26. B。债权投资只包含债券。

27. C。在资产负债表日，债权投资的价值通常是指债券的摊余成本。

28. B。摊余成本是指债券面值减尚未摊销的利息调整。

29. D。初始入账金额与债券面值的差额应当采用实际利率法分期摊销。

30. A。企业在持有其他债权投资期间获得的利息，应当计入投资收益。

31. C。其他债权投资期末公允价值的变动，应当计入其他综合收益。

32. D。在资产负债表日，其他债权投资的公允价值高于其账面余额的差额，为公允价值变动收益；其他债权投资的公允价值低于其账面余额的差额，为公允价值变动损失。其他债权投资的公允价值变动损益应计入其他综合收益。

乙公司债券摊余成本=(3 300+12)+(3 312×8%-3 600×6%)=3 360.96（万元）

乙公司债券公允价值变动损失=3 360.96-3 240=120.96（万元）

33. D。其他权益工具投资持有期间获得的现金股利应确认为投资收益。

34. A。直接指定为以公允价值计量且其变动计入其他综合收益的金融资产处置不确认处置损益，应计入留存收益。

35. A。其他权益工具投资日常公允价值变动及处置时都不影响损益，但当乙公司分配现金股利时，可以确认投资收益。乙公司在2月28日宣告分配股利时，甲公司尚未持有该金融资产，不确认投资收益。因此，2020年2月25日，宣告发放现金股利时，甲公司按持股比例确认80%×5%=4万元投资收益。

二、多项选择题参考答案

1. AC。企业应当根据其管理金融资产的业务模式和金融资产的合同现金流量特征，对金融资产进行合理的分类。

2. BD。根据金融资产的分类标准可知。

3. BD。以摊余成本计量的金融资产应当按取得时的公允价值与相关交易费用之和作为初始入账金额，后续按摊余成本进行计量。

4. ABC。应收账款属于以摊余成本计量的金融资产。

5. AD。债权投资和应收款项属于以摊余成本计量的金融资产。

6. ABCD。以摊余成本计量的金融资产包括货币资金、应收款项、贷款、债权投资。

7. ABC。根据摊余成本的定义可知。

8. ABCD。各选项均为金融资产发生减值的客观证据。

9. BCD。交易性金融资产的交易费用应该冲减投资收益。

10. AB。以摊余成本计量的金融资产利息收入按实际利率法用期初摊余成本乘以经信用调整后的实际利率计算。

11. ABD。每年收利息一次，属于流动资产，记入“应收利息”科目；到期一次付利息，记入“债权投资——应计利息”科目。

12. BCD。其他债权投资用“成本”明细科目反映其他债权投资的面值。

13. ABCD。处置其他权益工具投资时，其他权益工具投资减少，收到的价款与其他权益工具投资的差额计入留存收益，同时将其他综合收益转入留存收益。各选项都会发生变动。

14. BC。按计量方法表述的金融资产，包括按成本计量的金融资产和按公允价值计量的金融资产。

15. AC。取得投资时支付的相关税费，应借记“投资收益”科目。持有期间获得的现金股利，应贷记“投资收益”科目。取得投资时支付的价款中包含的现金股利，应作为应收项目单独入账，不计入初始入账金额，也不确认投资收益。持有期间获得的股票股利，只进行备忘记录，不确认投资收益。持有期间发生的公允价值变动损益，应借记或贷记“公允价值变动损益”科目，不记入“投资收益”科目，只有处置投资时才会转入“投资收益”科目。

16. AB。“交易性金融资产”科目下不涉及利息调整、损益调整及应计利息业务。

17. BD。在债权投资的初始入账金额高于其面值的情况下，随着利息调整的摊销，债权投资的摊余成本逐期减少，而按实际利率法确认的各期利息收入为债权投资的摊余成本乘以实际利率，因此各期确认的利息收入逐期递减。

18. BD。债权投资按面值和票面利率确认投资收益是不正确的，债权投资也需要计提减值准备。

19. ACD。公允价值变动不属于债权投资的明细科目。

20. AC。债权投资按摊余成本计量，长期股权投资按其账面价值（不减值的前提下）计量。

21. ABCD。

22. AC。坏账损失的核算方法一般有两种：直接转销法和备抵法。

23. BD。提取坏账准备，收回以前确认并转销的坏账时应贷记“坏账准备”科目。

24. ABCD。应收及预付账款均存在收不回来的可能性，均应计提坏账准备。

三、判断题参考答案

1. ×。交易性金融资产应当按照取得时的公允价值作为初始入账金额，相关的交易费用在发生时直接计入当期损益。

2. ×。企业在持有交易性金融资产期间所获得的现金股利或债券利息（不包括取得交易性金融资产时支付的价款中包含的已宣告但尚未发放的现金股利或已到付息期但尚未领取的债券利息），应当确认为投资收益。

3. ×。交易性金融资产应按公允价值计量，公允价值的变动计入当期公允价值变动损益。

4. ×。债权投资重分类为以公允价值计量且其变动计入当期损益的金融资产时，重分类日原账面价值与公允价值之间的差额计入公允价值变动损益。

5. √。债权投资的初始入账金额包括相关税费。

6. ×。债权投资应当按取得时的公允价值与相关交易费用之和作为初始入账金额。

7. ×。如果债权投资的初始入账金额高于其面值，则各期确认的投资收益小于当期的应收利息；如果债权投资的初始入账金额低于其面值，则各期确认的投资收益大于当期的应收利息。

8. √。如果初始入账金额高于其面值，利息调整的摊销会导致债权投资的摊余成本逐期减少；如果初始入账金额低于其面值，利息调整的摊销会导致债权投资的摊余成本逐期增加。

9. √。符合现行企业会计准则的规定。

10. √。符合现行企业会计准则的规定。

11. √。符合现行企业会计准则的规定。

12. ×。处置其他债权投资时，应将已计入所有者权益的公允价值累计变动额转入投资收益。

13. ×。在资产负债表日，企业应对债权投资的信用风险自初始确认后是否已显著增加进行评估，并按照预期信用损失计量其损失准备，确认预期信用损失。

14. ×。其他债权投资发生事实贬值时，应确认信用减值损失。借记“信用减值损失”科目，贷记“其他综合收益——信用减值准备”科目。但其他债权投资的账面价值不变。

15. ×。交易性金融资产不包含交易费用，也不包含一些应收款项。

16. √。

17. ×。以摊余成本计量的金融资产初始计量包含交易费用，计入“利息调整”明细科目中。

18. √。

19. √。

20. √。备抵法按期估计坏账损失，形成坏账准备，当某一应收账款全部或部分被确认为坏账时，根据其金额冲减坏账准备，同时转销相应的应收账款金额。

21. ×。根据企业会计准则的规定，企业坏账准备的提取比例由企业根据应收账款的信用风险自行确定。

22. ×。采用应收账款余额百分比法计提坏账准备是根据应收账款的余额和估计的坏账率来确定计提坏账准备金额的方法。

23. ×。坏账准备账户期末余额在贷方，在资产负债表中列示时，应作为应收款项的减项处理。

四、业务题参考答案

1. 2020 年 1 月 1 日购入时：

借：债权投资——成本　5 000

　　　　　　——利息调整　724

　贷：银行存款　5 724

2020 年 12 月 31 日计提利息时：

借：应收利息　400（5 000×8%）

　贷：投资收益　343.44（5 724×6%）

　　　债权投资——利息调整　56.56

收到利息时：

借：银行存款　400

　贷：应收利息　400

2021 年 12 月 31 日计提利息时：

借：应收利息　400（5 000×8%）

　贷：投资收益　340.05（5 724+343.44−400）×6%

　　　债权投资——利息调整　59.95

收到利息时：

借：银行存款　400

　贷：应收利息　400

2022 年 1 月 3 日出售金融资产时：

借：银行存款　5 200

　　投资收益　407.49

贷：债权投资——成本 5 000
——利息调整 607.49

2.（1）2×19 年 1 月 1 日。

借：债权投资——成本 2 000
应收利息 100
贷：银行存款 2 030.7
债权投资——利息调整 69.3

（2）2×19 年 1 月 5 日。

借：银行存款 100
贷：应收利息 100

（3）2×19 年 12 月 31 日。

应确认的投资收益 =（2 000−69.30）×6% = 115.84（万元）

应收利息 = 2 000×5% = 100（万元）

利息调整 = 115.84−100 = 15.84（万元）

借：应收利息 100
债权投资——利息调整 15.84
贷：投资收益 115.84

（4）2×20 年 1 月 5 日。

借：银行存款 100
贷：应收利息 100

（5）2×20 年 12 月 31 日。

借：应收利息 100
债权投资——利息调整 16.79
贷：投资收益［（2 000−69.3+15.84）×6%］ 116.79

（6）2×21 年 1 月 5 日。

借：银行存款 100
贷：应收利息 100

（7）2×21 年 1 月 20 日。

借：银行存款 2 100
贷：债权投资——利息调整（69.3−15.84−16.79） 36.67
债权投资——成本 2 000
投资收益 63.33

3. 2019 年 1 月 1 日购入时：

借：其他债权投资——成本 1 250
贷：银行存款 1 000
其他债权投资——利息调整 250

2019 年年末计提利息：

借：其他债权投资——应计利息 59
——利息调整 31
贷：投资收益 90

公允价值为 1 100 万元，账面余额为 1 000+31+59=1 090 万元。

借：其他债权投资——公允价值变动 10

  贷：其他综合收益 10

2020 年年末计提利息时：

借：其他债权投资——应计利息 59

——利息调整 39.1

  贷：投资收益 98.1

期初摊余成本=1 090×9%=98.1（万元）

公允价值为 1 200 万元，账面余额为 1 090+10+59+39.1=1 198.1 万元。

借：其他债权投资——公允价值变动 1.9（1 200−1 198.1=1.9）

  贷：其他综合收益 1.9

2021 年 10 月 25 日，重分类时：

借：债权投资——成本 1 250

——利息调整 179.9

  其他综合收益 11.9

  贷：其他债权投资——成本 1 250

——利息调整 179.9

——公允价值变动 11.9

2021 年年末公允价值变动不需要进行账务处理。

4.（1）借：其他权益工具投资——成本 772 000

  应收股利 30 000

  贷：银行存款 802 000

（2）2020 年：

借：其他权益工具投资——公允价值变动 428 000

  贷：其他综合收益——其他权益工具投资公允价值变动 428 000

2021 年：

借：其他综合收益——其他权益工具投资公允价值变动 200 000

  贷：其他权益工具投资——公允价值变动 200 000

（3）借：银行存款 1 124 000

  贷：其他权益工具投资——成本 772 000

——公允价值变动 228 000

  盈余公积 12 400

  利润分配——未分配利润 111 600

  借：其他综合收益 228 000

  贷：盈余公积 22 800

  利润分配——未分配利润 205 200

5.（1）2019 年 5 月 20 日：

借：其他权益工具投资——成本 2 958 000

  应收股利 60 000

  贷：银行存款 3 018 000

（2）2019 年 5 月 27 日：

借：银行存款　　60 000

　贷：应收股利　　60 000

（3）2019 年 6 月 30 日：

借：其他综合收益　　358 000

　贷：其他债权投资——公允价值变动　　358 000

（4）2020 年 4 月 26 日：

借：应收股利　　10 000

　贷：投资收益　　10 000

2020 年 5 月 10 日：

借：银行存款　　10 000

　贷：应收股利　　10 000

（6）2020 年 6 月 30 日：

借：其他权益工具投资——公允价值变动　　200 000

　贷：其他综合收益　　200 000

2020 年 12 月 24 日：

借：银行存款　　3 083 200

　　其他权益工具投资——公允价值变动　　158 000

　贷：其他权益工具投资——成本　　2 958 000

　　　盈余公积　　28 320

　　　利润分配——未分配利润　　254 880

借：盈余公积　　15 800

　　利润分配——未分配利润　　142 200

　贷：其他综合收益　　158 000

6.（1）2019 年 1 月 1 日 A 公司购入债券时的会计分录如下：

借：债权投资——成本　　10 000 000

　　应收利息　　500 000

　贷：银行存款　　10 253 500

　　　债权投资——利息调整　　246 500

（2）2019 年 1 月 5 日 A 公司收到利息时的会计分录如下：

借：银行存款　　500 000

　贷：应收利息　　500 000

（3）2019 年 12 月 31 日 A 公司确认投资收益的会计分录如下：

投资收益＝期初摊余成本×实际利率＝（1 000－24. 65）×6%＝58. 52（万元）

借：应收利息　　500 000

　　债权投资——利息调整　　85 200

　贷：投资收益　　585 200

（4）2020 年 1 月 2 日债权投资重分类为其他债权投资的会计分录如下：

借：其他债权投资——成本　　10 000 000

　　债权投资——利息调整　　161 300

　　其他综合收益　　588 700

贷：债权投资——成本　10 000 000
　　其他债权投资——利息调整　161 300
　　　　　　　　——公允价值变动　588 700

（5）2020 年 2 月 20 日出售债券的会计分录如下：

借：银行存款　8 900 000
　　其他债权投资——利息调整　161 300
　　　　　　　　——公允价值变动　588 700
　　投资收益　350 000
　贷：其他债权投资——成本　10 000 000
借：投资收益　588 700
　贷：其他综合收益　588 700

7.（1）2019 年 3 月 6 日，甲企业取得交易性金融资产。

借：交易性金融资产——成本　5 000 000［1 000 000×(5.2−0.2)］
　　应收股利　200 000
　　投资收益　50 000
　贷：银行存款　5 250 000

（2）2019 年 3 月 16 日，甲企业收到购买价款中所含的现金股利。

借：银行存款　200 000
　贷：应收股利　200 000

（3）2019 年 12 月 31 日，该股票公允价值为每股 4.5 元。

借：公允价值变动损益　500 000［(5−4.5)×1 000 000］
　贷：交易性金融资产——公允价值变动　500 000

（4）2020 年 2 月 21 日，X 公司宣告发放现金股利。

借：应收股利　300 000（1 000 000×0.3）
　贷：投资收益　300 000

（5）2020 年 3 月 21 日，甲企业收到现金股利。

借：银行存款　300 000
　贷：应收股利　300 000

（6）2020 年 12 月 31 日，该股票公允价值为每股 5.3 元。

借：交易性金融资产——公允价值变动　800 000
　贷：公允价值变动损益　800 000［(5.3−4.5)×1 000 000］

（7）2020 年 3 月 16 日，甲企业将该股票全部处置，每股 5.1 元，交易费用为 50 000 元。

借：银行存款　5 050 000（5 100 000−50 000）
　　投资收益　250 000
　贷：交易性金融资产——成本　5 000 000
　　　　　　　　　　——公允价值变动　300 000

8.（1）2019 年 1 月 1 日：

借：交易性金融资产——成本　100
　　应收利息　2
　　投资收益　2
　贷：银行存款　104

2019 年 1 月 5 日：
借：银行存款　　2
　贷：应收利息　　2
（2）2019 年 6 月 30 日：
借：交易性金融资产——公允价值变动　　15
　贷：公允价值变动损益　　15
借：应收利息　　2
　贷：投资收益　　2
（3）2019 年 7 月 5 日：
借：银行存款　　2
　贷：应收利息　　2
（4）2019 年 12 月 31 日：
借：公允价值变动损益　　5
　贷：交易性金融资产——公允价值变动　　5
借：应收利息　　2
　贷：投资收益　　2
（5）2020 年 1 月 5 日：
借：银行存款　　2
　贷：应收利息　　2
（6）2020 年 6 月 20 日：
借：银行存款　　118
　贷：交易性金融资产——成本　　100
　　　　　　　　——公允价值变动　　10
　　投资收益　　8
9. 2019 年年末：
借：信用减值损失　　150 000
　贷：坏账准备　　150 000
2020 年：
借：坏账准备　　60 000
　贷：应收账款——A 公司　　20 000
　　　　　——B 公司　　40 000
借：信用减值损失［1 800 000×10%-(150 000-60 000)］　　90 000
　贷：坏账准备　　90 000
2021 年：
借：应收账款——A 公司　　20 000
　贷：坏账准备　　20 000
借：银行存款　　20 000
　贷：应收账款—— A 公司　　20 000
借：坏账准备　　80 000
　贷：信用减值损失　　80 000

第五章
长期股权投资

第一节　学习指导

一、本章结构

本章结构如图 5-1 所示。

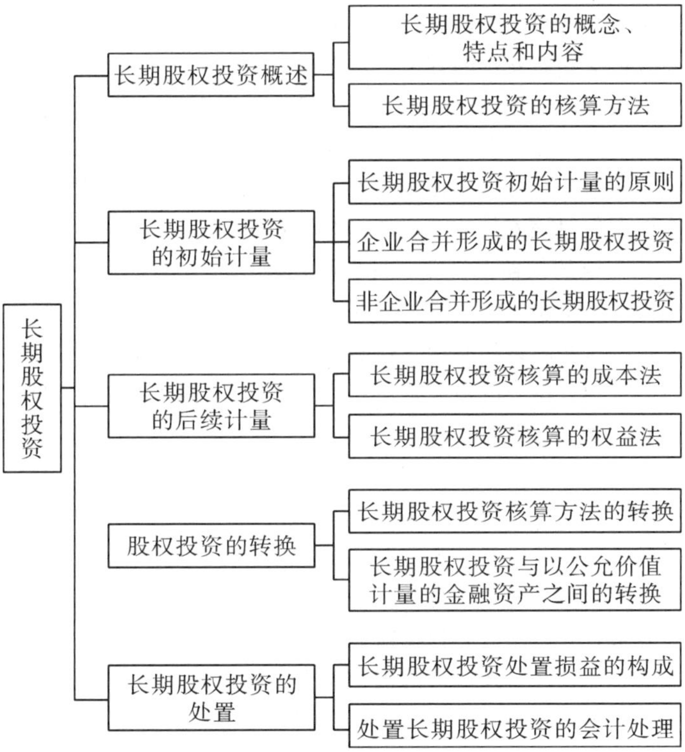

图 5-1　本章结构

二、学习目的和要求

了解：长期股权投资的概念，长期股权投资的减值核算。

掌握：长期股权投资初始成本的确定方法，即按照企业合并方式和企业非合并方式取得的长期股权投资初始成本的确定以及处置的核算；长期股权投资成本法与权益法的会计处理。

三、本章重点难点

1. 长期股权投资及其范围的界定

长期股权投资是指投资方对被投资单位实施控制、重大影响的权益性投资以及对其合营企业的权益性投资。其性质是企业长期持有，按所持股份比例享有被投资单位权益并承担相应责任的投资。

企业持有的下列权益性投资在初始确认时应当划分为长期股权投资：

（1）实施控制的权益性投资。实施控制的权益性投资通常是指对子公司的投资。控制是指投资方拥有对被投资方的权利，通过参与被投资方的相关活动享有可变回报，并且有能力运用对被投资方的权利影响其回报金额。控制意味着投资方对被投资方拥有权利，包括以下两种情形：一是投资方持有被投资方半数以上的表决权；二是投资方持有被投资方半数或以下的表决权，但通过与其他表决权持有人之间的协议能够控制半数以上的表决权。

（2）实施共同控制权的权益性投资。实施共同控制的权益性投资是指对合营安排的投资。合营安排是指一项由两个或两个以上的参与方共同控制的安排。合营安排具有下列特征：各参与方都受到该安排的约束；两个或两个以上的参与方对这一安排实施共同控制。任何一个参与方都不能够单独控制该安排，对该安排具有共同控制的任何一个参与方都能够阻止其他参与方或参与方组合单独控制该安排。合营安排分为共同经营和合营企业。共同经营是指合营方享有该安排相关资产且承担该安排相关负债的合营安排。合营企业是指合营方仅对该安排的净资产享有权利的合营安排。

（3）具有重大影响的权益性投资。具有重大影响的权益性投资是指对联营企业的投资。重大影响是指对一个企业的财务和经营政策有参与决策的权利，但并不能控制或与其他方一起共同控制这些政策的制定。在确定能否对被投资单位施加重大影响时，企业应当考虑投资方和其他方持有的被投资单位当期可转换公司债券、当期可执行认股权证等潜在表决权因素。投资方能够对被投资单位施加重大影响的，被投资单位为其联营企业。

2. 同一控制下企业合并形成的长期股权投资

同一控制下的企业合并是指参与合并的企业在合并前后都受同一方或相同的多方最终控制且该控制并非暂时性的企业合并。同一控制下企业合并形成的长期股权投资，其成本是指合并日在被合并方所有者权益账面价值中的份额。

合并方应当在企业合并日按取得的被合并方所有者权益账面价值的份额，借记“长期股权投资”科目，按应享有被合并方已宣告但尚未发放的现金股利或利润，借记“应收股利”科目，按支付的合并对价的账面价值，贷记有关资产等科目，按其差额，贷记“资本公积——资本溢价（或股本溢价）”科目。如为借方差额，企业应借记“资本公积——资本溢价（或股本溢价）”科目。资本公积（资本溢价或股本溢价）不足冲减时，企业可以借记“盈余公积”“利润分配——未分配利润”科目。在同一控制下的控股合并中，合并方取得的长期股权投资必然涉及合并对价。合并方可能以支付现金、转让非现金资产或承担债务等方式作为合并对价，也可能以发行权益性证券（如发行股票）的方式作为合并对价，合并方无论以什么作为合并对价，都在合并日按照取得的被合并方所有者权益账面价值的份额作为长期股权投资的初始投资成本。

合并方为企业合并而发生的各项直接相关费用，如审计费用、评估费用、法律服务费用等，应当于发生时计入当期管理费用。合并方为企业合并而发行权益性证券发生的手续费、佣金等费用，应当冲减权益性证券的溢价发行收入，溢价发行收入不足冲减的，可以冲减留存收益。合并方为企业合并而发行债券或承担其他债务支付的手续费、佣金等，应当计入所发行债券及其他债务的初始确认金额。企业按照合并日应享有被合并方所有者权益账面价值的份额确定长期股权投资的初始投资成本时，要求合并前合并方与被合并方采用的会计政策、会计期间应当一致。如果合并前合并方与被合并方采用的会计政策、会计期间不一致，应当首先按照合并方的会计政策、会计期间对被合并方资产、负债的账面价值进行调整，并以调整后的被合并方所有者权益的账面价值为基础，按合并方的持股比例计算确定长期股权投资的初始投资成本。

3. 非同一控制下企业合并形成的长期股权投资

非同一控制下的企业合并是指参与合并的各方在合并前后不受同一方或相同的多方最终控制的企业合并。对于非同一控制下的企业合并，购买方（非同一控制下对合并方通常的称呼）应合理确定合并成本，并将合并成本作为长期股权投资的初始投资成本。

合并成本是指合并对价的公允价值，即合并成本可能是购买方在购买日为取得对被购买方的控制权而付出的资产、发生或承担的负债的公允价值；也可能是购买方在购买日为取得对被购买方的控制而发行的权益性证券的公允价值。

购买方作为合并对价付出的资产，应当按照以公允价值处置该资产进行账务处理。其中，付出资产为固定资产、无形资产的，付出资产的公允价值与账面价值的差额，计入营业外收入或营业外支出；付出资产为金融资产的，付出资产的公允价值与其账面价值的差额，计入投资收益；付出资产为存货的，按其公允价值确认收入，同时按其账面价值结转成本，涉及增值税的，还应进行相应的账务处理。

购买方为进行企业合并而发生的各项直接相关费用，如审计费用、评估费用、法律服务费用等，应当于发生时计入当期管理费用；购买方为发行权益性证券而支付的手续费、佣金等费用，应当冲减权益性证券的溢价发行收入，溢价发行收入不足冲减的，冲减留存收益。购买方为进行企业合并而发行债券支付的手续费、佣金等费用，应当计入所发行债券及其他债务的初始确认金额。

4. 非企业合并方式取得的长期股权投资

非企业合并方式取得的长期股权投资是指企业以支付现金、转让非现金资产、发行权益性证券等方式取得的对被投资单位不具有控制权的长期股权投资，如取得的对合营企业、联营企业的权益性投资以及公允价值不能可靠计量的权益性投资。非企业合并方式取得的长期股权投资的初始投资成本的确定与非同一控制下企业合并形成的长期股权投资成本的确定方法基本相同。

（1）以支付现金取得的长期股权投资。企业以支付现金取得的长期股权投资，应当按照实际支付的购买价款作为初始投资成本。购买价款包括买价和购买过程中支付的与取得长期股权投资直接相关的费用、税金及其他必要支出。

（2）以发行权益性证券取得的长期股权投资。企业以发行权益性证券取得的长期股权投资，应当按照发行权益性证券的公允价值作为初始投资成本。为发行权益性证券而支付给证券承销机构的手续费、佣金等相关税费及其他直接相关支出，不构成长期股权投资的初始成本，应自权益性证券的溢价发行收入中扣除；权益性证券的溢价发行收入不足冲减的，应依次冲减盈余公积和未分配利润。

（3）投资者投入的长期股权投资。投资者投入的长期股权投资是指投资者将其持有的对第三方的投资作为出资而投入企业形成的长期股权投资。投资者投入的长期股权投资应当按照投资合同或议约定的价值作为初始投资成本，但合同或协议约定价值不公允的除外。如果投资者在合同或协议中约定的价值不公允，企业应当按照取得的长期股权投资的公允价值作为初始投资成本。

此外，企业通过非货币性资产交换取得的长期股权投资，如果以公允价值为基础计量，应当以换出资产的公允价值加上应支付的相关税费，作为初始投资成本；如果以账面价值为基础计量，应当以换出资产的账面价值加上应支付的相关税费，作为初始投资成本。企业通过债务重组取得的长期股权投资，应当以受让长期股权投资的公允价值作为初始投资成本。如果企业受让股权时还发生了手续费等直接相关费用，也应计入相关长期股权投资的成本。受让的长期股权投资公允价值与重组债权账面余额之间的差额，作为债务重组损失，计入营业外支出。

5. 长期股权投资后续计量成本法的基本内容及账务处理

成本法是企业持有的长期股权投资按初始投资成本进行计量的方法。投资方能够对被投资单位实施控制的长期股权投资应当采用成本法进行后续计量。在成本法下，企业应设置“长期股权投资”科目，反映长期股权投资的初始投资成本。除追加投资或收回投资外，无论被投资单位经营情况如何、净资产是否增减，投资企业都不对长期股权投资的账面价值进行调整。被投资单位宣告发放现金股利或利润时，投资企业应当按本企业享有的部分确认投资收益。

企业收到取得投资时实际支付的价款中包含的已宣告但尚未发放的现金股利或利润，不应确认投资收益；被投资单位宣告分派股票股利，投资企业应于除权日在备查簿中登记；被投资单位未分派股利，投资企业不做任何账务处理。企业在持有长期股权投资期间，当被投资单位宣告发放现金股利或利润时，投资企业应当按照享有的份额，借记“应收股利”科目，贷记“投资收益”科目；收到上述现金股利或利润时，借记“银行存款”科目，贷记“应收股利”科目。

6. 长期股权投资后续计量的权益法及账户设置

权益法是在取得长期股权投资以初始成本计量后，在投资持有期间根据投资企业应享有被投资单位所有者权益份额的变动，对长期股权投资的账面价值进行相应调整的方法。投资企业对被投资单位具有共同控制或重大影响的长期股权投资，应当采用权益法进行后续计量。

企业采用权益法核算时，应在“长期股权投资”科目下设置“成本”“损益调整”“其他权益变动”“其他综合收益”明细科目，分别反映长期股权投资的初始投资成本，因被投资单位发生净损益或其他权益变动、其他综合收益变动而对长期股权投资账面价值进行调整的金额。

（1）“成本”反映长期股权投资的初始投资成本以及在长期股权投资的初始投资成本小于取得投资时应享有被投资单位可辨认净资产公允价值份额的情况下，按其差额调整长期股权投资初始投资成本后形成的账面价值。

（2）“损益调整”反映投资企业应享有或应分担的被投资单位实现的净损益份额以及被投资单位分派的现金股利或利润中投资企业应获得的份额。

（3）“其他权益变动”反映被投资单位除净损益以外所有者权益的其他变动中应由投资企业享有或承担的份额。

（4）“其他综合收益”反映被投资单位涉及其他综合收益变动时，应由投资企业享有或承担的份额。

7. 权益法下取得长期股权投资的会计处理特点

企业在取得长期股权投资时，按照确定的初始投资成本入账。初始投资成本与应享有被投资单位可辨认净资产公允价值份额之间的差额，应区别以下情况处理：

（1）如果长期股权投资的初始投资成本大于取得投资时应享有被投资单位可辨认净资产公允价值的份额，两者之间的差额在本质上是通过投资作价体现的与所取得的股权份额相对应的商誉以及被投资单位不符合确认条件的资产价值，不需要按该差额调整已确认的初始投资成本。

（2）如果长期股权投资的初始投资成本小于取得投资时应享有被投资单位可辨认净资产公允价值的份额，两者之间的差额体现的是投资作价过程中转让方的让步，该差额导致的经济利益流入应作为一项收益，计入取得投资当期的营业外收入，同时调整长期股权投资的账面价值。

投资企业应享有被投资单位可辨认净资产公允价值的份额，可用下列公式计算：

应享有被投资单位可辨认净资产公允价值的份额＝投资时被投资单位可辨认净资产公允价值的总额×投资企业持股比例

8. 权益法下投资损益的确认

投资企业取得长期股权投资后，应当按照在被投资单位实现的净利润或发生的净亏损中，投资企业应享有或应分担的份额确认投资损益，同时相应调整长期股权投资的账面价值，即按应享有的收益份额，借记或贷记“长期股权投资”科目，贷记或借记“投资收益”科目。

由于长期股权投资的初始投资成本已经按照股权取得日被投资单位可辨认净资产公允价值进行了调整，因此被投资单位账面净损益应以购买日各项可辨认资产等的公允价值为基础进行调整后加以确定。也就是说，以取得投资时被投资单位各项可辨认资产等的公允价值为基础，对被投资单位的净损益进行调整后，才能作为确认投资损益的依据。

调整时应基于重要性原则，调整的主要内容如下：

（1）以取得投资时被投资单位固定资产、无形资产的公允价值为基础计提的折旧额、摊销额以及以取得投资时的公允价值为基础计算确定的资产减值准备金额，与被投资单位以账面价值为基础计提的折旧额、摊销额以及以账面价值为基础计算确定的资产减值准备金额之间存在差额的。之所以要调整这个差额，是因为投资企业确认的初始投资成本是以被投资单位有关资产、负债的公允价值为基础确定的，投资企业的投资收益代表的是未来期间被投资单位的资产、负债以公允价值计量的净损益中归属于投资企业的部分；而被投资单位个别利润表中的净损益是以其持有的资产、负债的账面价值为基础持续计算的。如果取得投资时被投资单位有关资产、负债的公允价值与其账面价值不同，投资企业应当以取得投资时被投资单位各项可辨认资产等的公允价值为基础，对被投资单位的账面净损益进行调整，并按调整后的净损益和持股比例计算确认投资损益。

（2）投资企业与联营企业及合营企业之间进行商品交易形成的未实现内部交易损益

按照持股比例计算的归属于投资企业的部分，应当予以调整抵销。当内部交易形成的资产尚未对外部独立第三方出售时，包含在投资企业或其联营企业、合营企业持有的相关资产账面价值中的部分就形成未实现内部交易损益。投资企业与联营企业及合营企业之间的内部交易可以分为顺流交易和逆流交易。顺流交易是指投资企业向其联营企业或合营企业出售资产；逆流交易是指投资企业自其联营企业或合营企业购买资产。

投资企业与联营企业及合营企业之间进行商品交易形成的未实现内部交易损益按照持股比例计算的归属于投资企业的部分的调整抵销，可以理解为顺流交易属于投资企业卖出商品的未实现内部交易损益，抵销的是卖给自己的份额；逆流交易属于投资企业买入商品的未实现内部交易损益，抵销的是买入自己的份额。

需要注意的是，投资企业与其联营企业及合营企业之间无论是逆流交易还是顺流交易，产生的未实现内部交易损失如果属于所转计资产发生的减值损失，有关的未实现内部交易损失应当全额确认，不应予以抵销。

9. 权益法下超额亏损的账务处理

《企业会计准则第2号——长期股权投资》规定，投资企业确认应分担被投资单位发生的损失，原则上应以长期股权投资及其他实质上构成对被投资单位净投资的长期权益减计至零为限，投资企业负有承担额外损失义务的除外。其中，实质上构成对被投资单位净投资的长期权益，通常是指长期性的应收项目。投资企业在确认应分担被投资单位发生的亏损份额时，应当按照以下顺序进行处理：

（1）冲减长期股权投资的账面价值，投资企业应借记“投资收益”科目，贷记“长期股权投资”科目。

（2）在长期股权投资的账面价值减计为零的情况下，如果账面上存在其他实质上构成对被投资单位净投资的长期权益项目，投资企业应当以其他实质上构成对被投资单位净投资的长期权益账面价值为限继续确认投资损失，并冲减长期应收项目等的账面价值，借记“投资收益”科目，贷记“长期应收款”等科目。

（3）在长期股权投资的账面价值和其他实质上构成对被投资单位净投资的长期权益账面价值均减计为零的情况下，按照投资合同或协议约定投资企业仍必须承担额外损失弥补等义务的，对于符合预计负债确认条件的义务，投资企业应按预计承担的金额确认预计负债，计入当期投资损失，借记“投资收益”科目，贷记“预计负债”科目。

经过上述顺序确认应分担的亏损份额后，如果仍有未确认的亏损分担额，投资企业应在账外做备查登记，待被投资单位以后年度实现盈利时，再按应享有的收益份额，先扣减账外备查簿中登记的未确认亏损分担额，再按与上述相反的顺序进行处理，恢复长期股权投资的账面价值，同时确认投资收益。

10. 成本法与权益法转换的会计规则

（1）处置投资导致的成本法转为权益法。企业因处置投资导致持股比例下降，不再对被投资单位具有控制但仍能够施加重大影响或与其他投资方一起实施共同控制的，股权投资的核算方法应当由成本法转换为权益法。对于处置的长期股权投资部分，企业应当按照处置投资比例转销应终止确认的长期股权投资账面价值；对于剩余长期股权投资，企业应当按照权益法的核算要求对其账面价值进行调整。具体处理方法如下：

① 比较剩余的长期股权投资成本与按照剩余持股比例计算的取得原投资时应享有被投资单位可辨认净资产公允价值的份额，如果属于剩余投资成本大于取得原投资时应享

有被投资单位可辨认净资产公允价值份额的差额，企业不调整长期股权投资的账面价值；如果属于剩余投资成本小于取得原投资时应享有被投资单位可辨认净资产公允价值份额的差额，在调整长期股权投资成本的同时，企业应调整留存收益。

②企业原取得投资后至转为权益法核算之间被投资单位实现的净损益中应享有的份额，在调整长期股权投资账面价值的同时，在取得原投资时至处置投资当期期初被投资单位实现的净损益中应享有的份额，应调整留存收益。

对于在处置投资当期期初至处置投资交易日之间被投资单位实现的净损益中应享有的份额，企业应调整当期损益；对于其他原因导致的所有者权益变动中应享有的份额，企业在调整长期股权投资账面价值的同时，应计入其他综合收益。

（2）追加投资导致的权益法转为成本法。投资企业因追加投资导致原持有的对联营企业或合营企业的投资转变为对子公司的投资，股权投资的核算方法应当由权益法转换为成本法。转换核算方法时，企业应当以原采用权益法核算的长期股权投资账面价值加上追加投资的成本，作为按照成本法核算的初始投资成本。

11. 长期股权投资的减值

企业应在每年年末对长期股权投资的账面价值进行检查，如果存在减值迹象，应对长期股权投资的可收回金额进行估计。长期股权投资的可收回金额是指长期股权投资的公允价值减去处置费用后的净额与长期股权投资的预计未来现金流量的现值两者之间的较高者。如果长期股权投资的可收回金额低于其账面价值，企业应当将该资产的账面价值减计至可收回金额，减计的金额确认为资产减值损失，计入当期损益，同时计提相应的减值准备，借记“资产减值损失”科目，贷记“长期股权投资减值准备”科目。长期股权投资的减值按照类似于固定资产减值的规定进行处理。

12. 长期股权投资处置损益的构成及会计处理

长期股权投资处置损益是指取得的处置收入扣除长期股权投资的账面价值和已确认但尚未收到的现金股利后的金额。其中，处置收入是指企业处置长期股权投资实际收到的价款，该价款已经扣除了手续费、佣金等交易费用。长期股权投资的账面价值是指长期股权投资的账面余额扣除相应的减值准备后的金额。已确认但尚未收到的现金股利是指投资企业已于被投资单位宣告分派现金股利时按应享有的份额确认了应收债权，但至处置投资时被投资单位尚未实际派发的现金股利。处置长期股权投资发生的损益应当在符合股权转让条件时予以确认，计入处置当期投资损益。已计提减值准备的长期股权投资，企业在处置时应将与所处置的长期股权投资相对应的减值准备予以转出。企业处置长期股权投资时，按实际收到的价款，借记“银行存款”科目，按已计提的长期股权投资减值准备，借记“长期股权投资减值准备”科目，按长期股权投资的账面余额，贷记“长期股权投资”科目，按已确认但尚未收到的现金股利，贷记“应收股利”科目，按上述贷方差额，贷记“投资收益”科目；如为借方差额，借记“投资收益”科目。

采用权益法核算的长期股权投资，企业在处置时还应将与所处置的长期股权投资相对应的原记入“资本公积”科目的金额转出，计入处置当期投资损益。结转时，企业按与所处置的长期股权投资相对应的资本公积贷方金额，借记“其他综合收益”科目，贷记“投资收益”科目；如为借方金额，借记“投资收益”科目，贷记“其他综合收益”科目。

第二节　练习题

一、单项选择题

1. 同一控制下企业合并取得的长期股权投资，初始投资成本是指（　　）。
A. 长期股权投资的公允价值　B. 支付合并对价的账面价值
C. 支付合并对价的公允价值
D. 占被合并方所有者权益账面价值的份额

2. 非同一控制下企业合并取得的长期股权投资，初始投资成本应当是（　　）。
A. 支付合并对价的账面价值　B. 支付合并对价的公允价值
C. 支付合并对价的账面价值加直接合并费用
D. 支付合并对价的公允价值加直接合并费用

3. 非同一控制下企业合并形成的长期股权投资，初始投资成本小于投资时应享有被投资单位可辨认净资产公允价值份额的差额，应当（　　）。
A. 计入营业外收入　B. 计入投资收益
C. 计入公允价值变动损益　D. 不做会计处理

4. 甲公司和乙公司为同一母公司所控制的两个子公司。甲公司和乙公司达成合并协议，约定甲公司以固定资产作为合并对价，取得乙公司80%的股权，合并日为2020年3月1日。在合并日，甲公司投出固定资产的账面原价为4 500万元，已计提折旧1 050万元，已提取减值准备300万元，公允价值为3 000万元。在甲公司和乙公司的合并中，甲公司支付审计费用、评估费用、法律服务费用等共计60万元。合并日乙公司所有者权益的账面价值为3 600万元。甲公司该项长期股权投资的初始成本为（　　）万元。
A. 2 880　B. 3 000　C. 3 060　D. 3 150

5. 合并方或购买方为进行企业合并而发生的各项直接相关费用，如审计费用、评估费用、法律服务费用等，应当于发生时（　　）。
A. 计入投资收益　B. 计入管理费用
C. 计入初始投资成本　D. 冲减资本公积

6. 在下列情况下持有的长期股权投资中，应当采用成本法核算的是（　　）。
A. 具有控制或共同控制　B. 具有控制或重大影响
C. 具有共同控制或重大影响　D. 具有控制

7. 2020年1月，甲公司取得B公司55%的股权，采用成本法核算。B公司于2020年3月1日宣告派发2019年度的现金股利。甲公司对该现金股利的会计处理是（　　）。
A. 作为投资收益　B. 冲减财务费用
C. 作为资本公积　D. 冲减投资成本

8. 长期股权投资采用成本法核算，投资企业对收到的股票股利的正确处理是（　　）。
A. 冲减财务费用　B. 冲减投资成本
C. 计入投资收益　D. 只做备忘登记

9. 长期股权投资采用成本法核算，如果被投资单位发生亏损且未分配股利，投资企业应当（　　）。

A. 冲减投资收益　　B. 冲减投资成本

C. 冲减资本公积　　D. 不做会计处理

10. 甲公司投资 6 000 万元（包括 20 万元的相关税费），持有 B 公司有表决权股份的 20%，能够对 B 公司施加重大影响，采用权益法核算。投资时，B 公司可辨认净资产公允价值为 24 000 万元。甲公司在初始投资成本的基础上，应当（　　）。

A. 调增投资成本 1 200 万元　　B. 调减投资成本 1 200 万元

C. 调减投资成本 1 180 万元　　D. 不调整投资成本

11. D 公司投资 2 088 万元（包括 5 万元的相关税费），持有 B 公司有表决权股份的 20%，能够对 B 公司施加重大影响，采用权益法核算。投资时，B 公司可辨认净资产公允价值为 10 800 万元。D 公司在初始投资成本的基础上，正确的会计处理是（　　）。

A. 调减投资成本 72 万元　　B. 调增投资成本 72 万元

C. 调减投资成本 81 万元　　D. 调增投资成本 81 万元

12. 2020 年 7 月 1 日，D 公司购入 B 公司股票 3 000 万股，实际支付购买价款 7 200 万元（包括交易税费 20 万元）。该股份占 B 公司普通股股份的 20%，能够对 B 公司施加重大影响，D 公司采用权益法核算。购买当日，B 公司可辨认净资产公允价值为 40 000 万元。D 公司确定的该项长期股权投资成本为（　　）万元。

A. 7 180　　B. 7 200　　C. 7 980　　D. 8 000

13. 长期股权投资采用权益法核算，如果被投资单位发生亏损，投资企业对应负担的亏损额的会计处理是（　　）。

A. 冲减投资成本　　B. 冲减资本公积

C. 计入营业外支出　　D. 不做会计处理

14. 长期股权投资采用权益法核算，在确认应负担的被投资单位亏损额时，长期股权投资的账面价值不足以冲减的，应当（　　）。

A. 继续冲减其他长期权益账面价值　　B. 全部作为资产减值损失

C. 冲减资本公积　　D. 计入营业外支出

15. 长期股权投资采用权益法核算，对于被投资单位除发生净损益、分配利润以及确认其他综合收益以外所有者权益的其他变动，在持股比例不变的情况下，按照应享有或承担的部分，计入（　　）。

A. 投资收益　　B. 财务费用

C. 其他综合收益　　D. 资本公积

16. 长期股权投资采用权益法核算，下列事项中不会影响股权投资账面价值的是（　　）。

A. 被投资单位取得利润　　B. 被投资单位发生亏损

C. 被投资单位派发现金股利　　D. 被投资单位派发股票股利

17. 长期股权投资采用权益法核算，如果初始投资成本小于取得投资时应享有被投资单位可辨认净资产公允价值的份额，则其差额应当调整长期股权投资的初始投资成本，同时计入（　　）。

A. 投资收益　　B. 公允价值变动损益

C. 其他综合收益　　D. 营业外收入

18. 甲、乙公司为同一集团下的两个公司。2×19 年 1 月 2 日，甲公司通过定向增发 2 000 万股（每股面值 1 元）自身股份取得乙公司 80%的股权，并能够对乙公司实施控制。在合并日，乙公司所有者权益账面价值为 5 000 万元，可辨认净资产公允价值为 6 000 万元。2×19 年 3 月 10 日，乙公司宣告分配现金股利 750 万元。乙公司 2×19 年度实现净利润 950 万元。不考虑其他因素，2×19 年 12 月 31 日该长期股权投资的账面价值为（　　）万元。

A. 2 000　　B. 4 000　　C. 4 800　　D. 6 000

19. 甲、乙公司均为增值税一般纳税人，适用的增值税税率为 13%。甲公司于 2×19 年 1 月 1 日将一批原材料对乙公司进行长期股权投资，占乙公司 60%的股权。甲公司投入的原材料账面余额为 2 500 万元，未计提存货跌价准备，公允价值为 2 750 万元。在甲公司投资时，乙公司可辨认净资产公允价值为 5 500 万元。假设甲、乙公司不存在关联关系，属于非同一控制下的企业合并，则甲公司投资时长期股权投资的入账价值为（　　）万元。

A. 3 300　　B. 2 750　　C. 2 500　　D. 3 107. 5

20. 企业处置一项权益法核算的长期股权投资，长期股权投资各明细科目的金额如下：“投资成本”400 万元，“损益调整”借方 200 万元，“其他权益变动”借方 40 万元。企业处置该项投资收到的价款为 700 万元。企业处置该项投资的收益为（　　）万元。

A. 700　　B. 640　　C. 60　　D. 100

21. 同一控制下企业合并形成的长期股权投资，对其初始投资成本与支付的合并对价账面价值的差额，正确的会计处理应当是（　　）。

A. 确认为商誉　　B. 调整资本公积

C. 计入营业外收入　　D. 计入营业外支出

22. 2019 年 1 月 2 日，甲公司以货币资金取得乙公司 30%的股权，初始投资成本为 2 000 万元，投资时乙公司各项可辨认资产、负债的公允价值与其账面价值相同，可辨认净资产公允价值及账面价值的总额均为 7 000 万元。甲公司取得投资后即派人参与乙公司生产经营决策，但无法对乙公司实施控制。乙公司 2019 年实现净利润 500 万元，假定不考虑所得税因素，该项投资对甲公司 2019 年度损益的影响金额为（　　）万元。

A. 50　　B. 100　　C. 150　　D. 250

23. A、B 两家公司同属甲公司的子公司。A 公司于 2021 年 3 月 2 日以发行股票的方式从 B 公司的股东手中取得 B 公司 70%的股权。A 公司发行 2 000 万股普通股股票，每股面值为 1 元。B 公司 2021 年 3 月 1 日的所有者权益账面价值总额为 3 000 万元。A 公司该项长期股权投资的初始投资成本为（　　）万元。

A. 1 400　　B. 2 000　　C. 3 000　　D. 2 100

24. 甲公司 2021 年 1 月 1 日从乙公司购入其持有的 B 公司 60%的股份（B 公司为非上市公司），甲公司以银行存款支付买价 820 万元，同时支付相关税费 5 万元。甲公司购入 B 公司股份后准备长期持有，B 公司 2021 年 1 月 1 日的所有者权益账面价值总额为 1 000 万元，B 公司可辨认净资产的公允价值为 1 200 万元。甲公司应确认的长期股权投资初始投资成本为（　　）万元。

A. 820　　B. 825　　C. 600　　D. 720

25. 甲公司持有B公司40%的普通股股权，采用权益法核算。截至2020年年末，该项长期股权投资账户余额为380万元。2021年年末，该项投资减值准备余额为12万元。B公司2021年发生净亏损1 000万元，甲公司对B公司没有其他长期权益。2021年年末，甲公司对B公司的“长期股权投资”账户的余额应为（　　）万元。

A. 0　　B. 12　　C. −20　　D. −8

26. 企业处置一项采用权益法核算的长期股权投资，“长期股权投资”账户所属各明细账户的金额如下：“投资成本”200万元，“损益调整”借方100万元，“其他权益变动”借方20万元。企业处置该项投资收到的价款为350万元。企业处置该项投资应确认的投资收益为（　　）万元。

A. 350　　B. 320　　C. 30　　D. 50

27. A公司以2 000万元取得B公司30%的股权，取得投资时被投资单位可辨认净资产的公允价值为8 000万元。如果A公司能够对B公司施加重大影响，则A公司长期股权投资的金额为（　　）万元。

A. 2 000　　B. 2 400　　C. 8 000　　D. 5 600

二、多项选择题

1. 企业持有的下列权益性投资中，应划分为长期股权投资的有（　　）。

A. 具有控制的权益性投资

B. 具有共同控制的权益性投资

C. 具有重大影响的权益性投资

D. 公允价值能够可靠计量的其他权益性工具投资

2. 关于企业合并发生的审计费用、评估费用、法律服务费用等直接相关费用的处理，下列说法中正确的有（　　）。

A. 同一控制下的企业合并计入投资成本

B. 同一控制下的企业合并计入管理费用

C. 非同一控制下的企业合并计入管理费用

D. 无论哪种类型的企业合并都计入管理费用

3. 长期股权投资采用成本法核算，下列各项中不会导致调整长期股权投资账面价值的有（　　）。

A. 被投资单位派发现金股利　　B. 被投资单位派发股票股利

C. 被投资单位取得利润　　D. 被投资单位发生亏损

4. 长期股权投资采用权益法核算，“长期股权投资”科目下应设置的明细科目有（　　）。

A.“成本”　　B.“损益调整”

C.“公允价值变动”　　D.“其他权益变动”

5. 长期股权投资采用权益法核算时，下列说法中正确的有（　　）。

A. 投资时有可能调整初始投资成本

B. 应按在被投资单位实现的净利润中享有的份额确认投资收益

C. 应于被投资单位宣告分派现金股利时确认投资收益

D. 被投资单位宣告分派的现金股利应冲减投资账面价值

6. 下列关于股权投资的选项中，不应作为长期股权投资而采用成本法核算的有（　　）。

A. 投资企业对子公司的长期股权投资

B. 投资企业对合营企业的股权投资

C. 投资企业对联营企业的股权投资

D. 投资企业对被投资单位不具有控制、共同控制和重大影响的股权投资

7. 下列关于长期股权投资入账价值的选项中，正确的有（　　）。

A. 同一控制下企业合并中长期股权投资的入账价值为应享有的被投资方相对于最终控制方而言的所有者权益账面价值的份额

B. 非企业合并取得的长期股权投资，应以付出对价的公允价值为基础确定其初始入账价值

C. 非企业合并取得的长期股权投资，应以付出对价的账面价值为基础确定其初始入账价值

D. 非同一控制下的企业合并中长期股权投资的入账价值应以享有的被投资方可辨认净资产公允价值份额为基础确定入账价值

8. 甲公司下列各项权益性投资中，应作为长期股权投资核算的有（　　）。

A. 从市场购入 5 000 万股 B 公司发行在外的普通股，拟长期持有，甲公司对 B 公司具有重大影响

B. 购入 D 公司发行的认股权证 200 万份，每份认股权证可于两年后按每股 5 元的价格认购 D 公司增发的 1 股普通股

C. 取得 E 公司 10%的股权，准备随时出售，对 E 公司不具有控制、共同控制或重大影响

D. 甲公司拥有 F 公司 60%的表决权资本，对 F 公司具有控制权

9. 采用权益法核算长期股权投资，下列选项中，会影响投资企业长期股权投资账面价值的有（　　）。

A. 被投资单位因其他权益工具投资公允价值的变动而确认其他综合收益

B. 被投资企业计提盈余公积

C. 被投资单位宣告分派股票股利

D. 计提长期股权投资减值准备

10. 2019 年 1 月 2 日，甲公司以货币资金取得乙公司 30%的股权，初始投资成本为 4 000万元。当日，乙公司可辨认净资产公允价值为 14 000 万元，与其账面价值相同。甲公司取得投资后即派人参与乙公司的生产经营决策，但未能对乙公司形成控制。乙公司 2019 年实现净利润 1 000 万元。假定不考虑所得税等其他因素，2019 年甲公司关于该项投资的会计处理中，正确的有（　　）。

A. 确认商誉 200 万元　　B. 确认营业外收入 200 万元

C. 确认投资收益 300 万元　　D. 确认资本公积 200 万元

11. 长期股权投资采用权益法核算的，应当设置的明细账户有（　　）。

A. “投资成本”　　B. “其他综合收益”

C. “损益调整”　　D. “其他权益变动”

12. 下列选项中，投资方不应确认投资收益的事项有（　　）。

A. 采用权益法核算长期股权投资，被投资方实现的净利润

B. 采用权益法核算长期股权投资，被投资方因发生资本溢价而增加的资本公积

C. 采用权益法核算长期股权投资，被投资方宣告分派的现金股利

D. 采用成本法核算长期股权投资，被投资方宣告分派的现金股利

13. 采用权益法核算长期股权投资时，下列选项中，不会引起投资企业“长期股权投资”账面余额发生变动的有（　　）。

A. 被投资企业实现净利润或发生亏损

B. 被投资企业提取盈余公积

C. 被投资企业宣告发放股票股利

D. 投资企业计提长期股权投资减值准备

14. 下列选项中，投资企业不应确认为投资收益的有（　　）。

A. 采用成本法核算，被投资企业接受现金捐赠

B. 采用成本法核算，被投资企业宣告分派现金股利

C. 采用权益法核算，被投资企业宣告分派现金股利

D. 采用成本法核算，被投资企业发生亏损

15. 下列选项中，可能计入投资收益的有（　　）。

A. 期末长期股权投资账面价值大于可收回金额

B. 处置采用权益法核算的长期股权投资原记入“资本公积——其他资本公积”账户的金额

C. 采用权益法核算长期股权投资被投资单位发生超额亏损

D. 处置长期股权投资出售所得价款小于长期股权投资账面价值的差额

16. 在非企业合并情况下，下列选项中，应计入长期股权投资初始投资成本的有（　　）。

A. 为取得长期股权投资而发生审计费用

B. 投资时支付的不含应收股利的价款

C. 投资时支付款项中所含的已宣告但尚未发放的现金股利

D. 投资时支付的与投资直接相关的税金、手续费

17. 下列有关取得股权投资时发生的交易费用的选项中，正确的有（　　）。

A. 非同一控制下企业合并发生的审计、法律咨询费等计入长期股权投资成本

B. 同一控制下企业合并发生的审计、法律咨询费等计入管理费用

C. 非企业合并取得长期股权投资发生的审计、法律咨询费等计入长期股权投资成本

D. 以发行股票方式取得长期股权投资，支付的股票发行费用等应计入长期股权投资成本

三、判断题

1. 投资企业对被投资单位不具有控制、共同控制或重大影响的权益性投资，都应当划分为长期股权投资。（　）

2. 同一控制下企业合并形成的长期股权投资，初始投资成本取决于合并方作为合并对价付出资产的账面价值。（　）

3. 企业购入股票所支付的价款中，如果包含已宣告但尚未领取的现金股利，对交易性金融资产来说应作为应收股利单独核算，对长期股权投资来说应计入初始投资成本。（　）

4. 投资方为进行企业合并而发生的各项直接相关费用，如审计费用、评估费用、法律服务费用等，同一控制下的企业合并应计入发生当期管理费用，非同一控制下的企业合并应计入发生当期合并成本。（　）

5. 非同一控制下的企业合并，购买方应当在购买日按照取得的被购买方可辨认净资产公允价值的份额作为长期股权投资的初始投资成本。（　）

6. 同一控制下的企业合并，合并方应当在合并日按照取得的被合并方可辨认净资产公允价值的份额作为长期股权投资的初始投资成本。（　）

7. 企业以发行权益性证券的方式取得的长期股权投资，应当按照所发行权益性证券的公允价值作为初始投资成本。（　）

8. 投资企业能够对被投资单位实施控制、共同控制或重大影响的长期股权投资，应当采用权益法核算。（　）

9. 长期股权投资采用成本法核算时，一定要按在被投资单位实现的净利润中投资企业应当分享的份额确认投资收益。（　）

10. 长期股权投资采用成本法核算，获得的现金股利不一定都确认为投资收益。（　）

11. 长期股权投资采用权益法核算，企业应按在被投资单位当期分派的现金股利中投资企业应当分享的份额确认投资收益。（　）

12. 长期股权投资采用权益法核算，如果初始投资成本大于投资时应享有被投资单位可辨认净资产公允价值的份额，企业应按其差额调减已确认的初始投资成本。（　）

13. 长期股权投资采用权益法核算，当被投资单位发生其他权益变动时，投资企业应按持股比例相应调整长期股权投资的账面价值，同时计入投资收益。（　）

14. 采用权益法核算的长期股权投资的初始投资成本大于投资时应享有被投资单位可辨认净资产公允价值份额的，其差额不调整长期股权投资的初始投资成本。（　）

15. 除同一控制下的企业合并之外，以发行权益性证券方式取得的长期股权投资，其初始投资成本为所发行权益性证券的公允价值扣除为发行权益性证券所支付的手续费、佣金后的净额。（　）

16. 对非同一控制下的控股合并，合并方所支付合并对价的公允价值与账面价值的差额均应计入营业外收支。（　）

四、业务题

1. A 公司和 B 公司为同一母公司所属的两个子公司。A 公司和 B 公司达成合并协议，约定 A 公司以固定资产和银行存款作为合并对价，取得 B 公司 60%的股权。A 公司投出固定资产的账面原价 2 000 万元，已计提折旧 480 万元，未计提固定资产减值准备；投出银行存款 1 200 万元。企业合并日，B 公司所有者权益的账面价值总额为 4 800 万元。

要求：编制A公司通过同一控制下的企业合并取得长期股权投资的下列会计分录（金额单位以万元表示）。

（1）A公司将参与合并的固定资产转入清理。

（2）A公司确认企业合并取得的长期股权投资。

2. W公司和D公司为两个互不关联的独立企业，合并之前不存在任何关联方关系。根据W公司和D公司达成的合并协议，W公司以发行的权益性证券作为合并对价，取得D公司100%的股权。W公司增发的权益性证券为每股面值1元的普通股股票，共增发4 500万股，每股公允价值3元；W公司另以银行存款支付直接合并费用108万元。

要求：编制W公司通过非同一控制下的企业合并取得长期股权投资的会计分录，金额单位以万元表示。

3. 红河公司2016—2020年发生如下业务：

（1）2016年1月1日，红河公司以400万元投资于开源公司，从而拥有开源公司40%的股份，投资时开源公司可辨认净资产的公允价值为1 100万元。

（2）开源公司2016年度实现净利润200万元，宣告分配现金股利120万元，当期开源公司由于持有的其他权益工具投资公允价值的变动计入其他综合收益的金额为60万元。

（3）2017年度开源公司亏损40万元。

（4）2018年度开源公司亏损1 250万元，此时红河公司账上仍应收开源公司的长期应收款40万元。

（5）2019年度开源公司盈利1 400万元，宣告并分配现金股利1 000万元。2020年，红河公司将该长期股权投资的50%出售，出售取得价款80万元。假定红河公司、开源公司适用的会计政策和会计期间都相同，红河公司投资时开源公司有关资产的、负债的公允价值与其账面价值也相同。

要求：做出红河公司每笔业务的会计处理。

4. 开源股份有限公司（以下简称开源公司）2017—2020 年有关投资业务的资料如下：

（1）2017 年 12 月 1 日，开源公司与南海公司签订股权转让协议。该股权转让协议规定：开源公司收购南海公司持有汇鸿公司的部分股份，收购价格为 540 万元，收购后开源公司拥有汇鸿公司 30%的股权。2018 年 1 月 1 日，开源公司以银行存款支付收购股权价款 540 万元，并办理了相关的股权划转手续。

2018 年 1 月 1 日，汇鸿公司股东权益总额为 1 600 万元，资本公积为 2 100 万元，未分配利润为 600 万元（都为 2017 年度实现的净利润）。假定 2018 年 1 月 1 日汇鸿公司可辨认净资产的公允价值也为 1 600 万元。取得投资时汇鸿公司各项资产的公允价值与账面价值的差额不具有重要性。

（2）2018 年 5 月 1 日，汇鸿公司股东大会通过 2017 年度利润分配方案。该分配方案如下：按实现净利润的 10%提取法定盈余公积，分配现金股利 400 万元。2018 年 6 月 5 日，开源公司收到汇鸿公司分派的现金股利。

（3）2018 年 6 月 12 日，汇鸿公司因长期股权投资业务核算确认其他综合收益 160 万元。

（4）2018 年度，汇鸿公司实现净利润 800 万元。

（5）2019 年 5 月 4 日，汇鸿公司股东大会通过 2018 年度利润分配方案。该方案如下：按实现净利润的 10%提取法定盈余公积，不分配现金股利。

（6）2019 年度，汇鸿公司发生净亏损 400 万元。

（7）2019 年 12 月 31 日，开源公司对汇鸿公司投资的预计可收回金额为 544 万元。

（8）2020 年 1 月 5 日，开源公司将其持有的汇鸿公司股份全部对外转让，转让价款为 500 万元，相关的股权划转手续已办妥，转让价款已存入银行。假定开源公司在转让股份过程中没有发生相关税费。

要求：（1）编制开源公司 2018 年有关业务的会计分录，并做出账务处理。

（2）编制开源公司 2019 年有关业务的会计分录，并做出账务处理。

（3）编制开源公司 2020 年有关业务的会计分录，并做出账务处理。

第三节　练习题参考答案

一、单项选择题参考答案

1. D。同一控制下企业合并取得的长期股权投资，初始投资成本是指占被合并方所有者权益账面价值的份额。

2. B。非同一控制下企业合并取得的长期股权投资，初始投资成本应当是支付合并对价的公允价值。

3. D。企业合并取得的长期股权投资采用成本法核算，不调整初始投资成本，因而不需要对该差额进行会计处理。

4. A。同一控制下的企业合并，合并方应当在合并日按照取得的被合并方所有者权益账面价值的份额作为长期股权投资的初始投资成本。本题中，长期股权投资的初始投资成本=3 600×80%=2 880（万元）

5. B。合并方或购买方为进行企业合并而发生的各项直接相关费用，如审计费用、评估费用、法律服务费用等，应当于发生时计入管理费用。

6. D。投资企业对被投资单位具有控制时应当采用成本法核算。

7. A。采用成本法核算的长期股权投资，除取得投资时实际支付的价款或对价中包含的已宣告但尚未发放的现金股利或利润外，投资企业应当按照享有被投资单位宣告发放的现金股利或利润份额确认投资收益。

8. D。只做备忘登记，不做会计处理。

9. D。不做会计处理是成本法后续计量的规则。

10. D。投资时，初始投资成本 6 000 万元大于应享有 B 公司可辨认净资产公允价值的份额 4 800 万元（24 000×20%），因而不调整长期股权投资的初始投资成本。

11. B。投资时，初始投资成本 2 088 万元小于应享有 B 公司可辨认净资产公允价值的份额 2 160 万元（10 800×20%），因而按两者之差调增长期股权投资成本 72 万元。

12. D。投资时，初投资成本 7 200 万元小于应享有 B 公司可辨认净资产公允价值的份额 8 000 万元（40 000×20%），因而按两者之差调增长期股权投资成本 800 万元，调整后长期股权投资的成本为 8 000 万元。

13. A。权益法要求冲减投资成本。

14. A。可以冲减其他长期权益账面价值，如短期无催收计划的长期应收款。

15. D。长期股权投资采用权益法核算，对于被投资单位除净损益、分配利润以及确认其他综合收益以外所有者权益的其他变动，在持股比例不变的情况下，按照应享有或承担的部分，计入资本公积。

16. D。被投资单位派发股票股利，不会影响股权投资账面价值。

17. D。长期股权投资采用权益法核算，如果初始投资成本小于投资时应享有被投资单位可辨认净资产公允价值的份额，则其差额应当用于调整长期股权投资的初始投资成本，同时计入营业外收入。

18. B。同一控制下的企业合并，应当在合并日按照取得被合并方所有者权益账面价值的金额作为长期股权投资的初始投资成本，即 5 000×80%=4 000（万元）

同一控制下企业合并的长期股权投资的后续计量采用成本法核算，乙公司实现净利润，投资企业不需要进行账务处理。在乙公司宣告发放现金股利时，投资企业按照享有的份额确认投资收益（750×80%），同时借记“应收股利”科目。因此，2×19年年末该长期股权投资的账面价值仍为4 000万元。

借：长期股权投资　　4 000
　贷：股本　　2 000
　　资本公积——股本溢价　　2 000
借：应收股利　　600
　贷：投资收益　　600

19. D。非同一控制下的企业合并中，企业应以实际付出对价的公允价值作为长期股权投资的入账价值。

借：长期股权投资——乙公司　　3 107.5
　贷：其他业务收入　　2 750
　　应交税费——应交增值税（销项税额）　　357.5
借：其他业务成本　　2 500
　贷：原材料　　2 500

20. D。处置该项投资的收益=700-640+40=100（万元）

借：银行存款　　700
　贷：长期股权投资——投资成本　　400
　　　　——损益调整　　200
　　　　——其他权益变动　　40
　　投资收益　　60
借：资本公积——其他资本公积　　40
　贷：投资收益　　40

21. B。按照有关规定，同一控制下的企业合并形成的长期股权投资，其初始投资成本与支付的合并对价账面价值的差额应当调整资本公积；资本公积不足冲减的，调整留存收益。

22. D。此题考查长期股权投资的权益法核算。会计分录如下：

（1）投资时的会计处理：

借：长期股权投资——成本　　2 100
　贷：银行存款　　2 000
　　营业外收入　　100

（2）被投资单位实现净利润时，权益法下投资单位要按持股比例确认投资收益。

借：长期股权投资——损益调整　　150（500×30%）
　贷：投资收益　　150

23. D。同一控制下的企业合并，合并方以发行权益性证券作为合并对价的，应当在合并日按照取得被合并方所有者权益账面价值的份额作为长期股权投资的初始投资成本。合并日被投资企业的所有者权益为3 000万元，长期股权投资的初始投资成本=3 000×70%=2 100（万元）

24. A。甲公司应确认的长期股权投资的初始投资成本为支付对价的公允价值，即 820 万元，支付的相关税费计入当期管理费用。

25. B。企业会计准则规定，投资企业确认被投资单位发生的净亏损，应当以长期股权投资的账面价值以及其他实质上构成对被投资单位净投资的长期权益减记至 0 为限，投资企业负有承担额外损失义务的除外。长期股权投资的账面价值=长期股权投资账户的余额-长期投资减值准备账户的余额，即长期股权投资账面余额应冲减到等于长期股权投资减值准备账户的余额的数额为止。

26. D。该投资账面价值与实际取得的价款的差额为 350-320=30 万元，计入投资收益。其他权益变动计入“资本公积”账户贷方的金额为 20 万元，出售时将“资本公积”账户贷方的金额转入“投资收益”账户贷方。

处置该项投资应确认的投资收益=30+20=50（万元）

27. B。投资企业对被投资单位具有共同控制或重大影响的长期股权投资，应当采用权益法核算。长期股权投资的初始投资成本小于投资时应享有被投资单位可辨认净资产公允价值份额的，其差额应当计入当期损益，同时调整长期股权投资的成本。

二、多项选择题参考答案

1. ABC。

2. BCD。同一控制下的企业合并和非同一控制下的企业合并发生的直接合并费用都计入管理费用而不是投资成本。

3. ABCD。在成本法下，只有投资发生减值才会导致长期股权投资账面价值减少。

4. ABD。“长期股权投资”科目下不涉及公允价值变动。

5. ABD。在权益法下，被投资单位宣告分派现金股利时，投资企业应调减长期股权投资的账面价值，并记录应收股利的增加。

6. BCD。选项 B 和选项 C 应采取权益法核算；选项 D，作为金融资产核算，不采用成本法进行后续计量。

7. AB。选项 C 和选项 D，非企业合并方式和非同一控制下的企业合并方式取得的长期股权投资，应以付出对价的公允价值为基础确定其入账价值。

8. AD。选项 B，由于认股权证属于衍生金融工具，因此应作为交易性金融资产核算。选项 C，由于持有的 E 公司股权，不具有控制、共同控制或重大影响，因此不能作为长期股权投资核算，而且取得 E 公司股权准备随时出售，作为交易性金融资产核算。

9. AD。选项 B 和选项 C 属于被投资企业所有者权益内部发生的变动，投资企业不需要进行账务处理。

选项 A 的会计分录如下：

借：长期股权投资——其他综合收益

　贷：其他综合收益

选项 D 的会计分录如下：

借：资产减值损失

　贷：长期股权投资减值准备

10. BC。会计分录如下：

2019 年 1 月 2 日。

借：长期股权投资　　　　　　　　　　　　4 200（14 000×30%）
　贷：银行存款　　　　　　　　　　　　　　　　　4 000
　　　营业外收入　　　　　　　　　　　　　　　　200

2019 年 12 月 31 日。

借：长期股权投资——损益调整　　　　　　300（1 000×30%）
　贷：投资收益　　　　　　　　　　　　　　　　　300

由此可知，甲公司应该确认营业外收入 200 万元，确认投资收益 300 万元。

11. ABCD。根据企业会计准则应用指南的规定，长期股权投资采用权益法核算的，应当分别设置“投资成本”“损益调整”“其他综合收益”“其他权益变动”明细账户进行明细核算。

12. BC。选项 A，投资企业应按被投资企业实现的净利润计算应享有的份额确认投资收益。选项 B，被投资方因发生资本溢价而增加的资本公积，投资方应按享有的份额调整资本公积。选项 C，投资方应冲减长期股权投资账面价值。选项 D，成本法下应确认为投资收益。

13. BCD。选项 B 和选项 C，被投资企业提取盈余公积、宣告发放股票股利行为，均不影响其所有者权益的总额发生变化，因此投资企业不存在权益法的调整问题，不影响投资企业“长期股权投资”账户金额。选项 D，投资企业计提了长期股权投资减值准备，则减少了长期股权投资的账面价值，但账务处理上并不直接调整“长期股权投资”账户，即不影响长期股权投资账面余额。

14. ACD。被投资企业接受现金捐赠，不论是成本法还是权益法，投资企业均不做会计处理。采用成本法核算，被投资企业发生亏损时投资企业不做会计处理。

15. BCD。选项 A，计入资产减值损失。

16. ABD。企业以非企业合并方式取得的长期股权投资应按实际支付的购买价款及发生的审计费用、法律咨询费等作为长期股权投资的初始投资成本。选项 C，投资时支付款项中所含的已宣告但尚未领取的现金股利应确认为应收股利。

17. BC。为进行企业合并（包含同一控制、非同一控制企业合并）发生的审计、法律咨询费等计入管理费用，选项 A 错误，选项 B 正确。非企业合并方式取得长期股权投资发生的审计、法律咨询费等计入长期股权投资成本，选项 C 正确。以发行股票方式取得长期股权投资，支付的股票发行费用（手续费、佣金等）应冲减溢价发行收入，溢价收入不足冲减的，依次冲减盈余公积和未分配利润，选项 D 错误。

三、判断题参考答案

1. ×。投资企业对被投资单位不具有控制、共同控制或重大影响的权益性投资，无论是否有报价，都不能划分为长期股权投资。

2. ×。同一控制下企业合并形成的长期股权投资，应当在合并日按照取得的被合并方所有者权益账面价值的份额作为长期股权投资的初始投资成本。因此，初始投资成本取决于被合并方所有者权益账面价值和投资企业的持股比例，而不取决于合并方作为合并对价付出资产的账面价值。

3. ×。企业购入股票支付的价款中，如果包含已宣告但尚未领取的现金股利，无论是交易性金融资产还是长期股权投资，都应作为应收股利单独核算，不计入初始投资成本。

4. ×。各项费用都应计入发生当期管理费用。

5. ×。非同一控制下的企业合并，购买方应当在购买日按照确定的合并成本作为长期股权投资的初始投资成本。合并成本是指购买方在购买日为取得对被购买方的控制权而付出的资产、发生或承担的负债以及发行的权益性证券的公允价值。

6. ×。同一控制下的企业合并，合并方应当在合并日按照取得的被合并方所有者权益账面价值的份额作为长期股权投资的初始投资成本。

7. ×。企业以发行权益性证券的方式取得的长期股权投资，如果属于同一控制下的企业合并取得的长期股权投资，应当在合并日按照取得的被合并方所有者权益账面价值的份额作为初始投资成本；如果属于非同一控制下的企业合并及非企业合并方式取得的长期股权投资，应当在购买日或交易日按照发行权益性证券的公允价值作为初始投资成本。

8. ×。投资企业能够对被投资单位实施共同控制或重大影响的长期股权投资应当采用权益法核算。投资企业能够对被投资单位实施控制的长期股权投资应当采用成本法核算，但编制合并财务报表时应按照权益法的核算要求对长期股权投资及相关项目进行调整。

9. ×。在采用成本法核算的情况下，被投资单位实现净利润，投资方不做账务处理。

10. √。成本法属于后续计量，后续计量时获得现金股利都计入投资收益。

11. ×。在采用权益法核算的情况下，投资单位宣告分派现金股利时，投资方应按其持股比例确认应收股利，同时调整长期股权投资的账面价值。

12. ×。长期股权投资采用权益法核算，如果初始投资成本大于投资时应享有被投资单位可辨认净资产公允价值的份额，企业不调整已确认的初始投资成本。

13. ×。长期股权投资采用权益法核算，当被投资单位发生其他权益变动时，投资企业应按持股比例相应调整长期股权投资账面价值，同时计入资本公积。

14. √。采用权益法核算时，初始投资成本大于享有被投资单位可辨认净资产公允价值份额的，不调整长期股权投资的初始投资成本。

15. ×。除同一控制下企业合并外，以发行权益性证券方式取得的长期股权投资，其初始投资成本为所发行权益性证券的公允价值。为发行权益性证券所支付的手续费、佣金等，不影响初始投资成本，一般应冲减权益性证券的溢价收入。

16. ×。对非同一控制下的控股合并，合并方所支付合并对价的公允价值与账面价值的差额，应分情况进行处理：第一，合并对价为固定资产、无形资产的，公允价值与账面价值的差额，计入资产处置损益；第二，合并对价为债权投资、交易性金融资产、其他债权投资的，公允价值与账面价值的差额，计入投资收益；第三，合并对价为存货、投资性房地产的，应当作为销售处理，以其公允价值确认收入，同时结转相应的成本；第四，合并对价为其他权益工具投资的，公允价值与账面价值的差额，计入留存收益。

四、业务题参考答案

1.（1）A 公司将参与合并的固定资产转入清理。

借：固定资产清理	1 520	
累计折旧	480	
贷：固定资产		2 000

（2）A 公司确认企业合并取得的长期股权投资。

初始投资成本＝4 800×60%＝2 880（万元）

借：长期股权投资——B 公司　2 880

　贷：固定资产清理　1 520

　　银行存款　1 200

　　资本公积——股本溢价　160

2. 企业合并成本＝3×4 500＝13 500（万元）

借：长期股权投资——D 公司　13 500

　贷：股本　4 500

　　资本公积——股本溢价　9 000

借：管理费用　108

　贷：银行存款　108

3.（1）借：长期股权投资——投资成本　4 400 000

　　贷：银行存款　4 000 000

　　　营业外收入　400 000

（2）借：长期股权投资——损益调整　800 000

　　贷：投资收益　800 000

　借：应收股利　480 000

　　贷：长期股权投资——损益调整　480 000

　借：长期股权投资——其他综合收益　240 000

　　贷：其他综合收益　240 000

此时，该长期股权投资的账面价值＝440+80−48+24＝496（万元）

（3）借：投资收益　160 000

　　贷：长期股权投资——损益调整　160 000

此时，该长期股权投资的账面价值＝496−16＝480（万元）

（4）借：投资收益　5 000 000

　　贷：长期股权投资——损益调整　4 800 000

　　　长期应收款　200 000

此时，该长期股权投资的账面价值＝480−480＝0

（5）借：长期应收款　200 000

　　贷：投资收益　200 000

借：长期股权投资——损益调整　5 400 000

　贷：投资收益　5 400 000

借：应收股利　4 000 000

　贷：长期股权投资——损益调整　4 000 000

此时，该长期股权投资的账面价值＝540−400＝140（万元）

（6）借：银行存款　800 000

　　　长期股权投资——损益调整　1 620 000

　　贷：长期股权投资——投资成本　2 200 000

　　　　　　　　　——其他综合收益　120 000

　　　投资收益　100 000

除应将实际取得的价款与长期股权投资的账面价值进行结转、确认出售损益以外，红河公司还应该将原计入其他综合收益的部分 24 万元，按 50%的比例转入当期损益。

借：其他综合收益　　120 000

　贷：投资收益　　120 000

4.（1）开源公司 2018 年有关业务的会计分录如下：

①2018 年 1 月 1 日。

借：长期股权投资——投资成本　　5 400 000

　贷：银行存款　　5 400 000

开源公司初始投资成本 540 万元大于应享有汇鸿公司可辨认净资产公允价值的份额 480 万元（1 600×30%），开源公司不调整长期股权投资的初始投资成本。

②2018 年 5 月 1 日。

借：应收股利（4 000 000×30%）　　1 200 000

　贷：长期股权投资——损益调整　　1 200 000

③2018 年 6 月 5 日。

借：银行存款　　1 200 000

　贷：应收股利　　1 200 000

④2018 年 6 月 12 日。

借：长期股权投资——其他综合收益（1 600 000×30%）　　480 000

　贷：其他综合收益　　480 000

⑤2018 年 12 月 31 日。

借：长期股权投资——损益调整（8 000 000×30%）　　2 400 000

　贷：投资收益　　2 400 000

（2）开源公司 2019 年有关业务的会计分录如下：

①2019 年 5 月 4 日。

开源公司不做会计处理。

②2019 年 12 月 31 日。

借：投资收益（4 000 000×30%）　　1 200 000

　贷：长期股权投资——损益调整　　1 200 000

此时，长期股权投资的账面余额＝540−120+48+240−120＝588（万元）

因为可收回金额为 544 万元，所以应计提减值准备 44 万元。

③2019 年 12 月 31 日。

借：资产减值损失　　440 000

　贷：长期股权投资减值准备　　440 000

（3）开源公司 2020 年有关业务的会计分录如下：

借：银行存款　　5 000 000

　　长期股权投资减值准备　　440 000

　　投资收益　　440 000

　贷：长期股权投资——投资成本　　5 400 000

　　　　　　　　——其他综合收益　　480 000

借：其他综合收益　　480 000

　贷：投资收益　　480 000

第六章
固定资产

第一节　学习指导

一、本章结构

本章结构如图 6-1 所示。

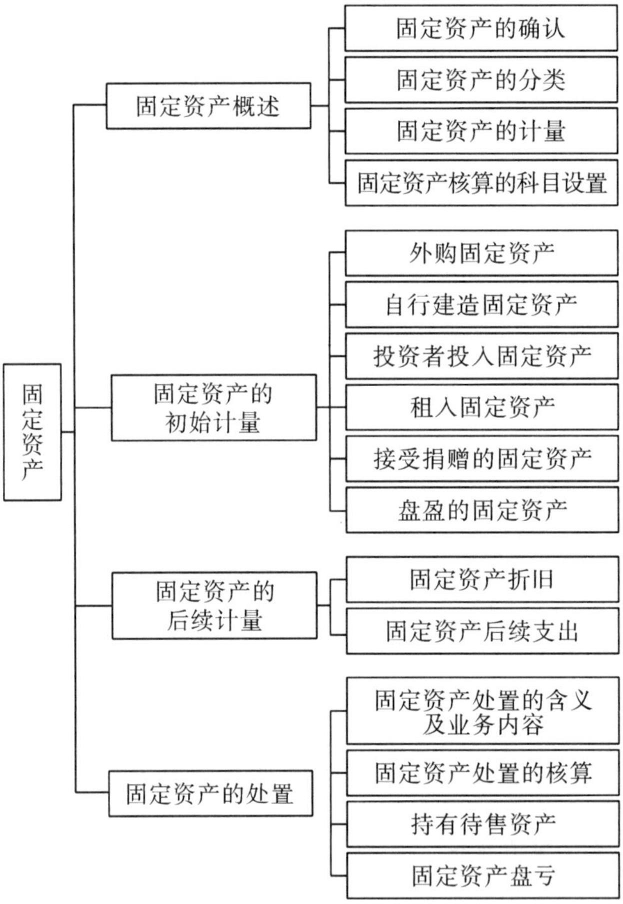

图 6-1　本章结构

二、学习目的和要求

了解：固定资产的基本概念、特征与分类。

理解：固定资产的确认条件。

掌握：固定资产的初始计量、固定资产的减值业务、固定资产的处置业务的核算，固定资产折旧的计算方法和固定资产后续支出的核算。

三、本章重点难点

1. 固定资产的性质及特征

固定资产是指同时具有下列特征的有形资产：第一，为生产商品、提供劳务、出租或经营管理而持有；第二，使用寿命超过一个会计年度，使用寿命是企业使用固定资产的预计期间，或者该固定资产所能生产产品（提供劳务）的数量。固定资产主要特征如下：

第一，固定资产是为生产商品、提供劳务、出租或经营管理而持有的。此特征指明了企业持有固定资产的目的。其中，出租的固定资产不包括以经营租赁方式出租的建筑物，以经营租赁方式出租的建筑物属于企业的投资性房地产。

第二，固定资产使用寿命超过一个会计年度。这意味着固定资产属于长期资产，随着使用和磨损，通过计提折旧的方式逐渐减少账面价值。

第三，固定资产为有形资产，固定资产具有实物特征。这一特征将固定资产与无形资产区别开来。

2. 固定资产的确认条件

固定资产只有在同时满足以下两个条件时，才能加以确认：

（1）该固定资产包含的经济利益很可能流入企业。这一条件要求企业必须有一定的证据，对固定资产未来经济利益流入企业的确定程度做出可靠的估计，只有在企业确定通过该项资产很可能获得报酬时才确认为企业的固定资产。在实务中，有时虽然企业对该项固定资产没有所有权，能够控制资产带来的经济利益，并使之流入企业，则该项固定资产也应作为企业的固定资产予以确认，如融资租入的固定资产。

（2）该固定资产的成本能够可靠地计量。这是固定资产确认的一个基本条件，也就是确定固定资产价值量的问题。如果企业能够拥有和控制固定资产，那么其价值量的确定在大多数情况下并不是一件很困难的事情。例如，外购固定资产在交易时就确定了其价值。企业由于安全或环保的要求购入设备等，虽然不能直接给企业带来未来经济利益，但有助于企业从其他相关资产的使用中获得未来经济利益，也应确认为固定资产。

3. 购入的固定资产的初始计量

购入固定资产的初始成本，包括购买价款、进口关税和其他税费，使固定资产达到预定可使用状态前所发生的可归属于该项资产的场地整理费、运输费、装卸费、安装费和专业人员服务费等。企业以一笔款项购入多项没有单独标价的固定资产，应当按照各项固定资产公允价值比例对总成本进行分配，分别确定各项固定资产的成本。企业购入固定资产超过正常信用条件（一般为 3 年）延期支付价款的，如分期付款购买固定资产，实质上具有融资性质，企业应按所购固定资产购买价款的现值，借记“固定资产”或“在建工程”科目，按应支付的金额，贷记“长期应付款”科目，按其差额，借记

"未确认融资费用"科目。企业对未确认融资费用进行摊销，在信用期间内分两种情况处理：符合资本化条件的，计入在建工程；不符合资本化条件的，计入当期财务费用。

4. 确定自营工程成本应注意的问题

（1）自营工程购入工程物资，如果用于生产经营所用设备的建造，支付的增值税税额不应计入工程成本，应作为进项税额单独列示，从销项税额中抵扣；如果用于厂房、建筑物等不动产工程，支付的增值税税额于当期可抵扣其中的60%，其余的40%作为待抵扣进项税额；如果用于企业集体福利设施工程，支付的增值税税额不得抵扣，应计入工程成本。

（2）自营工程领用外购存货应按成本转出，计入工程成本。如果外购存货用于企业集体福利设施工程，支付的增值税税额不得抵扣，应计入工程成本。

（3）自营工程领用自制半成品和产成品应按其生产成本计入自营工程成本。如果自营工程属于企业集体福利设施工程，领用自制半成品和产成品应视同企业销售货物，按适用税率计算销项税额，并计入自营工程成本。

（4）在建工程进行负荷联合试车发生的费用，计入工程成本；试车期间形成的产品或副产品对外销售或转为库存商品时，借记"银行存款""库存商品"等科目，贷记"在建工程"科目。

（5）建设期间发生的工程物资盘亏、报废及毁损净损失，计入工程成本，借记"在建工程"科目，贷记"工程物资"科目；盘盈的工程物资或处置净收益做相反的会计处理。

5. 融资租入的固定资产的初始计量

融资租入的固定资产是指实质上已转移了与该资产所有权有关的主要风险和报酬的一种租入固定资产。在融资租赁期内，承租企业应将融资租入的固定资产视同自有固定资产处理。按租赁开始日租赁资产的公允价值与最低租赁付款额的现值两者中较低者来确定固定资产的入账价值，按最低租赁付款额作为长期应付款入账价值，按两者的差额作为未确认融资费用。未确认融资费用应在租赁期内按合理的方法分期摊销，计入各期财务费用。

6. 取得存在弃置义务的固定资产

对于特殊行业的特定固定资产，确定其初始入账成本时，企业应考虑弃置费用。弃置费用通常是指根据国家法律和行政法规、国际公约等的规定，企业承担环境保护和生态恢复等义务所确定的支出，如核电站核设施等的弃置和恢复环境义务。弃置费用的金额与其现值比较，通常相差较大，需要考虑货币时间价值。对于这些特殊行业的特定固定资产，企业应当按照现值计算确定应计入固定资产成本的金额和相应的预计负债。企业在固定资产的使用寿命内按照预计负债的摊余成本和实际利率计算确定的利息费用应计入财务费用。一般工商企业的固定资产发生的报废清理费用不属于弃置费用，应当在发生时作为固定资产处置费用处理。

7. 固定资产折旧的性质

折旧是指在固定资产使用寿命期内，按照确定的方法对应计折旧额进行合理、系统的分摊。固定资产对于企业的经济价值具有潜在的服务能量，企业取得固定资产可以看成取得了固定资产在预计使用年限中的服务潜力，这种潜力会给企业提供长期经济效益，但这种服务潜力是有限的，会随着固定资产的使用而损耗。固定资产发生损耗的因素分为物质因素和功能因素两种。物质因素是指固定资产由于受自然力的影响而引起的使用价值和价值的减损。功能因素又称经济因素，指由于技术进步等引起的使用价值和价值的减损，这种减损的特点是固定资产在物质形态上仍具有一定的服务潜力，但企业若继续使用已无经济价值。物质因素决定了固定资产的最大使用年限，功能因素则决定了固定资产的实际使用年限。会计上认为，无论是物质因素引起的减损，还是功能因素引起的减损，都应当在固定资产的使用年限内进行分摊，形成折旧费用，计入产品成本或期间费用。因此，会计中的折旧不是一个计价过程，而被认为是固定资产成本的分配过程。

8. 影响固定资产折旧的主要因素

影响固定资产每期折旧额的因素主要有以下三个方面：

（1）固定资产原价。计算固定资产折旧的基数一般为取得固定资产的原始成本，即固定资产初始确认的账面价值。在会计核算中，以固定资产原价作为计提折旧的基数，可以使折旧额的计算建立在客观的基础之上，不受主观因素的影响。

（2）固定资产预计净残值。固定资产预计净残值是指固定资产报废时，预计可以收回的残余价值扣除预计清理费用后的数额。其中，可以收回的残余价值是指固定资产报废清理时预计可收回的器材、材料等残料价值收入；预计清理费用是指固定资产报废清理时预计发生的拆卸、整理、搬运等费用。固定资产账面原价减去预计净残值后的余额，即为固定资产应计折旧额。如果固定资产已经计提了减值准备，其还应扣除减值准备累计金额。

（3）固定资产预计使用年限。固定资产预计使用年限是指固定资产预计经济使用年限，即折旧年限，通常短于固定资产的实物年限。以经济使用年限作为固定资产的折旧年限是因为企业在计算折旧时，不仅需要考虑固定资产因物质因素引起的减损，还要考虑固定资产因功能因素引起的减损。固定资产折旧年限的长短直接影响各期应计折旧额的计算，但折旧年限是很难确切估计的。为了避免人为地延长或缩短折旧年限，合理计算固定资产的转移价值，企业应根据国家的有关规定，结合本企业的具体情况合理地确定折旧年限，作为计提折旧的依据。

9. 固定资产折旧的范围

按我国企业会计准则的规定，除下列情况外，企业应对所有固定资产计提折旧：已提足折旧仍继续使用的固定资产；按规定单独作价作为固定资产入账的土地。在会计实务中，企业一般都是按月计提固定资产折旧，为了简化核算，月份内开始使用的固定资产，当月不计提折旧，从下月起计提折旧；月份内减少的固定资产，当月仍计提折旧，从下月起停止计提折旧。此外，固定资产提足折旧后，不管能否继续使用，都不再提取折旧；提前报废的固定资产也不再补提折旧。提足折旧是指已经提足该项固定资产的应计折旧额。已达到预定可使用状态但尚未办理竣工决算的固定资产，应当按照估计价值确定其成本，并计提折旧；待办理竣工决算后再按实际成本调整原来的暂估价值，但不需要调整原已计提的折旧额。

10. 固定资产折旧的方法

固定资产折旧方法的选用直接影响企业成本、费用的计算，也影响企业的收入和纳税，从而影响国家的财政收入。因此，企业应在企业会计准则规定的范围内选择折旧方法。企业可以选用的折旧方法包括年限平均法、工作量法、双倍余额递减法和年数总和法。

（1）年限平均法又称直线法，是将固定资产的应计折旧额均衡地分摊到固定资产预计使用寿命期内的一种方法。采用这种方法计算的每期折旧额都相等。年限平均法计提折旧简便易行、容易理解，因此是会计实务中经常使用的一种方法。但这种方法会使固定资产在整个使用期间的使用成本分配不均衡，同时也忽视了各期的使用情况。

（2）工作量法是以固定资产预计可完成的工作量为分摊标准，根据各期实际完成的工作量计算折旧额的一种方法。采用这种方法计提折旧，各期固定资产的折旧额随工作量的变动而成正比例变动。采用工作量法计提折旧，简单实用，而且应提的折旧额与资产的使用成正比例，使资产的使用效益与成本较为合理地配比起来。但这种方法未考虑固定资产因功能因素引起的减损，资产在预计使用年限内究竟能完成多少工作量也是很难测定的，因此工作量法适用于大型专用设备和运输设备的折旧计提。

（3）双倍余额递减法是按年初固定资产账面净值（固定资产原始成本减去累计折旧后的金额）和双倍直线折旧率计算固定资产折旧的一种方法。应用双倍余额递减法计算折旧额时，由于年初固定资产净值没有扣除预计净残值，为了保证在采用双倍余额递减法下，各期计提折旧额的合计数等于应计折旧总额，企业在固定资产使用后期，当发现某年按双倍余额递减法计算的折旧额小于该年剩余年限按年限平均法计提的折旧额时，应改用年限平均法计提折旧。在会计实务中，为方便会计人员操作，计算固定资产折旧额应在其折旧年限到期前两年内，将固定资产净值扣除预计净残值后的余额平均摊销。

（4）年数总和法是将固定资产的原始成本减去预计净残值后的余额乘以一个逐年递减的分数，计算其每年的折旧额的一种方法。分数的分子代表固定资产尚可使用的年数，分母代表各年预计尚可使用年数总和。

11. 固定资产折旧的账务处理

企业固定资产应当按月计提折旧，并根据其用途计入相关成本或当期损益。为了简化核算，企业可以在上月计提折旧额的基础上，调整上月增减的固定资产在本月应增加或减少的折旧额，以计算本月的折旧额。企业按月计提折旧时，应根据固定资产的受益对象分配计入成本或费用中。例如，生产部门使用的固定资产计提的折旧额，应计入制造费用；企业管理部门使用的固定资产计提的折旧额，应计入管理费用；专设销售机构使用的固定资产计提的折旧额，应计入销售费用；经营性出租的固定资产计提的折旧额，应计入其他业务成本；自行建造固定资产过程中使用的固定资产计提的折旧额，应计入在建工程成本等。

企业至少应于每年年度终了对固定资产使用寿命和预计净残值进行复核。如有确凿证据表明固定资产使用寿命及预计净残值与原先估计数有差异，企业应当调整固定资产使用寿命和预计净残值。

固定资产使用过程中所处的各种环境的变化可能导致与固定资产有关的经济利益的预期实现方式发生重大变化，企业应相应改变固定资产折旧的计提方法。固定资产使用寿命、预计净残值和折旧方法的改变应作为会计估计变更，按相关企业会计准则的规定处理。

12. 固定资产后续支出的处理原则及账务处理

固定资产的后续支出是指固定资产使用过程中发生的更新改造支出、修理费用等。其中，更新改造支出是指固定资产的改扩建、更新等支出；修理费用是指固定资产改良、日常维护修理等支出。固定资产后续支出的处理原则为：符合固定资产确认条件的，应当计入固定资产成本，同时将被替换部分的账面价值扣除；不符合固定资产确认条件的，应当计入当期损益。

对于固定资产使用过程中发生的更新改造支出，企业要将固定资产账面价值转入在建工程，即注销固定资产的原价、累计折旧和减值准备，同时停止计提折旧。更新改造发生的支出和变价收入分别增加和减少在建工程成本。在建工程完工，企业将“在建工程”科目余额转入“固定资产”科目。对于固定资产有关的修理费用等后续支出，企业应在费用发生时直接计入当期损益，企业生产车间和行政管理部门等发生的固定资产修理费用等后续支出计入管理费用。企业专设销售机构的，其发生的与专设销售机构相关的固定资产修理费用等后续支出计入销售费用。固定资产更新改造支出不满足固定资产的确认条件的，在发生时也要计入当期损益。

13. 划分为持有待售固定资产的条件及账面价值的调整

固定资产属于非流动资产，同时满足下列条件的非流动资产应当划分为持有待售：一是企业已经就处置该非流动资产做出决议；二是企业已经与受让方签订了不可撤销的转让协议；三是该项转让将在一年内完成。持有待售的非流动资产包括单项资产和处置组。处置组是指一项交易中作为整体通过出售或其他方式一并处置的一组资产组、一个资产组或某个资产组中的一部分。企业对于持有待售的固定资产，应当调整该项固定资产的预计净残值，使该项固定资产的预计净残值能够反映其公允价值减去处置费用后的金额，但不得超过符合持有待售条件时该项固定资产的原账面价值。原账面价值高于调整后预计净残值的差额，应作为资产减值损失计入当期损益。持有待售的固定资产不计提折旧，按照账面价值与公允价值减去处置费用后的净额孰低进行计量。

14. 固定资产出售、转让及清理净损益的会计处理

企业出售、转让固定资产时，通过“固定资产清理”科目归集的所发生的损益，产生的收益或损失转入“资产处置损益”科目，计入当期损益；固定资产因报废、毁损等原因终止确认的，通过“固定资产清理”科目归集的所发生的损益，产生的利得或损失计入营业外收入或营业外支出。固定资产清理完成后的净损失，属于正常出售、转让产生的利得或损失，借记或贷记“资产处置损益”科目，贷记或借记“固定资产清理”科目；属于已丧失使用功能正常产生的利得或损失，借记或贷记“营业外支出——非流动资产报废”科目；属于自然灾害等非正常原因造成的利得或损失，借记或贷记“营业外支出——非常损失”科目，贷记或借记“固定资产清理”科目。资产处置损益属于营业利润的组成部分。企业出售固定资产视为日常经营活动，因此其净损益计入资产处置损益。

第二节　练习题

一、单项选择题

1. 按照我国企业会计准则的规定，下列资产确认减值损失后可以转回的是（　　）。

A. 固定资产　　B. 无形资产　　C. 在建工程　　D. 存货

2. 下列资产中，无论是否存在减值迹象，每年都应进行减值测试的是（　　）。

A. 固定资产　　B. 长期股权投资

C. 使用寿命确定的无形资产　　D. 使用寿命不确定的无形资产

3. 将固定资产划分为经营用固定资产和非经营用固定资产两大类的标准是（　　）。

A. 使用情况　　B. 经济用途　　C. 使用性能　　D. 来源渠道

4. 2020 年 3 月 31 日，甲公司采用出包方式对某固定资产进行改良，该固定资产账面原价为 1 800 万元，预计使用年限为 5 年，已使用 3 年，预计净残值为零，采用年限平均法计提折旧，甲公司支付出包工程款 48 万元。2020 年 8 月 31 日，改良工程达到预定可使用状态并投入使用，预计尚可使用 4 年，预计净残值为零，采用年限平均法计提折旧。2020 年度该固定资产应计提的折旧额为（　　）万元。

A. 128　　B. 180　　C. 154　　D. 192

5. 某企业 2020 年 6 月 28 日自行建造的一条生产线投入使用，该生产线的建造成本为 370 万元，预计使用年限为 5 年，预计净残值为 10 万元，采用年数总和法计提折旧。2020 年 12 月 31 日，该生产线的可收回金额为 300 万元。2020 年该生产线应计提的减值准备为（　　）万元。

A. 50　　B. 70　　C. 10　　D. 70

6. 不会影响固定资产折旧计算的因素是（　　）。

A. 固定资产的原始价值　　B. 固定资产预计净残值

C. 固定资产的性能　　D. 固定资产预计使用年限

7. 一般情况下，下列固定资产后续支出中不属于资本性支出的是（　　）。

A. 固定资产日常修理支出　　B. 固定资产重新安装支出

C. 固定资产单元换新支出　　D. 租入固定资产改良支出

8. 下列固定资产不能计提折旧的是（　　）。

A. 已计价入账的土地　　B. 大修理期间的固定资产

C. 季节性停产的固定资产　　D. 未使用的固定资产

9. 下列各项固定资产中，应计提折旧的是（　　）。

A. 未提足折旧提前报废的设备　　B. 闲置的设备

C. 已提足折旧继续使用的设备　　D. 单独估价入账的土地

10. 企业接受一台捐赠的设备，同类新设备的市价为 200 万元，估计成新率为 60%，预计尚可使用 6 年，预计净残值为 12.6 万元。企业支付关税 10 万元，国内运杂费 2 万元。设备已安装完毕，企业支付安装调试费 4 万元。该设备的入账价值是（　　）万元。

A. 136　　B. 216　　C. 203.4　　D. 132

11. 企业购入一台需要安装的设备，实际支付买价 40 万元，增值税 5.2 万元；另支付运杂费 0.6 万元，途中保险费 0.2 万元。安装过程中，企业领用一批原材料，成本为 8 万元，售价为 10 万元，支付安装人员的工资 4 万元。该设备达到预定可使用状态时，其入账价值为（　　）万元。

A. 613　　B. 54.16　　C. 60.96　　D. 52.8

12. 企业对生产线进行扩建。该生产线原价为1 600万元，已提折旧400万元。企业在扩建生产线时领用原材料的账面成本为100万元，计税价格为140万元，增值税税率为13%；为扩建资产支付给职工的人工费为40万元；扩建时残料产生变价收入8万元，扩建支出符合固定资产确认条件。扩建后生产线新的原价应为（　　）万元。

A. 1 749　　B. 1 332　　C. 1 755.8　　D. 1 349

13. 企业大型生产线达到预定可使用状态前进行联合试车发生的费用应记入的科目是（　　）。

A. “长期待摊费用”　　B. “营业外支出”

C. “在建工程”　　D. “管理费用”

14. 企业行政管理部门于2018年12月10日增加一项固定资产，原始价值为37 500元，预计可使用5年，预计净残值率为4%，用双倍余额递减法计提折旧。到2020年，根据会计职业判断，该项固定资产发生减值，经计算其可收回金额为10 500元。该项固定资产对企业2020年损益的影响金额为（　　）元。

A. 9 000　　B. 12 000　　C. 8 640　　D. 12 600

15. 企业购入一台需要安装的设备，实际支付买价20万元，增值税税额3.4万元，另支付运杂费0.3万元，途中保险费0.1万元。在安装过程中，企业领用一批原材料，成本为4万元，售价为5万元，支付安装人员的工资2万元。该设备达到预定可使用状态时，其入账价值是（　　）万元。

A. 30.65　　B. 27.08　　C. 30.84　　D. 26.4

16. 下列选项中，不属于固定资产计量属性的是（　　）。

A. 历史成本　　B. 重置成本　　C. 计划成本　　D. 公允价值

17. 下列选项中，不通过“待处理财产损溢”账户核算的是（　　）。

A. 库存现金的盘盈　　B. 库存材料的盘盈

B. 库存商品的盘盈　　D. 固定资产的盘盈

18. 在财产清查中发现的盘亏固定资产应借记（　　）账户。

A. “营业外支出”　　B. “营业外收入”

B. “固定资产”　　D. “待处理财产损溢”

19.（　　）情况下的会计核算中不会用到“在建工程”科目。

A. 购入需要安装的固定资产　　B. 购入不需要安装的固定资产

C. 自营建造固定资产　　D. 外包建造固定资产

20. 下列选项中，属于固定资产的特征的是（　　）。

A. 有形资产

B. 持有的目的是为生产产品、提供劳务、出租或经营管理

C. 使用寿命超过一个会计年度

D. 持有的目的是出售

21. 甲企业有一台设备，原价为500 000元，预计可使用20年。按照有关规定，该设备报废时的净残值率为2%。用年限平均法计算该设备的年折旧额为（　　）元。

A. 25 000　　B. 2 000　　C. 24 500　　D. 2 083.33

22. 某企业购进设备一台。该设备的入账价值为100万元，预计净残值为5万元，预计使用年限为5年。在采用双倍余额递减法计提折旧的情况下，该设备第四年应提折旧额为（　　）万元。

A. 24　　B. 14.40　　C. 8.64　　D. 8.3

23. 某企业对生产线进行扩建。该生产线原价 1 500 万元，已提折旧 1 500 万元。扩建生产线时发生扩建支出 600 万元，假定该项支出符合资本化条件，同时终止确认替换部件的账面价值为 50 万元。该生产线改扩建后的原价应为（　　）万元。

A. 2 100　　B. 2 050　　C. 1 600　　D. 1 550

24. 甲企业 2020 年 6 月 20 日开始自行建造的一条生产线于 2021 年 6 月 1 日达到预定可使用状态，于 2021 年 7 月 1 日办理竣工决算，于 2021 年 8 月 1 日投入使用。该生产线建造成本为 740 万元，预计使用年限为 5 年，预计净残值为 20 万元。在采用年数总和法计提折旧的情况下，2021 年该设备应计提的折旧额为（　　）万元。

A. 240　　B. 120　　C. 100　　D. 80

25. 甲公司购入需要安装的生产设备一台，价款为 500 000 元，增值税为 65 000 元，投入安装。甲公司在安装过程中领用生产用材料一批，实际成本为 4 000 元；领用自产的产成品一批，实际成本为 10 000 元，售价为 24 000 元（该产品为应税消费品，消费税税率为 10%）。甲公司为一般纳税人，适用的增值税税率为 13%，在不考虑所得税的情况下，安装完毕投入生产使用的该设备实际成本为（　　）元。

A. 579 000　　B. 581 400　　C. 595 400　　D. 516 400

26. 某公司接受海外某公司捐赠的设备一台，同类设备的市价为 200 万元。该公司估计设备的新旧程度为 60%，预计尚可使用 4 年，预计净残值为 0。该公司为取得设备已支付关税 5 万元、国内运杂费 1 万元。设备已安装完毕，该公司支付安装调试费 4 万元。该设备的入账价值是（　　）万元。

A. 120　　B. 126　　C. 130　　D. 210

27. 某企业为延长甲设备的使用寿命，2021 年 10 月对其进行改良，11 月完工，改良发生相关支出共计 32 万元，估计能使甲设备延长使用寿命 3 年。根据 2021 年 10 月末的账面记录，甲设备的原账面价值为 200 万元，采用直线法计提折旧，使用年限为 5 年，预计净残值为 0，已使用 2 年。若被替换部分的原账面价值为 50 万元，则该企业 2021 年 11 月改良后固定资产价值为（　　）万元。

A. 182　　B. 150　　C. 122　　D. 32

28. 某企业购入生产用设备一台，支付价款 80 000 元，增值税税额 10 400 元，支付运杂费、保险费以及安装费 15 000 元。该设备预计净残值率为 3%，预计使用年限为 4 年。在采用年数总和法下，第 3 年的折旧额为（　　）元。

A. 27 645　　B. 19 000　　C. 23 037.5　　D. 18 430

二、多项选择题

1. 下列资产中，其减值损失一经确认，在以后期间不得转回的有（　　）。

A. 固定资产　　B. 应收账款　　C. 应收票据　　D. 无形资产

2. 按固定资产的使用情况，固定资产划分为（　　）。

A. 经营用固定资产　　B. 未使用固定资产

C. 不需用固定资产　　D. 出租固定资产

3. 固定资产的特征主要是指（　　）。

A. 固定资产是有形资产　　B. 可供企业长期使用

C. 不以投资和销售为目的而取得　　D. 具有可衡量的未来经济利益

4. 固定资产可选择的计量属性有（ ）。
A. 原始价值 B. 重置完全价值
C. 公允价值 D. 未来现金流量现值

5. 计算固定资产折旧额需要考虑的因素包括（ ）。
A. 固定资产的用途 B. 固定资产的原始价值
C. 固定资产预计使用年限 D. 固定资产预计净残值

6. 下列固定资产中应计提折旧的有（ ）。
A. 因大修理停用的固定资产 B. 已单独计价入账的土地
C. 闲置的机器设备 D. 未使用的机器设备

7. 下列固定资产后续支出中需要资本化的有（ ）。
A. 固定资产日常修理支出 B. 固定资产重新安装支出
C. 固定资产改建、扩建支出 D. 固定资产单元换新支出

8. 下列固定资产中不应计提折旧的有（ ）。
A. 未提足折旧时提前报废的设备 B. 未使用的房屋、建筑物
C. 已提足折旧仍继续使用的固定资产 D. 大修理期间的固定资产

9. 下列业务中需要通过“固定资产清理”科目进行处理的有（ ）。
A. 固定资产重新安装 B. 固定资产出售
C. 固定资产报废 D. 固定资产毁损

10. 下列固定资产折旧计算方法中体现谨慎性会计原则的有（ ）。
A. 年数总和法 B. 工作量法
C. 年限平均法 D. 双倍余额递减法

11. 下列业务中需要通过“营业外支出”科目进行处理的有（ ）。
A. 固定资产报废 B. 固定资产盘亏
C. 固定资产毁损 D. 固定资产出售

12. 下列各项业务中不会引起固定资产账面价值发生变化的有（ ）。
A. 计提固定资产折旧 B. 固定资产扩建
C. 固定资产产生租金收入 D. 固定资产日常修理

13. 下列各项中构成增值税一般纳税人固定资产价值的有（ ）。
A. 进口固定资产支付的关税 B. 为取得固定资产而缴纳的契税
C. 支付的耕地占用税 D. 购买设备支付的增值税

14. 下列各项中应记入“固定资产清理”科目借方的有（ ）。
A. 因出售厂房而缴纳的相关增值税
B. 因自然灾害损失的固定资产账面净值
C. 因自然灾害损失固定资产取得的赔款
D. 支付清理固定资产人员的工资

15. 下列选项中，影响固定资产清理净收益的因素应包括（ ）。
A. 出售固定资产的价款 B. 转让固定资产的增值税
C. 毁损固定资产取得的赔款 D. 报废固定资产的原价

16. 下列选项中，需要对固定资产账面价值进行调整的有（　　）。

A. 对固定资产进行的日常修理　　B. 对办公楼进行装修

C. 对固定资产计提折旧　　D. 计提固定资产减值准备

17. 期末发生的下列事项中，影响当年度利润表中营业利润的是（　　）。

A. 计提管理部门不需用固定资产的折旧费

B. 计提固定资产减值损失

C. 购买固定资产支付的运杂费

D. 管理部门设备发生的修理支出

18. 当期发生的下列事项中，不影响当期损益的有（　　）。

A. 在建工程领用本企业生产的商品应交的增值税

B. 在建工程项目全部报废所发生的损失

C. 在建工程试运营过程中所取得的收入

D. 在建工程因正常中断期间所发生的专门借款利息

19. 确定固定资产处置损益时，应考虑的因素有（　　）。

A. 固定资产原价　　B. 增值税

C. 固定资产转让收入　　D. 清理人工费用

20. 在采用自营方式建造固定资产的情况下，下列选项中，应计入固定资产取得成本的有（　　）。

A. 工程耗用原材料　　B. 工程人员的薪酬

C. 工程领用本企业产品的实际成本　　D. 土地使用权的账面价值

21. 下列选项中，应通过“固定资产清理”账户核算的有（　　）。

A. 固定资产报废　　B. 固定资产毁损

C. 固定资产盘亏　　D. 以固定资产对外投资

22. 下列选项中，应记入“固定资产清理”账户借方的有（　　）。

A. 因出售厂房产生的增值税

B. 因自然灾害损失的固定资产账面净值

C. 因自然灾害损失的固定资产取得的赔款

D. 支付清理固定资产人员的工资

23. 下列选项中，引起固定资产账面价值发生增减变化的有（　　）。

A. 对固定资产计提折旧

B. 发生符合资本化条件的固定资产改良支出

C. 发生固定资产日常修理费用

D. 计提固定资产减值准备

三、判断题

1. 不属于生产经营主要设备的物品，作为固定资产的使用年限应是5年以上。（　　）

2. 固定资产按使用情况可划分为经营用固定资产和非经营用固定资产两大类。（　　）

3. 固定资产都是不动产。（　　）

4. 固定资产未来给企业带来的经济利益是可以计量的。（　　）

5. 大修理期间停用的固定资产属于使用中的固定资产。（　　）

6. 辅助生产部门为工程提供的水电费应计入工程成本。（　　）

7. 采用年数总和法计提折旧可使固定资产的使用成本各年保持大致相同。（　　）

8. 土地如果已经单独估价入账，则可以计提折旧。（　　）

9. 采用双倍余额递减法计算折旧，开始时并不考虑预计净残值。（　　）

10. 凡是涉及固定资产数量方面的支出，都属于资本性支出。（　　）

11. 如果固定资产大修理支出符合资本化条件，可以计入固定资产价值。（　　）

12. 固定资产出售的净损益应计入营业外收入或支出。（　　）

13. 如果固定资产是在当月 1 日增加的，当月就应计提折旧。（　　）

14. 全新未使用的固定资产不能计提折旧。（　　）

四、业务题

1. 甲公司发生如下有关固定资产增减的经济业务：

（1）甲公司购入需要安装的生产用 M 设备一台。买价为 80 000 元，增值税进项税额为 10 400 元，包装费和运输费为 1 400 元，款项已通过银行支付。假定按照运输费用金额和扣除率计算的进项税额不予考虑。设备投入安装。

（2）甲公司购入不需要安装的生产用设备一台。买价为 50 000 元，增值税进项税额为 6 500 元，包装费为 500 元，运输费为 1 000 元，款项已通过银行支付。假定按照运输费用金额和扣除率计算的进项税额不予考虑。设备已交付使用。

（3）甲公司委托安装公司进行 M 设备的安装，发生安装费 2 000 元，调试费 1 200 元，款项已通过银行存款支付。

（4）M 设备安装完毕并交付使用，甲公司计算并结转其实际成本。

（5）甲公司收到投资者投入设备两台，双方确认其价值为 800 000 元，增值税进项税额为 104 000 元。

要求：根据所给资料编制会计分录。

2. 甲公司于2×18年9月10日购买了一台不需要安装的设备，该项设备的购买价为170 000元，增值税为22 100元，运杂费和保险费为6 000元，预计使用年限为8年，预计净残值为16 000元，采用年限平均法计提折旧。到2×20年年末，甲公司对该项设备进行检查后，估计其可收回金额为119 500元。减值测试后，该固定资产的折旧方法、年限和净残值等均不变。

要求：根据上述资料，不考虑其他因素，完成下列计算。

（1）计算2×18年、2×19年和2×20年的折旧额。

（2）计算2×20年12月31日该设备计提的减值准备的金额。

（3）计算2×21年应计提的固定资产折旧额。

3. 甲公司2×18年12月31日购入一台不需要安装的设备，购买价款（不含增值税）为200 000元，增值税进项税额为26 000元，款项用银行存款支付。甲公司对其采用双倍余额递减法进行固定资产折旧，预计净残值率为5%，预计使用寿命为5年。

要求：（1）写出购买设备的会计处理。

（2）计算2×19—2×23年的折旧金额。

4. 2×19年6月10日，某上市公司购入一台不需要安装的生产设备，支付价款为200万元，增值税税额为26万元，购入后即达到预定可使用状态。该设备的预计使用寿命为5年，预计净残值为14万元，按照年数总和法计提折旧。2×20年12月，因出现减值迹象，公司对该设备进行减值测试，预计该设备的公允价值为110万元，处置费用为26万元；如果继续使用，预计未来使用及处置产生的现金流量的现值为70万元。

要求：根据上述资料，不考虑其他因素，完成下列计算（金额单位以万元表示）。

（1）计算 2×20 年 12 月 31 日固定资产的账面净值。

（2）计算 2×20 年该生产设备应计提的减值准备。

5. 甲公司将一台不需用的设备出售给乙公司，其原始价值为 200 000 元，累计折旧为 80 000 元，现在转入清理。出售设备在清理过程中，消耗原材料 8 000 元，用银行存款支付清理费 1 200 元。甲公司出售设备收到价款 160 000 元，增值税税额为 20 800 元，款项已经存入银行。

要求：编制出售该设备的全部会计分录。

6. 甲公司为一般纳税人企业，适用的增值税税率为 13%。有关资料如下：

（1）2019 年 2 月 2 日，甲公司购入一台需要安装的生产用设备，取得的增值税专用发票上注明的设备价款为 4 000 万元，增值税进项税额为 520 万元，支付的运输费为 40 万元，增值税进项税额为 3. 6 万元，款项已通过银行支付。甲公司安装设备时，领用原材料一批，成本为 300 万元，增值税进项税额为 39 万元；支付安装费用为 30 万元，应付安装工人薪酬为 80 万元。假定不考虑其他相关税费。

（2）2019 年 6 月 20 日，该设备达到预定可使用状态，预计使用年限为 10 年。净残值为 130 万元，采用年限平均法计算年折旧额。

（3）2020 年年末，甲公司在进行检查时发现该设备有可能发生减值，当下的销售净价为 3 520 万元，未来持续使用以及使用寿命结束时的处置中形成的现金流量现值为 3 620 万元。甲公司计提固定资产减值准备后，固定资产折旧方法、预计使用年限均不改变，但预计净残值变更为 50 万元。

（4）2021 年 6 月 30 日，甲公司决定对现有设备进行改扩建，以提高其生产能力。当日，甲公司以银行存款支付工程款 360 万元。

（5）设备在改造过程中替换了一主要部件，其原价为 89 万元，替换的新部件的价值为 128. 2 万元。

（6）2021 年 9 月 30 日，改扩建工程完工，设备达到预定可使用状态。改扩建后固定资产包含的经济利益的预期实现方式有重大改变，甲公司改按双倍余额递减法计提折旧，同时对预计使用寿命进行复核，预计尚可使用年限为10年，预计净残值仍然为50万元。

要求：（1）编制固定资产安装及安装完毕的有关会计分录。

（2）计算2019年该项固定资产应计提的折旧额并编制会计分录。

（3）计算2020年应计提的固定资产减值准备并编制会计分录。

（4）编制固定资产改扩建的有关会计分录。

（5）计算2021年该项固定资产应计提的折旧额（金额单位以万元表示）。

7. 甲公司购置了一条需要安装的生产线，与该生产线有关的业务如下：

（1）2019年3月30日，甲公司购置了一条需要安装的生产线，增值税专用发票上注明的买价为500 000元，增值税税额为65 000元。该生产线交付甲公司安装部门安装。

（2）甲公司安装生产线时领用生产用材料一批，该批材料的实际成本为40 000元，增值税进项税额为5 200元。

（3）安装工程人员薪酬为40 000元。甲公司用银行存款支付其他安装费用20 000元。

（4）2019年6月30日，安装工程结束并随即投入使用，该生产线预计使用年限为5年，采用双倍余额递减法计提折旧，预计净残值为30 000元。

（5）2021年6月30日，甲公司将该生产线出售，出售时用银行存款支付清理费用30 000元，出售所得价款350 000元及增值税税额45 500元全部存入银行，于当日清理完毕。

要求：（1）编制甲公司2019年度购建生产线的有关会计分录。

（2）计算2019年度和2020年度该生产线应计提的折旧额，并编制甲公司2019年度计提折旧的会计分录。

（3）计算2021年度该生产线应计提的折旧额，编制甲公司2021年度计提折旧及出售该生产线相关的会计分录（“应交税费”科目要写出明细科目）。

第三节　练习题参考答案

一、单项选择题参考答案

1. D。《企业会计准则第 8 号——资产减值》中规范的资产，其减值损失一经确认，在以后持有期间不得转回，如固定资产、无形资产、商誉等，但其他企业会计准则中规范的有此资产的减值是可以转回的，如存货及某些金融资产。

2. D。使用寿命不确定的无形资产不摊销，应在每年年度终了时进行减值测试，计提减值准备。

3. B。固定资产按照经济用途可以划分为经营用固定资产和非经营用固定资产两大类。

4. C。2020 年 8 月 31 日改良后固定资产的账面价值 = 1 800−1 800÷5×3+48 = 768 万元。2020 年改良后应计提的折旧额 = 768÷4×4÷12 = 64 万元。2020 年 1～3 月应计提的折旧额 = 1 800÷5÷12×3 = 90 万元。因此，2020 年应计提的折旧额 = 90+64 = 154 万元。

5. C。2020 年该生产线应计提的折旧额 =（370−10）×5÷15÷2 = 60 万元。2020 年 12 月 31 日计提减值准备前的账面价值 = 370−60 = 310 万元。应计提减值准备 = 310−300 = 10 万元。

6. C。影响固定资产折旧计算的因素主要有三个：原始价值、预计净残值和预计使用年限。

7. A。固定资产日常修理只是对固定资产使用性能的恢复和维持，在发生的当期按照固定资产的用途和部门的不同计入当期损益中，不再进行资本化处理。

8. A。我国企业会计准则规定，除已提足折旧仍继续使用的固定资产和单独估价作为固定资产入账的土地外，企业应对所有固定资产计提折旧。

9. B。未提足折旧提前报废的设备已经退出生产经营过程，不再计提折旧。我国企业会计准则规定，已提足折旧继续使用的设备不再计提折旧。

10. A。入账价值 = 200×60%+10+2+4 = 136 万元。

11. D。入账价值 = 40+0. 6+0. 2+8+4 = 52. 8 万元。

12. B。扩建后生产线的原价 = 1 600−400+100+40−8 = 1 332 万元。

13. C。企业大型生产线达到预定可使用状态前进行联合试车发生的费用应记入“在建工程”科目。

14. B。2019 年该项固定资产计提折旧额 = 37 500×2÷5 = 15 000 元。

2020 年该项固定资产计提折旧额 =（37 500−15 000）×2÷5 = 9 000 元。

2020 年确定的固定资产减值损失 = 37 500−15 000−9 000−10 500 = 3 000 元。

该项固定资产对企业 2020 年损益的影响金额 = 9 000+3 000 = 12 000 元。

15. D。入账价值 = 20+0. 3+0. 1+4+2 = 26. 4（万元）

16. C。固定资产可选择的计量属性有原始价值、重置完全成本、公允价值和未来现金流量现值。因此，正确答案为选项 C。

17. D。固定资产的盘盈通过“以前年度损益调整”科目进行核算。因此，正确答案为选项 D。

18. D。盘亏固定资产时，会计处理为借记“待处理财产损溢”科目，贷记“固定资产”科目。因此，正确答案为选项 D。

19. B。购入不需要安装的固定资产，达到预定可使用状态时直接计入“固定资产”账户，不通过“在建工程”账户核算。因此，正确答案为选项 B。

20. D。固定资产的特征一般表现为以下四个方面：固定资产是有形资产、可供企业长期使用、不以投资和销售为目的、具有可衡量的未来经济利益。因此，正确答案为选项 D。

21. C。年折旧额 = 500 000×(1−2%)÷20 = 24 500（元）

22. D。第 1 年应提折旧额 = 100×2÷5 = 40（万元）

第 2 年应提折旧额 = (100−40)×2÷5 = 24（万元）

第 3 年应提折旧额 = (100−40−24)×2÷5 = 14.4（万元）

第 4 年应提折旧额 = (100−40−24−14.4−5)÷2 = 8.3（万元）

23. D。在原有固定资产的基础上进行改建、扩建的，原固定资产的账面价值加上由于改建、扩建而使该项资产达到预定可使用状态前发生的支出，减去终止确认替换部件的账面价值，作为入账价值。该生产线改扩建后的原价 = （1 500−500） +600−50 = 1 550（万元）

24. B。2021 年该设备应计提的折旧额 = （740−20） ×5÷15 ×6÷12 = 120（万元）

25. D。设备的实际成本 = 500 000+4 000+10 000+24 000×10% = 516 400（元）

26. C。固定资产的入账价值 = 200 ×60%+5+1+4 = 130（万元）

27. C。该企业 2021 年 11 月改良后固定资产价值 = (200−200÷5×2)+32−(50÷5×3) = 122（万元）

28. D。设备实际成本 = 80 000+15 000 = 95 000（元）

第 3 年折旧额 = 95 000×(1−3%)×2÷10 = 18 430（元）

二、多项选择题参考答案

1. AD。《企业会计准则第 8 号——资产减值》中规范的资产包括固定资产、无形资产等，其减值损失一经确认，在以后期间不得转回。存货、应收账款的减值不适用该准则，在以后期间可以转回。

2. BCD。固定资产按照使用情况可以划分为使用中固定资产、未使用固定资产和不需用固定资产三类。

3. ABCD。固定资产的特征一般表现为以下四个方面：固定资产是有形资产、可供企业长期使用、不以投资和销售为目的、具有可衡量的未来经济利益。

4. ABCD。固定资产可选择的计量属性有原始价值、重置完全成本、公允价值和未来现金流量现值。

5. BCD。影响固定资产折旧计算的因素主要有三个：原始价值、预计净残值和预计使用年限。

6. ACD。我国企业会计准则规定，除已提足折旧仍继续使用的固定资产和单独估价作为固定资产入账的土地外，企业应对所有固定资产计提折旧，但改建、扩建中的固定资产停止计提折旧。

7. BCD。固定资产日常修理只是对固定资产使用性能的恢复和维持，在发生的当期按照固定资产的用途和部门的不同计入当期损益，不再进行资本化处理。

8. AC。我国企业会计准则规定，已提足折旧仍继续使用的固定资产不再计提折旧。

9. BCD。企业设置“固定资产清理”科目核算固定资产的处置损益，固定资产的出售、报废、毁损是固定资产退出生产经营过程的情况，属于固定资产处置。

10. AD。年数总和法、双倍余额递减法、递减折旧率法都是在开始时多计提折旧，之后计提折旧数额逐渐减少，体现了谨慎性的会计原则。

11. ABC。固定资产报废、毁损、盘亏的净损失记入“营业外支出”科目。固定资产出售净损益记入“资产处置损益”科目；固定资产日常修理一般记入“管理费用”科目。

12. CD。固定资产产生的租金收入计入其他业务收入，不会引起固定资产账面价值的变化。固定资产日常修理只是对固定资产使用性能的恢复和维持，在发生的当期按照固定资产的用途和部门的不同计入当期损益，不再进行资本化处理。

13. ABC。购买设备支付的增值税记入“应交税费——应交增值税（进项税额）”科目中，不构成固定资产价值。

14. BD。企业应设置“固定资产清理”科目核算固定资产的处置损益，需要处置的固定资产账面价值、发生的清理费用等，记入“固定资产清理”科目的借方。

15. ACD。出售、转让、报废等减少固定资产属于固定资产清理范畴，出售固定资产的价款、毁损固定资产取得的赔款、报废固定资产的原价均影响固定资产清理的净损益。转让固定资产的增值税作为价外税不影响清理损益。

16. BCD。对固定资产进行的日常修理，应将其计入当期损益。对办公楼进行装修应增加固定资产的账面价值。计提固定资产折旧和减值准备，使固定资产账面价值减少。

17. ABD。选项 A 和选项 D 均应计入当期管理费用，影响利润表中的营业利润。选项 B 应计入资产减值损失，影响利润表中的营业利润。选项 C 应计入固定资产成本，与当期利润表中的营业利润无直接关系。

18. ACD。选项 A 属于价外税，不影响当期损益。选项 B 计入当期营业外支出，影响当期损益。选项 C 冲减在建工程成本，与当期损益无关。选项 D，在建工程因正常中断期间所发生的专门借款利息应计入在建工程成本，不影响当期损益。

19. ACD。企业在处置固定资产时，应将固定资产原值和累计折旧转入固定资产清理；将清理时应负担的人工费用计入固定资产清理；若转让不动产，其应交的增值税属于价外税，不计入固定资产清理；固定资产转让收入应计入固定资产清理，会影响处置损益。

20. ABC，选项 A、选项 B、选项 C 均应计入固定资产取得成本；选项 D，土地使用权的账面价值作为无形资产核算，不计入固定资产价值。

22. ABD。固定资产盘亏通过“待处理财产损溢”账户核算。

23. BD。因自然灾害损失的固定资产取得的赔款应贷记“固定资产清理”科目，收到的增值税不计入固定资产清理。

24. ABD。计提折旧和计提固定资产减值准备将使固定资产账面价值减少。发生符合资本化条件的固定资产改良支出，将使固定资产账面价值增加。发生固定资产日常修理支出应计入当期损益，不影响固定资产账面价值。

三、判断题参考答案

1. ×。在实务中，不属于生产经营主要设备的物品，如果单位价值在 2 000 元以上，并且使用年限超过两年，也作为固定资产处理。

2. ×。固定资产按照使用情况可以划分为使用中固定资产、未使用固定资产和不需用固定资产三大类；按照经济用途可以划分为经营用固定资产和非经营用固定资产。

3. ×。就固定资产的实物形态而言，固定资产一般包括房屋、建筑物、机器、机械、运输工具以及其他与生产、经营有关的设备、器具、工具等。

4. √。固定资产具有四方面的主要特征，其中之一就是具有可衡量的未来经济利益，即固定资产能在未来给企业带来可以用货币加以合理计量的经济利益。

5. √。由于季节性生产经营或进行大修理等原因而暂时停止使用以及存放在生产车间或经营场所备用、轮换使用的固定资产，属于使用中固定资产。

6. √。按照辅助成本分摊的方法，辅助生产部门为工程提供的水电费应计入工程成本。

7. √。使用年数总和法计提折旧，折旧金额逐年递减，但随之而来的是固定资产修理费用逐年递增，因此固定资产的使用成本各年保持大致相同。

8. ×。我国企业会计准则规定，已提足折旧仍继续使用的固定资产和单独估价作为固定资产入账的土地不计提折旧。

9. √。采用双倍余额递减法计算折旧的原理和余额递减法相同，只是简化了折旧率的计算。这种简化的过程就体现在计算折旧率时不考虑固定资产的净残值，可以理解为在最初计算折旧时将其视为零。

10. √。增置固定资产增加了固定资产的总体规模，从而扩大了企业的生产经营规模。由于增置需要追加固定资产投资，因此在会计概念上将追加的投资看成固定资产使用中增加的一项资本性支出。

11. √。后续支出形成资本化支出的，按照企业会计准则的规定应计入固定资产价值。

12. ×。固定资产处置的净损益，应计入资产处置损益。

13. ×。在会计实务中，为了简化核算，月份内开始使用的固定资产，当月不计提折旧，从下月起计提折旧。

14. ×。我国企业会计准则规定，除已提足折旧仍继续使用的固定资产和单独估价作为固定资产入账的土地不计提折旧外，企业应对所有固定资产计提折旧。

四、业务题参考答案

1.（1）①借：工程物资——M 设备	81 400	
应交税费——应交增值税（进项税额）	10 400	
贷：银行存款		91 800
②借：在建工程	81 400	
贷：工程物资——M 设备		81 400
（2）借：固定资产	51 500	
应交税费——应交增值税（进项税额）	6 500	
贷：银行存款		58 000
（3）借：在建工程	3 200	
贷：银行存款		3 200

（4）M 设备的实际成本＝81 400+3 200＝84 600（元）

借：固定资产——M 设备	84 600	
贷：在建工程		84 600
（5）借：固定资产	800 000	
应交税费——应交增值税（进项税额）	104 000	
贷：实收资本		904 000

2.（1）年折旧额＝[（170 000+6 000）－16 000]÷8＝20 000（元）

2×18 年的折旧额＝20 000×3÷12＝5 000（元）

2×19 年的折旧额＝20 000×12÷12＝12 000（元）

2×20 年的折旧额＝20 000×12÷12＝12 000（元）

（2）2×20 年年末该固定资产的账面净值＝176 000－(5 000+20 000+20 000)＝131 000（元）高于估计可收回金额 119 500 元，应计提减值准备 11 500 元。

（3）2×21 年应计提的折旧额＝(119 500－16 000)÷(5×12+9)×12＝18 000（元）

3.（1）购买设备的会计处理如下：

借：固定资产	200 000	
应交税费——应交增值税（进项税额）	26 000	
贷：银行存款		226 000

（2）2×19—2×23 年的折旧额计算如下：

年折旧率＝2÷5×100%＝40%

2×19 年的折旧额＝200 000×40%＝80 000（元）

2×20 年的折旧额＝(200 000－80 000)×40%＝48 000（元）

2×21 年的折旧额＝(200 000－80 000－48 000)×40%＝28 800（元）

2×22 年的折旧额＝(200 000－80 000－48 000－28 800－200 000×5%)÷2＝16 600（元）

2×23 年的折旧额＝(200 000－80 000－48 000－28 800－200 000×5%)÷2＝16 600（元）

4.（1）2×19 年的折旧额＝(200－14)×(5÷15)×(6÷12)＝31（万元）

2×20 年的折旧额＝(200－14)×(5÷15)×(6÷12)+(200－14)×(4÷15)×(6÷12)＝55.8（万元）

2×20 年 12 月 31 日固定资产账面净值＝200－31－55.8＝113.2（万元）

（2）2×20 年 12 月 31 日固定资产账面净值为 113.2 万元，公允价值减去处置费用后的净额为 110-26=84 万元，可收回金额为 84 万元。应计提的减值准备金额为 113.2-84=29.2 万元。

5.（1）借：固定资产清理　　120 000
　　累计折旧　　80 000
　贷：固定资产　　200 000

（2）借：固定资产清理　　9 200
　贷：原材料　　8 000
　　银行存款　　1 200

（3）借：银行存款　　180 800
　贷：固定资产清理　　160 000
　　应交税费——应交增值税（销项税额）　　20 800

（4）资产处置损益=160 000-120 000-9 200=30 800（元）

借：固定资产清理　　30 800
　贷：资产处置损益　　30 800

6.（1）编制固定资产安装及安装完毕的有关会计分录如下：

①支付设备价款、增值税、运输费等。

借：在建工程——安装工程（4 000+40）　　4 040
　　应交税费——应交增值税（进项税额）　　523.6
　贷：银行存款　　4 563.6

②领用原材料。

借：在建工程——安装工程　　300
　贷：原材料　　300

③支付安装费用。

借：在建工程——安装工程　　30
　贷：银行存款　　30

④应付安装工人薪酬。

借：在建工程 ——安装工程　　80
　贷：应付职工薪酬　　80

⑤设备安装完毕达到预定可使用状态。

借：固定资产（4 040+300+30+80）　　4 450
　贷：在建工程——安装工程　　4 450

（2）计算 2019 年的折旧额并编制会计分录。

2019 年的折旧额=(4 450-130)÷10×6÷12=216（万元）

借：制造费用　　216
　贷：累计折旧　　216

（3）计算 2020 年应计提的固定资产减值准备并编制会计分录。

2020 年的折旧额=(4 450-130)÷10=432（万元）

2020 年应计提的固定资产减值准备=(4 450-216-432)-3 620=182（万元）

借：资产减值损失　　182

　贷：固定资产减值准备　　182

（4）编制有关固定资产改扩建的会计分录。

①2021 年更新改造前的折旧额＝［(3 620−50)÷(10×12−6−12)］×6＝210（万元）

借：在建工程　　3 410

　　累计折旧　　858

　　固定资产减值准备　　182

　贷：固定资产　　4 450

②借：在建工程　　360

　　贷：银行存款　　360

③借：在建工程　　128.2

　　贷：工程物资　　128.2

④借：营业外支出（3 410×89÷4 450）　　68.2

　　贷：在建工程　　68.2

⑤改建后固定资产的价值＝3 410+360+128.2−68.2＝3 830（万元）

借：固定资产　　3 830

　贷：在建工程　　3 830

（5）计算 2021 年该项固定资产应计提的折旧额。

2021 年更新改造前应计提的折旧额＝[(3 620−50)÷(10×12−6−12)]×6＝210（万元）

2021 年更新改造后应计提的折旧额＝3 830×2÷10×3÷12＝191.5（万元）

2021 年该项固定资产应计提的折旧额＝210+191.5＝401.5（万元）

7.（1）编制甲公司 2019 年度购建生产线的会计分录如下：

①借：在建工程　　500 000

　　　应交税费——应交增值税（进项税额）　　65 000

　贷：银行存款　　565 000

②借：在建工程　　40 000

　　贷：原材料　　40 000

③ 借：在建工程　　60 000

　　贷：应付职工薪酬　　40 000

　　　　银行存款　　20 000

④借：固定资产　　600 000

　　贷：在建工程　　600 000

（2）计算 2019 年度和 2020 年度该项生产线应计提的折旧额，并编制甲公司 2019 年度计提折旧的会计分录。

2019 年度该项生产线应计提的折旧＝600 000×2÷5×6÷12＝120 000（元）

2020 年度该项生产线应计提的折旧＝600 000×2÷5×6÷12+360 000×2÷5×6÷12＝120 000+72 000＝192 000（元）

借：制造费用　　120 000

　贷：累计折旧　　120 000

（3）计算2021年度该生产线应计提的折旧额，编制甲公司2021年度计提折旧及出售该生产线相关的会计分录。

2021年度该项生产线应计提的折旧额=360 000 ×2÷5×6÷12=72 000（元）

①借：制造费用　　72 000

　贷：累计折旧　　72 000

②借：固定资产清理　　216 000

　　累计折旧　　384 000

　贷：固定资产　　600 000

③借：固定资产清理　　30 000

　贷：银行存款　　30 000

④借：银行存款　　395 500

　贷：固定资产清理　　350 000

　　应交税费——应交增值税（销项税额）　　45 500

⑤借：固定资产清理　　104 000

　贷：资产处置损益　　104 000

第七章
无形资产

第一节　学习指导

一、本章结构

本章结构如图 7-1 所示。

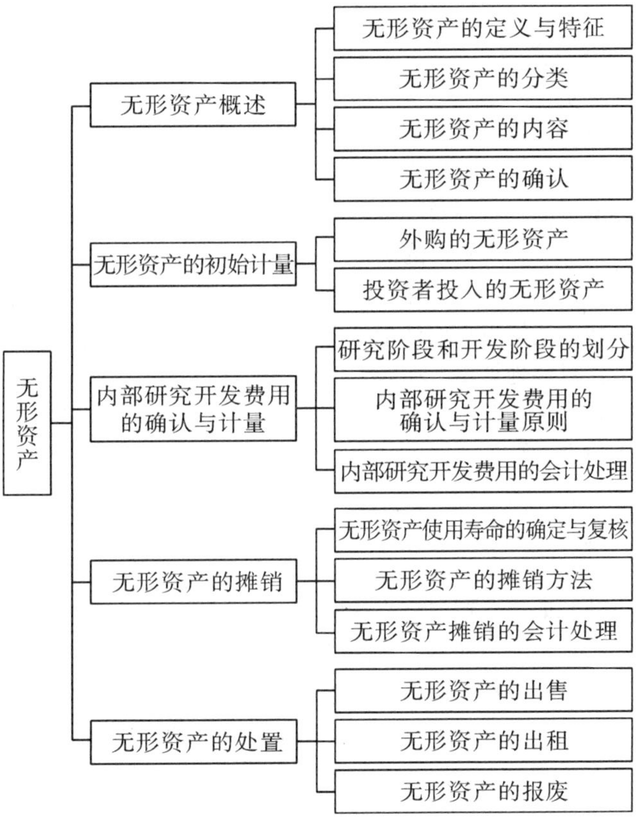

图 7-1　本章结构

二、学习目的和要求

了解：无形资产的概念及判定标准。
理解：研究与开发支出的确认条件。
掌握：无形资产初始计量的核算，无形资产摊销、出售、出租、报废的核算。

三、本章重点难点

1. 无形资产的含义与特征

无形资产是指企业拥有或控制的没有实物形态的可辨认非货币性资产。无形资产具有如下特征：

（1）没有实物形态。无形资产不是以实物形态存在，而是以某种特有权利和技术知识形态存在。这个特征区别于具有实物形态的资产，如存货、固定资产等。

（2）具有可辨认性。可辨认的标准包括：第一，无形资产能够从企业中分离或划分出来，并能单独或与相关合同、资产或负债一起，用于出售、转移、授予许可、租赁或交换。第二，无形资产的形成源自合同性权利或其他法定权利，无论这些权利是否可以从企业或其他权利和义务中转移或分离。

（3）属于非货币性资产。非货币性资产是指企业持有的货币资金和将以固定或可确定的金额收取的资产以外的其他资产。无形资产由于没有发达的交易市场，一般不容易转化成现金，在持有过程中为企业带来未来经济利益的情况不确定，不属于以固定或可确定的金额收取的资产，属于非货币性资产。

2. 无形资产的确认条件

无形资产同时满足下列条件的，才能予以确认：

（1）与该无形资产有关的经济利益很可能流入企业。

（2）该无形资产的成本能够可靠地计量。

与该无形资产有关的经济利益很可能流入企业是指企业能够控制无形资产产生的经济利益。例如，企业拥有无形资产的法定所有权，或者企业与他人签订了协议，使得企业的相关权利受到法律的保护，这样可以保证无形资产的预计未来经济利益能够流入企业。该无形资产的成本能够可靠地计量是指无形资产的入账价值需要根据其取得的成本确定，如果成本无法可靠地计量，那么无形资产的计价入账也就没有了依据。应该特别注意的是，由于企业无法控制客户关系、人力资源等带来的未来经济利益，因此客户关系、人力资源等不符合无形资产的定义，企业不应将其确认为无形资产。内部产生的品牌、报刊名、刊头、客户名单和实质上类似的项目支出由于不能与整个业务开发成本区分开来，因此不应确认为无形资产。

3. 无形资产的分类及意义

（1）无形资产按其取得来源可分为外部取得的无形资产和内部开发的无形资产。外部取得的无形资产根据其取得的方式不同又可分为购入的无形资产、投资转入的无形资产、换入的无形资产、接受捐赠取得的无形资产、债务重组取得的无形资产、企业合并取得的无形资产等。内部开发的无形资产是指企业内部的科研部门开发研制的科研成果或专有技术形成的无形资产，如申请的专利权、非专利技术等。

（2）无形资产按其使用寿命能否确定可分为使用寿命确定的无形资产和使用寿命不确定的无形资产。

无形资产按其取得来源分类的意义在于不同来源取得的无形资产其初始成本的确定不同；无形资产按其使用寿命分类的意义在于使用寿命确定的无形资产后续需进行价值摊销，使用寿命不确定的无形资产后续不需进行价值摊销。

4. 购入及投资者投入无形资产初始成本的确定

无形资产的初始计量是指企业从各种来源取得的无形资产的入账价值的确定。其中，企业购入的无形资产应以其实际成本作为入账价值。企业购入的无形资产的成本包括购买价款、相关税费以及直接归属于使该项资产达到预定用途所发生的其他支出。

如果购买无形资产的价款超过正常信用条件延期支付，实质上具有融资性质，无形资产的成本以购买价款的现值为基础确定。实际支付的价款与购买价款的现值之间的差额，除按规定应予以资本化的以外，应当在信用期间内计入当期损益。投资者投入的无形资产在合同或协议约定的价值公允的前提下，应以投资合同或协议约定的价值作为入账价值；如果合同或协议约定的价值不公允，则按无形资产的公允价值入账。无形资产的入账价值与折合资本额之间的差额作为资本溢价计入资本公积。

5. 研究阶段和开发阶段的划分界定

对于企业内部研究开发的无形资产，《企业会计准则第 6 号——无形资产》要求区分研究阶段与开发阶段两个部分分别进行处理。研究阶段是指为获取新的技术和知识等进行有计划的调查的阶段。其特点是具有计划性和探索性。计划性是指在有计划的调查基础上，研发项目已经过董事会或相关管理层的批准，并着手收集相关资料、进行市场调查等；探索性是指研究阶段的基本工作是探索前进，为进一步的开发活动进行资料及相关方面的准备，这一阶段不会形成实质性的成果。开发阶段是指在进行商业性生产或使用前将研究成果或其他知识应用于某项计划或设计，以生产出新的或具有实质性改进的材料、装置、产品等的阶段。其特点是有针对性，形成成果的可能性较大。开发阶段往往在很大程度上已经具备形成一项新产品或新技术的基本条件，此时如果企业能够证明其满足无形资产的定义及相关确认条件，发生的开发支出可予以资本化，就可以确认为无形资产的成本。

6. 内部研究开发支出确认的原则

企业研究阶段的支出全部费用化，通过管理费用计入当期损益；开发阶段的支出符合条件的应予以资本化确认为无形资产，不符合资本化条件的通过管理费用计入当期损益。确实无法区分研究阶段的支出和开发阶段的支出，企业应将其发生的研发支出全部费用化，通过管理费用计入当期损益。

7. 开发支出资本化的确认条件

按照我国企业会计准则的规定，开发阶段的有关支出必须同时满足下列条件才能资本化，并确认为无形资产。

(1) 完成该无形资产以使其能够使用或出售在技术上具有可行性，即能证明企业进行开发所需的技术条件等已经具备，不存在技术上的障碍或其他不确定性。

(2) 企业具有完成该无形资产并使用或出售的意图。企业的管理层应当明确表明其持有拟开发无形资产的目的，具有完成该项无形资产开发并使其能够使用或出售的可能性。

(3) 该无形资产具有能够产生经济利益的方式，企业能够证明运用该无形资产可以生产产品。如果无形资产开发以后是在企业内部使用的，企业应能够证明在内部使用时的有用性。

(4) 有足够的技术、财务资源和其他资源支持。企业必须能够证明自身具备的技术、财务和其他资源足以支持完成该项无形资产的开发。

(5) 归属于该无形资产开发阶段的支出能够可靠地计量。对于发生的支出同时用于支持多项研究开发活动的，企业应按照一定的标准在各项研究开发活动之间进行分配，无法明确分配的，应予以费用化计入当期损益，不计入开发活动的成本。

8. 无形资产使用寿命的确定与复核

无形资产使用寿命的确定与复核是无形资产后续计量的内容之一。企业应当于取得无形资产时分析并判断其使用寿命。如果无形资产使用寿命是有限的，企业应当估计该使用寿命的年限或构成使用寿命的产量等类似计量单位的数量。如果无法预见无形资产为企业带来未来经济利益的期限，企业应当将其视为使用寿命不确定的无形资产。

确定无形资产使用寿命时，源自合同性权利或其他法定权利取得的无形资产，其使用寿命不应超过合同性权利或其他法定权利的期限。对于没有明确的合同或法律规定的无形资产，企业应当综合各方面情况，如聘请相关专家进行论证或与同行业的情况进行比较以及借鉴企业的历史经验等，来确定无形资产为企业带来未来经济利益的期限。如果经过这些努力确实无法合理确定无形资产为企业带来经济利益的期限，那么企业可将其视为使用寿命不确定的无形资产。

企业至少应当于每年年度终了，对无形资产的使用寿命进行复核，如果有证据表明无形资产的使用寿命不同于以前的估计，应按会计估计变更处理。

9. 无形资产的摊销

对于使用寿命有限的无形资产，企业应在其预计的使用寿命内采用系统合理的方法对应摊销金额进行摊销。其中，应摊销金额是指无形资产的成本扣除残值后的金额。

无形资产摊销的方法有年限平均法、工作量法等。对某项无形资产摊销所使用的方法，企业应依据从资产中获取的预期未来经济利益的预计消耗方式来选择并一致地运用于不同会计期间。如果无法确定预计消耗方式，企业应当采用年限平均法摊销。

如果无形资产计提了减值准备，则无形资产减值准备金额要从应摊销金额中扣除，以后每年的摊销金额要重新调整计算。无形资产的残值一般为零，除非有第三方承诺在无形资产使用寿命结束时愿意以一定的价格购买该项无形资产，或者存在活跃的市场，并且在无形资产使用寿命结束时该市场还可能存在，可以预计无形资产的残值。对于使用寿命不确定的无形资产，在其持有期间内不需要摊销，但需要在每年年末进行减值测试。

10. 无形资产的出租、出售及报废的会计处理

无形资产出租是指根据合同或协议，企业允许他人使用本企业无形资产并收取使用费，即租金。企业出租无形资产取得的租金收入，借记“银行存款”等科目，贷记“其他业务收入”等科目；对出租的无形资产进行摊销时，借记“其他业务成本”科目，贷记“累计摊销”科目。

企业将无形资产出售，表明放弃无形资产的所有权。企业出售无形资产时，应将所取得的价款与该项无形资产账面价值的差额作为资产处置利得或损失计入当期损益。

如果无形资产预期不能为企业带来未来经济利益，不再符合无形资产的定义，应将其转销。企业应按已摊销的累计摊销额，借记“累计摊销”科目；原已计提减值准备的，借记“无形资产减值准备”科目；按其账面余额，贷记“无形资产”科目；按其差额，借记“营业外支出”科目。

第二节 练习题

一、单项选择题

1. 下列选项中，工业企业应当确认为无形资产的是（　　）。

A. 自创的品牌

B. 企业合并产生的商誉

C. 内部研究开发项目在研究阶段发生的支出

D. 内部研究开发完成并申请取得的专利权

2. 下列关于无形资产的表述中正确的是（　　）。

A. 没有实物形态的资产都是无形资产

B. 无形资产不能用于企业的行政管理

C. 未来的经济利益具有高度不确定性

D. 无形资产的使用寿命都是可以确定的

3. 下列各项资产中不可以辨认的是（　　）。

A. 专利权　　B. 商标权　　C. 非专利技术　　D. 商誉

4. 企业出售无形资产实现的净收益应计入的项目是（　　）。

A. 其他业务收入　　B. 管理费用　　C. 资产处置损益　　D. 本年利润

5. 企业出售无形资产产生的净损失应计入的项目是（　　）。

A. 其他业务成本　　B. 投资收益　　C. 资产处置损益　　D. 资产减值损失

6. 甲公司为上市公司，2018 年 1 月 1 日，甲公司以银行存款 6 000 万元购入一项无形资产。2019 年年末和 2020 年年末，甲公司预计该项无形资产的可收回金额分别为 4 000 万元和 3 556 万元。该项无形资产的预计使用年限为 10 年，按月摊销。甲公司于每年年末对无形资产进行减值测试，计提减值准备后，原预计使用年限不变。假定不考虑其他因素，甲公司该项无形资产于 2021 年 7 月 1 日的账面价值为（　　）万元。

A. 3 250　　B. 3 950　　C. 4 046　　D. 6 000

7. 下列有关无形资产的会计处理方法的说法中，不正确的是（　　）。

A. 企业取得的土地使用权通常应确认为无形资产，土地使用权用于自行开发建造厂房等地上建筑物时，土地使用权与地上建筑物应分别作为无形资产和固定资产计提摊销和折旧

B. 企业取得的土地使用权无论是自用还是用于出租或增值目的均应作为无形资产核算

C. 房地产开发企业取得的土地使用权用于建造对外出售的房屋建筑物，相关的土地使用权应当计入所建造的房屋建筑物成本

D. 企业外购的房屋建筑物所支付的价款无法在地上建筑物与土地使用权之间分配的，应当确认为固定资产原价

8. 下列有关企业的内部研究开发项目支出的说法中，不正确的是（　　）。

A. 企业内部研究开发项目的支出，应当区分研究阶段支出与开发阶段支出

B. 对开发过程中发生的费用，在符合一定条件的情况下可以确认为一项无形资产

C. 企业内部研究和开发无形资产，研究阶段的支出应全部费用化，计入当期损益

D. 企业内部研究和开发无形资产，开发阶段的支出应全部资本化，确认为无形资产

9. 2021 年 1 月 4 日，甲公司从乙公司购买一项专利权，甲公司与乙公司协议采用分期付款方式支付款项。合同规定，该项专利权的价款为 6 000 000 元，每年年末付款 2 000 000 元，分 3 年付清。甲公司于 2021 年 1 月 4 日支付相关税费 100 000 元。假定银行同期贷款利率为 6%，3 年期复利现值系数为 0. 839 6，3 年期年金现值系数为 2. 673 0。

甲公司购买该项专利权的入账价值为（　　）元。

A. 6 000 000　　B. 5 137 600　　C. 6 100 000　　D. 5 446 000

10. 某股份有限公司于2021年7月1日以50万元的价格转让一项无形资产所有权，同时发生相关税费3万元。该无形资产系2018年7月1日购入并投入使用，其入账价值为300万元，预计使用年限为5年，法律规定的有效年限为6年，该无形资产按照直线法摊销。转让该无形资产发生的净损失为（　　）万元。

A. 70　　B. 73　　C. 100　　D. 103

11. 下列有关无形资产的会计处理的表述中，不正确的是（　　）。

A. 无形资产后续支出应在发生时计入当期损益

B. 购入但尚未使用的无形资产的价值不应进行摊销

C. 不能为企业带来经济利益的无形资产的账面价值应全部转入当期损益

D. 只有很可能为企业带来经济利益且成本能够可靠计量的无形资产才能予以确认

12. A公司的注册资本为6 000万元，2021年年初B公司以一项专利权对A公司投资，取得A公司10%的股权。该项专利权在B公司的账面价值为420万元。投资各方协议确认的价值为600万元，资产与股权的登记手续已办妥。此项专利权是B公司在2017年年初研究成功申请获得的，法律有效年限为15年。B公司和A公司合同投资期为8年，该项专利权估计受益期限为6年，则A公司2021年度应确认的无形资产摊销额为（　　）万元。

A. 70　　B. 75　　C. 52.5　　D. 100

13. 下列选项中，不会引起无形资产账面价值发生增减变动的是（　　）。

A. 对无形资产计提减值准备　　B. 发生无形资产后续支出

C. 摊销无形资产　　D. 转让无形资产所有权

14. 甲公司出售所拥有的一项无形资产，取得收入300万元，适用的增值税税率为6%。该无形资产取得时实际成本为400万元，已摊销120万元，已计提减值准备50万元。甲公司出售该项无形资产应计入当期损益的金额为（　　）万元。

A. −100　　B. 20　　C. 300　　D. 70

15. 甲公司2020年2月开始研发一项新技术，2021年5月初研发成功，企业申请了专利技术。研究阶段发生相关费用18万元；开发过程发生工资费用20万元，材料费用50万元，另发生其他相关费用5万元；申请专利时发生注册费用等相关费用15万元。甲公司该项专利权的入账价值为（　　）万元。

A. 30　　B. 75　　C. 90　　D. 108

16. 甲公司以200万元的价格对外转让一项无形资产。该项无形资产系甲公司以360万元的价格购入。购入时该无形资产预计使用年限为10年，法律规定的有效使用年限为12年。转让时该无形资产已使用5年，转让该无形资产应交的增值税税率为6%。假定不考虑其他相关税费，该无形资产已计提减值准备20万元，采用直线法摊销。甲公司转让该无形资产所获得的净收益为（　　）万元。

A. 10　　B. 20　　C. 30　　D. 40

17. 按照企业会计准则的规定，下列选项中，股份有限公司应确认为无形资产的是（　　）。

A. 开办费

B. 为扩大商标知名度而支付的广告费

C. 为获得土地使用权支付的土地出让金

D. 为开发新技术发生的项目研究费

18. 甲公司于 2016 年 1 月 1 日购入一项无形资产。该无形资产的实际成本为 500 万元，采用直线法摊销，摊销年限为 10 年。2020 年 12 月 31 日，该无形资产发生减值，预计可收回金额为 180 万元。计提减值准备后，该无形资产原摊销年限不变。2021 年 12 月 31 日，该无形资产的账面余额为（　　）万元。

A. 500　　B. 214　　C. 200　　D. 144

19. 甲公司于 2016 年 1 月 1 日购入一项无形资产。该无形资产的实际成本为 500 万元，采用直线法摊销，摊销年限为 10 年。2020 年 12 月 31 日，该无形资产发生减值，预计可收回金额为 180 万元。计提减值准备后，该无形资产原摊销年限不变。2021 年 12 月 31 日，该无形资产的账面价值为（　　）万元。

A. 500　　B. 214　　C. 200　　D. 144

20. 2021 年 1 月 1 日，乙公司将某专利的使用权转让给丙公司，每年收取租金 10 万元，适用的增值税税率为 9%。转让期间乙公司不使用该专利。该专利系乙公司 2020 年 1 月 1 日购入的，初始入账价值为 10 万元，预计使用年限为 5 年。假定不考虑其他因素，乙公司 2021 年度因该专利形成的营业利润为（　　）万元。

A. −2　　B. 7　　C. 8　　D. 9

21. 下列关于无形资产的说法中，错误的是（　　）。

A. 使用寿命不确定的无形资产不进行摊销

B. 使用寿命有限的无形资产，其净残值一般应视为 0

C. 使用寿命有限的无形资产，各期末也应进行减值测试

D. 在投资合同或协议约定价值不公允的情况下，接受投资的无形资产应按公允价值入账

22. 甲公司为增值税一般纳税人企业。2021 年 7 月 2 日，甲公司以 424 万元的价格（含增值税税额 24 万元）从乙公司购买一项专利权，另支付其他相关税费 6 万元。购入的专利权专门用于生产 A 产品，为推广该专利权生产的产品，甲公司发生产品推广宣传费用 10 万元。甲公司为运行该专利技术发生培训支出 12 万元。上述款项均用银行存款支付。甲公司取得该项无形资产的入账价值为（　　）万元。

A. 406　　B. 430　　C. 410　　D. 452

23. 甲公司于 2019 年年初开始研究开发一项用于生产某新产品的非专利技术，研发过程中共发生研究支出 300 万元，开发支出 1 500 万元，其中符合资本化条件的开发支出 1 200 万元。2020 年 7 月 1 日，该非专利技术开发完成并确认为无形资产。甲公司预计该项非专利权技术能够在未来 5 年内给公司带来经济利益，采用直线法摊销该项无形资产。2021 年 12 月 31 日，经减值测试，该项无形资产的可收回金额为 630 万元。甲公司 2022 年该项无形资产摊销金额为（　　）万元。

A. 360　　B. 300　　C. 240　　D. 180

二、多项选择题

1. 按照企业会计准则的规定，下列表述中不正确的有（　　）。
   A. 无形资产的出租收入符合收入的定义
   B. 无形资产的成本自可供使用时起只能按直线法摊销
   C. 不能进行摊销的无形资产的账面价值始终不变
   D. 无形资产的研究与开发费用应在发生时计入当期损益
2. 下列关于无形资产的项目中可能影响企业营业利润的有（　　）。
   A. 无形资产研究阶段的支出　　B. 无形资产开发阶段的支出
   C. 无形资产出售损益　　D. 出租无形资产摊销额
3. 下列各资产项目中可以辨认的有（　　）。
   A. 专利权　　B. 商标权
   C. 著作权　　D. 商誉
4. 下列关于无形资产摊销的说法中正确的有（　　）。
   A. 无形资产应当自可供使用当月起开始进行摊销
   B. 当月达到预定用途的无形资产，当月不摊销，下月开始摊销
   C. 企业自用无形资产的摊销金额都应计入管理费用
   D. 并不是企业所有的无形资产都要进行摊销
5. 下列关于无形资产的说法中，正确的有（　　）。
   A. 企业至少应于每年年末对残值进行复核
   B. 无形资产的摊销方法应当反映其经济利益的预期实现方式
   C. 对使用寿命不确定的无形资产，如有证据表明其使用寿命是有限的，则应按会计估计变更进行处理
   D. 自行研发无形资产研究阶段发生的支出，也可能资本化
6. 下列有关无形资产摊销的表述中，正确的有（　　）。
   A. 使用寿命有限的无形资产，应将其应摊销金额在使用寿命内采用系统合理的方法进行摊销
   B. 无法预见无形资产为企业带来经济利益期限的，应当视为使用寿命不确定的无形资产，按照不超过 10 年的期限进行摊销
   C. 企业摊销无形资产，应当自无形资产可供使用时起，至终止确认时止
   D. 企业选择的无形资产摊销方法，应当反映与该项无形资产有关的经济利益的预期消耗方式。无法可靠确定预期消耗方式的，应当采用直线法摊销
7. 下列有关无形资产摊销的会计处理中，不正确的有（　　）。
   A. 企业对使用寿命有限的无形资产进行摊销时，应借记“管理费用”账户，贷记“无形资产”账户
   B. 企业对专门用于生产某种产品的无形资产进行摊销时，应借记“制造费用”账户，贷记“累计摊销”账户
   C. 企业对无形资产的摊销方法，只能采用直线法摊销，不允许采用其他方法摊销
   D. 使用寿命有限的无形资产，其残值一定为 0

8. 下列选项中，可能影响当期利润表中营业利润的有（　　）。
   A. 计提无形资产减值准备
   B. 新技术项目研究过程中发生的人工费用
   C. 出租无形资产取得的租金收入
   D. 接受其他单位捐赠的专利权
9. 下列选项中，符合企业会计准则规定的有（　　）。
   A. 研究过程发生的费用应在发生时计入当期损益
   B. 开发过程中发生的费用均应计入无形资产价值
   C. 若预计某项无形资产已经不能给企业带来未来经济利益，应将该项无形资产的账面价值全部转入当期损益
   D. 广告费作为无形资产上的后续支出，虽然能提高商标的价值，但不计入商标的成本
10. 下列选项中，企业可以确认为无形资产的有（　　）。
   A. 吸收投资取得的土地使用权
   B. 因转让土地使用权补交的土地出让金
   C. 企业自行开发研制的专利权
   D. 企业自创的品牌
11. 下列选项中，可以确认为无形资产的有（　　）。
   A. 企业自创的商誉
   B. 有偿取得的经营特许权
   C. 有偿取得的高速公路 15 年的收费权
   D. 国家无偿划拨给企业的土地使用权
12. 下列关于无形资产的说法中，不正确的有（　　）。
   A. 使用寿命不确定的无形资产不需要进行摊销
   B. 无形资产的成本应自其可供使用次月起开始摊销
   C. 无形资产只能采用直线法摊销
   D. 转让无形资产所有权的收入应当确认为其他业务收入
13. 下列选项中，按照企业会计准则的规定，不正确的有（　　）。
   A. 无形资产的出租收入应当确认为其他业务收入
   B. 无形资产的成本应自取得当月按直线法摊销
   C. 无形资产的后续支出应在发生时予以资本化
   D. 无形资产的研究与开发费用应在发生时计入当期损益
14. 下列关于无形资产摊销的说法中，正确的有（　　）。
   A. 无形资产应当自达到预定用途的当月开始摊销
   B. 无形资产应当自达到预定用途的次月开始摊销
   C. 企业出租无形资产的摊销金额一般应该计入管理费用
   D. 企业专门用于生产产品的无形资产的摊销金额应该计入制造费用
15. 下列关于无形资产研发支出的说法中，正确的有（　　）。
   A. 企业内部研究开发项目在研究阶段的支出应该计入无形资产的成本
   B. 企业内部研究开发项目在研究阶段的支出应该计入管理费用

C. 企业内部研究开发项目在开发阶段的支出符合资本化条件时可以资本化

D. 企业内部研究开发项目在开发阶段的支出在期末一定转入当期损益

16. 下列关于无形资产处置的说法中，正确的有（　　）。

A. 无形资产预期不能为企业带来经济利益的，应当将该无形资产的账面价值转入营业外支出

B. 企业出售无形资产的，应将所取得的价款与该无形资产账面价值的差额计入当期损益

C. 无形资产预期不能为企业带来经济利益的，也应按原预定方法和使用寿命摊销

D. 企业出租无形资产获得的租金收入应通过其他业务收入来核算

17. 下列关于土地使用权的会计处理的表述中，正确的有（　　）。

A. 企业持有并准备增值后转让的土地使用权应作为投资性房地产核算

B. 企业购入用于建造办公楼的土地使用权应作为无形资产核算

C. 企业出租的土地使用权应作为无形资产核算

D. 房地产开发企业购入用于建造商品房的土地使用权应计入开发产品成本

18. 下列关于无形资产残值的说法中，正确的有（　　）。

A. 如果有第三方承诺在无形资产使用寿命结束时购买该项无形资产，其残值不应当视为0

B. 持有无形资产期间，至少应于每年年末对残值进行复校，预计其残值与原估计金额不同的，应按照会计估计变更进行处理

C. 如果无形资产的残值经重新估计以后高于其账面价值，无形资产可以继续进行摊销

D. 无形资产预计残值信息可以根据活跃的市场得到，并且该市场在该项无形资产使用寿命结束时可能存在

19. 下列关于使用寿命不确定的无形资产的表述中，正确的有（　　）。

A. 当有证据表明其使用寿命有限时，应作为前期差错更正处理

B. 至少应当于每年年末进行减值测试

C. 每个会计期间应对其使用寿命进行复核

D. 应采用直线法进行摊销

20. 关于使用寿命有限的无形资产的后续计量，下列选项中，不正确的有（　　）。

A. 无形资产当月增加的当月开始摊销，当月减少的当月不再摊销

B. 无形资产计提的摊销额均应计入当期管理费用

C. 持有待售的无形资产仍应进行摊销

D. 购入但尚未投入使用的无形资产不应进行摊销

三、判断题

1. 有些无形资产使用寿命有限，而有些无形资产使用寿命不确定。（　　）

2. 我国的无形资产既包括可辨认的，也包括不可辨认的。（　　）

3. 出租无形资产的租金收入符合收入的定义。（　　）

4. 企业自创的商誉如果数额很大，可以作为无形资产单独计价入账。（　　）

5. 企业在开发阶段的支出都应予以资本化处理。（　　）

6. 在我国，企业应在成功申请专利以后，将研究与开发费用转入无形资产的价值。（　　）

7. 无形资产只能转让使用权，而不能转让所有权。（　　）

8. 无形资产摊销期限一经确定，不得随意改变。（　　）

9. 无形资产减值损失计入企业的管理费用。（　　）

10. 对无法合理确定使用寿命的无形资产，企业应将其成本在不超过10年的期限内摊销。（　　）

四、业务题

1. D股份有限公司（以下简称D公司）有关无形资产的业务资料如下：

（1）2017年1月，D公司以银行存款3 600万元购入一项土地使用权（不考虑相关税费）。该土地使用年限为50年，对其采用直线法摊销，无残值。

（2）2017年6月，D公司研发部门准备研究开发一项专有技术。在研究阶段，D公司以银行存款支付了相关费用1 200万元。

（3）2017年8月，上述专有技术研究成功，转入开发阶段。企业将研究成果用于该项专有技术的设计，直接发生的研发人员工资、材料费以及相关设备折旧费等分别为1 500万元、900万元和600万元，同时企业以银行存款支付了其他相关费用600万元。以上开发支出都符合资本化的确认条件。

（4）2017年9月，上述专有技术的研究开发项目达到预定用途，形成无形资产。D公司预计该专有技术的使用年限为10年。D公司无法可靠确定与该专有技术有关的经济利益的预期实现方式。假定税法规定的摊销方法和预计使用年限与会计相同。

（5）2018年4月，D公司利用上述外购的土地使用权自行建造临时厂房。厂房于2018年10月达到预定可使用状态，累计发生的必要支出为3 560万元（不包含土地使用权）。该厂房预计使用寿命为5年，预计净残值为50万元。假定D公司对其采用年数总和法计提折旧。

（6）2020年5月，D公司研发的专有技术预期不能为企业带来经济利益，经批准将其予以转销。

税法规定，企业为开发新技术、新产品、新工艺发生的研究开发费用，未形成无形资产而计入当期损益的，在按照规定据实扣除的基础上，按照研究开发费用的50%加计扣除；形成无形资产的，按照无形资产成本的150%摊销。

要求：（1）编制D公司2017年1月购入该项土地使用权的会计分录。

（2）计算D公司2017年12月31日该项土地使用权的账面价值。

（3）编制D公司2017年研制开发专利权的有关会计分录。

（4）计算D公司研制开发的专利权2018年年末累计摊销的金额、账面价值。

（5）计算D公司自行建造的厂房2019年计提的折旧额。

（6）编制 D 公司该项专有技术 2020 年予以转销的会计分录（金额单位以万元表示）。

2. W 公司是上市公司，有关无形资产的业务资料如下：

（1）2020 年 1 月 30 日，W 公司从乙公司购入一项专利权 Y，支付价款 600 万元，同时支付相关税费 40 万元。该项专利自 2020 年 2 月 20 日起用于产品的生产，法律保护期限为 15 年。W 公司预计运用该专利生产的产品在未来 10 年内会为企业带来经济利益。就该项专利技术，A 公司向 W 公司承诺在第 5 年以 200 万元购买该专利权。按照 W 公司管理层目前的持有计划来看，其准备在第 5 年将该专利权出售给 A 公司。W 公司采用直线法摊销该项无形资产。W 公司 2020 年度发生宣传新产品——X 产品的相关广告费用 100 万元。

（2）2020 年 1 月 1 日，W 公司将其拥有的一项商标权出租给 B 公司，租期为 4 年，每年收取租金 100 万元。W 公司在出租期间不再使用该商标权。该商标权系 W 公司于 2019 年 1 月 10 日购入的，初始入账价值为 450 万元，预计使用年限为 15 年，采用直线法摊销（假定不考虑相关税费）。

（3）2020 年 1 月 1 日，W 公司购入一项专利权 Z，初始入账价值为 1 200 万元。该无形资产预计使用年限为 10 年，该专利权能够在到期时延续 5 年且不需要付出重大成本。

要求：根据上述资料，不考虑其他因素，回答下列问题：

（1）W 公司的专利权 Y 应从何时开始摊销？专利权 Y 的摊销期应为多少年？专利权 Z 的摊销期应为多少年？

（2）W 公司 2020 年应将专利权 Y 的摊销金额确认为多少万元？出租给 B 公司的商标权的摊销金额应如何列支？商标权 2020 年影响营业利润的金额为多少万元？

3. 甲股份有限公司（以下简称甲公司）有关无形资产的业务如下：

（1）甲公司于2018年年初开始自行研究开发一项新产品专利技术，在研究开发过程中发生材料费300万元、人工工资100万元以及支付其他费用50万元，共计450万元。其中，符合资本化条件的支出为300万元。2018年年末，专利技术获得成功，达到预定用途。

相关法律规定该项专利权的有效年限为12年，甲公司估计该项专利权的预计使用年限为10年，并采用直线法摊销该项无形资产。

（2）2020年12月31日，由于市场发生不利变化，致使该项专利权发生减值，甲公司预计其可收回的金额为160万元。

（3）2021年4月20日，甲公司出售该项专利权，收到价款120万元和增值税税额7.2万元，已存入银行。

要求：（1）编制甲公司2018年度有关研究开发专利权的会计分录。

（2）编制甲公司2019年摊销无形资产的会计分录（假定按年摊销）。

（3）编制甲公司2020年计提无形资产减值准备的会计分录。

（4）编制甲公司2021年与该项专利权相关的会计分录。

第三节　练习题参考答案

一、单项选择题参考答案

1. D。自创的品牌、企业合并产生的商誉以及开发项目在研究阶段发生的支出，不符合无形资产的定义，不确认为无形资产。

2. C。无形资产除了要满足没有实物形态的条件，还要满足可辨认非货币性条件，如商誉，虽然没有实物形态但因为不具有可辨认性，因此不属于无形资产。有些无形资产的使用寿命是不确定的。

3. D。商誉的存在无法与企业自身分离，不具有可辨认性，不属于无形资产。

4. C。企业出售无形资产属于非日常活动，其净收益应计入资产处置收益。

5. C。企业出售无形资产属于非日常活动，其净损失应计入资产处置损失。

6. A。2019年年末计提减值准备前该项无形资产的账面价值为6 000−6 000÷10×2=4 800万元，无形资产减值800万元。2020年该项无形资产摊销额为4 000÷8=500万元。

到2020年年末该项无形资产的账面价值为4 000-500=3 500万元。与可收回金额3 556万元比较，该项无形资产未减值。因此，2020年年末该无形资产的账面价值为3 500万元。2021年1~6月应摊销金额为3 500÷7×6÷12=250万元。因此，到2021年7月1日，该项无形资产的账面价值为3 500-250=3 250万元。

注意：如果题目问的是2021年7月1日的账面余额，则应为6 000万元。

7. B。企业取得的土地使用权用于出租或增值目的时，应作为投资性房地产核算。

8. D。企业内部研究开发项目开发阶段的支出，符合规定条件的可以资本化，确认为无形资产。不符合资本化条件的计入当期损益。

9. D。购买无形资产的价款超过正常信用条件延期支付，实质上具有融资性质的，无形资产的成本以购买价款的现值为基础确定。总价款的现值=2 000 000×2.673 0=5 346 000（元）

甲公司购买该项专利权的入账价值=5 346 000+100 000=5 446 000（元）

10. B。该项无形资产应按照5年时间摊销，每年应摊销60万元。至出售日已摊销额为60×3=180万元。因此，出售时该无形资产的账面价值为120万元，其处置损益=50-3-120=-73（万元）

11. B。无形资产应当自可供使用时起选择适当的摊销方法予以摊销。

12. D. 该项专利权的入账价值为600万元，法律有效年限还剩11年，在6年、8年和11年三个可供选择的期限中，应按照6年时间摊销，平均每年应摊销100万元。2021年度无形资产摊销额为100万元。

13. B。对无形资产计提减值准备、摊销无形资产、转让无形资产所有权，均会减少无形资产的账面价值。发生的无形资产后续支出应计入当期损益，不影响无形资产账面价值。

14. D。出售该项无形资产应计入当期损益的金额=300-(400-120-50)=70（万元）

15. C。自行研发的无形资产，其成本包括自满足资本化条件至达到预定用途前所发生的支出总额，因此无形资产的入账价值=20+50+5+15=90（万元）

16. D。转让该无形资产所获得的净收益=200-(360-360÷10×5-20)=40（万元）

17. C。企业筹建期间的开办费应计入管理费用，广告费应计入销售费用，为获得土地使用权支付的土地出让金应计入无形资产，开发新技术发生的项目研究费应计入管理费用。

18. A。按照企业会计准则的规定，摊销无形资产时不再冲减无形资产账面余额，因此2021年12月31日该无形资产的账面余额仍为500万元。

19. D。2020年12月31日计提减值准备前无形资产的账面价值为250万元（500-500÷10×5），计提无形资产减值准备的金额为70万元（250-180）；2021年无形资产年摊销额为36万元［(250-70)÷5］。2021年12月31日无形资产账面价值为180-36=144（万元）

20. C。乙公司2021年度因该专利权形成的营业利润=其他业务收入-其他业务成本=10-10÷5=8（万元）

21. C。使用寿命有限的无形资产，期末如果发生了减值的迹象，就应进行减值测试，可收回金额低于其账面价值的，应按其差额计提无形资产减值准备。如果期末没有发生减值迹象，则无需进行减值测试。

22. A。甲公司取得该项无形资产的入账价值=(424-24)+6=406（万元）

23. D。无形资产非专利技术入账价值为 1 200 万元，2021 年 12 月 31 日计提减值准备前无形资产账面价值为 1 200-1 200÷5×18÷12=840 万元，应计提减值准备的金额为 840-630=210 万元。计提减值准备后该无形资产账面价值为 630 万元。2022 年该项无形资产的摊销额=630÷42×12=180（万元）

二、多项选择题参考答案

1. BCD。企业出租无形资产获得的收入计入其他业务收入。无形资产的摊销方法与所含经济利益的预期实现方式有关，不一定是直线法。不能摊销的无形资产应于每期期末进行减值测试，计提减值准备。符合条件的无形资产的开发费用应予以资本化并计入无形资产成本。符合条件的摊销额可以计入成本，如出租无形资产的摊销。

2. ABCD。无形资产研究阶段的支出应费用化，不符合资本化条件的开发阶段的支出也要费用化，出租无形资产的摊销额计入其他业务成本，无形资产出售损益计入资产处置损益，这四项会影响营业利润。无形资产报废损益计入营业外收入或支出，影响利润总额。

3. ABC。专利权、商标权、著作权和土地使用权都属于无形资产，具有可辨认性，商誉不属于无形资产。

4. AD。无形资产的摊销期为可供使用当月起至不再作为无形资产确认时止。当月达到预定用途的无形资产，当月开始摊销。无形资产的摊销可能影响当期损益，也可能计入制造费用等。企业出租无形资产的摊销价值应该计入其他业务成本。使用寿命不确定的无形资产不摊销，每期期末进行减值测试，计提减值准备。

5. ABC。自行研发的无形资产，研究阶段发生的支出，全部费用化计入当期损益。

6. ACD。无法预见无形资产为企业带来经济利益期限的，应当视为使用寿命不确定的无形资产，不应摊销。

7. ACD。选项 A，对无形资产进行摊销时，不一定借记“管理费用”账户，同时应贷记“累计摊销”账户。选项 C，企业对无形资产的摊销可以采用直线法、生产总量法，对有些无形资产也可以采用类似固定资产加速折旧的方法进行摊销。选项 D，使用寿命有限的无形资产，其残值一般为 0，但下列情况除外：一是有第三方承诺在无形资产使用寿命结束时购买该无形资产，二是可以根据活跃市场得到预计残值信息，并且该市场在无形资产使用寿命结束时很可能存在。

8. ABC。计提无形资产减值准备，计入资产减值损失，影响营业利润。项目研究过程中发生的各项费用，直接计入当期损益（管理费用等），影响营业利润。出租无形资产收益，计入其他业务收入，影响营业利润。接受捐赠专利权，形成一项无形资产的同时增加营业外收入，不影响营业利润。

9. ACD。按照企业会计准则的规定，研究过程中发生的费用应于发生时直接计入当期损益，开发过程中发生的费用符合资本化条件的才能予以资本化，不符合资本化条件应于发生时直接计入当期损益。无形资产如不能再给企业带来未来经济利益，应当将该项无形资产的账面价值全部转入当期损益。广告费作为无形资产上的后续支出，应于发生时计入当期损益。

10. ABC。吸收投资取得的土地使用权、因转让土地使用权补交的土地出让金、企业自行开发研制的专利权均可确认为无形资产。企业自创的品牌不能确认为无形资产。

11. BCD。商誉不能作为企业的无形资产予以确认。

12. BCD。按照企业会计准则的规定，对使用寿命不确定的无形资产，在持有期间内不需要摊销，但需要至少于每一会计期末进行减值测试。按照《企业会计准则第 8 号——资产减值》的规定，需要计提减值准备的应计提有关的减值准备。无形资产的成本应自其可供使用时起开始摊销。对某项无形资产摊销所使用的方法应依据从该项无形资产中获取的未来经济利益的预期消耗方式来选择，并一致地运用于不同会计期间。无法可靠确定预期消耗方式的，应当采用直线法摊销。转让无形资产所有权的净损益应当计入营业外收入或营业外支出。

13. BCD。无形资产应自无形资产可供使用时起开始摊销，摊销方法的选择应当反映与该项无形资产有关的经济利益的预期消耗方式。无法可靠确定预期消耗方式的，应采用直线法摊销。发生无形资产的后续支出，仅仅是为了确保已确认的无形资产能够为企业带来预定的经济利益，因此应当在发生当期确认为费用，不增加无形资产的账面价值。无形资产的研究费用应于发生时计入当期损益，开发支出在符合资本化条件的情况下应予以资本化，计入无形资产成本。

14. AD。无形资产应当自达到预定用途的当月起开始摊销，选项 B 不正确。出租无形资产的摊销价值应该计入其他业务成本，选项 C 不正确。

15. BC。企业内部研究开发项目在研究阶段的支出，应当于发生时计入“研发支出”账户，期末转入“管理费用”账户，选项 A 不正确。在开发阶段的支出，满足条件的，可予以资本化，确认为无形资产，选项 D 不正确。

16. ABD。无形资产预期不能为企业带来经济利益的，应将无形资产的账面价值予以转销。

17. ABD。企业将土地使用权出租应作为投资性房地产核算，选项 C 不正确。

18. ABD。如果无形资产的残值重新估计以后高于其账面价值的，则无形资产不再摊销，直至残值降至低于账面价值时再恢复摊销，选项 C 不正确。

19. BC。选项 A，应作为会计估计变更处理。选项 D，使用寿命不确定的无形资产不应摊销。

20. BCD。选项 B，无形资产的摊销一般是计入当期损益的，但是如果是专门用于生产某种产品或其他资产，其摊销金额应计入相关资产的成本。选项 C，持有待售的无形资产不进行摊销。选项 D，购入但尚未投入使用的、使用寿命确定的无形资产应自可供使用起开始摊销。

三、判断题参考答案

1. √。无形资产分为使用寿命可确定的无形资产和使用寿命不可确定的无形资产。

2. ×。无形资产必须具有可辨认性。

3. √。出租无形资产的收入计入其他业务收入，符合收入确认的条件。

4. ×。商誉不属于无形资产。

5. ×。无形资产开发阶段的支出符合资本化条件的才能予以资本化处理。

6. ×。无形资产研究阶段的支出及不符合资本化条件的开发支出都要费用化，计入当期损益，只有符合条件的开发支出才能资本化并计入无形资产成本。

7. ×。无形资产既可以转让使用权也可以转让所有权。

8. √。无形资产摊销期限一经确定，不得随意改变。

9. ×。无形资产减值损失在利润表中单独列报，不计入管理费用。

10. ×。使用寿命不确定的无形资产不应摊销。

四、业务题参考答案

1.（1）借：无形资产——土地使用权　　3 600

　　　贷：银行存款　　3 600

（2）该土地使用权年摊销额 = 3 600÷50 = 72（万元）

借：管理费用　　72

　贷：累计摊销　　72

2017 年 12 月 31 日该项土地使用权的账面价值 = 3 600−72 = 3 528（万元）

（3）借：研发支出——费用化支出　　1 200

　　贷：银行存款　　1 200

　借：管理费用　　1 200

　　贷：研发支出——费用化支出　　1 200

　借：研发支出——资本化支出　　3 600

　　贷：应付职工薪酬　　1 500

　　　　原材料　　900

　　　　累计折旧　　600

　　　　银行存款　　600

（4）借：无形资产——专利权　　3 600

　　贷：研发支出——资本化支出　　3 600

2018 年年末累计摊销的金额 = 3 600÷10÷12×(4+12) = 480（万元）

2018 年 12 月 31 日的账面价值 = 3 600−480 = 3 120（万元）

（5）2019 年厂房计提的折旧额 = (3 560−50)×5÷15×10÷12+(3 560−50)×4÷15×2÷12 = 1 131（万元）

（6）2×18 年 5 月转销时累计摊销额 = 3 600÷10÷12×(4+12+12+4) = 960（万元）

借：营业外支出——处置非流动资产损失　　2 640

　　累计摊销　　960

　贷：无形资产——专利权　　3 600

2.（1）W 公司专利权 Y 应从 2020 年 1 月开始摊销；专利权 Y 的摊销期为 5 年；专利权 Z 的摊销期为 15 年。

说明：当月增加的无形资产，当月开始摊销，因此专利权 Y 应从 2×20 年 1 月开始摊销；按规定源自合同性权利或其他法定权利取得的无形资产，其使用寿命不应超过合同性权利或其他法定权利的期限，但如果企业使用资产的预期期限短于合同性权利或其他法定权利规定的期限，则应当按照企业预期使用的期限确定其使用寿命，专利权 Y 应以 5 年作为摊销期；如果合同性权利或其他法定权利能够在到期时因续约等延续，则当有证据表明企业续约不需要付出重大成本时，续约期可包括在使用寿命的估计中。因此，W 公司购入的专利权 Z 应按 15 年进行摊销。

（2）W 公司 2020 年应将专利权 Y 的摊销金额确认为 88 万元；出租给 B 公司的商标

权的摊销金额应计入其他业务成本；商标权2020年影响营业利润的金额为70万元。

说明：专利权Y 2020年的摊销金额=(600+40−200)÷5=88万元；出租给B公司的商标权的摊销金额应计入其他业务成本；商标权影响营业利润的金额=100−450÷15=70万元。

3.（1）2018年度。

①发生支出时：

借：研发支出——费用化支出　　1 500 000
　　　　　　——资本化支出　　3 000 000
　贷：原材料　　3 000 000
　　　应付职工薪酬　　1 000 000
　　　银行存款　　500 000

②年末，专利权获得成功时：

借：管理费用　　1 500 000
　　无形资产　　3 000 000
　贷：研发支出——费用化支出　　1 500 000
　　　　　　　——资本化支出　　3 000 000

（2）2019度，摊销无形资产30万元（300÷10=30）。

借：制造费用　　300 000
　贷：累计摊销　　300 000

（3）2020年12月31日计提减值准备前无形资产账面价值=300−30×2=240（万元）

2020年12月31日，应计提无形资产减值准备=240−160=80（万元）

借：资产减值损失　　800 000
　贷：无形资产减值准备　　800 000

（4）2021年度（1~3月），摊销无形资产5万元（160÷8×3÷12）。

借：制造费用　　50 000
　贷：累计摊销　　50 000

借：银行存款　　1 272 000
　　无形资产减值准备　　800 000
　　累计摊销　　650 000
　　资产处置损益　　350 000
　贷：无形资产　　3 000 000
　　　应交税费——应交增值税（销项税额）　　72 000

第八章
投资性房地产

第一节　学习指导

一、本章结构

本章结构如图 8-1 所示。

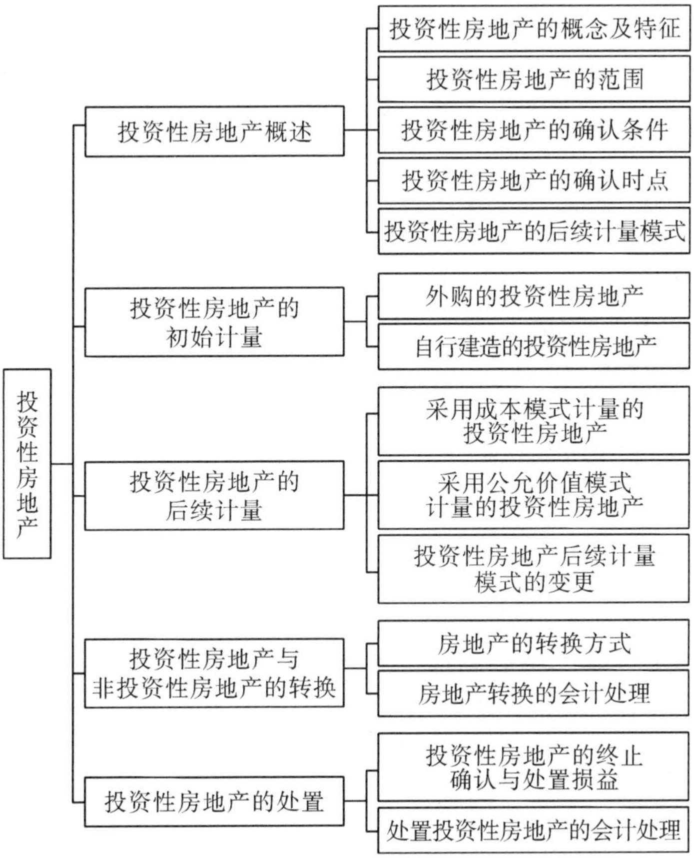

图 8-1　本章结构

二、学习目的和要求

了解：投资性房地产的概念及范围。
理解：投资性房地产的确认条件和计量原则。

掌握：投资性房地产的核算范围、确认条件，投资性房地产的初始计量及账务处理，投资性房地产采用成本计量模式和公允价值计量模式进行后续计量的账务处理，房地产转换业务的会计处理原则，投资性房地产处置的账务处理。

三、本章重点难点

1. 投资性房地产概述

（1）投资性房地产的概念。投资性房地产是指为赚取租金或资本增值，或者两者兼有而持有的房地产。

（2）投资性房地产主要有以下特征：

①投资性房地产是一种经营性活动。

②投资性房地产在用途、状态、目的等方面区别于作为生产经营场所的房地产和用于销售的房地产。

③投资性房地产有两种后续计量模式。

2. 投资性房地产的范围

（1）属于投资性房地产的项目。

①已出租的土地使用权。

②持有并准备增值后转让的土地使用权。

③已出租的建筑物。

（2）不属于投资性房地产的项目。

①自用房地产。

② 作为存货的房地产。

3. 投资性房地产的确认

（1）与该投资性房地产有关的经济利益很可能流入企业。

（2）该投资性房地产的成本能够可靠地计量。

4. 投资性房地产的初始计量

投资性房地产无论采用哪一种后续计量模式，取得时都应当按照成本进行初始计量。

（1）外购的投资性房地产。采用成本模式计量的，企业外购的土地使用权和建筑物，按照取得时的实际成本进行初始计量，借记“投资性房地产”科目，贷记“银行存款”等科目。取得时的实际成本包括购买价款、相关税费和可直接归属于该资产的其他支出。企业购入的房地产，部分用于出租（或资本增值）、部分自用，用于出租（或资本增值）的部分应当予以单独确认的，应按照不同部分的公允价值占公允价值总额的比例将成本在不同部分之间进行分配。

采用公允价值模式计量的，企业外购的投资性房地产应当按照取得时的实际成本进行初始计量，其实际成本的确定与采用成本模式计量的投资性房地产一致。企业应当在“投资性房地产”科目下设置“成本”和“公允价值变动”两个明细科目，按照外购的土地使用权和建筑物发生的实际成本，记入“投资性房地产——成本”科目。

（2）自行建造的投资性房地产。自行建造的投资性房地产，其成本由建造该项资产达到预定可使用状态前发生的必要支出构成，包括土地开发费、建筑成本、安装成本、应予以资本化的借款费用、支付的其他费用和分摊的间接费用等。建造过程中发生的非正常性损失，直接计入当期损益，即营业外支出，不计入建造成本。

采用成本模式计量的，企业应按照确定的成本，借记“投资性房地产”科目，贷记“在建工程”或“开发成本”科目。采用公允价值模式计量的，企业应按照确定的成本，借记“投资性房地产——成本”科目，贷记“在建工程”或“开发成本”科目。“开发成本”科目核算房地产开发企业在土地、房屋、配套设施和代建工程的开发过程中发生的各项费用。

5. 与投资性房地产有关的后续支出

（1）投资性房地产后续支出的处理原则。企业与投资性房地产有关的后续支出，满足投资性房地产确认条件的，应当计入投资性房地产成本。投资性房地产发生的后续支出，如果只是维护或恢复投资性房地产原有的使用效能，不可能使流入企业的经济利益超过原先的估计，应当在发生时计入当期损益。

（2）资本化的后续支出。企业对某项投资性房地产进行改扩建等再开发且将来仍作为投资性房地产的，在再开发期间应继续将其作为投资性房地产，在再开发期间不计提折旧或摊销。

（3）费用化的后续支出。企业与投资性房地产有关的后续支出，不满足投资性房地产确认条件的，应当在发生时计入当期损益。

6. 投资性房地产的后续计量

（1）采用成本模式进行后续计量的投资性房地产。企业选择成本模式，应当按照《企业会计准则第 4 号——固定资产》或《企业会计准则第 6 号——无形资产》的有关规定，按期（月）计提折旧或摊销，借记“其他业务成本”等科目，贷记“投资性房地产——累计折旧（摊销）”科目。企业取得的租金收入，借记“银行存款”等科目，贷记“其他业务收入”等科目。

投资性房地产存在减值迹象的，还应当适用资产减值的有关规定。经减值测试后确定发生减值的，企业应当计提减值准备，借记“资产减值损失”科目，贷记“投资性房地产减值准备”科目。如果已经计提减值准备的投资性房地产的价值又得以恢复，不得转回。

（2）采用公允价值模式进行后续计量的投资性房地产。

① 采用公允价值模式计量的条件。采用公允价值模式计量的投资性房地产，应当同时满足以下条件：

第一，投资性房地产所在地有活跃的房地产交易市场。所在地通常指投资性房地产所在的城市。对于大中型城市，应当为投资性房地产所在的城区。

第二，企业能够从活跃的房地产交易市场上取得同类或类似房地产的市场价格及其他相关信息，从而对投资性房地产的公允价值做出合理的估计。

②采用公允价值模式计量的会计处理。投资性房地产采用公允价值模式进行后续计量的，不计提折旧或摊销，应当以资产负债表日的公允价值计量。资产负债表日，投资性房地产的公允价值高于其账面余额的差额，借记“投资性房地产——公允价值变动”科目，贷记“公允价值变动损益”科目；公允价值低于其账面余额的差额做相反的会计分录。

7. 投资性房地产后续计量模式的变更

为保证会计信息的可比性，企业对投资性房地产的计量模式一经确定，不得随意变更。在房地产市场比较成熟、能够满足采用公允价值模式条件的情况下，企业才能将投资性房地产从以成本模式计量变更为以公允价值模式计量。

成本模式转为公允价值模式应当作为会计政策变更处理，并按计量模式变更时公允价值与账面价值的差额调整期初留存收益。已采用公允价值模式计量的投资性房地产，不得从公允价值模式转为成本模式。

8. 投资性房地产的转换和处置

（1）投资性房地产的转换。

第一，投资性房地产开始自用，相应地由投资性房地产转换为固定资产或无形资产。

第二，作为存货的房地产改为出租，通常指房地产开发企业将其持有的开发产品以经营租赁的方式出租，相应地由存货转换为投资性房地产。

第三，自用土地使用权停止自用，用于赚取租金或资本增值，相应地由无形资产转换为投资性房地产

第四，自用建筑物停止自用，改为出租，相应地由固定资产转换为投资性房地产。

第五，房地产企业将用于经营出租的房地产重新开发用于对外销售，从投资性房地产转为存货。

（2）投资性房地产转换日的确定。转换日的确定关系到资产的确认时点和入账价值，因此非常重要。转换日是指房地产的用途发生改变，状态相应发生改变的日期。

（3）投资性房地产转换为非投资性房地产。

① 投资性房地产转换为自用房地产。

第一，采用成本模式进行后续计量的投资性房地产转换为自用房地产。企业将以成本模式计量的投资性房地产转换为自用房地产，应按该项投资性房地产在转换日的账面余额、累计折旧或摊销、减值准备等，分别转入“固定资产”“累计折旧”“固定资产减值准备”等科目。

第二，采用公允价值模式进行后续计量的投资性房地产转为自用房地产。企业将采用公允价值模式计量的投资性房地产转换为自用房地产时，应以其转换当日的公允价值作为自用房地产的账面价值，公允价值与原账面价值的差额计入当期损益。

②投资性房地产转换为存货。

第一，采用成本模式进行后续计量的投资性房地产转换为存货。企业将以成本模式计量的投资性房地产转换为存货时，应按照该项房地产在转换日的账面价值转为存货。

第二，采用公允价值模式进行后续计量的投资性房地产转换为存货。企业将采用公允价值模式计量的投资性房地产转换为存货时，应以其转换当日的公允价值作为存货的账面价值，公允价值与原账面价值的差额计入当期损益。

9. 非投资性房地产转换为投资性房地产

（1）自用房地产转换为投资性房地产。

①自用房地产转换为以成本模式进行后续计量的投资性房地产。企业将自用土地使用权或建筑物转换为以成本模式计量的投资性房地产时，应按该项建筑物或土地使用权在转换日的原价、累计折旧（摊销）、减值准备等，分别转入“投资性房地产”“投资性房地产累计折旧（摊销）”“投资性房地减值准备”等科目。

②自用房地产转换为以公允价值模式进行后续计量的投资性房地产。企业将自用房地产转换为公允价值模式计量的投资性房地产，应按该项土地使用权或建筑物在转换日的公允价值作为投资性房地产的入账价值。转换日公允价值小于账面价值的差额，计入公允价值变动损益；转换日公允价值大于账面价值的差额，计入其他综合收益。当该项投资性房地产处置时，因转换计入其他综合收益的部分应转入当期损益。

（2）存货转换为投资性房地产。

①存货转换为以成本模式进行后续计量的投资性房地产。企业将作为存货的房地产转换为采用成本模式计量的投资性房地产，应按该项存货在转换日的账面价值转为投资性房地产。

② 存货转换为以公允价值模式进行后续计量的投资性房地产。企业将作为存货的房地产转换为采用公允价值模式计量的投资性房地产，应按该项房地产在转换日的公允价值转为投资性房地产。转换日公允价值小于账面价值的差额，计入公允价值变动损益；转换日公允价值大于账面价值的差额，计入其他综合收益。当该项投资性房地产处置时，因转换计入其他综合收益的部分应转入当期损益。

10. 投资性房地产的处置

当投资性房地产被处置或永久退出使用且预计不能从其处置中取得经济利益时，企业应终止确认该项投资性房地产。

（1）采用成本模式计量的投资性房地产的处置。企业处置采用成本模式进行后续计量的投资性房地产时，应按实际收到的金额，确认其他业务收入；按该项投资性房地产的账面价值结转其他业务成本。

（2）采用公允价值模式计量的投资性房地产的处置。企业处置采用公允价值模式计量的投资性房地产，应按实际收到的金额，确认其他业务收入；按该项投资性房地产的账面价值结转其他业务成本。同时，企业应结转投资性房地产累计公允价值变动损益。若存在原转换日计入其他综合收益的金额，也一并结转，计入其他业务成本。

第二节　练习题

一、单项选择题

1. 企业取得投资性房地产发生的下列支出中不应计入投资性房地产成本的是（　　）。

A. 应予以资本化的借款费用　　B. 业务人员的差旅费

C. 建筑安装成本　　D. 土地开发费

2. 企业将一栋写字楼出包给某建筑公司承建，建成后准备用于对外出租并采用成本模式进行后续计量。该写字楼建造完成时的入账价值是指（　　）。

A. 写字楼的实际建造成本　　B. 企业向承包单位支付的工程价款

C. 写字楼的公允价值　　D. 写字楼的可变现净值

3. 企业于 2015 年 1 月 1 日购入一项专利权，实际成本为 400 万元，摊销年限为 10 年，采用直线法摊销。2019 年 12 月 31 日，该无形资产发生减值，预计可收回金额为 140 万元。计提减值准备后，该无形资产原摊销年限和摊销方法不变。2020 年 12 月 31

日，该无形资产的账面价值为（　　）万元。

A. 400　　B. 172　　C. 112　　D. 260

4. 企业于2020年1月1日将一项专利技术出租给D公司使用，租期2年，年租金160万元，转让期间企业不再使用该项专利。该专利技术系企业于2018年1月1日购入，初始入账价值为520万元，预计使用年限为10年，采用直线法摊销。2019年年末，企业对该项无形资产计提减值准备96万元，计提减值准备之后摊销方法、使用年限不变。企业2020年度因该专利技术产生的营业利润为（　　）万元。

A. 120　　B. 112　　C. 100　　D. 108

5. 企业对投资性房地产采用成本模式计量。2020年1月5日，企业购入一栋房屋准备用于对外出租。2020年2月25日，企业与客户签订房屋经营租赁协议，租赁期开始日为2020年3月1日。房屋购买成本为760万元，预计净残值为40万元，预计使用年限为20年，采用直线法计提折旧。2020年度企业对该房屋计提的折旧额为（　　）万元。

A. 27　　B. 30　　C. 33　　D. 36

6. 企业于2020年7月1日转让一项无形资产所有权，转让价格120万元。该无形资产系企业于2017年7月1日购入并投入使用，初始入账价值为420万元，预计使用年限为5年，法律规定有效年限为10年，采用直线法进行摊销。企业转让无形资产发生的净损失为（　　）万元。

A. 48　　B. 180　　C. 54　　D. 174

7. 某企业购入一栋写字楼用于对外出租，并与客户签订了经营租赁合同。写字楼买价为4 000万元，该企业另支付相关税费30万元。该企业在与客户签订经营租赁合同的过程中，支付咨询费、律师费等2万元，差旅费0.4万元。该投资性房地产的入账价值为（　　）万元。

A. 4 000　　B. 4 030　　C. 4 032　　D. 4 032.4

8. 企业对投资性房地产采用成本模式计量。企业的一栋作为投资性房地产的建筑物原始价值为2 000万元，预计净残值为100万元，预计可使用20年，采用直线法计提折旧。在第四年年末，企业计提减值准备40万元。该投资性房地产第四年年末的账面价值为（　　）万元。

A. 1 560　　B. 1 580　　C. 1 600　　D. 1 620

9. 关于采用成本模式计量的投资性房地产的折旧，下列说法中不正确的是（　　）。

A. 当月增加的投资性房地产当月不计提折旧

B. 当月减少的投资性房地产当月不计提折旧

C. 当月增加的投资性房地产下月起计提折旧

D. 当月减少的投资性房地产下月起不计提折旧

10. 采用成本模式进行后续计量的企业，关于投资性房地产的会计处理，下列说法中不正确的是（　　）。

A. 应当按规定计提折旧或进行摊销　　B. 折旧额或摊销额计入其他业务成本

C. 取得的租金收入计入其他业务收入　　D. 不得再转为公允价值模式计量

11. 某企业对投资性房地产采用成本模式计量，且投资性房地产不属于该企业的主营业务，计提的折旧费用或摊销费用应当计入（　　）。

A. 管理费用　　B. 制造费用
C. 其他业务成本　　D. 营业外支出

12. 企业的投资性房地产采用公允价值模式计量，下列各项中不影响当期损益的是（　　）。

A. 存货转为投资性房地产时公允价值大于账面价值的差额
B. 存货转为投资性房地产时公允价值小于账面价值的差额
C. 持有期间，资产负债表日公允价值大于账面价值的差额
D. 持有期间，资产负债表日公允价值小于账面价值的差额

13. 下列关于投资性房地产后续计量的表述中不正确的是（　　）。

A. 投资性房地产通常应采用成本模式计量
B. 满足规定条件时投资性房地产才可以采用公允价值模式
C. 同一个企业可以分别采用成本模式和公允价值模式
D. 同一个企业只能采用一种后续计量模式

14. 采用公允价值模式进行后续计量的企业，关于投资性房地产的会计处理，下列说法中正确的是（　　）。

A. 应当按规定计提折旧或进行摊销
B. 持有期间公允价值高于账面价值的差额计入资本公积
C. 持有期间公允价值低于账面价值的差额计入资本公积
D. 不得再转为成本模式计量

15. 投资性房地产采用公允价值模式进行后续计量的，“投资性房地产”科目的期末余额反映的是（　　）。

A. 投资性房地产的入账价值　　B. 投资性房地产的公允价值
C. 投资性房地产的可变现净值　　D. 投资性房地产的重置成本

16. 企业发生的下列投资性房地产后续支出中一般应作为资本性支出的是（　　）。

A. 投资性房地产日常修理支出　　B. 投资性房地产大修理支出
C. 投资性房地产改建扩建支出　　D. 投资性房地产维护支出

17. 企业发生的下列投资性房地产后续支出中，不能作为资本性支出的是（　　）。

A. 房屋修理支出　　B. 房屋改造支出
C. 房屋装修支出　　D. 房屋扩建支出

18. 企业将自用房地产转换为以公允价值模式计量的投资性房地产，转换日该房地产公允价值大于原账面价值的差额，应当计入（　　）。

A. 其他综合收益　　B. 其他业务收入
C. 营业外收入　　D. 公允价值变动损益

19. 成本模式转为公允价值模式，应当作为会计政策变更处理，按计量模式变更时投资性房地产的公允价值与账面价值的差额调整（　　）。

A. 公允价值变动损益　　B. 其他业务收入
C. 期初留存收益　　D. 资本公积

20. 企业将作为存货的房地产转换为以公允价值模式计量的投资性房地产，转换日该房地产公允价值小于原账面价值的差额应当计入（　　）。

A. 营业外收入　　B. 其他业务收入
C. 资本公积　　D. 公允价值变动损益

21. 企业将自用房地产转换为以公允价值模式计量的投资性房地产，该投资性房地产的入账价值为（　　）。

A. 转换日该房地产的原始价值　　B. 转换日该房地产的账面价值
C. 转换日该房地产的公允价值　　D. 转换日该房地产的重置价值

22. 企业将一项采用成本模式计量的投资性房地产转换为自用房地产。转换日该投资性房地产累计折旧为 300 万元，已计提的减值准备为 300 万元，账面原价为 2 100 万元。转换日应转入“固定资产”科目的金额为（　　）万元。

A. 2 100　　B. 2 400　　C. 2 700　　D. 3 000

23. 企业将自用房地产转换为以成本模式计量的投资性房地产，该投资性房地产的入账价值为（　　）。

A. 转换日该房地产的原始价值　　B. 转换日该房地产的账面价值
C. 转换日该房地产的公允价值　　D. 转换日该房地产的重置价值

24. 企业将采用公允价值模式计量的投资性房地产转换为自用房地产时，转换日的公允价值与原账面价值的差额应当计入（　　）。

A. 其他综合收益　　C. 其他业务收入
B. 营业外收入　　D. 公允价值变动损益

25. 某房地产开发公司自行开发的一栋写字楼于开发完成时出租给 D 公司使用，租赁期为 5 年，每年租金为 240 万元，租赁期开始日为 2020 年 3 月 1 日。该房地产开发公司对投资性房地产采用公允价值模式进行后续计量，写字楼的实际造价为 5 000 万元。2020 年 12 月 31 日，该写字楼的公允价值为 5 600 万元。该项投资性房地产对该公司 2020 年度损益的影响金额（不考虑所得税等其他因素）为（　　）万元。

A. 240　　B. 600　　C. 800　　D. 840

26. 某企业对投资性房地产采用公允价值模式计量。该企业将一项自用房地产转换为投资性房地产，转换日的公允价值为 3 200 万元。该项房地产账面原价为 6 000 万元，截至转换日的累计折旧为 1 600 万元，已计提的减值准备为 1 000 万元。转换日该投资性房地产的入账价值为（　　）万元。

A. 3 200　　B. 3 400　　C. 4 400　　D. 6 000

27. 2020 年 2 月 20 日，企业将一项采用公允价值模式计量的投资性房地产转换为自用房地产，并于 4 月 15 日正式用作办公场所。该项投资性房地产 2020 年 2 月 20 日的公允价值为 1 490 万元，预计尚可使用 15 年，预计净残值为 50 万元，采用年限平均法计提折旧。2020 年度该房地产应计提的折旧额为（　　）万元。

A. 64　　B. 72　　C. 80　　D. 88

28. 某企业对投资性房地产采用成本模式计量。该企业的一项投资性房地产账面原价为 4 000 万元，预计使用年限为 20 年，预计净残值为 200 万元，采用年限平均法计提折旧。第四年年末计提减值准备 400 万元。该投资性房地产第五年应计提的折旧额为

（　　）万元。

A. 165　　B. 175　　C. 190　　D. 200

29. 某企业对投资性房地产采用成本模式计量。如果投资性房地产的价值发生了减损，应当计提减值准备，计入（　　）。

A. 公允价值变动损益　　B. 资产减值损失

C. 其他业务成本　　D. 营业外支出

30. 企业将自用房地产转换为以公允价值模式计量的投资性房地产时，公允价值大于原账面价值的差额计入其他综合收益，待处置投资性房地产时，该项资本公积应当计入（　　）。

A. 公允价值变动损益　　B. 其他业务成本

D. 投资收益　　C. 营业外收入

31. 某企业以 1 200 万元的价格出售一栋作为投资性房地产且采用成本模式计量的建筑物。该建筑物账面原价为 1 600 万元，已提折旧 1 000 万元，发生清理费用 20 万元。企业出售该建筑物的净收益为（　　）万元。

A. 520　　B. 580　　C. 600　　D. 1 200

二、多项选择题

1. 关于投资性房地产的后续计量，下列说法中正确的有（　　）。

A. 成本模式转为公允价值模式的，应当作为会计估计变更处理

B. 采用公允价值模式计量的，应对投资性房地产计提折旧或进行摊销

C. 采用公允价值模式计量的，不对投资性房地产计提折旧或进行摊销

D. 已采用公允价值模式计量的投资性房地产，不得从公允价值模式转为成本模式

2. 下列各项中属于投资性房地产的有（　　）。

A. 企业拥有并自行经营的饭店　　B. 企业持有拟增值后转让的房屋

C. 企业以经营租赁方式租出的写字楼　　D. 企业持有拟增值后转让的土地使用权

3. 下列各项中不属于投资性房地产的有（　　）。

A. 企业已取得使用权的待开发土地　　B. 企业经营租入又转租出去的房屋

C. 企业已经建成准备出售但尚未售出的房屋

D. 拟用于出租但董事会尚未做出决议的空置房屋

4. 某项房地产部分用于出售、部分用于赚取租金，并且不同用途的部分能够单独计量和出售。对于该房地产，下列说法中正确的有（　　）。

A. 该项房地产都属于投资性房地产

B. 该项房地产应分别确认为存货和投资性房地产

C. 用于出售的部分属于存货

D. 用于赚取租金的部分属于投资性房地产

5. 关于采用公允价值模式计量的投资性房地产转换的会计处理，下列表述中正确的有（　　）。

A. 自用房地产转换为投资性房地产，公允价值小于账面价值的差额计入当期损益

B. 自用房地产转换为投资性房地产，公允价值大于账面价值的差额计入其他综合收益

C. 投资性房地产转换为自用房地产，公允价值小于账面价值的差额计入当期损益

D. 投资性房地产转换为自用房地产，公允价值与账面价值的差额计入当期损益

6. 某企业对投资性房地产采用成本模式计量，下列用于经营出租的建筑物中应当计提折旧的有（　　）。

A. 因进行改建扩建而暂停出租的建筑物

B. 因未与客户签订租赁协议而暂时空置的建筑物

C. 不再用于出租而转为持有待售的建筑物

D. 不再用于出租而转为自用的建筑物

7. 下列关于投资性房地产的表述中正确的有（　　）。

A. 采用公允价值模式计量的投资性房地产不需要计提折旧

B. 采用成本模式计量的投资性房地产不需要计提减值准备

C. 采用公允价值模式计量的投资性房地产不需要计提减值准备

D. 采用成本模式计量的投资性房地产可以转为公允价值模式

8. 采用公允价值模式计量的投资性房地产，下列各项中不会影响其他综合收益金额的有（　　）。

A. 自用房地产转为投资性房地产时公允价值大于账面价值

B. 自用房地产转为投资性房地产时公允价值小于账面价值

C. 投资性房地产转为自用房地产时公允价值大于账面价值

D. 投资性房地产转为自用房地产时公允价值小于账面价值

9. 下列各项中会引起采用成本模式计量的投资性房地产账面价值发生增减变化的有（　　）。

A. 对投资性房地产进行改建扩建　　B. 对投资性房地产进行修理维护

C. 对投资性房地产计提折旧　　D. 对投资性房地产计提减值准备

10. 企业用于经营出租的下列建筑物中，不应计提折旧的是（　　）。

A. 采用成本模式计量的已出租建筑物

B. 采用公允价值模式计量的已出租建筑物

C. 采用成本模式计量的改建扩建中建筑物

D. 采用成本模式计量的修理维护中建筑物

三、判断题

1. 企业以经营出租为目的建造一栋写字楼，该写字楼已达到可出租状态，但尚未与客户签订经营租赁合同，因此不能划分为投资性房地产。（　　）

2. 企业选择成本模式，就应当对其所有投资性房地产采用成本模式进行后续计量，即使以后期间取得的某项投资性房地产的公允价值能够持续可靠地取得，也不得对其采用公允价值模式计量。（　　）

3. 如果经营出租房屋企业为完成其经营目标所从事的经常性活动，则取得的租金收入属于主营业务收入。（　　）

4. 企业选择公允价值模式，就应当对其所有投资性房地产采用公允价值模式进行后续计量，即使以后期间取得的某项投资性房地产的公允价值不能可靠地计量，也不得对其采用成本模式计量。（　　）

5. 投资性房地产无论采用成本模式还是公允价值模式，取得时都应当按照成本进行初始计量。（　　）

6. 为了简化核算，当月购入的投资性房地产，当月按整月计提折旧；当月处置的投资性房地产，当月停止计提折旧。（　　）

7. 采用成本模式进行后续计量的企业，对投资性房地产会计处理的基本要求与固定资产或无形资产相同，即应当按照固定资产的有关规定，按月计提折旧，或者按照无形资产的有关规定，按月摊销成本。（　　）

8. 已经计提减值准备的投资性房地产，其减值损失在以后的会计期间不得转回。（　　）

9. 采用公允价值模式进行后续计量的企业，其投资性房地产不计提折旧但应进行减值测试，如果可收回金额低于账面价值，应计提减值准备。（　　）

10. 企业处置投资性房地产的净损益应当计入营业外收入或营业外支出。（　　）

11. 满足资本化条件的装修支出应计入有关投资性房地产的成本。（　　）

12. 投资性房地产的后续支出应当作为资本性支出，计入投资性房地产成本。（　　）

13. 投资性房地产的修理支出不能满足资本化条件应当在发生时计入当期损益。（　　）

14. 成本模式转为公允价值模式，企业应将计量模式变更时投资性房地产的公允价值大于账面价值的差额计入资本公积，公允价值小于账面价值的差额计入当期损益。（　　）

四、业务题

1. 2020 年 4 月 20 日，乙公司购买一块土地使用权，购买价款为 2 000 万元，支付相关手续费 30 万元，款项全部以银行存款支付。企业购买后准备等其增值后予以转让。乙公司对该投资性房产采用公允价值模式进行后续计量。

该项投资性房地产 2020 年取得租金收入为 150 万元，已存入银行，假定不考虑其他相关税费。经复核，该投资性房地产 2020 年 12 月 31 日的公允价值为 2 000 万元。

要求：编制乙公司相关的会计分录。

2. 2019 年 2 月 1 日，甲公司以 1 080 万元的价款从其他单位购入一项土地使用权，用于自行建造一栋写字楼。2019 年 3 月 1 日，甲公司预付给写字楼建造承包商工程价款 6 000 万元。2020 年 5 月 31 日，工程完工，验收合格，甲公司补付工程价款 3 000 万元。根据董事会做出的正式书面决议，写字楼一层对外出租，其余楼层都作为甲公司的办公场所。2020 年 5 月 10 日，甲公司与一家大型超市签订了经营租赁合同，将写字楼一层出租给该超市作为经营场所，租期为 5 年，写字楼完工交付使用时即为租赁期开始日。写字楼一层能够单独计量和出售，建造成本为 2 400 万元，土地使用权成本按照建造成本的比例分配。

要求：编制甲公司有关该写字楼的下列会计分录：

（1）2019 年 2 月 1 日，甲公司购入土地使用权。

（2）2019 年 3 月 1 日，甲公司预付工程款。

（3）2020 年 5 月 31 日，甲公司补付工程款。

（4）2020 年 5 月 31 日，甲公司结转工程成本。

①假定甲公司对投资性房地产采用成本模式进行后续计量。

② 假定甲公司对投资性房地产采用公允价值模式进行后续计量。

3. 沿用练习题 2 的资料，该写字楼预计使用寿命为 20 年，预计净残值为零，采用直线法计提折旧；土地使用权的使用期为 40 年，采用直线法进行摊销（为简化起见，假定每年 12 月 31 日计提写字楼折旧、摊销土地使用权成本）。根据甲公司与大型超市签订的租赁合同的约定，写字楼一层租赁期为 5 年，年租金为 210 万元，于租赁期开始日起按年预收租金（为简化起见，假定每年 12 月 31 日确认租金收入）。甲公司对投资性房地产采用成本模式进行后续计量。2020 年 12 月 31 日，写字楼出现减值迹象，经减值测试，确定其可收回金额为 1 800 万元。

要求：编制甲公司有关投资性房地产（自用部分略）的下列会计分录：

（1）2020 年 6 月 1 日，甲公司预收租金。

（2）2020 年 12 月 31 日，甲公司计提折旧、摊销并确认租金收入。

（3）2021 年 6 月 1 日，甲公司预收租金。

（4）2021 年 12 月 31 日，甲公司计提折旧、摊销并确认租金收入。

（5）2022 年 6 月 1 日，甲公司预收租金。

（6）2022 年 12 月 31 日，甲公司计提折旧、摊销并确认租金收入。

（7）2022 年 12 月 31 日，甲公司计提资产减值准备。

4. 甲公司的投资性房地产原采用成本模式进行后续计算。由于甲公司所在地的房地产市场现已比较成熟，房地产的公允价值能够持续可靠地取得，可以满足采用公允价值模式的条件，甲公司决定从 2020 年 1 月 1 日起，对投资性房地产采用公允价值模式进行后续计量。甲公司作为投资性房地产核算的资产有两项：一项是成本为 15 600 万元、累计已提折旧为 2 100 万元的写字楼；另一项是成本为 3 800 万元、累计已摊销金额为 280 万元的土地使用权。2020 年 1 月 1 日，写字楼的公允价值为 13 000 万元，土地使用权的公允价值为 4 000 万元。甲公司按净利润的 10%提取盈余公积。2020 年 12 月 31 日，写字楼的公允价值为 13 200 万元，土地使用权的公允价值为 4 300 万元。

要求：编制甲公司有关投资性房地产的下列会计分录：

（1）转换投资性房地产计量模式。

①写字楼转为公允价值模式计量。

②土地使用权转为公允价值模式计量。

（2）2020 年 12 月 31 日，确认公允价值变动损益。

①确认写字楼公允价值变动损益。

②确认土地使用权公允价值变动损益。

5. 甲房地产公司（以下简称甲公司）于 2016 年 12 月 31 日将一建筑物对外出租并采用公允价值模式计量，租期为 3 年，每年 12 月 31 日收取租金 200 万元。出租当日，该建筑物的成本为 2 700 万元，已计提折旧 400 万元，尚可使用年限为 20 年，公允价值为 1 700 万元。2017 年 12 月 31 日，该建筑物的公允价值为 1 830 万元。2018 年 12 月 31 日，该建筑物的公允价值为 1 880 万元。2019 年 12 月 31 日，该建筑物的公允价值为 1 760 万元。2020 年 1 月 5 日，甲公司将该建筑物对外出售，收到 1 800 万元存入银行。

要求：编制甲公司上述经济业务的会计分录。

第三节　练习题参考答案

一、单项选择题参考答案

1. B。业务人员的差旅费应计入当期损益。

2. B。在出包方式下，企业建造固定资产的成本是指向建造承包商支付的全部工程价款，至于固定资产的实际建造成本，由建造承包商自己核算，与出包企业无关。

3. C。2015 年 1 月 1 日至 2019 年 12 月 31 日，年摊销额为 400÷10＝40 万元，5 年累计摊销额为 5×40＝200 万元，未计提减值前的账面价值是 400－200＝200 万元。由于账面价值高于预计可收回金额，企业判断资产发生减值，计提减值准备 200－140＝60 万元，之后其账面价值为 140 万元，2020 年摊销额为 140÷5＝28 万元，账面价值变为 140－28＝112 万元。

4. A。出租无形资产的行为属于其他业务，相应的收入和摊销分别计入其他业务收入和其他业务成本，从而影响营业利润。年租金收入 160 万元计入其他业务收入。其他业务成本为无形资产的年摊销额。2018 年和 2019 年年摊销额为 520÷10＝52 万元，2019 年年末计提减值准备后的账面价值为 520－52×2－96＝320 万元，之后年摊销额为 320÷8＝40 万元。企业 2020 年度因该专利技术产生的营业利润为 160－40＝120 万元。

5. C。房屋无论作为固定资产还是作为投资性房地产，计提折旧的要求是一样的，都是从取得月份的次月起计提折旧，至于何时将房屋对外出租，并不影响该房屋折旧的提取。该房屋应从 2 月起计提折旧，即 2020 年应按 11 个月计提折旧。计算如下：

2020 年度房屋应提折旧额＝(760－40)÷(20×12)×11＝33（万元）

6. A。三年累计摊销为 420÷5×3＝252 万元，转让时账面价值为 420−252＝168 万元，该业务净损失为 168−120＝48 万元。

7. B。企业外购房地产的成本包括购买价款、相关税费和可直接归属于该资产的其他支出。本题中，房地产成本＝4 000+30＝4 030 万元。至于与客户签订经营租赁合同过程中支付的咨询费、律师费、差旅费等，应当于发生时计入管理费用。

8. B。投资性房地产第四年年末的账面价值＝2 000−（2 000−100）÷20×4−40＝1 580（万元）

9. B。采用成本模式计量的投资性房地产其折旧的计提与固定资产的规定一样。

10. D。采用成本模式进行后续计量的企业具备条件的可以转为公允价值模式计量。

11. C。如果投资性房地产不属于该企业的主营业务，就属于其他业务。

12. A。存货转为投资性房地产时公允价值大于账面价值的差额计入其他综合收益，不影响当期损益。

13. C。同一个企业只能采用一种后续计量模式。

14. D。已采用公允价值模式进行后续计量的企业不得再转为成本模式计量。

15. B。以公允价值模式进行后续计量的结果。

16. C。选项 A、选项 B、选项 D 计入当期损益。

17. A。一般情况下，房屋修理支出计入当期损益。

18. A。

19. C。会计政策变更的差额调整期初留存收益。

20. D。

21. C。

22. A。按账面原价转入“固定资产”科目，其累计折旧、已计提的减值准备也一并转入同类账户。

23. B。理由是以成本模式计量。

24. D。理由是以公允价值模式计量。

25. C。对公司 2020 年度损益的影响金额＝240×10÷12+（5 600−5 000）＝800（万元）

26. A。企业将自用建筑物或土地使用权转换为以公允价值模式计量的投资性房地产时，应当以该项建筑物或土地使用权在转换日的公允价值作为投资性房地产的入账价值。

27. C。企业将采用公允价值模式计量的投资性房地产转换为自用房地产时，应当以转换日的公允价值作为自用房地产的入账价值，并从转换为自用房地产的次月起计提折旧，至于何时正式用作办公场所，不影响折旧的计提。

2020 年度应提折旧额＝（1 490−50）÷（15×12）×10＝80（万元）

28. A。第四年年末投资性房地产的累计折旧＝（4 000−200）÷20×4＝760（万元）

计提减值准备后投资性房地产的账面价值＝4 000−760−400 ＝2 840（万元）

第五年应提折旧额＝（2 840−200）÷16＝165（万元）

29. B。

30. D。待处置时将该项其他综合收益计入投资收益，由未实现变为已实现。

31. B。出售该建筑物的净收益＝1 200−（1 600−1 000）−20＝580（万元）

二、多项选择题参考答案

1. CD。成本模式转为公允价值模式的，应当作为会计政策变更处理；采用公允价值模式计量的，不应对投资性房地产计提折旧或进行摊销。

2. CD。选项 A、选项 B 属于自用；持有拟增值后转让的投资性房地产只有土地使用权。

3. ABCD。投资性房地产的范围限于已出租的土地使用权、持有并准备增值后转让的土地使用权以及已出租的建筑物。

4. BCD。选项 A 未做区分。

5. ABCD。投资性房地产转换为自用房地产，公允价值大于账面价值的差额应计入当期损益。

6. BCD。因进行改建扩建而暂停出租的建筑物和已提足折旧继续用于出租的建筑物不提折旧。

7. ACD。

8. BCD。自用房地产转为投资性房地产时，公允价值大于账面价值的差额会影响其他综合收益。

9. ACD。对投资性房地产进行修理维护计入当期损益；采用成本模式计量的投资性房地产不反映增值。

10. BC。采用成本模式计量的已出租建筑物、修理维护中建筑物和已达到可使用状态但尚未对外出租的建筑物都计提折旧。

三、判断题参考答案

1. ×。该写字楼属于空置建筑物，如果董事会或类似机构已做出正式书面决议，明确表示将其用于经营出租且持有意图短期内不再发生变化，即使尚未签订租赁协议，也可以视为投资性房地产。

2. √。

3. √。

4. ×。企业选择公允价值模式，应当对其所有投资性房地产采用公允价值模式计量。在极少数情况下，采用公允价值模式对投资性房地产进行后续计量的企业，有证据表明某项投资性房地产在首次取得时（某项房地产在完成建造或开发活动后，或者改变用途后首次成为投资性房地产时），其公允价值不能持续可靠地取得，企业应当对该投资性房地产采用成本模式计量直至处置，并且假设无残值。

5. √。

6. ×。为了简化核算，当月购入的投资性房地产，当月不计提折旧，从下月起计提折旧；当月处置的投资性房地产，当月照提折旧，从下月起停止计提折旧。

7. √。

8. √。

9. ×。采用公允价值模式进行后续计量的企业，其投资性房地产不计提折旧，也不计提减值准备。

10. ×。企业处置投资性房地产取得的收入，应当计入其他业务收入；发生的处置成本，应当计入其他业务成本。

11. √。

12. ×。投资性房地产发生的后续支出，能够满足资本化条件的，应当计入投资性房地产的成本；不能满足资本化条件的，应当计入当期损益。

13. √。

14. ×。成本模式转为公允价值模式，应当作为会计政策变更处理，按计量模式变更时投资性房地产的公允价值与账面价值的差额调整期初留存收益。

四、业务题参考答案

1. 乙公司 2020 年的有关会计分录如下：

借：投资性房地产——成本	20 300 000	
贷：银行存款		20 300 000
借：银行存款	1 500 000	
贷：其他业务收入		1 500 000
借：公允价值变动损益	300 000	
贷：投资性房地产——公允价值变动		300 000

2. 自建写字楼部分自用、部分出租的会计处理。

(1) 2019 年 2 月 1 日，甲公司购入土地使用权。

借：无形资产——土地使用权	10 800 000	
贷：银行存款		10 800 000

(2) 2019 年 3 月 1 日，甲公司预付工程款。

借：在建工程	60 000 000	
贷：银行存款		60 000 000

(3) 2020 年 5 月 31 日，甲公司补付工程款。

借：在建工程	30 000 000	
贷：银行存款		30 000 000

(4) 2020 年 5 月 31 日，甲公司结转工程成本。

①假定甲公司对投资性房地产采用成本模式进行后续计量。

转换为投资性房地产的土地使用权成本 $= 1\,080 \times (2\,400 \div 9\,000) \approx 288$（万元）

借：固定资产——写字楼	66 000 000	
贷：在建工程		66 000 000
借：投资性房地产——写字楼	24 000 000	
贷：在建工程		24 000 000
借：投资性房地产——土地使用权	2 880 000	
贷：无形资产——土地使用权		2 880 000

②假定甲公司对投资性房地产采用公允价值模式进行后续计量。

借：固定资产——写字楼	66 000 000	
贷：在建工程		66 000 000

借：投资性房地产——写字楼（成本）　　24 000 000
　贷：在建工程　　24 000 000
借：投资性房地产——土地使用权（成本）　　2 880 000
　贷：无形资产——土地使用权　　2 880 000

3. 成本模式下折旧、摊销、确认租金收入的会计处理。

(1) 2020 年 6 月 1 日，甲公司预收租金。

借：银行存款　　2 100 000
　贷：预收账款——××超市　　2 100 000

(2) 2020 年 12 月 31 日，甲公司计提折旧、摊销并确认租金收入。

应提折旧额 = 2 400÷(20×12)×7 = 70（万元）

应摊销金额 = 288÷(40×12)×7 = 4.2（万元）

借：其他业务成本　　700 000
　贷：投资性房地产累计折旧　　700 000
借：其他业务成本　　42 000
　贷：投资性房地产累计摊销　　42 000

甲公司应确认租金收入 = 210×(7÷12) ≈ 122.5（万元）

借：预收账款——××超市　　1 225 000
　贷：其他业务收入　　1 225 000

(3) 2021 年 6 月 1 日，甲公司预收租金。

借：银行存款　　2 100 000
　贷：预收账款——××超市　　2 100 000

(4) 2021 年 12 月 31 日，甲公司计提折旧、摊销并确认租金收入。

应提折旧额 = 2 400÷(20×12)×12 = 120（万元）

应摊销金额 = 288÷(40×12)×12 = 7.2（万元）

借：其他业务成本　　1 200 000
　贷：投资性房地产累计折旧　　1 200 000
借：其他业务成本　　72 000
　贷：投资性房地产累计摊销　　72 000
借：预收账款——××超市　　2 100 000
　贷：其他业务收入　　2 100 000

(5) 2022 年 6 月 1 日，甲公司预收租金。

借：银行存款　　2 100 000
　贷：预收账款——××超市　　2 100 000

(6) 2022 年 12 月 31 日，甲公司计提折旧、摊销并确认租金收入。

借：其他业务成本　　1 200 000
　贷：投资性房地产累计折旧　　1 200 000
借：其他业务成本　　72 000
　贷：投资性房地产累计摊销　　72 000

借：预收账款——××超市　　2 100 000
　贷：其他业务收入　　2 100 000

（7）2022 年 12 月 31 日，甲公司计提资产减值准备。

写字楼一层账面价值 = 2 400-(70+120×2) = 2 090（万元）

写字楼减值金额 = 2 090-1 800 = 290（万元）

借：资产减值损失　　2 900 000
　贷：投资性房地产减值准备　　2 900 000

计提减值准备后写字楼账面价值 = 2 090-290 = 1 800（万元）

4. 成本模式转换为公允价值模式的会计处理。

（1）转换投资性房地产计量模式。

①写字楼转为公允价值模式计量。

借：投资性房地产——写字楼（成本）　　130 000 000
　　盈余公积　　500 000
　　利润分配——未分配利润　　4 500 000
　　投资性房地产累计折旧　　21 000 000
　贷：投资性房地产——写字楼　　156 000 000

②土地使用权转为公允价值模式计量。

借：投资性房地产——土地使用权（成本）　　40 000 000
　　投资性房地产累计摊销　　2 800 000
　贷：投资性房地产——土地使用权　　38 000 000
　　　盈余公积　　480 000
　　　利润分配——未分配利润　　4 320 000

（2）2020 年 12 月 31 日，甲公司确认公允价值变动损益。

①确认写字楼公允价值变动损益。

借：投资性房地产——写字楼（公允价值变动）　　2 000 000
　贷：公允价值变动损益　　2 000 000

②确认土地使用权公允价值变动损益。

借：投资性房地产——土地使用权（公允价值变动）　　3 000 000
　贷：公允价值变动损益　　3 000 000

5.（1）2016 年 12 月 31 日。

借：投资性房地产——成本　　17 000 000
　　公允价值变动损益　　6 000 000
　　累计折旧　　4 000 000
　贷：固定资产　　27 000 000

（2）2017 年 12 月 31 日。

借：银行存款　　2 000 000
　贷：其他业务收入　　2 000 000

借：投资性房地产——公允价值变动　　1 300 000
　贷：公允价值变动损益　　1 300 000

(3) 2018 年 12 月 31 日。

借：银行存款	2 000 000	
贷：其他业务收入		2 000 000
借：投资性房地产——公允价值变动	500 000	
贷：公允价值变动损益		500 000

(4) 2019 年 12 月 31 日。

借：银行存款	2 000 000	
贷：其他业务收入		2 000 000
借：公允价值变动损益	1 200 000	
贷：投资性房地产——公允价值变动损益		1 200 000

(5) 2020 年 1 月 5 日。

借：银行存款	18 000 000	
贷：其他业务收入		18 000 000
借：其他业务成本	17 600 000	
贷：投资性房地产——公允价值变动		600 000
投资性房地产——成本		17 000 000
借：其他业务收入	5 400 000	
贷：公允价值变动损益		5 400 000

第九章
资产减值

第一节　学习指导

一、本章结构

本章结构如图 9-1 所示。

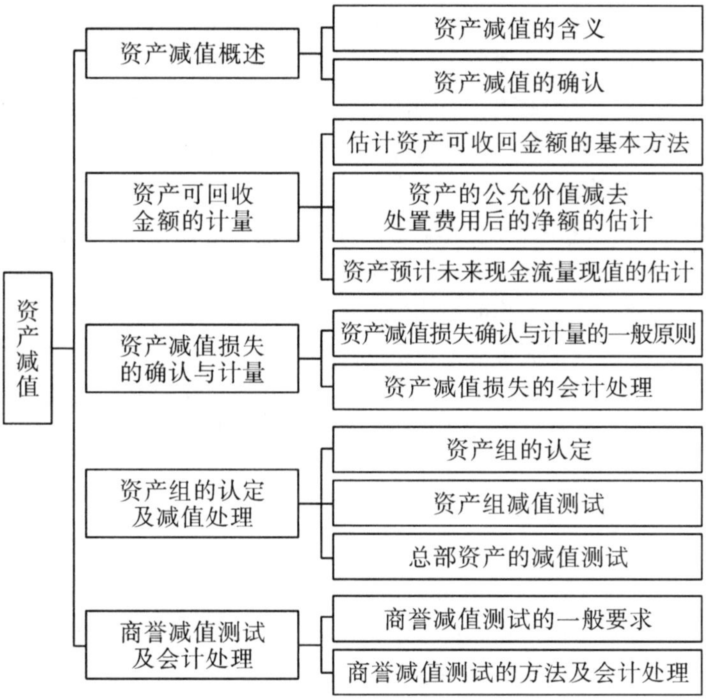

图 9-1　本章结构

二、学习目的和要求

了解：资产减值的定义。

理解：资产组的认定及减值处理。

掌握：资产减值的确认，资产可收回金额的计量，资产减值损失的确认与计量，减值测试及会计处理。

三、本章重点难点

1. 资产减值的范围

本章的资产减值具体包括：对公司、联营企业和合营企业的长期股权投资；采用成本模式进行后续计量的投资性房地产；固定资产；生产性生物资产；无形资产；商誉；探明石油天然气矿区权益和井及相关设施。本章涉及资产的减值损失一经确认，在以后会计期间不得转回。

2. 资产减值的迹象与测试

企业在资产负债表日应当判断资产是否存在可能发生减值的迹象，主要可以从外部信息来源和内部信息来源两方面加以判断。有确凿证据表明资产存在减值迹象的，企业应当在资产负债表日进行减值测试，估计资产的可收回金额。资产存在减值迹象是资产是否需要进行减值测试的必要前提，但因企业合并形成的商誉和使用寿命不确定的无形资产除外。对于这些资产，无论是否存在减值迹象，企业都应当至少于每年年度终了进行减值测试。另外，对于尚未达到可使用状态的无形资产，由于其价值具有较大的不确定性，企业应当每年进行减值测试。

资产的公允价值减去处置费用后的净额的估计处置费用是指可以直接归属于资产处置的相关费用，包括与资产处置有关的法律费用、相关税费、搬运费以及为使资产达到可销售状态发生的直接费用等，但是财务费用和所得税费用等不包括在内。

3. 预计资产未来现金流量

（1）预计资产未来现金流量的基础。企业管理层应当在合理和有依据的基础上对资产剩余使用寿命内整个经济状况进行最佳估计，并将资产未来现金流量的预计建立在经企业管理层批准的最近财务预算或预测数据之上。

（2）预计资产未来现金流量应当包括的内容为资产持续使用过程中预计产生的现金流入；为实现资产持续使用过程中产生的现金流入必需的预计现金流出（包括为使资产达到预定可使用状态发生的现金流出）。该现金流出应当是可以直接归属于或可通过合理和一致的基础分配到资产中的现金流出。

4. 预计资产未来现金流量应当考虑的因素

预计资产未来现金流量应当考虑的因素包括：以资产的当前状况为基础预计资产未来现金流量；预计资产未来现金流量不应当包括筹资活动和所得税收付产生的现金流量；对通货膨胀因素的考虑应当和折现率相一致；内部转移价格应当予以调整。

5. 预计资产未来现金流量的方法

（1）传统法，即使用单一的未来每期预计现金流量和单一的折现率计算资产未来现金流量的现值的方法。

（2）期望现金流量法，即资产未来现金流量应当根据每期现金流量期望值进行预计，每期现金流量期望值按照各种可能情况下的现金流量与其发生概率加权计算的方法。

6. 一般资产减值损失的确认与计量

（1）资产减值损失确认与计量的一般原则。资产的可收回金额低于其账面价值，企业应将资产的账面价值减计至可收回金额，减计的金额确认为资产减值损失，计入当期损益，同时计提资产减值准备；资产减值损失确认后，减值资产的折旧或摊销费用应当在未来期间做相应调整。

（2）资产减值损失的会计处理。企业根据企业会计准则的规定确定资产发生了减值的，应当根据确认的资产减值金额做如下会计处理：

借：资产减值损失

　贷：固定资产减值准备

　　　在建工程减值准备

　　　投资性房地产减值准备

　　　无形资产减值准备

　　　商誉减值准备

　　　长期股权投资减值准备

7. 资产组的认定及减值处理

资产组是企业可以认定的最小资产组合，其产生的现金流入应当基本上独立于其他资产或资产组。资产组的认定应当以资产组产生的主要现金流入是否独立于其他资产或资产组的现金流入为依据。资产组的认定应当考虑：一是企业管理层对生产经营活动的管理或监控方式（如是按照生产线、业务种类还是按照地区或区域等）；二是对资产的持续使用或处置的决策方式等。

8. 资产组的减值测试

（1）资产组的可收回金额应当按照该资产组的公允价值减去处置费用后的净额与其预计未来现金流量的现值两者之间较高者确定。

（2）资产组的账面价值包括可直接归属于资产组与可以合理和一致地分摊至资产组的资产账面价值，不应当包括已确认负债的账面价值，但如不考虑该负债金额就无法确认资产组可收回金额的除外。

9. 总部资产的减值

企业对某一资产组进行减值测试，应当先认定所有与该资产组相关的总部资产，再根据相关总部资产能否按照合理和一致的基础分摊至该资产组，分下列情况处理：

（1）对于相关总部资产能按照合理和一致的基础分摊至该资产组的部分，企业应将该部分总部资产的账面价值分摊至该资产组，再据以比较该资产组的账面价值（包括已分摊的总部资产的账面价值部分）和可收回金额，相关减值损失的处理顺序和方法与资产组减值损失的处理顺序相同。

（2）对于相关总部资产中有部分资产难以按照合理和一致的基础分摊至该资产组的，企业应按下列步骤处理：

首先，在不考虑相关总部资产的情况下，估计和比较资产组的账面价值和可收回金额，并按前述有关资产组减值测试的顺序和方法处理。

其次，认定由若干个资产组组成的最小的资产组组合，该资产组组合应当包括测试的资产组与可以按照合理和一致的基础将该部分总部资产的账面价值分摊的部分。

最后，比较所认定的资产组组合的账面价值（包括已分摊的总部资产的账面价值部分）和可收回金额，相关减值损失的处理顺序和方法与资产组减值损失的处理顺序相同。

10. 商誉减值的测试与处理

商誉是在非同一控制下的企业合并产生的，同一控制下的企业合并是不会产生新的商誉的。商誉应当结合与其相关的资产组或资产组组合进行减值测试。企业合并形成的商誉，至少应当在每年年度终了进行减值测试。

第二节　练习题

一、单项选择题

1. 在判断下列资产是否存在可能发生减值的迹象时，不能单独进行减值测试的是（　　）。

A. 长期股权投资　　B. 专利技术

C. 商誉　　D. 金融资产

2. 假定某资产因受市场行情等因素的影响，在行情好、一般和差的情况下，预计未来第3年可能实现的现金流量和发生的概率分别是100万元（70%）、85万元（20%）、60万元（10%），则第3年的预计现金流量是（　　）万元。

A. 100　　B. 93　　C. 85　　D. 70

3. 当有迹象表明公司已经计提了减值准备的固定资产减值因素消失时，其计提的减值准备应该（　　）。

A. 按照账面价值超过可收回金额的差额全部予以转回

B. 按照账面价值超过可收回金额的差额补提资产减值预备

C. 不进行账务处理

D. 按照账面价值超过可收回金额的差额在原计提的减值预备范围内予以转回

4. 计提资产减值准备应借记的会计科目是（　　）。

A. "投资收益"　　B. "其他业务成本"　C. "管理费用"　　D. "资产减值损失"

5. 2015年12月31日，甲公司预计某生产线在未来4年内每年产生的现金流量净额分别为200万元、200万元、300万元和300万元，2020年产生的现金流量净额以及该生产线使用寿命结束时处置形成的现金流量净额合计为400万元。假定甲公司按照5%的折现率和相应期间的时间价值系数计算该生产线未来现金流量的现值。该生产线的公允价值减去处置费用后的净额为1 200万元。2020年12月31日计提减值准备前该生产线的账面价值为1 260万元。已知部分时间价值系数如表9-1所示。

表9-1　部分时间价值系数

项目	1年	2年	3年	4年	5年
5%的复利现值系数	0. 952 4	0. 907 0	0. 863 8	0. 822 7	0. 783 5

该生产线的可收回金额为（　　）万元。

A. 1 400　　B. 1 260　　C. 1 191. 23　　D. 1 200

6. 某公司于2018年12月31日对其下属的某酒店进行减值测试。该酒店系公司于4年前贷款1亿元建造的，贷款年利率为6%，利息按年支付，期限为20年。公司拟于2020年3月对酒店进行全面改造，预计发生改造支出2 000万元，改造后每年可增加现金流量1 000万元。酒店有30%的顾客是各子公司职工，对子公司职工的收费都按低于市场价30%的折扣价结算。公司为减值测试目的而预测酒店未来现金流量时，下列处理正确的是（　　）。

A. 将改造支出2 000万元调减现金流量

B. 将每年600万元的贷款利息支出调减现金流量

C. 将改造后每年增加的现金流量1 000万元调增现金流量

D. 将向子公司职工的收费导致的现金流入按照市场价格预计

7. 某企业2019年12月31日购入一台设备，入账价值为200万元，预计使用寿命为10年，预计净残值为20万元，采用年限平均法计提折旧。2020年12月31日，该设备存在减值迹象，经测试预计可收回金额为120万元。2020年12月31日，该设备账面价值为（　　）万元。

A. 120　　B. 160　　C. 180　　D. 182

8. 甲公司于2018年3月用银行存款6 000万元购入不需安装的生产用固定资产，开具的增值税专用发票上列明的进项税额是780万元。该固定资产预计使用寿命为20年，预计净残值为零，按直线法计提折旧。2018年12月31日，该固定资产的可收回金额为5 544万元。2019年12月31日，该固定资产的可收回金额为5 475万元。假设甲公司此前“固定资产减值准备”科目无余额。2020年1月1日，甲公司因该项资产影响固定资产减值准备账面余额的金额为（　　）万元。

A. 0　　B. 231　　C. 219　　D. 156

9. 甲公司2020年年末某项无形资产的账面原值为2 000万元，已计提摊销100万元，公允价值减去处置费用后的净额为1 800万元，未来现金流量的现值为1 700万元。2012年年末，该项资产的计提减值准备的金额是（　　）万元。

A. 0　　B. 200　　C. 100　　D. 300

10. D企业2020年1月15日购入一项计算机软件程序，价款为780万元，另支付其他相关税费20万元，预计使用年限为5年，法律规定有效使用年限为7年，预计净残值为零。D企业在2020年12月31日发生日常维护支出16万元（升级更新费用）。2021年12月31日，该无形资产的可收回金额为500万元，则2011年12月31日无形资产的账面价值为（　　）万元。

A. 480　　B. 500　　C. 468.9　　D. 496

11. 2019年1月1日，A企业以银行存款666万元购入一项无形资产，其预计使用年限为6年，采用直线法按月摊销，2019年年末和2020年年末，A企业预计该无形资产的可收回金额分别为500万元和420万元。假定该企业于每年年末对无形资产计提减值准备，计提减值准备后，原预计的使用年限保持不变，不考虑其他因素，2021年6月30日该无形资产的账面净值为（　　）万元。

A. 666　　B. 388.5　　C. 350　　D. 405

12. 2019年1月1日，A企业以银行存款666万元购入一项无形资产，其预计使用年限为6年，采用直线法按月摊销，2019年年末和2020年年末，A企业预计该无形资产的可收回金额分别为500万元和420万元。假定该企业于每年年末对无形资产计提减值准备，计提减值准备后，原预计的使用年限保持不变，不考虑其他因素，2021年6月30日该无形资产的账面余额为（　　）万元，该无形资产的账面价值为（　　）万元。

A. 666，405　　B. 666，350　　C. 405，350　　D. 405，388.5

13. 甲企业拥有B企业30%的股份，以权益法核算。2020年期初，该长期股权投资账面余额为100万元。2020年，B企业盈利60万元，其他相关资料如下：根据测算，该长期股权投资市场公允价值为120万元，处置费用为20万元，预计未来现金流量现值为

110 万元。2020 年年末该企业应提减值准备（　　）万元。

A. 0　　B. 2　　C. 8　　D. 18

14. 认定为资产组最关键的因素是（　　）。

A. 该公司的各项资产是否可以独立产生现金流入

B. 该资产组是否可以独立产生现金流入和现金流出

C. 该资产组的各个组成资产是否都可以独立产生现金流入

D. 该资产组能否独立产生现金流入

15. 某制造商有四个生产车间，每一个生产车间都为几项资产的组合。按照该企业当前生产经营方式，一车间的产品专门提供给其他车间作为原料，其他车间的产品都作为该企业最终产品出售并单独产生现金流量，每一车间的产品同样存在活跃市场，其他车间也有另外的原料渠道。该企业认定的资产组数量是（　　）。

A. 1　　B. 2　　C. 3　　D. 4

二、多项选择题

1. 下列各项中无论是否有确凿证据表明资产存在减值迹象，都应至少于每年年末进行减值测试的有（　　）。

A. 对联营企业的长期股权投资　　B. 使用寿命不确定的专有技术

C. 非同一控制下企业合并产生的商誉

D. 尚未达到预定可使用状态的无形资产

2. 以下资产中属于《企业会计准则第 8 号——资产减值》中包括的资产是（　　）。

A. 对联营公司的长期股权投资　　B. 商誉

C. 采用公允价值模式进行后续计量的投资性房地产　　D. 存货

3.《企业会计准则第 8 号——资产减值》规定，企业应当在资产负债表日判断资产是否存在可能发生减值的迹象。但下列（　　）不管是否存在减值迹象，每年都应当进行减值测试。

A. 固定资产　　B. 公司合并所形成的商誉

C. 使用寿命不确定的无形资产　　D. 使用寿命有限的无形资产

4. 下列各项资产减值准备中在相关资产持有期间内可以通过损益转回的有（　　）。

A. 存货跌价准备　　B. 长期应收款坏账准备

C. 长期股权投资减值准备　　D. 可供出售权益工具投资减值准备

5. 预计资产未来现金流量应当考虑的因素有（　　）。

A. 以资产的当前状况为基础预计资产未来现金流量

B. 预计资产未来现金流量不应当包括筹资活动和所得税收付产生的现金流量

C. 对通货膨胀因素的考虑不应当和折现率相一致

D. 内部转移价格不应当予以调整

6. 预计资产未来现金流量应当包括的内容有（　　）。

A. 资产持续使用过程中预计产生的现金流入

B. 为实现资产持续使用过程中产生的现金流入所必需的预计现金流出（不包括为使资产达到预定可使用状态所发生的现金流出）

C. 资产使用寿命结束时，处置资产收到或支付的净现金流量

D. 对于在建工程、开发过程中的无形资产等，企业在预计其未来现金流量时，就应当包括预期为使该类资产达到预定可使用（或可销售）状态而发生的全部现金流出数

7. 下列项目中表明资产减值迹象的有（　　）。

A. 资产的市价波动较大，时升时降

B. 有证据表明资产已经陈旧过期或实体已经损坏

C. 资产已经或将被闲置、终止使用、计划提前处置

D. 市场利率或其他市场投资报酬率在当期已经进步，从而影响公司计算资产预计未来现金流量现值的折现率，导致资产可收回金额大幅度减少

8. 下列项目中属于处置费用的有（　　）。

A. 与资产处置有关的法律费用　　B. 与资产处置有关的相关税费

C. 与资产处置有关的为使资产达到可销售状态所发生的直接费用

D. 广告费

9. 对某一资产组减值损失的金额需要（　　）。

A. 抵减分摊至该资产组中商誉的账面价值

B. 根据该资产组中的商誉及其他各项资产所占比重，直接进行分摊

C. 根据该资产组中除商誉之外的其他各项资产的公允价值所占比重，按照比例抵减其他各项资产的账面价值

D. 根据该资产组中除商誉之外的其他各项资产的账面价值所占比重，按照比例抵减其他各项资产的账面价值

10. 关于《企业会计准则第 8 号——资产减值》中规定的资产减值损失的确定，下列说法中准确的有（　　）。

A. 可收回金额的计量结果表明，资产的可收回金额低于其账面价值的，应当将资产的账面价值减计至可收回金额，减计的金额确认为资产减值损失，计入当期损益，同时计提相应的资产减值预备

B. 资产减值损失确认后，减值资产的折旧或摊销费用应当在未来期间做相应调整，以使该资产在剩余使用寿命内，系统地分摊调整后的资产账面价值（扣除预计净残值）

C. 资产减值损失一经确认，在以后会计期间不得转回

D. 确认的资产减值损失，在以后会计期间可以转回

11. 关于资产组的认定，下列说法中正确的有（　　）。

A. 企业应当以资产组产生的主要现金流入是否独立于其他资产或资产组的现金流入为依据

B. 企业应当考虑企业管理层管理生产经营活动的方式

C. 企业应当考虑对资产的持续使用或处置的决策方式

D. 资产组一经确定，各个会计期间应当保持一致，不得随意变更

12. 下列属于总部资产显著特征的有（　　）。

A. 总部资产难以脱离其他资产或资产组产生独立的现金流入

B. 总部资产的账面价值难以完全归属于某一资产组

C. 总部资产可以产生独立的现金流量

D. 总部资产通常可以单独进行减值测试

13. 资产组或总部资产发生减值，损失的金额抵减了资产组或资产组组合中资产的账面价值后，各项资产的账面价值不得低于下列（　　）三者之中最高者。

A. 该资产的公允价值减去处置费用后的净额（如可确定的）

B. 该资产预计未来现金流量的现值（如可确定的）

C. 零　　　　D. 该资产账面价值

三、判断题

1. 企业合并所形成的商誉和使用寿命不确定的无形资产，无论是否存在减值迹象，都应当至少于每年年度终了进行减值测试。（　　）

2. 企业对采用成本模式计量的投资性房地产计提的减值准备，一经计提，不得转回。（　　）

3. 预计资产的未来现金流量应当包括筹资活动产生的现金流入或流出以及与所得税收付有关的现金流量。（　　）

4. 企业在进行减值测试时，不一定需要同时确定资产的公允价值减去处置费用后的净额和资产预计未来现金流量的现值。（　　）

5. 根据谨慎性要求，可收回金额应当根据资产的公允价值减去处置费用后的净额与资产预计未来现金流量的现值两者之间较低者确定。（　　）

6. 资产组的认定，主要以资产组是否能产生现金流入为依据。（　　）

7. 资产组确定后，在以后的会计期间也可以根据具体情况变更。（　　）

8. 资产组组合是指由若干个资产组组成的最小资产组组合，包括资产组或资产组组合以及不能按合理方法分摊的总部资产部分。（　　）

四、业务题

1. 益华公司资料如下：

（1）益华公司在2019年12月31日以3 200万元的价格吸收合并了N公司，益华公司与N公司之间不存在任何关联方关系。在购买日，N公司可辨认资产的公允价值为5 000万元，负债的公允价值为2 000万元，益华公司确认了商誉200万元。N公司的全部资产划分为两条生产线：甲生产线（包括X、Y、Z三台设备）和乙生产线（包括S、T两台设备）。甲生产线的公允价值为3 000万元（其中，X设备800万元、Y设备1 000万元、Z设备1 200万元），乙生产线的公允价值为2 000万元（其中，S设备600万元、T设备1 400万元）。益华公司在合并N公司后，将两条生产线认定为两个资产组。两条生产线的各台设备预计尚可使用年限都为5年，预计净残值都为零，采用直线法计提折旧。

（2）益华公司在购买日将商誉按照资产组的入账价值的比例分摊至资产组，即甲资产组分摊的商誉价值为120万元，乙资产组分摊的商誉价值为80万元。

（3）2020年，由于甲、乙生产线所生产的产品市场竞争激烈，导致销路锐减，因此益华公司于年末进行减值测试。

（4）2020年年末，益华公司无法合理估计甲、乙两生产线公允价值减去处置费用后的净额，经估计甲、乙生产线未来 5 年现金流量及其折现率，计算确定的甲、乙生产线的现值分别为 2 000 万元、1 640 万元。益华公司无法合理估计 X、Y、Z 和 S、T 设备的公允价值减去处置费用后的净额以及未来现金流量的现值。

要求：(1) 分别计算确定益华公司的商誉、甲生产线和乙生产线及各设备的减值损失。

(2) 编制计提减值准备的会计分录。

2. 甲企业某一出产线由 A、B、C 三台机器构成，这三台机器都无法产生独立的现金流，但组成生产线后可以产生现金流，即 A、B、C 三台机器构成资产组。A、B、C 三台机器的初始成本分别为 40 万元、60 万元和 100 万元，预计使用年限都为 10 年，已使用 5 年，预计残值都为零，采用直线法计提折旧。

2020 年因为生产的产品在市场上有了替换产品上市，影响了甲企业的竞争力，导致销售量锐减 40%，因此甲企业于年末对该生产线进行减值测试。

2020 年年末，甲企业估计该生产线的公允价值为 56 万元，估计相关处置费用为 2 万元。经估计，生产线未来 5 年现金流量现值为 50 万元。另外，A 机器的公允价值减去处置费用后的净额为 15 万元，B、C 机器的公允价值减去处置费用后的净额无法合理估计。

2020 年年底，整条生产线预计尚可使用年限为 5 年。

要求：确定该资产组的减值损失并将资产减值损失分摊至各个资产，做出相关账务处理。

3. 甲公司由 A、B、C 三个资产组组成，这三个资产组的经营活动由甲公司负责运作。2020 年 12 月 31 日，甲公司经营所处的技术环境发生了重大不利变化，出现减值迹象，需要进行减值测试。假设总部资产的账面价值为 400 万元，能够按照各资产组账面价值的比例进行合理分摊。A、B、C 三个资产组和总部资产的使用寿命都为 10 年。减值测试时，A、B、C 三个资产组的账面价值分别为 640 万元、320 万元和 640 万元。甲公司计算得出 A 资产组的可收回金额为 840 万元，B 资产组的可收回金额为 320 万元，C 资产组的可收回金额为 760 万元。

要求：计算 A、B、C 三个资产组和总部资产应计提的减值准备金额（答案中的金额单位用万元表示）。

第三节　练习题参考答案

一、单项选择题参考答案

1. C。鉴于商誉难以独立产生现金流量，因此商誉应当结合与其相关的资产组或资产组组合进行减值测试。

2. B。第 3 年的预计现金流量＝100×70%+85×20%+60×10%＝93（万元）

3. C。按照企业会计准则的规定，资产减值损失一经确认，在以后会计期间不得转回。

4. D。企业计提资产减值准备时，借记“资产减值损失”科目。

5. D。该生产线未来现金流量现值＝200×0. 952 4+200×0. 907 0+300×0. 863 8+300×0. 822 7+400×0. 783 5＝1 191. 23（万元）

公允价值减去处置费用后的净额为 1 200 万元，因此该生产线可收回金额为 1 200 万元。

6. D。企业在发出与资产改良支出有关的现金流入之前，预计的未来现金流量仍然应当以资产的当前状况为基础，因此选项 A、选项 B 和选项 C 不正确。企业对于向子公司职工的收费，应以市场价格预计，与预计资产未来现金流量考虑的因素相符，选项 D 正确。

7. A。该设备2020年计提的折旧=(200-20)÷10=18万元。2020年12月31日，该设备计提减值前的账面价值=200-18=182万元，大于可收回金额120万元，应计提减值。因此，2020年12月31日，该设备账面价值为120万元。

8. B。2018年每月应计提折旧额=6 000÷240=25万元。2018年应计提折旧额=25×9=225万元。该固定资产2018年年末账面净值=6 000-225=5 775万元，高于可收回金额5 544万元，应提减值准备=5 775-5 544=231万元。2019年每月应计提折旧额=5 544÷(20×12-9)=24万元。2019年应提折旧=24×12=288万元。2019年年末该固定资产账面价值=5 544-288=5 256万元，低于可收回金额5 475万元，不需要计提减值准备，也不能将以前计提的减值准备转回。2020年1月1日固定资产减值准备账面余额的金额为231万元。

9. C。该项资产在2020年年末的可收回金额是公允价值减去处置费用后的净额与未来现金流量现值两者中的较高者，因此可收回金额为1 800万元，未计提减值准备前的账面价值=2 000-100=1 900万元。2012年年末应计提减值准备=1 900-1 800=100万元。

10. A。2021年12月31日减值前该无形资产账面价值=(780+20)-(780+20)÷5×2=480万元。为维护该计算机软件程序支出的16万元升级更新费用，计入当期管理费用。2021年12月31日可收回金额为500万元，高于账面价值480万元，不需要计提减值准备。因此，该无形资产在2021年12月31日的账面价值为480万元。

11. D。该企业每年摊销的无形资产金额=666÷6=111万元，因此在2019年年底计提的无形资产减值准备=(666-111)-500=55万元。2020年应该摊销的无形资产金额=500÷5=100万元。2020年年底的无形资产可收回金额为420万元，大于此时的账面价值400万元（500-100），因此不用进行账务处理，即不用转回无形资产减值预备。2021年前6个月应该摊销的无形资产金额=400÷4÷12×6≈50万元。因此，2021年6月30日该无形资产的账面净值=666-111-100-50=405万元。

12. B。无形资产账面余额为其购入时的入账价值666万元；无形资产的账面价值=无形资产的入账价值-摊销的无形资产-计提的无形资产减值准备=666-111-100-50-55=350万元。

13. C。资产的可收回金额应为（120-20）万元和110万元中的较高者，即110万元，2020年末长期股权投资的账面价值=100+60×30%=118万元，因此应计提减值预备=118-110=8万元。

14. D。资产组的认定应当以资产组产生的主要现金流入是否独立于其他资产或资产组的现金流入为依据。

15. D。几项资产的组合产生的产品存在活跃市场可以单独产生现金流量，即使所有资产都供内部使用，也应将这几项资产的组合认定为一个资产组。

二、多项选择题参考答案

1. BCD。对于长期股权投资，在其出现减值迹象后企业才需要进行减值测试。

2. AB。《企业会计准则第8号——资产减值》中包括的资产没有存货。采用公允价值模式计量的投资性房地产，期末是根据投资性房地产的公允价值调整其账面价值的，即公允价值和账面价值的差额计入当期损益，不计提资产减值准备。

3. BC。需要指出的是，因公司合并所形成的商誉和使用寿命不确定的无形资产，不管是否存在减值迹象，每年都应当进行减值测试。这两类资产的价值往往较大，一旦减值产生的影响较大，同时价值的不确定性也比较大。

4. AB。选项 C，长期股权投资计提的减值准备不得转回；选项 D，可供出售权益工具的减值准备不得通过损益转回，应通过所有者权益（其他综合收益）转回。

5. AB。选项 C，对通货膨胀因素的考虑应当和折现率相一致；选项 D，内部转移价格应当予以调整。

6. ACD。选项 B，为实现资产持续使用过程中产生的现金流入所必需的预计现金流出，包括为使资产达到预定可使用状态所发生的现金流出。

7. BCD。资产的市价波动较大，时升时降不能说是资产减值；其余选项属于减值的迹象。

8. ABC。处置费用包括与资产处置有关的法律费用、相关税费、搬运费以及为使资产达到可销售状态发生的直接费用等。

9. AD。资产组的减值损失金额应当先抵减分摊至该资产组中商誉的账面价值，然后根据该资产组中除商誉之外的其他各项资产的账面价值所占比重，按照比例抵减其他各项资产的账面价值。

10. ABC。在《企业会计准则第 8 号——资产减值》中规定的减值，在以后会计期间都不可以转回。

11. ABCD。资产组的认定应当以资产组产生的主要现金流入是否独立于其他资产或资产组的现金流入为依据。同时，在认定资产组时，企业应当考虑企业管理层管理生产经营活动的方式（如是按照生产线、业务种类还是按照地区或区域等）和对资产的持续使用或处置的决策方式等。资产组一经确定，各个会计期间应当保持一致，不得随意变更。

12. AB。总部资产的显著特征是难以脱离其他资产或资产组产生独立的现金流入，而且其账面价值难以完全归属于某一资产组。

13. ABC。减值损失金额应当按照下列顺序进行分摊：第一，抵减分摊至资产组中商誉的账面价值；第二，根据资产组中除商誉之外的其他各项资产的账面价值所占比重，按比例抵减其他各项资产的账面价值。以上资产账面价值的抵减，应当作为各单项资产（包括商誉）的减值损失处理，计入当期损益。抵减后的各资产的账面价值不得低于以下三者之中最高者：该资产的公允价值减去处置费用后的净额（如可确定的）、该资产预计未来现金流量的现值（如可确定的）和零。由此而导致的未能分摊的减值损失金额，应当按照相关资产组中其他各项资产的账面价值所占比重进行分摊。

三、判断题参考答案

1. √。

2. √。

3. ×。预计资产的未来现金流量不包括筹资活动产生的现金流入或流出以及与所得税收付有关的现金流量。

4. √。

5. ×。应为两者之间较高者确定，否则属于决策失误。

6. ×。资产组的认定应当以资产组产生的主要现金流入是否独立于其他资产或资产组的现金流入为依据。

7. ×。资产组一经确定后，在各个会计期间应当保持一致，不得随意变更。

8. ×。资产组组合是指由若干个资产组组成的最小资产组组合，包括资产组或资产组组合以及能按合理方法分摊的总部资产部分。

四、业务题参考答案

1.（1）首先，计算甲、乙资产组和各设备的账面价值如下：

甲资产组不包含商誉的账面价值＝3 000－3 000÷5＝2 400（万元）

X 设备的账面价值＝800－800÷5＝640（万元）

Y 设备的账面价值＝1 000－1 000÷5＝800（万元）

Z 设备的账面价值＝1 200－1 200÷5＝960（万元）

乙资产组不包含商誉的账面价值＝2 000－2 000÷5＝1 600（万元）

S 设备的账面价值＝600－600÷5＝480（万元）

T 设备的账面价值＝1 400－1 400÷5＝1 120（万元）

其次，对不包含商誉的资产组进行减值测试，计算可收回金额和减值损失如下：

①甲资产组的可收回金额为 2 000 万元，小于其不包含商誉的账面价值 2 400 万元，应确认资产减值损失 400 万元。

② 乙资产组的可收回金额为 1 640 万元，大于其不包含商誉的账面价值 1 600 万元，不确认减值损失。

最后，对包含商誉的资产组进行减值测试，计算可收回金额和减值损失如下：

①甲资产组包含商誉的账面价值＝3 000－3 000÷5+120＝2 520（万元）

②甲资产组的可收回金额 2 000 万元，小于其包含商誉的账面价值 2 520 万元，应确认资产减值损失 520 万元。减值损失 520 万元应先抵减分摊到资产组的商誉的账面价值 120 万元，其余减值损失 400 万元再在 X、Y、Z 设备之间按账面价值的比例进行分摊。

X 设备分摊的减值损失＝400×640÷2 400＝106. 67（万元）

Y 设备应分摊的减值损失＝400×800÷2 400＝133. 33（万元）

Z 设备应分摊的减值损失＝400×960÷2 400＝160（万元）

备注：减值损失最终要分摊至各单项资产。

③乙资产组包含商誉的账面价值＝2 000－2 000÷5+80＝1 680（万元）

④乙资产组的可收回金额为 1 640 万元。

乙资产组的可收回金额 1 640 万元，小于其包含商誉的账面价值 1 680 万元，应确认资产减值损失 40 万元。抵减分摊到资产组的商誉的账面价值 40 万元，乙资产组未发生减值损失。

（2）益华公司应编制的会计分录如下：

借：资产减值损失（1 200 000+400 000）　　1 600 000

　贷：商誉减值准备　　1 600 000

借：资产减值损失　　4 000 000

　贷：固定资产减值准备——X 设备　　1 066 700

　　——Y 设备　　1 333 300

　　——Z 设备　　1 600 000

2.（1）确定 2020 年 12 月 31 日该资产组的账面价值 =（40-40÷10×5）+（60-60÷10×5）+（100-100÷10×5）= 100（万元）

（2）确定资产组的可收回金额。

公允价值减去处置费用后的净额 = 56-2 = 54（万元）

未来现金流量现值为 50 万元。

因此，资产组的可收回金额为两者中的较高者，即 54 万元。

（3）确定资产组的减值损失。

该资产组的减值损失 = 100-54 = 46（万元）

（4）将资产组的资产减值损失 46 万元分摊至 A、B、C 资产。

A 资产应分摊的资产减值损失 = 46×20% = 9.2（万元）

需要留意的是，A 机器的公允价值减去处置费用后的净额为 15 万元，计提了减值准备后 A 机器的账面价值不应低于 15 万元，因此虽然这里计算出来应分摊的减值准备是 9.2 万元，但只能确认资产减值损失 5 万元（20-9.2 = 10.8 万元<15 万元）。

B 资产应分摊的资产减值损失 = 46×30% = 13.8（万元）

此时 B 机器的账面价值 = 30-13.8 = 16.2（万元）

C 资产应分摊的资产减值损失 = 46×50% = 23（万元）

此时 C 机器的账面价值 = 50-23 = 27（万元）

（5）将剩余的 4.2 万元减值继续分摊至 B、C 资产中。

B 资产应分摊的资产减值损失 = 4.2×（16.2÷43.2×100%）= 1.575（万元）

C 资产应分摊的资产减值损失 = 4.2×（27÷43.2×100%）= 2.625（万元）

（6）A、B、C 三项资产分别应确认的资产减值损失为 5 万元、15.375 万元和 25.625 万元。相关的账务处理如下：

借：资产减值损失——A　　50 000

　——B　　153 750

　——C　　256 250

　贷：固定资产减值准备——A　　50 000

　　——B　　153 750

　　——C　　256 250

3.（1）总部资产的账面价值分配至各资产组。

总部资产应分配给 A 资产组的账面价值 = 400×640÷（640+320+640）= 160（万元）

总部资产应分配给 B 资产组的账面价值 = 400×320÷（640+320+640）= 80（万元）

总部资产应分配给 C 资产组的账面价值 = 400×640÷（640+320+640）= 160（万元）

分配后各资产组的账面价值如下：

A 资产组的账面价值 = 640+160 = 800（万元）

B 资产组的账面价值 = 320+80 = 400（万元）

C 资产组的账面价值 = 640+160 = 800（万元）

（2）分别对各资产组进行减值测试。

A 资产组的账面价值为 800 万元，可收回金额为 840 万元，没有发生减值。

B 资产组的账面价值为 400 万元，可收回金额为 320 万元，发生减值 80 万元。

C 资产组的账面价值为 800 万元，可收回金额为 760 万元，发生减值 40 万元。

（3）将各资产组的减值额在总部资产和各资产组之间分配。

B 资产组减值额分配给总部资产的金额 = 80×80÷400 = 16 万元，分配给 B 资产组本身的金额 = 80×320÷400 = 64 万元。

C 资产组减值额分配给总部资产的金额 = 40×160÷800 = 8 万元，分配给 C 资产组本身的金额 = 40×640÷800 = 32 万元。

A 资产组没有发生减值，B 资产组发生减值 64 万元，C 资产组发生减值 32 万元，总部资产发生减值 = 16+8 = 24 万元。

第十章
负　　债

第一节　学习指导

一、本章结构

本章结构如图 10-1 所示。

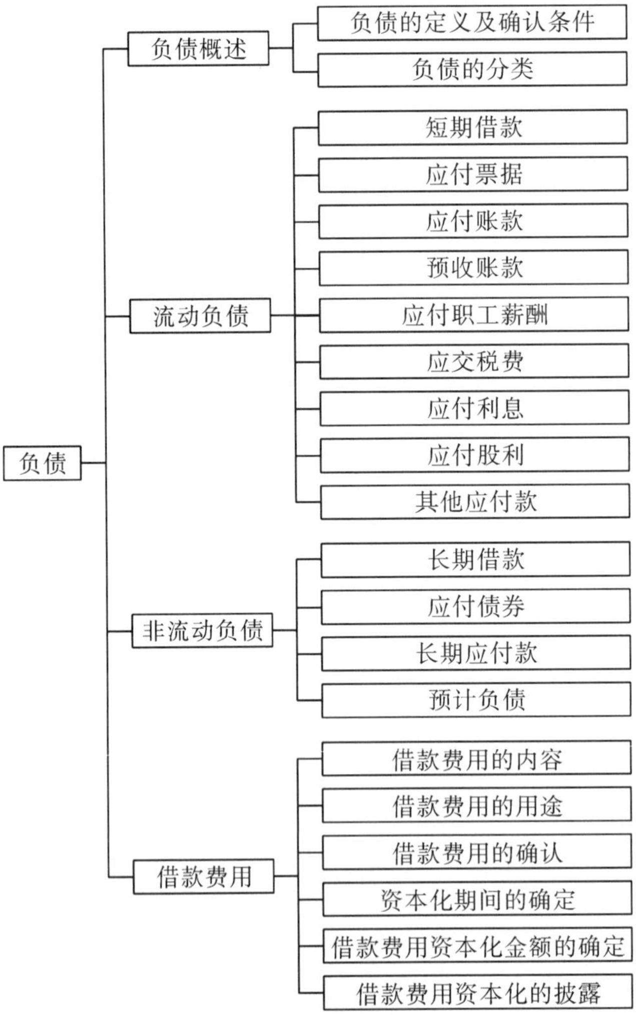

图 10-1　本章结构

二、学习目的和要求

了解：流动负债和非流动负债的定义、分类与确认条件，长期应付款的核算内容。

理解：应付账款的核算方法，预收账款、应付利息、应付股利、其他应付款的核算方法。

掌握：短期借款的核算方法，应付票据的核算方法，职工薪酬的内容、应付职工薪酬的核算方法，应交增值税、应交消费税的核算方法，预计负债的核算方法，长期借款、应付债券和借款费用资本化的会计处理方法，借款费用资本化的原则及计量方法。

三、本章重点难点

1. 负债的含义、特征及确认

负债是指企业过去的交易或事项形成的、预期会导致经济利益流出企业的现时义务。负债概念中的义务既包括法定义务，也包括推定义务。法定义务是指由具有约束力的合同或法律法规产生的义务。企业对承担的法定义务必须依法执行，如企业通过商业信用购买商品形成的应付账款、取得银行贷款产生的银行借款和应付利息、按照税法规定应缴纳的税费等。推定义务是指根据企业实务中形成的惯例、公开做出的承诺或公开宣布的政策而导致企业承担的责任，有关各方都对企业履行该义务形成了合理预期，如公司董事会对外宣告要支付的现金股利等。

负债一般具有以下特征：

（1）负债是企业承担的现时义务。企业尚未发生的交易或事项形成的义务，不属于现时义务，不构成负债。例如，企业估计未来经营很可能发生的损失不会形成一项现时义务。

（2）负债预期会导致经济利益流出企业。企业在履行现时义务时，会导致经济利益流出企业。

（3）负债是由过去的交易或事项形成的。只有过去发生的交易或事项才能形成负债。例如，企业将在未来发生的承诺、在未来将签订的购货合同等，都不构成负债。

企业要确认负债，除了要符合负债的定义之外，还应同时满足以下两个条件：与该义务有关的经济利益很可能流出企业；未来流出经济利益的金额能可靠地估计。

2. 应付票据及会计处理的特点

应付票据核算企业采用商业汇票支付方式购买物资或接受劳务等而承兑的商业汇票。商业汇票根据承兑人的不同，可以分为银行承兑汇票和商业承兑汇票。应付票据根据是否带息分为带息应付票据和不带息应付票据。

企业应设置“应付票据”科目，核算企业购买物资或接受劳务等而开出、承兑的商业汇票。

企业在购买物资或接受劳务并以商业汇票作为结算方式时，应当按照商业汇票的票面金额借记“原材料”“库存商品”“应交税费——应交增值税（进项税额）”等科目，贷记“应付票据”科目。企业申请并签发的银行承兑汇票应支付给银行的手续费，直接计入当期损益（财务费用）。

企业应于到期日按照商业汇票的票面金额偿还应付票据。对于带息的应付票据，企业应于期末计提尚未支付的利息，借记“财务费用”科目，贷记“应付票据”科目。

在商业汇票到期时，企业如果无力支付票据款项，应当考虑承兑人的不同而进行相应处理。对于商业承兑汇票，企业应当将“应付票据”的账面价值结转至“应付账款”科目；对于银行承兑汇票，承兑银行向持票人无条件付款，同时对出票人尚未支付的汇票金额转作逾期贷款处理，借记“应付票据”科目，贷记“短期借款”科目。

3. 应付账款及会计处理的特点

应付账款是指企业因购买物资或接受劳务等经营活动而应支付给供货商的款项。在会计实务中，应付账款的入账时间一般为企业收到发票账单的时间。如果货物已到或劳务已经接受但发票账单等凭证尚未到达，对于企业而言负债已经成立，其应于月末估价入账以客观反映企业承担的债务。

如果销货方在赊销商品时为了尽快回笼资金给购货方开出现金折扣条件，购货方选择总价法时，将不考虑现金折扣的价款总额确认为应付账款的金额。若在折扣期内付款，企业获得的现金折扣作为购货价格的扣减，调减购货成本。

4. 职工薪酬的含义与内容

职工薪酬是指企业为获得职工提供的服务或解除劳动关系而给予各种形式的报酬或补偿。企业提供给职工配偶、子女、受赡养人、已故员工遗属及其他受益人等的福利，也属于职工薪酬。职工薪酬包括短期薪酬、离职后福利、辞退福利和其他长期职工福利四类内容：

（1）短期薪酬指企业在职工提供相关服务的年度报告期间结束后 12 个月内需要全部予以支付的职工薪酬，因解除与职工的劳动关系给予的补偿除外。短期薪酬具体包括职工工资、奖金、津贴和补贴，职工福利费，医疗保险费、工伤保险费和生育保险费等社会保险费，住房公积金，工会经费和职工教育经费，非货币性福利，短期带薪缺勤，短期利润分享计划等。

（2）离职后福利是指企业为获得职工提供的服务而在职工退休或与企业解除劳动关系后，提供的各种形式的报酬和福利，短期薪酬和辞退福利除外。

（3）辞退福利是指在职工劳动合同尚未到期前与职工解除劳动关系而给予的补偿。

（4）其他长期职工福利是指除短期薪酬、离职后福利、辞退福利之外所有的职工薪酬，包括长期带薪缺勤、长期残疾福利、长期利润分享计划等。

5. 货币性职工薪酬的确认与计量

企业应当在职工为其提供服务的会计期间，将短期薪酬确认为一项流动负债，记入“应付职工薪酬”科目，并根据职工所在部门、提供服务的性质和受益对象等情况分以下几种情况处理：应由生产产品或提供劳务负担的短期薪酬，计入相关产品成本或劳务成本；应由在建工程、无形资产开发成本负担的短期薪酬，计入建造固定资产的成本或无形资产的开发成本；除上述之外的其他职工短期薪酬计入当期损益。

企业应当根据应计入职工薪酬的工资总额，按照受益对象计入相关资产的成本或当期费用，借记“生产成本”“管理费用”等科目，贷记“应付职工薪酬”科目。发放时，企业应当借记“应付职工薪酬”科目，贷记“银行存款”等科目。

2014 年 7 月 1 日起施行的《企业会计准则第 9 号——职工薪酬》，将原来的“五险一金”，即医疗保险、养老保险、失业保险、工伤保险、生育保险和住房公积金中的养老保险和失业保险调整至离职后福利中。对于医疗保险费、工伤保险费和生育保险费，企业应按规定的标准计提。对于工会经费和职工教育经费，企业应分别按照职工工资总额的2%和1.5%计提。从业人员技术要求高、培训任务重、经济效益好的企业，可以按照职工工资总额的2.5%计提职工教育经费。

6. 非货币性福利薪酬的确认与计量

非货币性福利薪酬是指企业以自己的产品或外购商品发放给职工作为福利，企业提供自己拥有的资产或租赁资产供职工无偿使用，如提供给企业高级管理人员使用的住房等。

企业向职工提供的非货币性福利薪酬应当分以下情况处理：

（1）以自产产品或外购商品发放给职工作为福利。企业将自产的产品作为非货币性福利发放给职工时，应当按照该产品的公允价值和相关税费计量，并在产品发出时确认销售收入，根据职工提供服务的性质确认当期损益或资产成本，同时结转销售成本。企业将外购商品作为非货币性福利发放给职工时，应当按照该商品的公允价值和相关税费进行计量，计入当期损益或资产成本。

（2）企业将拥有的住房或租赁的住房等固定资产无偿提供给职工作为非货币性福利。企业将拥有的住房等固定资产无偿提供给职工作为非货币性福利时，应当按照企业对该固定资产每期计提的折旧来计量应付职工薪酬，同时根据职工提供服务的受益对象计入当期损益或资产成本。企业将租赁的住房等固定资产无偿提供给职工作为非货币性福利时，应当按照企业每期支付的租金来计量应付职工薪酬，同时根据职工提供服务的受益对象计入当期损益或资产成本。

7. 应交增值税的核算

（1）一般纳税人应交增值税的核算。目前，一般纳税人适用的税率有13%、9%和6%三档。一般纳税人在当期购进货物或接受应税劳务时，如果从销售方取得了增值税专用发票或从海关取得了完税证明等税法允许抵扣的凭证，应按照有关凭证注明的增值税金额确定应交增值税的进项税额。

在下列情形下，一般纳税人已经确认的进项税额不得进行抵扣，应当予以转出：

①用于简易计税方法计税项目、免征增值税项目、集体福利或个人消费的购进货物、加工修理修配劳务、服务、无形资产和不动产。

②非正常损失的购进货物及相关的加工修理修配劳务和交通运输服务。

③非正常损失的在产品、产成品耗用的购进货物（不包括固定资产）、加工修理修配劳务和交通运输服务。

④非正常损失的不动产及该不动产耗用的购进货物、设计服务和建筑服务。

⑤非正常损失的不动产在建工程耗用的购进货物、设计服务和建筑服务。

⑥购进的贷款服务、餐饮服务、居民日常服务和娱乐服务。

一般纳税人在对外销售商品或提供应税劳务和应税服务时，应向购货方或接受应税劳务和应税服务方开出增值税专用发票，按照商品或劳务和服务的计税价格和适用税率计算应交增值税的销项税额。企业的某些行为虽然没有取得销售收入，也视同发生应税行为，应当缴纳增值税，主要包括企业将自产、委托加工的货物用于集体福利或个人消费，将自产、委托加工或购进的货物对外投资、分配给股东或投资者、对外捐赠等。

（2）小规模纳税人应交增值税的核算。小规模纳税人应交增值税的核算采用简易征收的办法。小规模纳税人购买货物或接受应税劳务和应税服务时，按照所应支付的全部价款计入存货入账价值，不论是否取得增值税专用发票，其支付的增值税税额都不确认为进项税额。

小规模纳税人在销售商品或提供应税劳务和应税服务时，只能开具普通发票，销售额通常含有增值税，应纳增值税按照不含税销售额和征收率（3%）计算确定。应纳增值税额的计算公式如下：

不含税销售额=含税销售额÷(1+3%)

应纳增值税额=不含税销售额×3%

8. 应交消费税的核算

消费税是以特定消费品的流转额为计税依据而征收的一种商品税。消费税的征收采取从价定率和从量定额两种基本方法。实行从价定率方法计算的应纳税额的税基为销售额，包括价款及价外费用，如价外收取的包装费、运输装卸费、代垫款项等。实行从量定额办法计算的应纳税额的销售数量是指应税消费品的数量。

消费税的计算公式如下：

实行从价定率征收时，应纳税额计算公式如下：

应纳税额=销售额×消费税税率

实行从量定额征收时，应纳税额计算公式如下：

应纳税额=销售数量×单位税额

企业生产的应税消费品直接对外销售的，按其应交的消费税，借记“税金及附加”科目，贷记“应交税费——应交消费税”科目。企业将应税消费品用于在建工程等方面，按规定应交的消费税，计入有关的成本。按照税法的规定，企业如有委托加工的应税消费品，应由受托方在向委托方交货时代收代缴消费税。委托方收回应税消费品后，若用于连续生产应税消费品，所纳税款准予按规定抵扣。委托方可将已代扣代缴的消费税，借记“应交税费——应交消费税”科目，贷记“应付账款”“银行存款”等科目，待用委托加工的应税消费品生产出的应纳消费税的产品销售时，再缴纳消费税。如果委托方收回应税消费品后直接用于销售，委托方可以将代扣代缴的消费税计入委托加工的应税消费品成本，借记“委托加工物资”科目，贷记“应付账款”“银行存款”等科目，委托加工应税消费品销售时，不需要再缴纳消费税。

9. 应付债券的确认与计量方法

（1）应付债券发行的确认与计量。应付债券的发行价格等于以债券发行时按实际利率作为折现率计算的债券存续期间支付的现金流量（包括债券的本金和利息）的现值。企业发行债券时，按照发行债券的面值部分，贷记“应付债券——面值”科目，将发行价格与债券面值的差额（溢价或折价），借记或贷记“应付债券——利息调整”科目。

（2）应付债券利息的确认与计量。应付债券的利息费用采用实际利率法计算。在资产负债表日，企业将应付债券的摊余成本乘以实际利率计算的利息费用，计入资产成本或当期损益；同时，将实际利息和票面利息的差额，记入“应付债券——利息调整”科目。其中，应付债券的摊余成本是指应付债券的初始确认金额（债券的发行价格扣除发行费用）扣除已偿还的本金，再加上或减去采用实际利率法将该初始确认金额与到期日金额之间的差额进行摊销形成的累计摊销额后的金额。

10. 预计负债的确认条件与计量方法

（1）预计负债的确认条件。企业承担的与或有事项有关的业务如果同时满足以下三个条件，应当确认为一项预计负债：

①该义务是企业承担的现时义务。

②履行该义务很可能导致经济利益流出企业。

③该义务的金额能够可靠地计量。

（2）预计负债的计量方法。预计负债的计量需要对未来经济利益的流出金额做出合理的估计，以确定最佳估计数，并要考虑预期可能得到的补偿。

最佳估计数的确定应当分以下两种情况处理：

①所需支出存在一个连续范围，且该范围内各种结果发生的可能性相同，则最佳估计数应当按照该范围内的中间值确定，即按照上下限金额的算术平均数确定。

②所需支出不存在连续范围的，或者虽然存在一个连续范围，但在该范围内各种结果发生的可能性不相同。在这种情况下，企业要进一步考虑或有事项涉及单个项目还是多个项目。如果或有事项涉及单个项目，如一项未决诉讼、一项未决仲裁或一项债务担保，最佳估计数按照最可能发生的金额确定；如果或有事项涉及多个项目，如产品质量保证中提出产品保修服务要求的可能有许多客户，则按照各种可能结果及相关概率计算。

11. 借款费用的资本化原则及资本化金额的确定

（1）借款费用的资本化原则。企业发生的借款费用可直接归属于符合资本化条件的资产的购建或生产的应当予以资本化，计入相关资产成本。其中，符合资本化条件的资产是指需要经过相当长时间（大于等于 1 年）购建或生产活动才能达到预定可使用或可销售状态的固定资产、投资性房地产和存货等资产。资本化期间是指从借款费用开始资本化时点到停止资本化时点的期间，但不包括借款费用暂停资本化的期间。

（2）资本化金额的确定。

①利息资本化金额的确定。专门借款利息的资本化金额应当以专门借款当期实际发生的利息费用，减去将尚未运用的借款资金存入银行取得的利息收入或进行暂时性投资取得的投资收益后的金额确定。

一般借款利息的资本化金额应当根据累计资产支出超过专门借款部分的资产支出加权平均数乘以所占用一般借款的资本化率，计算确定一般借款应予以资本化的利息金额。资本化率应当根据一般借款加权平均利率计算确定。

②汇兑差额资本化金额的确定。在资本化期间内，外币专门借款本金及利息产生的汇兑差额应当予以资本化，计入符合资本化条件资产的成本。一般借款本金及利息产生的汇兑差额直接计入当期损益。

③辅助费用资本化金额的确定。辅助费用在所购建或生产的符合资本化条件的资产资本化期间发生的应当予以资本化。

（3）资本化金额的限额。在资本化期间内，每一个会计期间的利息资本化金额不应当超过当期相关借款实际发生的利息金额。

第二节　练习题

一、单项选择题

1. 下列各项中不会形成企业现时义务的是（　　）。

A. 企业应为职工缴纳的社会保险费　　B. 企业期末应当支付的利息

C. 企业未来期间的经营亏损　　D. 董事会对外宣告的现金股利

2. 企业申请的银行承兑汇票如果到期无法支付，则应当将应付票据的账面价值转入（　　）。

A. 短期借款　　B. 应收账款　　C. 坏账准备　　D. 应付账款

3. 企业在购买材料时签发并承兑的商业汇票如果到期无法支付，则应当将应付票据的账面价值结转至（　　）。

A. 短期借款　　B. 应收账款　　C. 坏账准备　　D. 应付账款

4. 在资产负债表日，企业按计算确定的短期借款利息费用，贷记的会计科目是（　　）。

A. “短期借款”　　B. “应付利息”　　C. “应计利息”　　D. “财务费用”

5. 甲公司2020年3月从乙公司购买一批原材料，不含税的价款为20 000元，增值税税率为13%，包装费为1 000元。由于成批购买，乙公司给予甲公司10%的折扣，同时规定如果甲公司10天内付款，可以再享受1%的折扣（折扣仅限于商品价款部分）。假定采用总价法，甲公司在购买材料时应确认应付账款的金额为（　　）。

A. 20 000元　　B. 21 000元

C. 21 340元　　D. 23 600元

6. 企业为在建工程部门职工支付的社会保险费应当计入（　　）。

A. 固定资产的成本　　B. 管理费用

C. 其他业务成本　　D. 财务费用

7. 甲公司2020年5月以一批自产的产品发放给职工作为非货币性福利。该批产品的成本为30 000元，计税价格为39 000元，增值税为5 070元，甲公司应当确认应付职工薪酬的金额为（　　）。

A. 30 000元　　B. 35 070元

C. 44 070元　　D. 39 000元

8. 企业因提前解除与车间职工劳动关系而给予的补偿应当借记的会计科目是（　　）。

A. “管理费用”　　B. “生产成本”

C. “应付职工薪酬”　　D. “制造费用”

9. 某企业为增值税一般纳税人，发生的下列业务中应将其进项税额转出的是（　　）。

A. 将购入的原材料用于集体福利　　B. 将购入的原材料用于对外投资

C. 将自产的产成品用于集体福利　　D. 将自产的产成品用于对外投资

10. 2020年3月10日，甲企业缴纳上个月未交的增值税10 000元，则甲企业在处理该项业务时应当借记的会计科目是（　　）。

A. “应交税费——未交增值税”

B. “应交税费——应交增值税（已交税金）”

C. “应交税费——应交增值税（转出未交增值税）”

D. “应交税费——应交增值税（转出多交增值税）”

11. 甲企业为增值税小规模纳税人，2020年3月4日购入一批原材料，取得的增值税专用发票上注明的价款为200 000元，增值税税额为26 000元，运杂费为3 000元，材料入库前发生的挑选整理费为200元，材料已验收入库。甲企业取得该批材料的入账价值为（　　）。

A. 200 000元　　B. 203 200元
C. 226 000元　　D. 229 200元

12. 甲公司2020年4月将一批自产的产品用于对外捐赠。该批产品的成本为600万元，计税价格为1 000万元，适用的增值税税率为13%。甲公司应当计入营业外支出的金额为（　　）。

A. 600万元　　B. 730万元
C. 678万元　　D. 1 130万元

13. 甲企业委托乙企业加工一批物资（应税消费品），甲企业当月收回该批物资后继续生产应税消费品，则甲企业支付给乙企业全部价款中的消费税部分应当记入的会计科目是（　　）。

A. “委托加工物资”　　B. “应交税费——应交消费税”
C. “税金及附加”　　D. “生产成本”

14. 企业将本期应付的现金股利确认为一项负债的时点为（　　）。

A. 公布财务报告时　　B. 召开股东大会时
C. 对外宣告发放现金股利时　　D. 实际支付现金时

15. 下列各项中不应包括在资产负债表“其他应付款”项目中的是（　　）。

A. 支付包装物的押金　　B. 收到出租包装物的押金
C. 应付租入包装物的租金　　D. 为职工缴纳的社会保险费

16. 下列各种情况中会导致企业折价发行债券的是（　　）。

A. 债券的票面利率大于市场利率　　B. 债券的票面利率等于市场利率
C. 债券的票面利率小于市场利率　　D. 以上都不对

17. 2020年1月1日，乙公司发行5年期的公司债券。该债券的发行价格为1 962万元（不考虑发行费用），债券面值总额为1 800万元，票面利率为6%，实际利率为4%。该债券于每年6月30日和12月31日支付利息，本金于到期日一次支付。2020年12月31日，乙公司资产负债表中应付债券的金额约为（　　）。

A. 1 800万元　　B. 1 932. 18万元
C. 1 945. 8万元　　D. 1 962万元

18. 下列关于预计负债清偿过程中预期得到补偿的处理方法中说法正确的是（　　）。

A. 如果预期经济利益很可能流入企业，应当单独作为资产确认
B. 如果预期经济利益基本确定，应当在收到时确认为当期损益
C. 如果预期经济利益基本确定，应当单独作为资产予以确认
D. 如果预期经济利益基本确定，应当从预计负债的金额中予以抵销

19. 2020年10月，甲公司因为合同违约而涉及一桩诉讼案，至年末为止该案件尚未判决。据律师估计，判决的结果很可能对甲公司不利，赔偿的金额在20万~30万元，甲公司应确认预计负债的金额为（　　）。

A. 0　　B. 20万元　　C. 25万元　　D. 30万元

20. 2020年10月，甲公司因为合同违约而涉及一桩诉讼案，至年末为止该案件尚未判决。据律师估计，判决的结果很可能对甲公司不利，赔偿20万元的可能性有70%，赔偿30万元的可能性为30%，甲公司应确认预计负债的金额为（　　）。

A. 20万元　　B. 23万元　　C. 25万元　　D. 30万元

21. 某企业因为一项未决诉讼估计应偿付B公司140万元，符合预计负债的确认条件，同时基本确定会得到C公司的补偿100万元。该企业应确认预计负债的金额为（　　）万元。

A. 0　　B. 100　　C. 140　　D. 40

22. 下列各项中，不属于借款费用的项目是（　　）。

A. 债券发行的溢价或折价金额　　B. 取得借款发生的手续费

C. 因外币借款而发生的汇兑差额　　D. 借款期间各期应支付的利息

23. 2020年1月1日，乙公司取得专门借款3 000万元直接用于当日开工建造的厂房，年利率为8%。2020年1月1日，乙公司发生支出1 200万元。2020年7月1日，乙公司发生支出1 800万元。2020年12月31日，该项工程完工达到预定可使用状态。乙公司闲置资金进行短期投资的月收益率为0.4%。乙公司2020年该项专门借款资本化的金额为（　　）。

A. 96万元　　B. 196.8万元　　C. 211.2万元　　D. 240万元

24. 在确定借款费用资本化金额时，资本化期间与专门借款有关的利息收入应（　　）。

A. 计入营业外收入　　B. 计入投资收益

C. 计入当期财务费用　　D. 冲减借款费用资本化的金额

25. 下列选项中，不属于职工薪酬中的“职工”的是（　　）。

A. 临时职工　　B. 独立董事

C. 兼职工程师　　D. 为企业提供审计服务的注册会计师

26. 下列选项中，不应根据职工提供服务的受益对象分配计入相关资产成本或费用的是（　　）。

A. 职工福利费　　B. 工会经费

C. 养老保险费　　D. 辞退福利

27. 下列选项中，不属于职工薪酬的是（　　）。

A. 管理部门职工工资　　B. 为职工无偿提供医疗保健服务

C. 职工失业保险费　　D. 业务员张某预借的差旅费

28. 下列关于应付职工薪酬的相关表述中，不正确的是（　　）。

A. 职工薪酬包括企业在职工在职期间和离职后给予的所有货币性薪酬和非货币性福利

B. 企业应当在职工为其提供服务的会计期间，将应付的职工薪酬确认为负债

C. 企业在研发阶段发生的职工薪酬，均应计入自行开发无形资产的成本

D. 以外购商品作为非货币性福利提供给职工的，应当按照该商品的公允价值和相关税费，计量应计入成本费用的职工薪酬金额

29. 按照税法的规定，下列选项中，不属于视同销售货物的是（　　）。

A. 将外购货物进行对外投资

B. 将外购货物分配给股东

C. 将外购货物用于集体福利

D. 将外购货物无偿赠送给不相关的第三方

30. 某小规模纳税企业购入原材料取得的增值税专用发票上注明：货款 20 000 元，增值税 2 600 元。该企业在购入材料的过程中另支付运费 600 元和增值税 54 元。该企业原材料的采购成本为（　　）元。

A. 23 254　　B. 20 600　　C. 20 654　　D. 23 200

31. 甲公司于 2021 年 1 月 1 日发行 4 年期一次还本付息的公司债券，债券面值为 1 000 000 元，票面年利率为 5%，发行价格为 950 520 元。甲公司对利息调整采用实际利率法进行摊销，经计算该债券的实际利率为 6%。该债券 2021 年度应确认的利息费用为（　　）元。

A. 50 000　　B. 60 000　　C. 47 526　　D. 57 031.2

32. 2021 年 1 月 1 日，甲公司按面值发行期限为 3 年，债券面值为 600 万元，票面年利率为 5%的公司债券。该债券每年 1 月 1 日付息、到期一次还本。假设不考虑发行费用，2021 年 12 月 31 日，甲公司该债券的摊余成本为（　　）万元。

A. 0　　B. 600　　C. 300　　D. 630

33. 与或有事项相关的义务确认为负债的条件之一是履行该义务很可能导致经济利益流出企业。这里所指的“很可能”是指（　　）。

A. 发生的可能性大于 5%但小于或等于 50%

B. 发生的可能性大于 30%但小于或等于 50%

C. 发生的可能性大于 50%但小于或等于 95%

D. 发生的可能性大于 95%但小于 100%

34. 2021 年甲公司销售收入为 1 000 万元。甲公司的产品质量保证条款规定：产品售出后一年内，如发生正常质量问题，甲公司将免费负责修理。根据以往的经验，如果出现较小的质量问题，则会发生的修理费为销售收入的 1%；如果出现较大的质量问题，则会发生的修理费为销售收入的 2%。根据以往的经验估计，本年度已售产品中，估计有 80%不会发生质量问题，有 15%将发生较小的质量问题，有 5%将发生较大的质量问题。据此，2021 年年末甲公司应确认的“预计负债——产品质量保证”的金额为（　　）万元。

A. 1.5　　B. 1　　C. 2.5　　D. 30

35. 企业由于或有事项而确认的负债所需的支出，有时全部或部分由第三方补偿。对这些补偿金额，企业只能在（　　）能够收到时作为资产单独确认。

A. 发生的概率大于 0 但小于或等于 50%

B. 发生的概率大于 5%但小于或等于 50%

C. 发生的概率大于 50%但小于或等于 95%

D. 发生的概率大于 95%但小于 100%

36. 下列选项中，不应暂停借款费用资本化的是（　　）。

A. 由于劳务纠纷而造成连续超过 3 个月的固定资产的建造中断

B. 由于资金周转困难而造成连续超过 3 个月的固定资产的建造中断

C. 由于发生安全事故而造成连续超过 3 个月的固定资产的建造中断

D. 由于可预测的气候影响而造成连续超过 3 个月的固定资产的建造中断

37. 下列选项中，不属于借款费用的是（　　）。

A. 发行债券溢价的摊销　　B. 发行股票的发行费用

C. 借款手续费　　D. 借款利息

38. 某企业于2021年1月1日用专门借款开工建造一项固定资产。2021年12月31日，该固定资产全部完工并投入使用，该企业为建造该固定资产于2020年12月1日专门借入一笔款项，本金为1 000万元，年利率为9%，两年期。该企业另借入两笔一般借款：第一笔为2021年1月1日借入的800万元，借款年利率为8%，期限为2年；第二笔为2021年7月1日借入的500万元，借款年利率为6%，期限为3年。该企业2021年为购建固定资产而占用了一般借款所使用的资本化率为（　　）（计算结果保留两位小数）。

A. 7.00%　　B. 7.52%　　C. 6.80%　　D. 6.89%

39. A公司为建造厂房于2021年4月1日从银行借入2 000万元专门借款，借款期限为2年，年利率为6%。2021年7月1日，A公司采取出包方式委托B公司为其建造该厂房，并预付了1 000万元工程款，厂房实体建造工作于当日开始。该工程因发生施工安全事故在2021年8月1日至11月30日中断施工，12月1日恢复正常施工，至年末工程尚未完工。该项借款未动用资金存入银行所获得的利息收入2021年为20万元（其中资本化期间产生的利息收入为4万元）。该项厂房建造工程在2021年度应予以资本化的利息金额为（　　）万元。

A. 16　　B. 40　　C. 70　　D. 90

二、多项选择题

1. 下列选项中，属于负债特征的有（　　）。

A. 负债由过去的交易或事项形成　　B. 负债形成企业的一项现时义务

C. 负债形成企业的一项潜在义务　　D. 负债未来会导致经济利益流出企业

2. 下列选项中，按应付票据核算的有（　　）。

A. 银行汇票　　B. 银行本票

C. 商业承兑汇票　　D. 银行承兑汇票

3. 下列选项中，属于短期薪酬范围的有（　　）。

A. 工资及奖金　　B. 非货币性福利

C. 养老保险费　　D. 住房公积金

4. 下列关于增值税的选项中，应当直接计入有关资产成本的有（　　）。

A. 一般纳税人企业委托加工物资支付的增值税

B. 一般纳税人企业接受修理劳务支付的增值税

C. 小规模纳税人企业进口货物支付的增值税

D. 小规模纳税人企业购买固定资产支付的增值税

5. 一般纳税人企业发生的下列各项业务中应当计算销项税额的有（　　）。

A. 将购入的原材料用于集体福利　　B. 将购入的原材料用于对外投资

C. 将自产的产品用于捐赠　　D. 将自产的产品用于对外投资

6. 一般纳税人企业发生的下列各项业务中，发生的增值税进项税额不得抵扣的有（　　）。

A. 原材料因自然灾害发生毁损　B. 原材料因管理不善发生毁损
C. 福利部门领用原材料　D. 以原材料对外投资

7. 一般纳税人企业发生的下列各项业务中应当计算增值税销项税额的有（　　）。
A. 自产的产品发生非正常损失　B. 以自产的产品无偿赠送
C. 自产的产品用于集体福利　D. 将自产的产品对股东进行利润分配

8. 下列各项业务中应当通过“其他应付款”核算的包括（　　）。
A. 应付的债券利息　B. 支付的保证金
C. 应付租入包装物的租金　D. 收到客户支付的押金

9. 下列各项中可能是长期借款利息费用借记的科目有（　　）。
A.“在建工程”　B.“财务费用”
C.“长期待摊费用”　D.“管理费用”

10. 下列关于溢价发行债券的说法中正确的有（　　）。
A. 债券的摊余成本逐期减少　B. 债券的利息费用逐期增加
C. 债券的利息费用逐期减少　D. 债券溢价的摊销额逐期增加

11. 下列各项中属于或有事项的有（　　）。
A. 未决诉讼　B. 固定资产折旧
C. 承诺　D. 债务担保

12. 下列关于职工薪酬的选项中，可以计入产品成本的有（　　）。
A. 住房公积金　B. 非货币性福利
C. 工会经费　D. 辞退福利

13. 下列有关职工薪酬的会计处理中，正确的有（　　）。
A. 车间管理人员的薪酬，应借记“制造费用”账户，贷记“应付职工薪酬”账户
B. 行政管理人员的薪酬，应借记“管理费用”账户，贷记“应付职工薪酬”账户
C. 销售人员的薪酬，应借记“销售费用”账户，贷记“应付职工薪酬”账户
D. 商品采购人员的薪酬，应借记“库存商品”账户，贷记“应付职工薪酬”账户

14. 下列关于带薪缺勤的说法中，正确的有（　　）。
A. 带薪缺勤分为累积带薪缺勤和非累积带薪缺勤
B. 企业应当在职工提供服务从而增加了其未来享有的带薪缺勤权利时，确认与累积带薪缺勤相关的职工薪酬，并以累积未行使权利而增加的预期支付金额计量
C. 企业应当在职工实际发生缺勤的会计期间确认与非累积带薪缺勤相关的职工薪酬
D. 企业应当在职工提供服务的期间确认与非累积带薪缺勤相关的职工薪酬

15. 2021 年 12 月 1 日，甲公司董事会决定停止 X 产品生产车间的生产任务，提出职工没有选择权的辞退计划，决定辞退生产工人 60 人、车间管理人员 10 人，另有 30 人转到其他生产车间工作。该辞退计划已经由临时股东大会批准，将于 2022 年 1 月 1 日执行，并已经通知相关职工。辞退补偿金额为生产工人每人 6 万元、车间管理人员每人 15

万元。根据该事项，2021 年甲公司下列有关会计处理的说法中，正确的有（ ）。

A. 应借记“生产成本”账户 360 万元

B. 应借记“制造费用”账户 150 万元

C. 应借记“管理费用”账户 510 万元

D. 应贷记“应付职工薪酬”账户 510 万元

16. 下列选项中，应计入存货成本的有（ ）。

A. 由受托方代收代缴的委托加工直接用于对外销售的商品负担的消费税

B. 由受托方代收代缴的委托加工继续用于生产应纳消费税的商品负担的消费税

C. 进口应税消费品缴纳的消费税

D. 小规模纳税人购买原材料缴纳的增值税

17. 下列关于企业发行一般公司债券的会计处理中，正确的有（ ）。

A. 应按实际收到的价款计入“应付债券——面值”账户

B. 实际收到的款项与面值的差额，应计入“利息调整”明细账户

C. 对于利息调整，企业应在债券存续期间内采用实际利率法进行摊销

D. 在资产负债表日，企业应按应付债券的面值和实际利率计算确定当期的债券利息费用

18. 关于或有事项相关的义务要确认为一项负债，应同时符合的条件有（ ）。

A. 该项义务为企业承担的潜在义务

B. 该项义务为企业承担的现时义务

C. 该义务的履行很可能导致经济利益流出企业

D. 该义务的金额能够可靠计量

19. 因或有事项确认一项负债时，其金额应当是清偿负债所需支出的最佳估计数，即（ ）。

A. 所需支出存在一个连续范围，且该范围内各种结果发生的可能性相同的，最佳估计数应当按照该范围内的中间值确定

B. 所需支出存在一个连续范围，且该范围内各种结果发生的可能性相同的，则最佳估计数为该范围上限

C. 或有事项涉及单个项目的，按照最可能发生金额确定

D. 或有事项涉及多个项目的，按照各种可能结果及相关概率计算确定

20. 企业为购建固定资产专门借入的款项所发生的借款费用，停止资本化的时点有（ ）。

A. 所购建固定资产与设计要求或合同要求相符或基本相符

B. 固定资产的实体建造工作已经全部完成或实质上已经完成时

C. 继续发生在所购建固定资产上的支出金额很少或几乎不再发生时

D. 需要试生产的固定资产在试生产结果表明资产能够正常生产出合格产品时

三、判断题

1. 短期借款的利息费用应于到期日全部计入当期损益。（ ）
2. 对于确实无法支付的应付账款，企业应将其转入资本公积。（ ）
3. 企业当期预收账款的余额如果在借方，应当在流动资产中单独列报。（ ）
4. 企业以自产的产品发放给职工作为非货币性福利时，应当以产品的公允价值和相

关税费计量职工薪酬的金额。（　　）

5. 职工薪酬既包括职工在职期间支付的薪酬，也包括职工离职期间支付的养老金。（　　）

6. 因提前解除与职工的劳动关系给予的补偿应当确认为当期的管理费用。（　　）

7. 一般纳税人企业当期应缴纳的增值税税额等于当期增值税销项税额减去当期增值税进项税额的差额。（　　）

8. 一般纳税人因自然灾害发生的材料损失应当将增值税进项税额转出。（　　）

9. 小规模纳税人当期支付的增值税进项税额，不能从销售商品或提供劳务过程中发生的增值税税额中抵扣。（　　）

10. 企业将应收票据贴现后，应当将其确认为一项负债。（　　）

11. 企业董事会通过的利润分配方案中拟分配的现金股利应当确认为应付股利。（　　）

12. 企业应付债券的利息费用应按照期初账面价值和票面利率计算确定。（　　）

13. 企业采用实际利率法对应付债券的折价进行摊销时，应付债券的摊余成本逐期增加，各期的利息费用也随之逐期增加。（　　）

14. 企业未来的经营亏损不能确认为一项预计负债。（　　）

15. 企业经济业务中的不确定性事项都属于或有事项。（　　）

16. 如果或有负债未来极少有可能导致经济利益流出企业，则不需要在财务报表附注中予以披露。（　　）

17. 企业因或有事项形成的或有资产，如果未来发生的经济利益可能流入企业，应当在财务报表附注中予以披露。（　　）

18. 企业为购建一项符合资本化条件的资产取得的专门借款，应当在借款费用发生时开始资本化。（　　）

19. 企业为建造办公楼而取得的专门借款发生的借款费用，应当在办公楼交付使用时停止资本化。（　　）

20. 在借款费用资本化期间内，发生的专门借款利息费用扣除该期间与专门借款相关的收益后的金额，应当予以资本化。（　　）

21. 企业当期借款费用资本化的金额不得超过当期实际发生的利息支出。（　　）

22. 资本化期间内，如果符合资本化条件的资产购建活动发生中断，则中断期间发生的专门借款费用应当直接计入当期损益。（　　）

23. 在会计实务中，对计提的应付票据的利息应增加应付票据的账面价值。（　　）

24. 预收账款不多的企业，可不设“预收账款”账户，而将预收的货款直接贷记“应付账款”账户。（　　）

25. 企业购入货物，只要取得了增值税专用发票，就可以将支付的增值税税额计入进项税额抵扣。（　　）

26. “应付股利”账户核算的内容包括现金股利和股票股利。（　　）

27. 企业委托加工应税消费品应由受托方代收代缴的消费税，委托方对应支付的消费税应计入消费品的加工成本。（　　）

28. 或有事项是指过去的交易或事项形成的，其结果必须由某些未来事项的发生或不发生才能决定的不确定事项。（　　）

29. 借款费用开始资本化的条件包括：资产支出已经发生、借款费用已经发生、为使资产达到预定可使用或可销售状态所必要的购建或生产活动已经开始。只要满足其中的一个条件就可以资本化。（　）

30. 借款费用资本化期间是指从借款费用开始资本化时点到停止资本化时点的整个期间。（　）

31. 在资本化期间内，闲置专门借款资金取得的固定收益债券利息收入应直接计入当期投资收益。（　）

32. 专门借款实际发生的借款利息减去闲置资金的利息收入或投资收益后的金额应全部资本化。（　）

四、业务题

1. 甲公司为增值税一般纳税人，增值税税率为13%，库存材料按实际成本法核算，销售收入不含应向购买者收取的增值税税额。甲公司2020年3月发生如下有关业务：

（1）1日，甲公司从银行取得6个月期限的流动资金借款2 000万元，年利率为6%，利息按月计提，到期时随本金一起支付。

（2）5日，甲公司从乙公司购入一批原材料，不含税的价款为300万元，增值税税额为39万元，材料已收到并验收入库，开出并承兑一张3个月到期的商业汇票。

（3）13日，甲公司收回一批委托丙公司加工的原材料并验收入库。该批物资于上月发出，发出原材料的实际成本为195万元。甲公司本月以银行存款支付给丙公司63.5万元，其中加工费用50万元，消费税5万元，增值税6.5万元。收回委托加工的原材料用于连续生产应税消费品。

（4）15日，甲公司与丁公司签订一项销售合同，合同总价款600万元，当日收到丁企业预付的货款200万元。

（5）18日，甲公司从工商行政管理部门了解到，原材料供应商戊公司已经破产，本企业所欠货款3万元无法支付。

（6）25日，甲公司宣告分配2019年的现金股利80万元。

（7）31日，甲公司计提本月工资费用40万元，其中生产人员30万元，管理人员8万元，销售人员2万元。

（8）31日，甲公司借给乙公司一批包装物，收到乙公司支付的押金5万元。

（9）31日，甲公司计提本月的借款利息。

要求：根据上述资料，编制该企业有关经济业务的会计分录。

2. 甲公司为增值税一般纳税人，增值税税率为13%，是一家电脑生产企业，2020年12月发生如下有关业务：

（1）本月应付工资总额231 000元，工资费用分配汇总表中列示的车间产品生产人员工资为160 000元，车间管理人员工资为35 000元，行政管理人员工资为30 200元，销售人员工资为5 800元。

（2）本月应承担的职工基本医疗及工伤保险费共计32 340元。其中，应计基本生产成本的金额为22 400元，应计入制造费用的金额为4 900元，应计入管理费用的金额为5 040元。

（3）该公司共有职工400名，其中300名为直接参加生产的职工，60名为车间管理人员，40名为企业管理人员。该公司决定将其生产的每台成本为18 000元的笔记本电脑发放给职工作为福利。该型号的电脑市场售价为每台20 000元，该公司适用的增值税税率为13%。

（4）该公司为总部各部门经理提供汽车免费使用，同时为副总裁每人租赁一套住房。假定公司总部共有部门经理10名，公司为每人提供一辆汽车免费使用。假定每辆汽车每月计提折旧1 500元。该公司共有副总裁3名，公司为每人租赁一套面积为200平方米带有家具和电器的公寓，月租金为每套15 000元。

（5）该公司根据工资结算汇总表结算本月应付职工工资总额231 000元，代扣职工个人所得税20 500元，代垫职工家属医药费1 500元，实发工资209 000元。

（6）该公司向职工发放笔记本电脑作为福利，同时根据相关税法规定，视同销售计算增值税销项税额。

（7）该公司支付副总裁以上高级管理人员住房租金。

（8）该公司管理层于2020年6月1日决定缩减管理人员，提出了没有选择权的辞退计划，拟辞退5人，并于2020年12月1日起执行。被辞退人员已经接到公司通知，该公司董事会批准，辞退补偿每人12万元。

根据以上资料，甲公司进行了以下有关应付职工薪酬的会计处理：

（1）借：生产成本——基本生产成本	160 000	
制造费用	35 000	
管理费用	30 200	
销售费用	5 800	
贷：应付职工薪酬——工资		231 000
（2）借：生产成本——基本生产成本	22 400	
制造费用	4 900	
管理费用	5 040	
贷：应付职工薪酬——社会保险费		32 340

（3）从银行提取现金。

借：库存现金	209 000	
贷：银行存款		209 000

发放工资，支付现金。

借：应付职工薪酬——工资	209 000	
贷：库存现金		209 000

结转代扣款项。

借：应付职工薪酬——工资　　22 000

　贷：应交税费——应交个人所得税　　20 500

　　　其他应收款——代垫医药费　　1 500

该公司认为业务3、业务4、业务6、业务7、业务8不属于应付职工薪酬的核算范围，因此没有进行应付职工薪酬的会计处理。

要求：指出你是否认同甲公司的会计处理，如果不认同，请编制调整分录。

3. 甲公司为增值税一般纳税人，增值税税率为13%，2020年10月发生如下有关业务：

（1）15日，甲公司以其生产的产品对外捐赠。该批产品的实际成本为200 000元，不含税的售价为250 000元。甲公司开具的增值税专用发票上注明的增值税税额为32 500元。

（2）17日，甲公司将其一批原材料对外进行长期股权投资。该批原材料实际成本为600 000元，双方协商不含税价格为750 000元。甲公司开具增值税专用发票上注明的增值税税额为97 500元。

（3）22日，库存材料因自然灾害发生毁损，材料实际成本为20 000元，相关增值税专用发票注明的增值税税额为2 600元。

（4）25日，甲公司领用一批外购的原材料用于集体福利，该批原材料的成本为60 000元，相关增值税专用发票注明的增值税税额为7 800元。

要求：根据以上资料，编制甲公司上述经济业务的会计分录。

4. 2020年1月1日，甲公司发行面值为2 000 000元、票面利率为6%、期限为5年的债券。该债券的市场利率为8%，利息于每年年末支付。该债券专门用于建造一条生产线，该生产线于2020年2月1日开始动工，2021年3月1日完工并达到预定可使用状态，2021 年 5 月 1 日开始正式交付使用。2020 年 6 月 1 日至 2021 年 10 月 1 日，由于生产线建造过程中发生质量问题导致该生产线停工 4 个月。

要求：(1) 计算该债券的发行价格 [已知(P/A,8%,5) = 3.992 7；(P/F,8%,5) = 0.680 6]。

(2) 确定该债券借款费用的资本化期间。

(3) 计算该债券 2020 年资本化利息的金额。

(4) 计算该债券 2020 年计入利润表的财务费用金额。

第三节　练习题参考答案

一、单项选择题参考答案

1. C。现时义务是指企业在现行条件下已承担的义务。未来发生的交易或事项形成的义务，不属于现时义务。

2. A。因为是银行承兑汇票，即使企业不能如期支付，银行也应该无条件地将款项支付给持票人，所以该笔款项形成了企业对银行的短期借款。

3. D。开出并承兑的商业承兑汇票如果不能如期支付，企业应在票据到期时，将应付票据账面余额转入“应付账款”科目。

4. B。短期借款利息支出是企业在理财活动中为筹集资金而发生的支出，应作为一项财务费用计入当期损益。因此，选项 A 不正确。根据权责发生制的要求，企业应当在每个月月末计提借款利息，将当期应付未付的利息确认为一项流动负债，计入应付利息。因此，选项 B 正确。长期借款在每年计息但在到期一次还本付息时会用到“应计利息”二级科目。因此，选项 C 不正确。计算确定短期借款利息费用时，贷方科目不是“财务费用”。因此，选项 D 不正确。

5. C。商品标价扣除商业折扣的金额为双方的实际交易价格，存在现金折扣的，在总价法下，在购入时按全额入账。实际发生时，少付的调减购货成本。应付账款的金额为 20 000×(1−10%)×(1+13%)+1 000 = 21 340 元。

6. A。应由在建工程、无形资产负担的职工薪酬，计入固定资产或无形资产的初始成本。企业为在建工程部门职工支付的社会保险费属于职工薪酬的一部分，因此应当计入固定资产的成本。

7. C。非货币性福利按照产品的公允价值加上相关税费确定。

应付职工薪酬 = 39 000+5 070 = 44 070（元）

8. A。企业因提前解除与车间职工劳动关系而给予的补偿属于辞退福利，与其他形式的职工薪酬不同的是，由于被辞退的职工不再为企业提供服务，因此不论辞退的职工原先属于哪个部门，企业都应将本期确认的辞退福利全部计入当期的管理费用，而不能计入资产成本。

9. A。选项 B、选项 C、选项 D 都属于视同销售的情况，其进项税额可以进行抵扣，选项 A 属于购入的材料改变用途，进项税额不能抵扣，要转出。

10. A。甲企业缴纳上个月未交的增值税 10 000 元时，应做的会计处理如下：

借：应交税费——未交增值税　　10 000

　贷：银行存款　　10 000

11. D。因为该企业为小规模纳税人，所以外购材料的成本包括增值税进项税额。

材料入账价值=200 000+26 000+3 000+200=229 200（元）

12. B。计入营业外支出的金额=600+1 000×13%=730（万元）

13. B。委托方用于连续生产的应税消费品，所纳税款准许按规定抵扣，在支付税款时应记入“应交税费——应交消费税”科目。

14. C。当企业对外宣告发放现金股利时，应当确认应付股利。

15. A。支付包装物的押金，押金将来应收回，应当记入“其他应收款”科目。

16. C。债券的票面利率大于市场利率为溢价发行，债券的票面利率等于市场利率，属于平价发行，债券的票面利率小于市场利率为折价发行。

17. B。2020 年 1~6 月应付债券的实际利息=1 962×2%=39. 24（万元）

2020 年 6 月 30 日应付债券的摊余成本=1 962+39. 24−1 800×3%=1 947. 24（万元）

2020 年 7~12 月应付债券的实际利息=1 947. 24×2%≈38. 94（万元）

2020 年 12 月 31 日应付债券的摊余成本=1 947. 24+38. 94−1 800×3%=1 932. 18(万元)

18. C。企业由于从第三方得到的补偿可能存在很大的不确定性，因此只能在估计补偿金额基本确定能够收到时，才将补偿金额作为资产单独确认，不能作为预计负债的抵减项目，且确认的补偿金额不能超过预计负债的账面价值。

19. C。所需支出存在一个连续范围，且该范围内各种结果发生的可能性相同，则最佳估计数应当按照该范围内的中间值，即上下限金额的平均数确定。甲公司应当确认预计负债的金额为（20+30）÷2=25 万元。

20. A。或有事项涉及单个项目的，按照最可能发生的金额确定。

21. C。企业由于从第三方得到的补偿可能存在很大的不确定性，因此只能在估计补偿金额基本确定能够收到时，才将补偿金额作为资产单独确认，不能作为预计负债的抵减项目，且确认的补偿金额不能超过预计负债的账面价值。

22. A。因借款产生的折价或溢价摊销属于借款费用，而债券发行的溢价或折价并不属于借款费用的范畴。

23. B。专门借款 2020 年的利息费用=3 000×8%=240（万元）

闲置专门借款的投资收益=1 800×0. 4%×6=43. 2（万元）

专门借款 2020 年的资本化金额=240−43. 2=196. 8（万元）

24. D。专门借款利息的资本化金额应当按专门借款当期实际发生的利息费用，减去将尚未动用的借款资金存入银行取得的利息收入或进行暂时性投资取得的投资收益后的金额确定。因此，资本化期间与专门借款有关的利息收入应冲减借款费用的资本化金额。

25. D。《企业会计准则第 9 号——职工薪酬》所指的“职工”，包括与企业订立正式劳动合同的所有人员，含全职、兼职和临时职工；包括未与企业订立正式劳动合同，但由企业正式任命的人员，如董事会成员、监事会成员等；不包括为企业提供审计服务的注册会计师。

26. D。对职工在为企业提供服务期间获得的职工薪酬，企业均应根据受益对象，将应付的职工薪酬确认为负债，并全部计入资产成本或当期费用。辞退福利应全部计入管理费用。

27. D。职工出差预借的差旅费，职工没有得到报酬，不属于职工薪酬，选项 D 不正确。

28. C。企业在研究阶段发生的职工薪酬不能计入自行研发无形资产的成本，应费用化计入管理费用；在开发阶段发生的职工薪酬，只有符合无形资产资本化条件的，才能计入自行研发无形资产的成本。

29. C。按照税法的规定，下列行为属于视同销售货物：第一，将货物交付他人代销；第二，销售代销货物；第三，设有两个以上机构并实行统一核算的纳税人，将货物从一个机构移送其他机构用于销售，但相关机构设在同一县（市）的除外；第四，将自产或委托加工的货物用于非增值税应税项目；第五，将自产、委托加工或购买的货物作为投资，提供给其他单位或个体经营者；第六，将自产、委托加工或购买的货物分配给股东或投资者；第七，将自产、委托加工的货物用于集体福利或个人消费；第八，将自产、委托加工或购买的货物无偿赠送他人。

30. A。该企业原材料的入账价值=20 000+2 600+600+54=23 254（元）

31. D。实际利息费用=应付债券期初的摊余成本×实际利率=950 520×6%=57 031.2（元）

32. B。由于该债券按面值发行，也无发行费用，因此其摊余成本始终为其面值。

33. C。或有事项“可能性”的层次分为：“基本确定”是指发生的可能性大于95%但小于100%；“很可能”是指发生的可能性大于50%但小于或等于95%；“可能”是指发生的可能性大于5%但小于或等于50%；“极小可能”是指发生的可能性大于0但小于或等于5%。

34. C。2021 年年末甲公司应确认的负债金额=1 000×1%×15%+1 000×2%×5%=2.50（万元）

35. D。按照规定，与或有事项有关的义务确认为负债的同时，如果企业拥有反诉或向第三方索赔的权利，只能在基本确定能够收到时作为资产单独确认，而不能在确认与或有事项有关的义务为负债时，作为扣减项目，确认的补偿金额不能超过所确认负债的账面价值。基本确定是指发生的概率大于95%但小于100%。

36. D。由于可预测的气候影响而造成的固定资产的建造中断属于正常中断，借款费用不需暂停资本化。

37. B。借款费用包括企业因借款而发生的利息、折价或溢价的摊销和辅助费用以及因外币借款而发生的汇兑差额。发行股票不是借款，其发行费用不属于借款费用。

38. B。资本化率 = $(800\times8\%+500\times6\%\times6\div12)\div(800+500\times6\div12)\times100\%=7.52\%$

39. A。2021 年度应予资本化的利息金额 = $2\,000\times6\%\times2\div12-4=16$（万元）

二、多项选择题参考答案

1. ABD。负债的特征为：负债是企业承担的现时义务；负债的清偿预期会导致经济利益流出企业；负债是由过去的交易或事项形成的。

2. CD。银行汇票和银行本票业务属于其他货币资金核算的内容。

3. ABD。短期薪酬包括：职工工资、奖金、津贴和补贴；职工福利费；医疗保险费、工伤保险费和生育保险费等社会保险费；住房公积金；工会经费和职工教育经费；非货币性福利；短期带薪缺勤、短期利润分享计划等。养老保险费属于离职后福利。

4. CD。小规模纳税人购买货物时缴纳的增值税不能抵扣，因此全部计入相关资产成本。

5. BCD。企业将购入的原材料用于集体福利，属于购进的材料改变用途，不应计算销项税额，其进项税额也不能抵扣。

6. BC。福利部门领用原材料属于改变购进材料的用途，其进项税额不得抵扣，要转出。原材料因管理不善发生毁损属于非正常原因造成的损失，其进项税额不能抵扣，要转出。

7. BCD。自产的产品发生非正常损失，不计算增值税销项税额，其耗用的原材料中包含的增值税也不能抵扣，进项税额要转出。

8. CD。应付的债券利息应通过"应付利息"科目核算，支出的保证金属于资产类项目，应通过"其他应收款"科目核算。

9. ABCD。属于筹建期间的长期借款利息费用计入管理费用，若需要分摊还应计入长期待摊费用，属于经营期间的长期借款利息费用计入财务费用。如果长期借款用于购建固定资产等符合资本化条件的资产，在资产达到预定可使用状态前，所发生的利息支出应当资本化，计入在建工程等相关资产的成本。资产达到预定可使用状态后的利息支出以及按规定不可以资本化的利息支出，计入财务费用。

10. ACD。溢价发行债券的摊销额逐期增加，相应的利息费用逐期减少。

11. ACD。固定资产折旧是企业的估计，不属于或有事项。

12. ABC。在职工为企业提供服务期间的职工薪酬，应根据受益对象，将应付的职工薪酬确认为负债，并全部计入资产成本或当期费用。辞退福利应全部计入管理费用。

13. ABC。企业取得员工为其提供的服务，应将取得的服务按受益对象区分，分别计入相关资产成本或当期损益，同时计入"应付职工薪酬"账户，商品采购人员的薪酬应借记"管理费用"账户。

14. ABC。企业应当在职工实际发生缺勤的会计期间确认与非累积带薪缺勤相关的职工薪酬，选项 D 错误。

15. CD。由于被辞退的职工不再为企业带来未来经济利益，因此所有职工辞退福利均应当计入管理费用，同时确认应付职工薪酬，补偿总金额为 $60\times6+10\times15=510$ 万元。

16. ACD。由受托方代收代缴的委托加工收回后继续用于生产应纳消费税的商品负担的消费税，应借记"应交税费——应交消费税"账户。

17. BC。选项 A，企业应按面值计入“应付债券——面值”账户；选项 D，在资产负债表日，企业应按应付债券的摊余成本和实际利率计算确定当期的债券利息费用。

18. BCD。按照规定，与或有事项有关的义务确认为负债的条件：第一，该项义务为企业承担的现时义务；第二，该项义务的履行很可能导致经济利益流出企业；第三，该项义务的金额能够可靠计量。或有事项产生的义务必须同时符合以上三个条件的，企业才能将其确认为一项负债。选项 A 不属于与或有事项有关的义务确认为负债的条件。

19. ACD。按照企业会计准则的规定，所需支出存在一个连续范围，且该范围内各种结果发生的可能性相同的，最佳估计数应当按照该范围内的中间值确定。所需支出不存在一个连续范围，或者该范围内各种结果发生的可能性不相同的，最佳估计数应当区分下列情况处理：第一，或有事项涉及单个项目的，按照最可能发生金额确定；第二，或有事项涉及多个项目的，按照各种可能结果及相关概率计算确定。

20. ABCD。在固定资产达到预定可使用状态时，借款费用应当停止资本化，具体表现为：固定资产的实体建造（包括安装）工作已经全部完成或实质上已经完成；所购置或建造的固定资产与设计要求或合同要求相符或基本相符；继续发生在所购建固定资产上的支出金额很少或几乎不再发生；如果所购建固定资产需要试生产或试运行，则在试生产结果表明资产能够正常生产出合格产品时，或者试运行结果表明资产能够正常运转或营业时，就应当认为资产已经达到预定可使用状态。

三、判断题参考答案

1. ×。根据权责发生制的要求，企业应当在每个月月末计提借款利息，将当期应付未付的利息确认为一项流动负债，计入应付利息。

2. ×。确实无法支付的应付账款应当计入营业外收入。

3. ×。企业当期预收账款的余额应当重分类到“应收账款”科目中列报。

4. √。

5. √。

6. √。企业因提前解除与职工的劳动关系而给予的补偿属于辞退福利。与其他形式的职工薪酬不同的是，由于被辞退的职工不再为企业提供服务，因此无论辞退职工原先属于哪个部门，企业都应将本期确认的辞退福利全部计入当期的管理费用，而不能计入资产成本。

7. √。

8. ×。一般纳税人因管理不善等发生非正常的材料损失，应当将增值税进项税额转出。

9. √。

10. ×。不附有追索权的应收票据向银行贴现时，不确认负债；附有追索权的应收票据向银行贴现时，应确认一项负债。

11. ×。企业股东会通过的利润分配方案中拟分配的现金股利应当确认为应付股利。

12. ×。对于分期付息、一次还本的债券，按摊余成本和实际利率计算确定的债券利息费用，借记“在建工程”“制造费用”“财务费用”“研发支出”等科目，按票面利率计算确定的应付未付利息，贷记“应付利息”科目，按其差额，借记或贷记“应付债券——利息调整”科目。对于一次还本付息的债券，企业于资产负债表日按摊余成本和实际利率计算确定的债券利息费用，借记“在建工程”“制造费用”“财务费用”“研发支出”等科目，按票面利率计算确定的应付未付利息，贷记“应付债券——应计利息”科目，按其差额，借记或贷记“应付债券——利息调整”科目。

13. √。

14. √。与或有事项相关的义务同时满足下列条件的，应当确认为预计负债：一是该义务是企业承担的现时义务；二是履行该义务很可能导致经济利益流出企业；三是该义务的金额能够可靠地计量。未来经营亏损不符合上述条件，不能确认为预计负债。

15. ×。或有事项是指过去的交易或事项形成的，其结果必须由某些未来事件的发生或不发生才能决定的不确定事项。或有事项指过去的交易或事项形成的一种状况，其结果必须通过未来不确定事项的发生或不发生予以证实。

16. √。由于或有负债不在财务报表上予以确认，除非或有负债极少有可能导致经济利益流出企业，否则企业应当在财务报表附注中披露有关信息。

17. ×。只有很可能的或有资产才够条件披露。

18. ×。借款费用同时满足下列条件的，才能开始资本化：一是资产支出已经发生，资产支出包括为购建或生产符合资本化条件的资产而以支付现金、转移非现金资产或承担带息债务形式发生的支出；二是借款费用已经发生；三是为使资产达到预定可使用或可销售状态，必要的购建或生产活动已经开始。

19. ×。购建或生产符合资本化条件的资产达到预定可使用或可销售状态时，借款费用应当停止资本化。在符合资本化条件的资产达到预定可使用或可销售状态之后所发生的借款费用，应当在发生时根据其发生额确认为费用，计入当期损益。

20. √。

21. √。

22. ×。符合资本化条件的资产在购建或生产过程中发生非正常中断，且中断时间连续超过 3 个月的，应当暂停借款费用的资本化。在中断期间发生的借款费用应当确认为费用，计入当期损益，直至资产的购建或生产活动重新开始。如果中断是所购建或生产的符合资本化条件的资产达到预定可使用或可销售状态必要的程序，借款费用的资本化应当继续进行。

23. √。企业计提应付票据利息时应借记“财务费用”账户，贷记“应付票据”账户。

24. ×。预收账款不多的企业，可以不单设“预收账款”账户，可以直接将预收的款项贷记“应收账款”账户。

25. ×。一般纳税企业购入货物且用于应税项目，并取得增值税专用发票，可以将支付的增值税税额计入进项税额抵扣。小规模纳税人企业购入货物支付的增值税应计入货物成本。

26. ×。“应付股利”账户核算的内容只包括现金股利或利润。

27. ×。企业委托加工应税消费品应由受托方代收代缴消费税（加工金银首饰除外），委托方对应支付的消费税，区分以下两种情况处理：第一，委托加工应税消费品收回后，直接用于销售的，委托方应将支付的消费税计入委托加工应税消费品的成本。第二，委托加工的应税消费品收回后用于连续生产应税消费品，按规定准予抵扣的，委托方应将支付的消费税税款计入“应交税费——应交消费税”账户。

28. √。或有事项的定义。

29. ×。借款费用开始资本化的条件包括：资产支出已经发生、借款费用已经发生、为使资产达到预定可使用或可销售状态所必要的购建或生产活动已经开始。必须三个条件同时满足才可以资本化。

30. ×。借款费用资本化期间是指从借款费用开始资本化时点到停止资本化时点的期间，但借款费用暂停资本化的期间不包括在内。

31. ×。资本化期间内获得的专门借款闲置资金利息收入应冲减资本化利息费用金额，即冲减在建工程的金额。

32. ×。只有在资本化期间内，专门借款实际发生的借款利息减去闲置资金的利息收入或投资收益后的金额才能资本化。

四、业务题参考答案

1. 甲公司 2020 年 3 月应编制的会计分录如下：

（1）借：银行存款	20 000 000	
贷：短期借款		20 000 000
（2）借：原材料	3 000 000	
应交税费——应交增值税（进项税额）	390 000	
贷：应付票据		3 390 000
（3）借：委托加工物资	500 000	
应交税费——应交增值税（进项税额）	65 000	
——应交消费税	50 000	
贷：银行存款		615 000
借：原材料	2 450 000	
贷：委托加工物资		2 450 000
（4）借：银行存款	2 000 000	
贷：预收账款		2 000 000
（5）借：应付账款——戊公司	30 000	
贷：营业外收入		30 000
（6）借：利润分配——应付股利	800 000	
贷：应付股利		800 000
（7）借：生产成本	300 000	
管理费用	80 000	
销售费用	20 000	
贷：应付职工薪酬——工资		400 000
（8）借：银行存款	50 000	
贷：其他应付款		50 000

（9）应付利息 = 2 000×6%×1÷12 = 10（万元）

借：财务费用	100 000	
贷：应付利息		100 000

2. 不认同甲公司对业务3、业务4、业务6、业务7、业务8的会计处理，调整分录如下：

（1）业务3。		
借：生产成本——基本生产成本	6 780 000	
制造费用	1 356 000	
管理费用	904 000	
贷：应付职工薪酬		9 040 000
（2）业务4。		
借：管理费用	60 000	
贷：应付职工薪酬——非货币性福利		60 000
借：应付职工薪酬——非货币性福利	15 000	
贷：累计折旧		15 000
（3）业务6。		
借：应付职工薪酬——非货币性福利	9 040 000	
贷：主营业务收入		8 000 000
应交税费——应交增值税（销项税额）		1 040 000
借：主营业务成本	7 200 000	
贷：库存商品		7 200 000
（4）业务7。		
借：应付职工薪酬——非货币性福利	45 000	
贷：银行存款		45 000
（5）业务8。		
借：管理费用	600 000	
贷：应付职工薪酬——辞退福利		600 000

3. 甲公司2020年10月应编制的会计分录如下：

（1）借：营业外支出	232 500	
贷：库存商品		200 000
应交税费——应交增值税（销项税额）		32 500
（2）借：长期股权投资	847 500	
贷：其他业务收入		750 000
应交税费——应交增值税（销项税额）		97 500
借：其他业务成本	600 000	
贷：原材料		600 000
（3）借：待处理财产损溢	20 000	
贷：原材料		20 000
借：营业外支出	20 000	
贷：待处理财产损溢		20 000
（4）借：应付职工薪酬	67 800	
贷：原材料		60 000
应交税费——应交增值税（进项税额转出）		7 800

4.（1）甲公司债券的发行价格 = 2 000 000×(P/F,8%,5)+2 000 000×6%×(P/A,8%,5)= 2 000 000×0.680 6+120 000×3.992 7 = 1 840 324（元）

（2）资本化期间为 2020 年 2 月 1 日至 2020 年 6 月 1 日和 2020 年 10 月 1 日至 2021 年 3 月 1 日。

（3）2020 年资本化利息 = 1 840 324×8%×7÷12≈85 881.79（元）

（4）2020 年财务费用 = 1 840 324×8%×5÷12≈61 344.13（元）

第十一章 所有者权益

第一节 学习指导

一、本章结构

本章结构如图 11-1 所示。

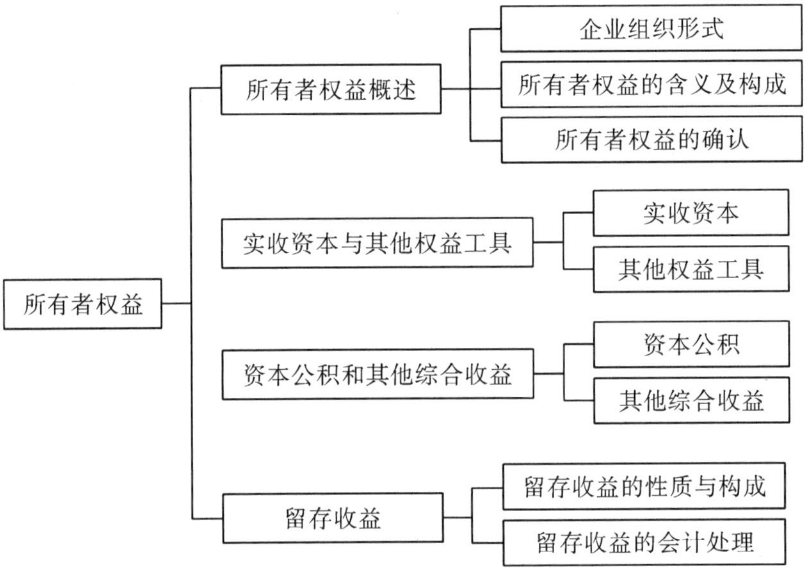

图 11-1　本章结构

二、学习目的和要求

了解：投入资本的法律规定，公司制企业所有者权益的特点，所有者权益的分类。

理解：所有者权益的概念、性质和内容，所有者权益与负债的主要区别。

掌握：股票发行的会计处理方法，不同出资方式下实收资本及其增减业务的核算方法，资本溢价和其他资本公积的核算方法，盈余公积的核算方法，未分配利润的核算方法。

三、本章重点难点

1. 所有者权益的含义及来源构成

所有者权益是指所有者在企业享有的经济利益，其金额为资产减去负债后的余额。所有者权益在股份有限公司称为股东权益。

我国企业会计准则规定，基于公司制的特点，所有者权益的来源通常由实收资本（或股本）、其他权益工具、资本公积、其他综合收益和留存收益（盈余公积和未分配利润）构成。

实收资本是指所有者在企业注册资本的范围内实际投入的资本。注册资本是指企业在设立时向工商行政管理部门登记的资本总额，也是全部出资者设定的出资额之和。注册资本是企业的法定资本，是企业承担民事责任的财力保证。

其他权益工具是指企业发行的除普通股以外的归类于权益工具的各种金融工具，主要包括归类于权益工具的优先股、永续债、认股权、可转换公司债券等金融工具。

资本公积是指企业收到投资者的超过其在企业注册资本（或股本）中所占份额的投资以及直接计入所有者权益的利得和损失等。资本公积包括资本溢价（或股本溢价）和其他资本公积。

其他综合收益是指在企业经营活动中形成的未计入当期损益但归所有者共有的利得或损失，主要包括以公允价值计量且变动计入其他综合收益的金融资产公允价值变动及权益法下被投资单位所有者权益其他变动等。

留存收益是指归所有者共有的、企业历年实现的净利润留存于企业的部分，主要包括盈余公积和未分配利润。

2. 实收资本的账务处理

（1）一般企业。一般企业是指除股份有限公司以外的企业，如国有企业、有限责任公司等。投资者投入资本的形式可以有多种，如投资者可以用现金投资，也可以用非现金资产投资。一般企业投入资本通过“实收资本”账户进行账务处理。

一般情况下，企业的实收资本应相对固定不变，但在某些特定情况下，实收资本也可能发生增减变化。《中华人民共和国企业法人登记管理条例施行细则》规定，除国家另有规定外，企业的注册资金应当与实收资本相一致，当实收资本比原注册资金增加或减少超过20%时，企业应持资金使用证明或验资证明，向原登记主管机关申请变更登记。企业如擅自改变注册资本或抽逃资金，要受到工商行政管理部门的处罚。一般企业增加资本主要有三个途径：接受投资者追加投资、资本公积转增资本和盈余公积转增资本。企业发生减资的原因主要有两种：一是企业经营方针或市场需求发生了重大变化，业务萎缩，导致资本过剩；二是企业发生重大亏损短期内无力弥补而需要减少资本。

（2）股份有限公司。股份有限公司与一般企业相比，其显著特点在于将企业资本划分为等额股份，并通过发行股票的方式来筹集资本。股份有限公司股票发行的会计核算主要通过“股本”账户进行，仅核算公司发行股票的面值或设定价值部分。在“股本”账户下，企业按股票种类及股东名称设置明细账户。

股票的发行价格受发行时资本市场的需求和投资人对公司获利能力的估计的影响，公司发行股票的价格往往与股票的面值不一致。按照《中华人民共和国公司法》的规定，同次发行的股票，每股的发行条件和价格应当相同，任何单位或个人认购的股份，每股应当支付相同金额。股票的发行价格，可以按票面金额，也可以超过票面金额，但不得低于票面金额。因此，我国目前仅允许股票溢价、平价发行，不允许折价发行。

企业发行股票收到现金资产时，借记“银行存款”等科目，按每股股票面值和发行股份总额的乘积计算的金额，贷记“股本”科目，按实际收到的金额与该股本之间的差额，贷记“资本公积——股本溢价”科目。股份有限公司发行股票发生的手续费、佣金等交易费用，应从溢价中抵扣，冲减资本公积（股本溢价）。

股本增加的常见方式包括：发放股票股利；公司发行的可转换债券转换成股票；资本公积、盈余公积转增资本。

股份有限公司由于采用的是以发行股票的方式筹集股本，减资的手段是收回公司发行在外的股票，并加以注销。《中华人民共和国公司法》规定，股份有限公司除减少资本等特殊情况外，不得收购本公司股票，也不得库存本公司已发行的股票。

3. 资本公积及其构成

资本公积是企业收到投资者出资额超过其在企业注册资本（或股本）中所占份额的投资以及其他资本公积等。资本公积包括资本溢价（或股本溢价）和其他资本公积。

（1）资本溢价。有限责任公司的出资者依其出资份额对企业经营决策享有表决权，依其认缴的出资额对企业承担有限责任。在企业创立时，出资者认缴的出资额全部记入“实收资本”科目。在企业重组并有新的投资者加入时，为了维护原有投资者的权益，新加入的投资者的出资额并不一定全部作为实收资本处理。

这是因为在企业正常经营过程中投入的资金即使与企业创立时投入的资金在数量上一致，但其获利能力却不一致。企业在创立时要经过筹建、试生产经营、为产品寻找市场、开辟市场等过程，从投入资金到取得投资回报需要较长时间，并且这种投资具有风险性，在这个过程中资本利润率很低。企业进入正常生产经营阶段后，资本利润率要高于企业初创阶段。这种高于初创阶段的资本利润率是由初创时必要的垫支资本带来的，企业创办者为此付出了代价。

相同数量的投资，由于出资时间不同，其对企业的影响程度不同，由此带给投资者的权益也不同，时间早的往往大于时间晚的。因此，新加入的投资者要付出大于原投资者的出资额，才能取得与原投资者相同的投资比例。另外，原投资者的原有投资不仅在质量上发生了变化，而且在数量上也可能发生变化，这是因为企业经营过程中实现利润的一部分留在企业形成留存收益，而留存收益也属于投资者权益，但未转入实收资本。新加入的投资者如与原投资者共享这部分留存收益，也要求其付出大于原投资者的出资额，才能取得与原投资者相同的投资比例。投资者投入的资本中按其投资比例计算的出资额部分，应记入“实收资本”科目，大于部分应记入“资本公积——资本溢价”科目。

（2）股本溢价。股份有限公司以发行股票的方式筹集股本，股票是企业签发的证明股东按其所持股份享有权利和承担义务的书面证明。由于股东按其所持的企业股份享有权利和承担义务，为了反映和便于计算各股东所持股份占企业全部股本的比例，企业的股本总额应按股票的面值与股份总数的乘积计算。

我国法律规定，实收股本总额应与注册资本相等。因此，为提供企业股本总额及其构成以及注册资本等信息，在采用与股票面值相同的价格发行股票的情况下，企业发行股票取得的收入，应全部记入“股本”科目；在采用溢价发行股票的情况下，企业发行股票取得的收入，相当于股票面值的部分记入“股本”科目，超出股票面值的溢价收入记入“资本公积——股本溢价”科目。这里要注意，委托证券商代理发行股票而支付的手续费、佣金等，应从溢价发行收入中扣除，企业应按扣除手续费、佣金后的数额记入“资本公积——股本溢价”科目。

（3）其他资本公积。其他资本公积是指除资本（或股本）溢价项目以外形成的资本公积，包括以权益结算的股份支付及采用权益法后续计量的长期股权投资涉及的业务。

4. 留存收益及其构成

留存收益是企业税后利润积累而形成的资本。它与投入资本不同，投入资本是由企业外部投入企业的，是企业所有者权益的基本部分，是企业创业的资本。留存收益也是企业资本的一部分，但它不是投入企业的，是投入资本通过生产经营而留存于企业的一部分收益的积累，因此它是由企业内部产生的。企业留存收益由盈余公积和未分配利润两部分构成。盈余公积包括法定盈余公积和任意盈余公积。

法定盈余公积是指企业按规定的比例从税后利润中提取的盈余公积。国家法规强制规定企业必须提取法定盈余公积，目的是确保企业不断积累资本、壮大实力。《中华人民共和国公司法》规定，股份有限公司和有限责任公司按税后利润的10%提取法定盈余公积，当法定盈余公积达到注册资本的50%时，可以不再提取。

任意盈余公积是公司出于实际需要或采取审慎经营策略，从税后利润中提取的一部分留存收益。所谓任意，是指出于企业自愿而非法规硬性规定，其提取比例也由企业自行决定。如果公司有优先股，其必须在支付了优先股股利之后，才可以提取任意盈余公积。

未分配利润是企业实现的净利润经过弥补亏损、提取盈余公积和向投资者分配利润后留存在企业的、历年结存的利润。从数量上来说，未分配利润是期初未分配利润，加上本期实现的税后利润，减去提取的各种盈余公积和分出利润后的余额。未分配利润是留待以后年度处理的利润，它也是企业留存收益的重要组成部分，但这部分留存收益尚未指定用途。

5. 弥补亏损的账务处理

企业发生亏损时，应由企业自行弥补。企业弥补亏损的渠道主要有三条：一是用以后年度税前利润弥补。按照现行制度规定，企业发生亏损时，可以用以后五年内实现的税前利润弥补，但税前利润弥补亏损的期间为连续五年。二是用以后年度税后利润弥补。企业发生的亏损经过五年时间未弥补足额，尚未弥补的亏损应用税后的利润弥补。三是以盈余公积弥补亏损。企业以提取的盈余公积弥补亏损时，应当由公司董事会提议，并经股东大会批准。

企业以当年实现的利润弥补以前年度亏损时，不需要进行专门的会计处理。因为企业在年末结账时，将实现的利润结转至“利润分配——未分配利润”账户的贷方，结转后自然抵减了借方的未弥补亏损。税前利润与税后利润弥补亏损的会计处理相同，两者的区别只是所计算的应交所得税不同。税法规定准许税前利润补亏的，亏损可以作为应税利润的调整数，而准予税后利润补亏的，不能调整应税利润的金额。

第二节 练习题

一、单项选择题

1. 甲企业收到某单位作价投入的原材料一批，该批原材料的实际成本为 450 000 元，双方确认的价值为 460 000 元。经税务部门认定，应交的增值税为 59 800 元。甲企业应记入“实收资本”科目的金额为（ ）。

A. 460 000 元　　B. 509 800 元　　C. 450 000 元　　D. 519 800 元

2. 股份有限公司采用溢价发行股票方式筹集资本，其“股本”科目登记的金额是（ ）。

A. 实际收到的款项

B. 实际收到的款项减去应付证券商的费用

C. 实际收到的款项加上应付证券商的费用

D. 股票面值与股份总数的乘积

3. 某公司委托证券公司发行股票 1 000 万股，每股面值 1 元，每股发行价格为 8 元，向证券公司支付佣金 150 万元，发行股票冻结期间的利息收入为 100 万元。该公司应贷记“资本公积——股本溢价”科目的金额为（ ）。

A. 6 750 万元　　B. 6 850 万元　　C. 6 950 万元　　D. 7 000 万元

4. 甲公司委托证券公司代理发行普通股股票 800 万股，每股面值 1 元，按每股 1.5 元的价格发行，受托单位按发行收入的 1%收取手续费，并从发行收入中扣除。假如股款已经收到，甲公司实际收到的款项为（ ）。

A. 792 万元　　B. 12 万元　　C. 800 万元　　D. 1 188 万元

5. 某企业年初所有者权益总额为 160 万元，当年以其中的资本公积转增资本 50 万元，当年实现净利润 300 万元，提取盈余公积 30 万元，向投资者分配利润 20 万元。该企业年末所有者权益总额为（ ）。

A. 360 万元　　B. 410 万元　　C. 440 万元　　D. 460 万元

6. 某企业 2020 年年初未分配利润为-4 万元。2020 年年末，该企业税前利润为 54 万元，其适用的企业所得税税率为 25%，本年按净利润的 10%、5%分别提取法定盈余公积、任意盈余公积，向投资者分配利润 10.5 万元。若该企业用税前利润弥补亏损，则 2020 年年末未分配利润为（ ）。

A. 35 万元　　B. 29.75 万元　　C. 18.73 万元　　D. 21.375 万元

7. 下列各项经济业务中会引起公司股东权益总额变动的有（ ）。

A. 用资本公积转增股本　　B. 向投资者分配股票股利

C. 股东大会向投资者宣告分配现金股利

D. 用盈余公积弥补亏损

8. 将“本年利润”科目和“利润分配”科目下的其他有关明细科目的余额转入“未分配利润”明细科目后，“未分配利润”明细科目的贷方余额反映的是（ ）。

A. 当年实现的净利润　　B. 累计留存收益

C. 累计实现的净利润　　D. 累计未分配的利润数额

9. 某有限责任公司由 A、B 两个股东各出资 50 万元设立，设立时实收资本为 100 万元，经过 3 年运营，该公司盈余公积和未分配利润合计 50 万元。这时 C 投资者有意参加，经各方协商，C 投资者以 80 万元出资（占该公司股份的 1/3）。该公司在接受 C 投资者投资时，应借记“银行存款”科目 80 万元。贷记的科目及金额是（　　）。

A.“实收资本”科目 80 万元

B.“实收资本”科目 75 万元，“资本公积”科目 5 万元

C.“实收资本”科目 50 万元，“资本公积" 科目 30 万元

D.“实收资本”科目 50 万元，“资本公积”科目 25 万元

10. 某企业年初未分配利润为 100 万元，本年净利润为 1 000 万元，按 10%计提法定盈余公积，按 5%计提任意盈余公积，宣告发放现金股利 80 万元。该企业期末未分配利润为（　　）。

A. 855 万元　　B. 867 万元　　C. 870 万元　　D. 874 万元

11. 下列经济业务中，不会引起资产或所有者权益总额发生变动的经济业务是（　　）。

A. 以银行存款偿还前欠货款　　B. 从银行借款存入银行

C. 从某企业赊购材料　　D. 以银行借款还清所欠货款

12. 甲股份有限公司注册资本为 5 000 万元，2020 年实现的净利润为 800 万元，年初“未分配利润”明细科目借方余额为 100 万元，2020 年提取盈余公积前法定盈余公积的累计额为 1 000 万元。该公司 2020 年按规定应提取法定盈余公积为（　　）万元。

A. 80　　B. 70　　C. 500　　D. 0

13. 股份有限公司通过回购股票减少资本，在注销库存股时，应按股票面值和注销股数计算的股票面值总额，借记“股本”账户，按注销库存股的账面余额，贷记“库存股”账户，按其差额依次冲减而借记的账户是（　　）。

A.“资本公积——股本溢价”“盈余公积”“利润分配——未分配利润”

B.“资本公积——股本溢价”“资本公积——其他资本公积”“盈余公积”“利润分配——未分配利润”

C.“利润分配——未分配利润”“盈余公积”“资本公积——股本溢价”

D.“盈余公积”“利润分配——未分配利润”

14. 企业增资扩股时，投资者实际缴纳的出资额大于其按约定比例计算的其在注册资本中所占的份额部分，应作为（　　）。

A. 资本公积　　B. 实收资本　　C. 盈余公积　　D. 营业外收入

15. 经股东大会或类似机构决议，用资本公积转增资本时，应冲减（　　）。

A. 资本公积（资本溢价或股本溢价）　　B. 资本公积（其他资本公积）

C. 留存收益　　D. 未分配利润

16. 甲公司于 2016 年成立（假定所得税税率为 25%），当年发生亏损 80 万元。2017—2021 年，甲公司每年实现利润总额为 10 万元，则 2021 年年底该企业“利润分配——未分配利润”账户的借方余额为（　　）万元。

A. 20　　B. 80　　C. 30　　D. 42.5

17. 企业用当年实现的税前利润弥补亏损时，应进行的账务处理是（　　）。

A. 借记“本年利润”账户，贷记“利润分配——未分配利润”账户

B. 借记“利润分配——未分配利润”账户，贷记“本年利润”账户

C. 借记“利润分配——未分配利润”账户，贷记“利润分配——未分配利润”账户

D. 无需专门进行会计处理

18. 甲公司年初“未分配利润”账户余额为800万元（贷方），本年实现净利润1 600万元，以资本公积转增资本300万元，提取盈余公积160万元，向投资者分配现金股利200万元，分配股票股利400万元。甲公司年末的未分配利润为（　　）万元。

A. 840　　B. 1 640　　C. 1 340　　D. 540

二、多项选择题

1. 企业发生亏损时，下列各项中属于弥补亏损的渠道的有（　　）。

A. 用以后5年的税前利润弥补　　B. 用5年后的税后利润弥补

C. 以盈余公积弥补亏损　　D. 以职工薪酬弥补亏损

2. 下列事项中涉及实收资本或股本发生增减变动的有（　　）。

A. 将资本公积转增资本　　B. 将盈余公积转增资本

C. 发放股票股利　　D. 发放现金股利

3. 下列对未分配利润的各项表述中正确的有（　　）。

A. 未分配利润是企业当年实现的净利润经过弥补亏损、提取盈余公积和向投资者分配利润后留存在企业的利润

B. 未分配利润是企业未指定特定用途的利润

C. 企业对于未分配利润的使用不会受到很大的限制

D. 当年企业未分配利润为负数时，则不能对投资者进行利润分配

4. 下列各项中构成企业留存收益的有（　　）。

A. 资本溢价　　B. 未分配利润

C. 任意盈余公积　　D. 法定盈余公积

5. 下列事项中不涉及所有者权益总额变动的有（　　）。

A. 以盈余公积弥补亏损　　B. 以盈余公积转增资本

C. 分配股票股利　　D. 分配现金股利

6. 下列各项中能够引起企业留存收益总额发生变动的有（　　）。

A. 本年度实现净利润　　B. 提取法定盈余公积

C. 向投资者宣告分配现金股利　　D. 用资本公积转增资本

7. 甲公司委托证券公司发行普通股股票5 000万股，每股面值1元，按每股8元的价格发行，受托单位按照发行价格的1%收取手续费用。下列选项中，正确的有（　　）。

A. 确认“资本公积（股本溢价）”贷方金额39 600万元

B. 确认“股本”贷方金额5 000万元

C. 确认“资本公积（股本溢价）”贷方金额34 600万元

D. 确认“银行存款”借方金额40 000万元

8. 下列有关资本公积的会计处理的表述中，不正确的有（　　）。

A. 与发行权益性证券直接相关的手续费、佣金等交易费用，应借记“资本公积——股本溢价”账户等，贷记“银行存款”等账户

B. 同一控制下的控股合并，应在合并日按取得被合并方所有者权益账面价值的份额作为长期股权投资的初始投资成本，按其与支付的合并对价的账面价值的差额，贷记“资本公积——其他资本公积”账户

C. 对其他债权投资，在资产负债表日，应按其公允价值变动形成的利得或损失（除减值损失），借记或贷记“其他债权投资——公允价值变动”账户，贷记或借记“资本公积——其他资本公积”账户

D. 企业处置其他债权投资，应同时结转原计入资本公积的相关金额，借记或贷记“资本公积——其他资本公积”账户，贷记或借记“投资收益”账户

9. 下列选项中，不通过“资本公积”账户核算的有（　　）。

A. 无法偿还的应付账款

B. 采用权益法核算下，被投资企业实现净利润

C. 收到企业捐赠的固定资产

D. 采用权益法核算时，被投资企业持有的其他债权投资公允价值小于账面价值

10. 采用权益法核算时，下列选项中，不会引起投资企业资本公积发生变动的有（　　）。

A. 被投资企业增发股票形成的股本溢价

B. 被投资企业实现净利润

C. 被投资企业持有的其他权益工具投资公允价值大于账面价值

D. 被投资企业接受捐赠资产

11. 企业“利润分配”账户的核算内容包括（　　）。

A. 企业利润的分配

B. 企业亏损的弥补

C. 历年分配后的未分配利润

D. 历年弥补后的未弥补亏损

三、判断题

1. 企业对被投资单位的长期股权投资采用权益法核算时，期末因被投资单位其他债权投资公允价值的增加数额按其持股比例计算的份额，应贷记“资本公积——其他资本公积”科目。（　　）

2. 企业采用溢价发行股票时，委托证券商代理发行股票支付的手续费、佣金等，应从溢价发行收入中扣除。（　　）

3. 企业增资扩股时，新介入的投资者缴纳的出资额高于按约定比例计入注册资本份额的部分，应作为资本公积入账。（　　）

4. 企业股东大会决定宣告发放现金股利和股票股利时，应作为负债和利润分配处理。（　　）

5. 企业用盈余公积转增资本时，其所有者权益总额并不改变。（　　）

6. 企业以盈余公积向投资者分配现金股利，不会引起留存收益总额的变动。（　　）

7. “利润分配——未分配利润”科目的年末贷方余额反映企业累积未弥补亏损的数额。（　　）

8. 投资者向企业投入的资本，在持续经营期间内不得以任何形式收回。　（　）

9. 当企业接受投资者的原材料投资时，其增值税额不能计入实收资本。　（　）

10. 股份有限公司的“股本”账户，记录股票的面值，超过面值的部分作为股本溢价，记入“资本公积——股本溢价”账户。　（　）

11. 企业在非日常活动中形成的利得都应直接增加资本公积。　（　）

12. 企业用利润弥补以前年度亏损时，应借记“本年利润”账户，贷记“利润分配——盈余公积补亏”账户。　（　）

13. 用盈余公积转增资本不影响所有者权益总额的变化，但会使企业盈余公积减少。　（　）

14. 经过股东大会批准，资本公积都可以转增资本。　（　）

15. 盈余公积只能转增资本，不能弥补亏损。　（　）

四、业务题

1. 甲公司为一家联营企业，初建公司时，A、B、C 三家公司各自出资 200 万元作为投资人，2020 年发生经济业务如下：

（1）甲公司按《中华人民共和国公司法》的规定办理增资（由资本公积转入）180 万元，原 A、B、C 三家公司各占 1/3。

（2）甲公司用盈余公积 100 万元弥补以前年度亏损。

（3）甲公司从税后利润中提取法定盈余公积 70 万元。

（4）甲公司接受 D 公司加入联营企业，根据各方协议，D 公司实际出资 280 万元作为新增注册资本，使各方在注册资本的总额中各占 25%。D 公司以银行存款 280 万元缴付出资额。

要求：根据以上业务编制甲公司有关会计分录。

2. 甲股份有限公司（以下简称甲公司）2017—2019 年度有关业务资料如下：

（1）2017 年 1 月 1 日，甲公司股东权益总额为 46 500 万元（其中，股本总数为 10 000 万股，每股面值为 1 元；资本公积为 30 000 万元；盈余公积为 6 000 万元；未分配利润为 500 万元）。2017 年度，甲公司实现净利润 400 万元，股本与资本公积项目未发生变化。

（2）2018 年 3 月 1 日，甲公司董事会提出如下预案：

①按 2017 年度实现净利润的 10%提取法定盈余公积。

②以 2017 年 12 月 31 日的股本总额为基数，以资本公积（股本溢价）转增股本，每 10 股转增 4 股。

2018 年 5 月 5 日，甲公司召开股东大会，审议批准了董事会提出的预案，同时决定分派现金股利 300 万元。2018 年 6 月 10 日，甲公司办妥了上述资本公积转增股本的有关手续。2018 年度，甲公司发生亏损 3 142 万元。

（3）2019 年 5 月 9 日，甲公司股东大会决定以法定盈余公积弥补账面累计未弥补亏损 200 万元。

要求：（1）编制甲公司 2018 年 3 月提取法定盈余公积的会计分录。

（2）编制甲公司 2018 年 5 月宣告分派现金股利的会计分录。

（3）编制甲公司 2018 年 6 月资本公积转增股本的会计分录。

（4）编制甲公司 2018 年度结转当年亏损的会计分录。

（5）编制甲公司 2019 年 5 月以法定盈余公积弥补亏损的会计分录（“利润分配”“盈余公积”科目要求写出明细科目）。

第三节　练习题参考答案

一、单项选择题参考答案

1. D。企业接受投资者作价投入的材料物资，应按投资各方确认的价值及应当缴纳的税金入账。因此，应计入甲企业的实收资本为 460 000+59 800＝519 800 元。

2. D。“股本”科目登记的金额是股份有限公司股票的面值，股票面值与股份总数的乘积是发行股票的总面值。

3. C。该公司应贷记“资本公积——股本溢价”科目的金额为 1 000×(8－1)－(150－100)＝6 950 万元。

4. D。企业实际收到的款项为 800×1.5×(1－1%)＝1 188 万元。

5. C。以资本公积转增资本、提取盈余公积是所有者权益内部项目的变化，并不影响所有者权益总额，向投资者分配利润会减少所有者权益总额，因此该企业年末所有者权益总额为 160+300－20＝440 万元。

6. D。2020 年年末未分配利润为 $(54-4)\times(1-25\%)\times(1-15\%)-10.5=21.375$ 万元。

7. C。选项 C 使所有者权益减少，负债增加，其他选项不会引起所有者权益总额变化。

8. D。累计的留存收益除了包括未分配利润，还包括盈余公积。累计实现的净利润包括累计已分配的利润数额。与累计未分配的利润数额相比，当年实现的净利润既没有扣除当年已分配的利润数额和盈余公积转增资本的数额，也没有加上年初未分配利润或减去年初未弥补的亏损数额。

9. C。假设 C 投资者计入实收资本的金额为 X，则 C 投资者投资后公司的实收资本增加到 $X+100$，由题可知 C 投资者投资后享有的实收资本的份额为 1/3，因此有 $X\div(X+100)=1/3$，$X=50$，C 投资者投入的 80 万元中应当计入实收资本的是 50 万元，多余的 30 万元应当作为资本溢价记入"资本公积"科目。

10. C。企业期初未分配利润为 100 万元，本期实现的利润为 1 000 万元，计提法定盈余公积为 $1\ 000\times10\%=100$ 万元，计提任意盈余公积为 $1\ 000\times5\%=50$ 万元。企业分配现金股利 80 万元，期末未分配利润为 $100+1\ 000-100-50-80=870$ 万元。

11. D。以银行存款偿还以前所欠货款会使资产减少；从银行借款存入银行会使资产增加；从某企业赊购材料会使资产增加；以银行借款还清所欠货款不会对资产和所有者权益总额产生影响。

12. B。应提取的法定盈余公积 $=(800-100)\times10\%=7$（万元）

13. A。企业在注销库存股时，应按股票面值和注销股数计算的股票面值总额，借记"股本"账户，按注销库存股的账面余额，贷记"库存股"账户，按其差额冲减股票发行时原计入资本公积的溢价部分，回购价格超过上述冲减"股本"和"资本公积——股本溢价"的部分，应依次借记"盈余公积""利润分配——未分配利润"等账户。

14. A。投资者实际缴纳的出资额大于其按约定比例计算的其在注册资本中所占的份额部分应作为资本公积（资本溢价）核算。

15. A。用资本公积转增资本时，只能使用资本溢价（或股本溢价）。

16. C。2016 年的亏损用 2017—2021 年的税前利润弥补，弥补后还剩下 30 万元，因此未分配利润的借方余额为 30 万元。在弥补亏损期间，甲公司不用缴纳所得税。

17. D。企业用利润弥补亏损时，属于自然弥补，不需要进行专门的会计处理。

18. B。年末的所有者权益 $=800+1\ 600-160-200-400=1\ 640$（万元）

提取盈余公积、分配现金股利和股票股利等均导致未分配利润减少。资本公积转增资本与利润分配及未分配利润无关。

二、多项选择题参考答案

1. ABC。职工薪酬不得用于弥补亏损。

2. ABC。发放现金股利不涉及实收资本和股本的增减变动。

3. BC。选项 A 所述内容不完善，还应包括历年结存的利润；对投资者是否进行利润分配取决于当局管理者的意见，即使当年未分配利润为负数，还可以用历年结存的未分配利润或盈余公积进行利润分配。

4. BCD。企业的留存收益包括盈余公积和未分配利润。

5. ABC。分配现金股利会使企业所有者权益总额减少。

6. AC。选项A“本年度实现净利润”说明将增加企业的未分配利润，增加企业的留存收益。选项B“提取法定盈余公积”不影响企业的留存收益，其总额不发生变动。选项C“向投资者宣告分配现金股利”会使得未分配利润减少，从而企业的留存收益总额减少。选项D“用资本公积转增资本”，不影响企业的留存收益总额变动。

7. BC。会计分录编制如下：

借：银行存款　　39 600

　贷：股本　　5 000

　　　资本公积——股本溢价　　34 600

8. BCD。选项B，同一控制下的控股合并，应在合并日按取得被合并方所有者权益账面价值的份额作为长期股权投资的初始投资成本，按其与支付的合并对价的账面价值的差额，调整资本公积（资本溢价或股本溢价），即贷记或借记“资本公积——资本溢价或股本溢价”账户。“资本公积——资本溢价或股本溢价”账户的余额不足冲减的，调整留存收益。选项C和选项D，其他债权投资公允价值变动应计入其他综合收益。

9. ABCD。选项A，无法偿还的应付账款应直接转入营业外收入。选项B，被投资企业实现净利润时，投资企业按享有的份额确认为投资收益。选项C，收到捐赠时应计入营业外收入。选项D，应计入其他综合收益。

10. BCD。被投资企业增发股票形成的股本溢价属于资本公积中的股本溢价，会引起投资企业资本公积变动。被投资企业持有的其他权益工具投资公允价值大于账面价值的差额，被投资企业实现净利润和被投资企业接受捐赠资产不会引起其资本公积的变动，也不会引起投资企业资本公积发生变动。

11. ABCD。各选项均属于利润分配的内容。

三、判断题参考答案

1. ×。企业应贷记“其他综合收益”科目。

2. √。

3. √。企业增资扩股时，投资者实际缴纳的出资额大于按约定比例计算的其在注册资本中所占份额的部分，属资本（股本）溢价，计入资本公积。

4. ×。企业宣告发放现金股利时，应作为负债和利润分配处理，借记“利润分配”科目，贷记“应付股利”科目。企业宣告发放股票股利时，只是企业所有者权益的构成发生此增彼减的变化。

5. √。企业用盈余公积转增资本时，一方面反映实收资本的增加，另一方面反映盈余公积的减少，但其所有者权益总额并不改变。

6. ×。以盈余公积向投资者分配现金股利，会引起盈余公积的减少和留存收益总额的变动。

7. ×。“利润分配——未分配利润”科目的年末贷方余额反映企业累积的未分配利润的数额。

8. ×。如果企业按法律程序减资，则可以收回部分资本。

9. ×。增值税税额应计入实收资本。

10. √。

11. ×。利得也可以直接计入其他综合收益和当期损益（营业外收入）。

12. ×。企业用以后年度的税前利润弥补亏损时，不需要专门进行会计处理。

13. √。用盈余公积转增资本，会使企业的资本增加，盈余公积减少。

14. ×。只有资本溢价或股本溢价的资本公积才可以转增资本，其他资本公积不能转增资本。

15. ×。企业的盈余公积可以转增资本、弥补亏损或用于生产经营。

四、业务题参考答案

1. 甲公司账务处理如下：

（1）借：资本公积	1 800 000	
贷：实收资本——A 公司		600 000
——B 公司		600 000
——C 公司		600 000
（2）借：盈余公积	1 000 000	
贷：利润分配——盈余公积补亏		1 000 000
（3）借：利润分配——提取法定盈余公积	700 000	
贷：盈余公积——法定盈余公积		700 000
（4）借：银行存款	2 800 000	
贷：实收资本——D 公司		2 000 000
资本公积——资本溢价		800 000

2. 甲公司账务处理如下：

（1）甲公司 2018 年 3 月提取法定盈余公积。

借：利润分配——提取法定盈余公积	400 000	
贷：盈余公积——法定盈余公积		400 000

（2）甲公司 2018 年 5 月宣告分派现金股利。

借：利润分配——应付现金股利	3 000 000	
贷：应付股利		3 000 000

（3）甲公司 2018 年 6 月资本公积转增股本。

借：资本公积	40 000 000	
贷：股本		40 000 000

（4）甲公司 2018 年度结转当年亏损。

借：利润分配——未分配利润	31 420 000	
贷：本年利润		31 420 000

（5）甲公司 2019 年 5 月以法定盈余公积弥补亏损。

借：盈余公积——法定盈余公积	2 000 000	
贷：利润分配——盈余公积补亏		2 000 000

第十二章
费　　用

第一节　学习指导

一、本章结构

本章结构如图 12-1 所示。

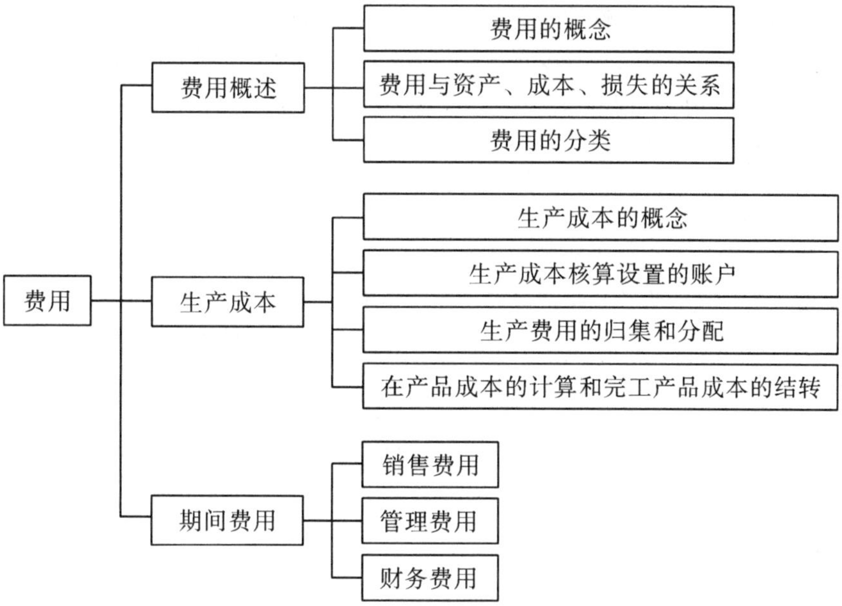

图 12-1　本章结构

二、学习目的和要求

了解：费用的概念和分类。
理解：费用、成本、损失的关系。
掌握：费用的确认和计量，期间费用的核算方法。

三、本章重点难点

1. 费用及其分类

费用是指企业在日常活动中发生的、会导致所有者权益减少的、与向所有者分配利润无关的经济利益的总流出。费用具有以下两项特征：一是费用最终将导致企业经济资源的减少；二是费用最终会减少企业的所有者权益。

费用按照经济内容（或性质）进行分类，不外乎劳动对象方面的费用、劳动手段方面的费用和活劳动方面的费用三大类。费用一般可分为以下几类：外购材料、外购燃料、外购动力、工资、折旧费、利息支出、税金和其他支出。费用按照经济用途分类，可分为直接材料、直接工资、其他直接支出、制造费用和期间费用。费用按照费用同产量之间的关系，可分为固定费用和变动费用。

2. 期间费用

期间费用是指企业当期发生的，不能直接归属于某个特定产品成本的费用。由于难以判定其所归属的产品，因此不能列入产品制造成本，而在发生的当期直接计入当期损益。期间费用主要包括销售费用、管理费用、财务费用。

销售费用是指企业在销售商品过程中发生的各项费用以及为销售本企业商品而专设的销售机构（含销售网点、售后服务网点等）的经营费用。销售费用包括：产品自销费用，即应由本企业负担的包装费、运输费、装卸费、保险费；产品促销费用，即展览费、广告费、经营租赁费、销售服务费；销售部门的费用，一般是指专设销售机构的职工工资及福利费、类似工资性质的费用、业务费等经营费用。

管理费用是企业董事会和行政管理部门为组织与管理生产经营活动而发生的，或者应当由企业统一负担的各种费用。管理费用包括：企业管理部门发生的直接管理费用，如公司经费等，主要包括总部管理人员工资、职工福利费、差旅费、办公费、折旧费、修理费、物料消耗、低值易耗品摊销及其他公司经费；用于企业直接管理之外的费用，主要包括董事会费、咨询费、聘请中介机构费、诉讼费等；提供生产技术条件的费用，主要包括研究费用、无形资产摊销、长期待摊费用摊销；业务招待费和其他费用。

财务费用是指企业为筹集生产经营所需资金而发生的各项费用，具体包括的项目有利息净支出（减利息收入后的支出）、汇兑净损失（减汇兑收益后的损失）、金融机构手续费以及筹集生产经营资金发生的其他费用等。

第二节 练习题

一、单项选择题

1. 企业发生的产品促销费用应当计入（　　）。
   A. 制造费用　　B. 销售费用　　C. 管理费用　　D. 财务费用
2. 下列费用中不属于管理费用列支范围的是（　　）。
   A. 董事会费　　B. 工会经费　　C. 咨询费　　D. 利息支出
3. 下列属于期间费用的项目是（　　）。
   A. 所得税费用　　B. 财务费用
   C. 制造费用　　D. 生产工人工资费用
4. 企业发生的汇兑损益应计入（　　）。
   A. 营业外支出　　B. 销售费用　　C. 财务费用　　D. 制造费用
5. 企业专设销售机构的固定资产折旧费应计入（　　）。
   A. 管理费用　　B. 主营业务成本
   C. 销售费用　　D. 其他业务成本

6. 2020 年 4 月，某企业发生行政管理部门工资 50 万元，诉讼费 5 万元，销售商品时发生的装卸费价税合计 3 万元，发生银行汇票手续费 2 万元。该企业 4 月应计入管理费用的金额是（ ）万元。

A. 55　B. 50　C. 60　D. 58

7. 2020 年度，某企业“财务费用”科目核算内容如下：短期借款利息支出 600 万元，银行存款利息收入 20 万元，银行手续费支出 10 万元。不考虑其他因素，2020 年度该企业利润表中“财务费用”科目本年度金额为（ ）万元。

A. 580　B. 590　C. 600　D. 610

8. 下列各项中应计入期间费用的是（ ）。

A. 计提车间管理用固定资产的折旧费　B. 预计产品质量保证损失

C. 车间管理人员的工资费用　D. 销售商品发生的商业折扣

9. 2020 年 12 月，甲公司管理部门使用的固定资产累计折旧金额为 30 万元，车间管理部门使用固定资产累计折旧金额为 15 万元，销售部门发生的业务费为 26 万元，财务部门人员的职工薪酬为 10 万元。2020 年 12 月，甲公司计入管理费用的金额为（ ）万元。

A. 81　B. 71　C. 45　D. 40

二、多项选择题

1. 费用按照经济内容分类包括（ ）。

A. 外购材料　B. 工资　C. 外购动力　D. 折旧费

2. 费用按其同产量之间的关系分类包括（ ）。

A. 固定费用　B. 变动费用　C. 混合费用　D. 期间费用

3. 期间费用主要包括（ ）。

A. 制造费用　B. 销售费用　C. 管理费用　D. 财务费用

4. 下列选项中，属于管理费用开支范围的有（ ）。

A. 咨询费　B. 技术转让费

C. 研究费用　D. 业务招待费

5. 应计入销售费用的项目有（ ）。

A. 广告费　B. 利息支出

C. 业务招待费　D. 展览费

6. 下列选项中，导致企业期间费用增加的有（ ）。

A. 确认销售人员的薪酬

B. 计提行政部门固定资产的折旧费

C. 以银行存款支付生产车间的水费

D. 以银行存款偿还银行短期借款的本金

7. 下列选项中，企业应计入销售费用的有（ ）。

A. 已售商品的成本　B. 预计产品质量保证损失

C. 随同商品销售不单独计价的包装物成本

D. 销售过程中代客户垫付的运输费

8. 下列选项中，应计入管理费用的有（　　）。

A. 合同违约支付的诉讼费

B. 专设销售机构发生的计算机维修费用

C. 聘请会计师事务所支付的审计费用

D. 筹建期间发生的开办费

三、判断题

1. 费用是指企业在日常活动中发生的、会导致所有者权益减少的、与向所有者分配利润无关的经济利益的总流出。（　　）

2. 因解除与职工的劳动关系而给予的补偿，应根据职工提供服务的受益对象进行处理。（　　）

3. 企业为组织生产经营活动而发生的一切管理活动的费用，包括车间管理费用和企业管理费用，都应作为期间费用处理。（　　）

4. 管理费用、财务费用和销售费用等期间费用，应于期末将其所发生的费用金额全部转入“本年利润”科目。（　　）

5. 导致经济利益流出的支出都构成费用。（　　）

6. 期间费用是指企业日常活动发生的不能计入特定核算对象的成本，应在发生时计入当期损益。（　　）

四、业务题

甲股份有限公司（以下简称甲公司）2019 年 12 月发生如下业务：

（1）甲公司以银行存款支付：银行借款利息 25 000 元（其中在建工程利息费用 15 000 元）；咨询费用 2 550 元；产品展览费用 400 元；捐赠 2 000 元；生产车间水电费 800 元；各项税收罚款及滞纳金 1 450 元；违反合同罚款 760 元；办公用品 50 元；企业所得税 2 300 元；生产设备保险费 1 630 元；诉讼费用 320 元；业务招待费用 2 400 元；销售产品运输费用 100 元；材料入库前挑选、整理费用 270 元。

（2）甲公司分配职工工资 187 000 元。其中，生产工人工资 85 600 元；车间管理人员工资 22 280 元；公司管理人员工资 33 420 元；建筑工程人员工资 45 700 元。

（3）甲公司摊销自用无形资产价值 4 000 元。

（4）甲公司结转本月发生的管理费用、销售费用、财务费用、营业外支出。

要求：根据上述资料编制有关业务的会计分录。

第三节　练习题参考答案

一、单项选择题参考答案

1. B。产品促销费用的主要目的是促进销售，属于销售费用，具体包括展览费、广告费、经营租赁费、销售服务费等。

2. D。利息支出作为企业的财务费用。

3. B。期间费用主要包括销售费用、管理费用、财务费用。

4. C。企业发生的汇兑损益作为企业的财务费用。

5. C。为销售本企业商品而专设的销售机构（含销售网点、售后服务网点等）的经营费用属于销售费用。

6. A。计入管理费用的金额=50+5=55 万元。销售商品发生的装卸费应计入销售费用，银行汇票手续费应计入财务费用。

7. B。短期借款利息支出计入“财务费用”账户的借方；银行存款利息收入计入“财务费用”账户的贷方；银行手续费支出计入“财务费用”账户的借方，因此期末“财务费用”的金额=600-20+10=590 万元。

8. B。选项 A，车间管理用固定资产的折旧费计入制造费用；选项 B，预计产品质量保证损失计入销售费用；选项 C，车间管理人员的工资计入制造费用；选项 D，销售商品发生的商业折扣在确认收入之前就扣除了，不形成费用。销售费用、管理费用和财务费用属于期间费用，选项 B 正确。

9. D。管理部门使用固定资产的累计折旧金额计入管理费用，车间管理部门使用固定资产的累计折旧金额计入制造费用，销售部门发生的业务费计入销售费用，财务部门人员的职工薪酬计入管理费用。因此，2020 年 12 月甲公司计入管理费用的金额=30+10=40 万元。

二、多项选择题参考答案

1. ABCD。费用按照经济内容（或性质）进行分类，一般可分为以下几类：外购材料、外购燃料、外购动力、工资、折旧费、利息支出、税金和其他支出。

2. AB。按照费用同产量之间的关系，费用可以分为固定费用和变动费用。

3. BCD。期间费用是指企业当期发生的，不能直接归属于某个特定产品成本的费用。期间费用主要包括销售费用、管理费用、财务费用。

4. ABCD。管理费用是企业董事会和行政管理部门为组织与管理生产经营活动而发生的，或者应当由企业统一负担的各种费用。

5. AD。利息支出作为企业的财务费用，业务招待费作为企业的管理费用。

6. AB。期间费用包括财务费用、销售费用和管理费用。

7. BC。选项 A 应计入主营业务成本；选项 D 应计入应收账款。

8. ACD。选项 B 应计入销售费用。

三、判断题参考答案

1. √。

2. ×。因解除与职工的劳动关系而给予的补偿，与其他形式的职工薪酬不同的是，由于被辞退的职工不再为企业提供服务，因此不论辞退职工原先属于哪个部门，企业都应将本期确认的辞退福利全部计入当期的管理费用。

3. ×。车间管理费用属于制造费用。

4. √。

5. ×。费用是指企业在日常活动中发生的、会导致所有者权益减少的，与向所有者分配利润无关的经济利益的总流出。导致经济利益流出的支出不一定会导致所有者权益减少，不会导致所有者权益减少的经济利益的流出不符合费用的定义。

6. √。

四、业务题参考答案

甲公司账务处理如下：

（1）借：财务费用	10 000	
在建工程	15 000	
管理费用	5 320	
销售费用	500	
制造费用	2 430	
营业外支出	4 210	
应交税费——应交所得税	2 300	
原材料	270	
贷：银行存款		40 030
（2）借：生产成本	85 600	
制造费用	22 280	
管理费用	33 420	
在建工程	45 700	
贷：应付职工薪酬——工资		187 000
（3）借：管理费用	4 000	
贷：累计摊销		4 000
（4）借：本年利润	57 450	
贷：管理费用		42 740
财务费用		10 000
销售费用		500
营业外支出		4 210

第十三章
收入和利润

第一节　学习指导

一、本章结构

本章结构如图 13-1 所示。

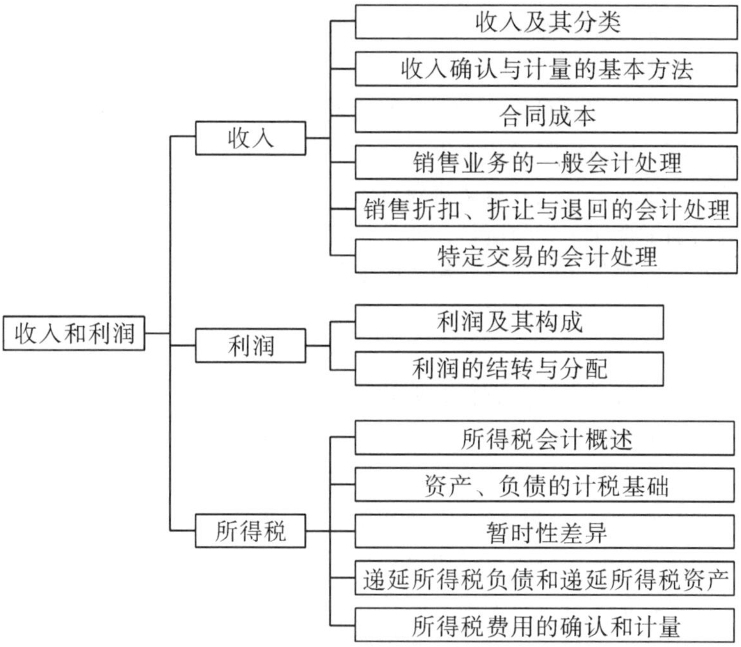

图 13-1　**本章结构**

二、学习目的和要求

了解：收入和利润的基本概念、特征与分类。

理解：营业外收入与营业外支出的主要内容，合同成本的计量。

掌握：收入确认与计量的基本方法（五步法模型），某一时段内履行义务相关收入的确认与计量，某一时点履行义务相关收入的确认与计量，销售折扣、折让与退回的会计处理方法，特定交易的会计处理方法，所得税费用采用资产负债表债务法的核算方法，本年利润的计算与结转，利润形成与分配的账务处理。

三、本章重点难点

1. 收入及其分类

根据我国企业会计准则的规定，收入是指企业在日常活动中形成的、会导致所有者权益增加的、与所有者投入资本无关的经济利益的总流入。其中，日常活动是指企业为完成其经营目标所从事的经常性活动及与之相关的其他活动。例如，工业企业制造并销售产品、商业企业销售商品、咨询公司提供咨询服务、软件企业为客户开发软件、安装公司提供安装服务、广告商提供广告策划服务等，都属于经常性活动；工业企业出售不需用的原材料、转让无形资产使用权等，都属于与经常性活动相关的其他活动。无论是经常性活动还是与经常性活动相关的其他活动，由此产生的经济利益的总流入都构成收入。

收入按企业经营业务的主次不同，分为主营业务收入和其他业务收入；按企业从事日常活动的性质不同，分为转让商品收入、提供劳务收入。

2. 收入的确认与计量

（1）收入确认的原则。企业应当在履行了合同中的履约义务，即在客户取得相关商品控制权时确认收入。

（2）收入确认的前提条件。企业与客户之间的合同同时满足下列条件时，企业应当在客户取得相关商品控制权时确认收入：

①合同各方已批准该合同并承诺将履行各自义务。

②该合同明确了合同各方与所转让商品相关的权利和义务。

③该合同有明确的与所转让商品相关的支付条款。

④该合同具有商业实质，即履行该合同将改变企业未来现金流量的风险、时间分布或金额。

⑤企业因向客户转让商品而有权取得的对价很可能收回。

（3）收入确认和计量的步骤。

①识别与客户订立的合同。合同是指双方或多方之间订立有法律约束力的权利义务的协议。合同有书面形式、口头形式以及其他形式。识别客户合同是指识别合同各方是否已批准该合同并承诺将履行各自的协议。在同一客户与企业签订多项合同且合同内容基本相同的情况下，企业可以将多项合同合并，并将其作为单个合同进行会计处理。

②识别合同中的单项履约义务。合同包括向客户转让商品或服务承诺。如果该商品或服务可明确区分，则对应的承诺即为单项履约义务。合同开始日，企业应当对合同进行评估，识别该合同包含的各单项履约义务，并确定各单项履约义务是在某一时点履行，还是在某一时段内履行，然后在履行了各单项履约义务时分别确认营业收入。

③确定交易价格。交易价格是企业因向客户转让商品而预期有权收取的对价金额。交易价格一般是固定的对价金额，但有时也可能包含可变对价、重大融资成分、非现金对价以及应付客户对价等，企业应考虑这些因素，最终确定交易价格。

④将交易价格分摊至各项履约义务。如果交易价格为多项履约义务的对价之和，则分摊标准一般为各单项履约义务的市场价格。如果企业无法取得各单项履约义务的市场价格，也可以将各单项履约义务的预计成本作为分摊标准。

⑤履行各单项履约义务时确认收入。企业应在履行了向客户转让已承诺的商品或服

务的履约义务时确认营业收入，营业收入的计量金额为分摊至已履行的履约义务的金额。

3. 销售业务的一般会计处理

（1）对于在某一时段内履行的履约义务，企业应当在该段时间内按照履约进度确认收入，履约进度不能合理确定的除外。在资产负债表日，企业应当按照合同收入总额乘以履约进度再扣除以前会计期间累计确认的合同收入后的金额，确认当期收入；同时，按照履行合同估计发生的总成本乘以履约进度再扣除以前会计期间累计确认的合同成本后的金额，结转当期成本。

当履约进度不能合理确定时，企业已经发生的成本预计能够得到补偿的，应当按照已经发生的成本金额确认收入，直到履约进度能够合理确定为止。

（2）对于在某一时点履行的履约义务，企业应当在客户取得相关商品控制权时点确认收入。当客户取得相关商品控制权时，企业应当按已收或预期有权收取的合同价款确认销售收入，同时或在资产负债表日，按已销商品的账面价值结转销售成本。如果销售的商品已经发出，但客户尚未取得相关商品的控制权或尚未满足收入确认的条件，则发出的商品应通过“发出商品”科目进行核算，企业不应确认销售收入。

4. 销售商品涉及折扣、折让与退回的会计处理

销售折扣是指企业在销售商品时为鼓励客户多购商品或尽早付款而给予的价款折扣，包括商业折扣和现金折扣。

商业折扣是指企业为促进商品销售而在商品标价上给予客户的价格扣除。商业折扣的目的是鼓励客户多购商品，通常根据客户不同的购货数量而给予不同的折扣比率。商品标价扣除商业折扣后的金额，为双方的实际交易价格，即发票价格。由于会计记录是以实际交易价格为基础的，而商业折扣是在交易成立之前予以扣除的折扣，它只是购销双方确定交易价格的一种方式，因此并不影响销售的会计处理。

现金折扣是指企业为鼓励客户在规定的折扣期限内付款而给予客户的价格扣除。现金折扣的目的是鼓励客户尽早付款，如果客户能够取得现金折扣，则发票金额扣除现金折扣后的余额，为客户的实际付款金额。对于附有现金折扣条件的销售，交易价格实际上属于可变对价，企业的会计处理将面临两种选择：一是按发票金额对应收账款及销售收入计价入账，这种会计处理方法称为总价法；二是按发票金额扣除现金折扣后的净额对应收账款及销售收入计价入账，这种会计处理方法称为净价法。企业选择总价法还是净价法进行会计处理，应当取决于对可变对价最佳估计数的判断。如果企业判断客户在折扣期限内不是极可能取得现金折扣，即在相关不确定性消除时最终确定的交易价格极可能为发票价格，应当采用总价法。如果企业判断客户在折扣期限内极可能取得现金折扣，即在相关不确定性消除时最终确定的交易价格极可能为发票价格扣除现金折扣后的净额，应当采用净价法。在总价法下，如果客户能够在折扣期限内付款，企业应按客户取得的现金折扣金额调减收入。在净价法下，如果客户未能在折扣期限内付款，企业应按客户丧失的现金折扣金额调增收入。

销售折让是指企业因售出商品的质量不合格等原因而给予客户的价格减让。销售折让可能发生在企业确认收入之前，也可能发生在企业确认收入之后。如果销售折让发生在企业确认收入之前，企业应直接从原定的销售价格中扣除给予客户的销售折让作为实际销售价格，并据以确认收入；如果销售折让发生在企业确认收入之后，企业应按实际给予客户的销售折让，冲减当期销售收入。销售折让属于资产负债表日后事项的，应当按照资产负债表日后事项的相关规定进行会计处理。

销售退回是指企业售出的商品由于质量、品种不符合要求等原因而发生的退货。发生销售退回时，如果企业尚未确认销售收入，应将已计入“发出商品”等科目的商品成本转回“库存商品”科目；如果企业已经确认了销售收入，则无论是本年销售本年退回，还是以前年度销售本年退回，除属于资产负债表日后事项的销售退回外，都应冲减退回当月的销售收入和销售成本；如果属于资产负债表日后事项，应按照资产负债表日后事项的相关规定进行会计处理。

5. 特定交易的会计处理

（1）合同中存在重大融资成分的，企业应当按照现销价格确定交易价格。现销价格是指假定客户在取得商品控制权时即以现金支付的应付金额。合同对价与现销价格之间的差额应当在合同期间内采用实际利率法摊销。

（2）对于附有销售退回条款的销售，企业在客户取得相关商品控制权时，应当按照因向客户转让商品而预期有权收取的对价金额（在不确定性消除时极可能不会发生重大转回的金额）确认收入，按照预期因销售退回将退还的金额确认负债；同时，按照预期将退回商品转让时的账面价值，扣除收回该商品预计发生的成本（包括退回商品的价减损）后的余额，确认为一项资产，按照所转让商品转让时的账面价值，扣除上述资产成本的净额结转成本。

（3）对于附有质量保证条款的销售，企业应当评估该质量保证是否在向客户保证所销售商品符合既定标准之外提供了一项单独的服务。企业提供额外服务的，应当作为单项履约义务，按照收入确认的相关要求进行会计处理；否则，质量保证责任应当按照或有事项的要求进行会计处理。

（4）对于主要责任人和代理人的区分，企业应当根据其在向客户转让商品前是否拥有对该商品的控制权，来判断其从事交易时的身份是主要责任人还是代理人。企业在向客户转让商品前能够控制该商品的，该企业为主要责任人，应当按照已收或应收对价总额确认收入；否则，该企业为代理人，应当按照预期有权收取的佣金或手续费的金额确认收入，该金额应当按照已收或应收对价总额扣除应支付给其他相关方的价款后的净额，或者按照既定的佣金金额或比例等确定。

（5）委托代销商品具体可分为视同买断方式和支付手续费方式两种。

视同买断方式是指委托方和受托方签订合同，委托方按合同价格收取代销商品的货款，实际售价可由受托方自定，实际售价与合同价之间的差额归受托方所有的一种代销方式。根据视同买断方式的特点，一般可以认为委托方在向受托方交付代销商品时，商品的控制权已经转移给了受托方。从受托方来看，由于已经取得了对代销商品的控制权，因此在向客户转让商品时，其身份是主要责任人，应当按照已收或应收客户对价总额确认销售商品收入；从委托方来看，其应当根据受托方是否承担了对受托代销商品无条件付款的义务等迹象，判断该项合同安排是否在实质上属于委托代销安排，并进行相应的会计处理。

支付手续费方式是指委托方和受托方签订合同，委托方根据代销商品的数量向受托方支付手续费的一种代销方式。与视同买断方式相比，支付手续费方式的主要特点是在受托方向其客户出售商品之前，委托方拥有对商品的控制权。受托方一般应按照委托方规定的价格销售商品，不得自行改变售价。委托方向受托方交付代销商品时，不能确认收入，应将发出的代销商品转入“发出商品”科目或“委托代销商品”科目核算；待收到受托方开来的代销清单时，再根据代销清单所列的已销商品金额确认收入，支付的代销手续费计入当期销售费用。从受托方来看，由于受托方在向客户转让商品前并不拥有对该商品的控制权，其向客户转让商品时的身份是代理人，因此对收到的代销商品不能作为商品购进处理，应设置“受托代销商品”科目单独核算。受托方将受托代销的商品售出后，应根据代销商品的数量和合同约定的收费方式，计算应向委托方收取的手续费，作为提供代销服务收入确认入账，不确认销售商品收入。

（6）对于附有客户额外购买选择权的销售，企业应当评估该选择权是否向客户提供了一项重大权利。企业提供重大权利的，应当作为单项履约义务，按照各单项履约义务所承诺商品的单独售价的相对比例，将交易价格分摊至该履约义务，在客户未来行使购买选择权取得相关商品控制权时，或者该选择权失效时，按照分摊至该单项履约义务的交易价格确认相应的收入。

（7）企业向客户授予知识产权许可的，应当评估该知识产权许可是否构成单项履约义务。对于构成单项履约义务的，企业应当进一步确定其是在某一时段内履行还是在某一时点履行，相应地进行会计处理；对于不构成单项履约义务的，企业应当将该知识产权许可和其他商品一起作为一项履约义务进行会计处理。

（8）对于不同类型的售后回购交易，企业应当区分下列两种情形分别进行会计处理：

①企业因存在与客户的远期安排而负有回购义务或企业享有回购权利的，表明客户在销售时点并未取得相关商品控制权，企业应当作为租赁交易或融资交易进行相应的会计处理。其中，回购价格低于原售价的，企业应当视为租赁交易，按照《企业会计准则第 21 号——租赁》的相关规定进行会计处理；回购价格不低于原售价的，应当视为融资交易，在收到客户款项时确认金融负债，并将该款项和回购价格的差额在回购期间内确认为利息费用等。企业到期未行使回购权利的，应当在该回购权利到期时终止确认金融负债，同时确认收入。

②企业负有应客户要求回购商品义务的，应当在合同开始日评估客户是否具有行使该要求权的重大经济动因。客户具有行使该要求权重大经济动因的，企业应当将售后回购作为租赁交易或融资交易，按照上述第①种情形进行会计处理；否则，企业应当将其作为附有销售退回条款的销售交易进行会计处理。

6. 利润及其构成

利润是指企业在一定会计期间的经营成果，包括收入减去费用后的净额、直接计入当期利润的利得和损失等。企业的利润一般包括营业利润、利润总额和净利润三部分。

营业利润=营业收入-营业成本-税金及附加-销售费用-管理费用-研发费用-财务费用-资产减值损失-信用减值损失+其他收益±投资净损益±公允价值变动净损益±资产处置净损益

营业收入是指企业经营业务实现的收入总额，包括主营业务收入和其他业务收入；营业成本是指企业经营业务发生的实际成本总额，包括主营业务成本和其他业务成本；税金及附加是指企业经营业务应负担的税金及附加费用，如消费税、城市维护建设税、资源税、教育费附加、房产税、城镇土地使用税、车船税、印花税等；研发费用是指企业在研究与开发过程中发生的费用化支出；其他收益是指与企业日常活动相关，但不宜冲减成本费用而应计入其他收益的政府补助，如增值税即征即退等；资产处置净损益是指企业出售划分为持有待售的非流动资产（金融资产、长期股权投资和投资性房地产除外）或处置组（子公司和业务除外）时确认的处置利得或损失以及处置（包括抵债、投资、非货币性资产交换、捐赠等）未划分为持有待售的固定资产、在建工程、无形资产等而产生的处置利得或损失。

利润总额=营业利润+营业外收入-营业外支出

营业外收入是指企业取得的与日常活动没有直接关系的各项利得，主要包括非流动资产毁损报废利得、债务重组利得、罚没利得、政府补助利得、无法支付的应付款项、捐赠利得、盘盈利得等。

营业外支出是指企业发生的与日常活动没有直接关系的各项损失，主要包括非流动资产毁损报废损失、债务重组损失、罚款支出、捐赠支出、非常损失、盘亏损失等。

净利润=利润总额-所得税费用

所得税费用是指企业按照企业会计准则的规定确认的应从当期利润总额中扣除的当期所得税费用和递延所得税费用。

7. 利润的结转与分配

（1）利润的结转。在会计期末，企业应将各损益类科目的余额转入“本年利润”科目，结平各损益类科目，即将收入类科目贷方余额转入“本年利润”科目的贷方，将支出类科目借方余额转入“本年利润”科目的借方。期末结转损益类科目余额后，“本年利润”科目如为贷方余额，反映年初至本期末累计实现的净利润；如为借方余额，反映年初至本期末累计发生的净亏损。

年度终了，企业应将收入和支出相抵后结出的本年实现的净利润，转入“利润分配——未分配利润”科目，借记“本年利润”科目，贷记“利润分配——未分配利润”科目；如果为净损失，借记“利润分配——未分配利润”科目，贷记“本年利润”科目。

（2）利润的分配。企业当期实现的净利润，加上年初未分配利润（或减去年初未弥补亏损）后的余额，为可供分配的利润。可供分配的利润，一般按下列顺序分配：

①提取法定盈余公积。法定盈余公积累计金额超过企业注册资本的50%以上时，可以不再提取。

②提取任意盈余公积。

③应付现金股利或利润。

④转作股本的股利。

8. 所得税

（1）所得税费用及资产负债表债务法。所得税费用是指在会计税前利润（或利润总额）中扣除的所得税费用，其构成内容及确认方法取决于所得税的会计处理方法。按我国企业会计准则的规定，企业所得税的会计处理应采用资产负债表债务法。在资产负债表债务法下，所得税费用的构成内容包括当期所得税费用和递延所得税费用两部分。

资产负债表债务法是指企业应当根据资产、负债的账面价值与资产、负债的计税基础的差异，将可抵扣暂时性差异对所得税的影响，确认为递延所得税资产；将应纳税暂时性差异对所得税的影响，确认为递延所得税负债；在此基础上倒推出各期所得税费用。资产负债表债务法的程序通常如下：

①确定资产和负债的账面价值。

②确定资产和负债的计税基础。

③比较资产、负债的账面价值和计税基础之间的差异，即为暂时性差异。

④将暂时性差异乘以适用的税率，即资产负债表上递延所得税资产或递延所得税负债的金额。

⑤确定利润表中的所得税费用，包括当期所得税和递延所得税两部分。

（2）当期所得税费用的确认与计量。当期所得税费用是指按当期应缴纳的所得税税额确认的费用。企业在确定当期应交所得税时，对于会计处理与纳税处理不同的交易或事项，应在会计利润的基础上，按照适用的税收法规的规定进行调整，计算出当期应纳税所得额，按照应纳税所得额与适用所得税税率计算确定当期应交所得税。一般情况下，应纳税所得额可以在会计利润的基础上，考虑会计处理与纳税处理之间的差异，按照下列公式计算确定：

应纳税所得额＝会计利润±纳税调整事项

式中，会计利润就是利润表中的利润总额，也称税前利润。纳税调整事项包括：计入利润表但不允许税前扣除的费用，如超过税法规定的业务招待标准的支出等；计入利润表的费用与可予以税前抵扣的费用之间的差额，如会计折旧与税法折旧的差额；计入利润表但不计入应纳税所得额的收入，如国债利息收入等。经过调整后，当期应交所得税即会计上确认的当期所得税费用可按下列公式计算：

当期应交所得税＝应纳税所得额×适用的所得税税率

（3）递延所得税的确认与计量。递延所得税费用是指由于暂时性差异的发生或转回而确认的所得税费用，即当期确认的递延所得税负债减去当期确认的递延所得税资产的差额。其中，当期确认的递延所得税负债大于当期确认的递延所得税资产的差额，为当期确认的递延所得税费用；当期确认的递延所得税负债小于当期确认的递延所得税资产的差额，为当期确认的递延所得税收益，递延所得税收益应当抵减当期所得税费用。

由于递延所得税指的是应当计入当期利润表的递延所得税费用（或收益），因此企业在计算递延所得税时，不应当包括直接计入所有者权益的交易或事项产生的递延所得税负债和递延所得税资产以及企业合并中产生的递延所得税负债和递延所得税资产。

第二节　练习题

一、单项选择题

1. 关于企业在日常活动中取得的收入，下列说法中错误的是（　　）。

A. 收入是企业日常活动形成的经济利益总流入

B. 收入的取得会导致资产的增加或负债的减少

C. 收入必然导致所有者权益的增加

D. 收入包括所有者向企业投入资本导致的经济利益流入

2. 下列各项中不符合会计要素收入定义的是（　　）。

A. 出售材料收入　　B. 出售单独计价的包装物收取的价款

C. 销售商品收入　　D. 固定资产报废净收益

3. 下列关于收入确认的前提条件的表述中正确的有（　　）。

A. 该合同明确了合同各方与所转让的商品相关的权利和义务

B. 该合同有明确的与所转让的商品相关的风险和时间分布

C. 该合同如不具有商业实质，可以根据合同各方已批准的合同确认收入

D. 企业因向客户转让商品而有权取得的对价可能收回

4. 下列关于收入确认与计量的表述中正确的有（　　）。

A. 合同有书面形式及其他形式，不含口头形式

B. 交易价格包括企业代第三方收取的款项及企业预期将退还给客户的款项

C. 合同条款承诺的对价，可能是固定金额、可变金额或两者兼有

D. 按照各单项履约义务承诺商品成本的相对比例，将交易价格分摊至各单项履约义务

5. 当履约进度不能合理确定时，企业已经发生的成本预计能够得到补偿的，应当按照（　　）金额确认收入，直到履约进度能够合理确定为止。

A. 预计能够得到补偿的成本　　B. 已经发生的成本

C. 预计将发生的成本　　D. 合同总价款

6. 甲公司 2019 年 10 月承接了一项安装服务，合同总收入为 1 000 万元，合同预计总成本为 500 万元，合同价款已收取，甲公司按照履约进度确认收入。2019 年，甲公司对此已经确认 400 万元的收入，至 2020 年年底，该安装服务的履约进度累计为 70%。2020 年，甲公司应确认的收入为（　　）万元。

A. 1 000　　B. 700　　C. 300　　D. 500

7. 企业对不符合收入确认条件的售出商品进行会计处理，应借记的会计科目是（　　）。

A.“在途物资”　　B.“库存商品”

C.“主营业务成本”　　D.“发出商品”

8. 下列各项中关于企业采用支付手续费方式委托代销商品会计处理的表述正确的是（　　）。

A. 支付的代销手续费计入主营业务成本

B. 发出委托代销商品时确认相应的主营业务成本

C. 发出委托代销商品时确认销售收入

D. 收到受托方开出的代销清单时确认销售收入

9. 某企业为增值税一般纳税人，适用的增值税税率为 13%。2019 年 11 月 1 日，该企业对外销售 M 商品 20 000 件，每件不含增值税销售价格为 15 元，给予 10%的商业折扣，符合收入确认条件。该企业销售商品会计处理正确的是（　　）。

A. 确认应交税费 3.9 万元　　B. 确认主营业务收入 27 万元

C. 确认管理费用 3 万元　　D. 确认财务费用 3 万元

10. 下列各项中已确认销售成本的售出商品被退回，应借记的会计科目是（　　）。

A. "发出商品"　　B. "主营业务成本"

C. "销售费用"　　D. "库存商品"

11. 某企业售出商品发生销售退回，该商品销售尚未确认收入且增值税纳税义务尚未发生，该企业收到退回的商品应贷记的会计科目是（　　）。

A. "应收账款"　　B. "其他业务成本"

C. "发出商品"　　D. "主营业务成本"

12. 属于在某一时段内履行的履约义务，应满足的条件有（　　）。

A. 客户在企业履约的同时即取得并消耗企业履约带来的经济利益

B. 客户已接受该商品

C. 企业履约过程中产出的商品具有不可替代用途

D. 企业就该商品享有现时收款的权利

13. 2019 年 12 月，某企业实现主营业务收入 60 万元，其他业务收入 10 万元，营业外收入 5 万元。不考虑其他因素，该企业 12 月实现的营业收入金额为（　　）万元。

A. 75　　B. 60　　C. 70　　D. 65

14. 某企业 2019 年发生的销售商品收入为 1 000 万元，销售商品成本为 600 万元，销售过程中发生广告宣传费用为 20 万元，管理人员工资费用为 50 万元，短期借款利息费用为 10 万元，股票投资收益为 40 万元，资产减值损失为 70 万元，公允价值变动损益为 80 万元（收益），因自然灾害发生固定资产的净损失为 25 万元，因违约支付罚款 15 万元。不考虑其他因素，该企业 2019 年的营业利润为（　　）万元。

A. 370　　B. 330　　C. 320　　D. 390

15. 下列各项中影响当期营业利润的是（　　）。

A. 所得税费用　　B. 公允价值变动损益

C. 其他综合收益　　D. 营业外收入

16. 下列各项中会导致企业当期营业利润增加的是（　　）。

A. 确认无法查明原因的现金溢余　　B. 计提固定资产的减值损失

C. 结转出售生产设备收益　　D. 分配在建工程人员薪酬

17. 下列各项中不会引起企业利润总额发生增减变动的是（　　）。

A. 计提存货跌价准备　　B. 确认服务收入

C. 确认所得税费用　　D. 取得持有国债的利息收入

18. 2019 年 9 月，某企业发生捐赠支出 8 万元，非专利技术转让损失 20 万元，补缴税款缴纳税收滞纳金 3 万元。不考虑其他因素，该企业 2019 年 9 月应记入"营业外支出"科目的金额是（　　）万元。

A. 28　　B. 31　　C. 11　　D. 23

19. 2019 年 9 月，某企业因合同纠纷导致专利权提前失效。该专利权入账价值为 100 万元，累计摊销 80 万元。该企业支付合同纠纷诉讼费 10 万元，律师服务费 3 万元。不考虑其他因素，该企业当月转销专利权记入"营业外支出"科目的金额应是（　　）万元。

A. 33　　B. 3　　C. 20　　D. 13

20. 下列各项中应记入“营业外支出”科目的是（　　）。

A. 无法查明原因的现金盘亏损失　　B. 自然灾害造成的存货毁损净损失

C. 预计产品质量保证损失　　D. 无形资产减值损失

21. 某企业适用的企业所得税税率为 25%，2019 年实现利润总额 1 350 万元，其中取得国债利息收入 150 万元，发生税收滞纳金 3 万元。不考虑其他因素，该企业 2019 年度利润表中所得税费用为（　　）万元。

A. 374.25　　B. 337.5　　C. 338.25　　D. 300.75

22. 2019 年，某企业取得债券投资利息收入 15 万元，其中国债利息收入 5 万元，全年税前利润总额为 150 万元，适用的企业所得税税率为 25%。不考虑其他因素，该企业 2019 年度的净利润为（　　）万元。

A. 112.5　　B. 113.75　　C. 116.75　　D. 111.25

23. 甲企业 2019 年应交所得税 100 万元，“递延所得税负债”年初余额为 30 万元，年末余额为 35 万元；“递延所得税资产”年初余额为 20 万元，年末余额为 18 万元。甲企业 2019 年的所得税费用是（　　）万元。

A. 127　　B. 97　　C. 107　　D. 105

24. 甲公司与乙公司签订合同，甲公司向乙公司销售 120 件 A 产品，交易价格为每件 100 元，产品在 6 个月内分批交付给乙公司。甲公司在某个时点转移产品的控制权。当甲公司向乙公司交付了 60 件 A 产品的控制权后，对合同进行了修改，要求甲公司向乙公司追加交付 30 件产品（总数为 150 件相同的产品），这 30 件产品未包括在原合同中。追加交付的 30 件产品，交易价格为每件 95 元（反映修订合同时的单独售价）。甲公司对该项合同变更的下列会计处理的表述中，正确的是（　　）。

A. 应当将该合同变更部分作为一份单独的合同进行会计处理

B. 应当将原合同未履约部分与合同变更部分合并为新合同进行会计处理

C. 应当将该合同变更部分作为原合同的组成部分进行会计处理

D. 应当调整变更日的主营业务收入

25. 甲公司出售 A 产品给客户，每件售价为 100 元。若客户全年度累计购买超过 2 000 件时，则每件价格降为 90 元。在 2021 年第一季度末，甲公司出售 200 件 A 产品给某一客户，估计该客户全年订购量不会超过 2 000 件。2021 年 6 月，该客户扩大业务量，至 6 月底又购买了 1 000 件 A 产品，累计达 1 200 件。甲公司估计该客户全年的订购量会超过 2 000 件。假定不考虑增值税及其他因素，甲公司 2021 年第二季度应确认收入的金额为（　　）元。

A. 70 000　　B. 88 000　　C. 90 000　　D. 100 000

26. 2021 年 7 月 1 日，甲公司与 A 公司签订了一份电脑芯片生产合同，甲公司为 A 公司生产 50 000 个电脑芯片，要求完工日为 2021 年 12 月 31 日，合同价格为 1 000 000 元。甲公司若于 2021 年 12 月 10 日前完工，A 公司承诺将增加 50 000 元奖金；甲公司若于 2021 年 12 月 20 日前完工，A 公司承诺将增加 20 000 元奖金。甲公司估计于 2021 年 12 月 10 日前完工的可能性为 30%，于 2021 年 12 月 20 日前完工的可能性为 70%。假定不考虑其他因素，甲公司该项合同的交易价格金额为（　　）元。

A. 1 000 000　　B. 1 050 000　　C. 1 020 000　　D. 1 070 000

27. 甲公司与客户签订一份合同，向其出售 A、B、C 三种产品，交易总价为 150 万元。A、B、C 三种产品的单独售价分别为 50 万元、70 万元、90 万元，合计 210 万元。甲公司经常将 A 产品按 50 万元出售，经常将 B 产品和 C 产品合并按 100 万价格出售。甲公司应确认的 B 产品的交易价格为（　　）元。

A. 437 500　　B. 500 000　　C. 700 000　　D. 562 500

28. 甲公司与乙公司签订了一项 5 年服务合同，并在随后的每一年续约一次。与客户签订合同的平均期限为 7 年。甲公司为取得该合同支付了提交标书的差旅费 20 000 元，销售人员佣金 40 000 元。在提供服务之前，甲公司设计并建立一个用于提供该项服务的技术平台，建立技术平台发生的初始成本如下：购买相关设备 100 000 元、软件 60 000 元。甲公司应确认为资产的金额为（　　）元。

A. 60 000　　B. 160 000　　C. 200 000　　D. 220 000

29. 企业对销售商品发生的销售折让，应做的会计处理是（　　）。

A. 增加销售费用　　B. 抵减主营业务收入

C. 增加主营业务成本　　D. 增加营业外支出

30. 对收取手续费方式下的委托代销业务，下列有关委托方会计处理的表述中，正确的是（　　）。

A. 委托方应在收到代销清单时确认收入

B. 委托方在交付商品时确认收入

C. 委托方在交付商品时做备查处理

D. 委托方不做任何处理

31. 2021 年 6 月，甲公司以每件 1 000 元的价格销售 5 000 件 A 产品（商品均已发出，商品的控制权已转移），收到 5 000 000 元的货款及 650 000 元的增值税税款。按照销售合同的约定，产品如有质量问题，客户可以在 2 个月内退回任何没有损坏的产品，并得到全额现金退款。A 产品的成本为每件 800 元。甲公司估计有 200 件会发生退货。甲公司为增值税一般纳税人，增值税税率为 13%，实际发生销货退回时取得税务机关开具的红字增值税专用发票可以冲减销项税额。2021 年 7 月 20 日，甲公司发生销货退回，实际退货量为 160 件，退货款项已经支付。甲公司 2021 年 6 月应确认商品销售收入的金额为（　　）元。

A. 5 000 000　　B. 4 800 000　　C. 4 840 000　　D. 5 650 000

32. 乙公司是电梯制造商和销售商，2021 年 6 月 1 日，乙公司与丁公司签订了销售 10 台电梯的合同。合同约定：电梯销售价款为 570 万元，同时提供“延长保修”服务，即从法定质量保证 3 年延长至 5 年，乙公司将对任何损坏的部件进行保修或更换。该批电梯和“延长保修”服务各自的单独售价分别为 560 万元和 40 万元，估计在法定质量保证的 1 年内将发生保修支出 8 万元。2021 年 6 月 10 日，乙公司已将电梯送达丁公司并安装完毕交付使用，乙公司 2021 年 6 月应确认商品销售收入的金额为（　　）万元。

A. 570　　B. 560　　C. 532　　D. 530

33. 2021 年 11 月 2 日，甲公司与丙公司签订一项大型设备安装合同，安装期 6 个月，合同交易价格 400 万元（不含增值税），2021 年预收安装工程款 200 万元，余款在安装完成时收回。至 2021 年 12 月 31 日，甲公司实际发生成本 100 万元，预计还将发生成本 150 万元，甲公司采用投入法确定履约进度。不考虑其他因素，甲公司 2021 年年末应确认的合同收入为（　　）万元。

A. 200　　B. 160　　C. 400　　D. 100

34. 2020 年 1 月 1 日，甲建筑公司与某企业签订承建一栋厂房的合同，合同约定 2022 年 3 月 31 日完工。合同总金额为 1 800 万元，预计合同总成本为 1 500 万元。2020 年 12 月 31 日，甲建筑公司累计发生成本 450 万元，预计完成合同还需发生成本 1 050 万元。2021 年 12 月 31 日，甲建筑公司累计发生成本 1 200 万元，预计完成合同还需发生成本 300 万元。2022 年 3 月 30 日工程完工，甲建筑公司累计发生成本 1 450 万元。甲建筑公司按履约进度确认合同收入，并采用累计发生成本占预计合同总成本的比例确定履约进度。不考虑其他因素，甲建筑公司 2021 年度对该合同应确认的合同收入为（　　）万元。

A. 540　　B. 900　　C. 1 200　　D. 1 440

35. 甲公司为一家工程监理公司，通过招投标方式取得向一新客户提供工程监理服务的合同。甲公司为取得合同而发生的成本如下：尽职调查的外部律师费 4 万元，提交标书的差旅费 6 万元（客户不承担），销售人员佣金 8 万元。假定不考虑其他因素，甲公司应确认的合同资产为（　　）万元。

A. 18　　B. 14　　C. 12　　D. 8

36. 甲公司为增值税一般纳税人，适用的增值税税率为 13%。2021 年 1 月 1 日，甲公司与乙公司签订销售 A 商品 100 件的合同，交易价格总额为 1 000 万元（其中 10% 为延长保修期 5 年的维修服务费）。商品已发出，款项已收到。甲公司 2021 年 1 月 1 日应确认的合同负债为（　　）万元。

A. 13　　B. 900　　C. 100　　D. 113

37. 下列关于售后回购交易的会计处理中，不符合企业会计准则规定的是（　　）。

A. 企业负有应客户要求回购商品义务的，客户不具有行使该要求权重大经济动因的，应当将其作为附有销售退回条款的销售交易

B. 企业到期未行使回购权利的，应当在该回购权利到期时终止确认金融负债，同时确认收入

C. 企业负有应客户要求回购商品义务的，客户具有行使该要求权重大经济动因的，企业应当将售后回购作为租赁交易或融资交易

D. 企业因存在与客户的远期安排而负有回购义务或企业享有回购权利的，应当作为融资交易进行相应的会计处理

二、多项选择题

1. 企业与客户之间的合同同时满足下列（　　）条件，应当在客户取得相关商品控制权时确认收入。

A. 合同各方已批准该合同并承诺将履行各自的义务

B. 该合同明确了合同各方与所转让商品相关的权利和义务

C. 该合同有明确的与所转让商品相关的支付条款

D. 该合同具有商业实质，因履行该合同将改变企业未来现金流量的风险、时间分布或金额

2. 甲公司承诺向某客户销售120件产品，每件产品售价100元。该批产品彼此之间可明确区分，且将于未来6个月内陆续转让给该客户。甲公司将其中的60件产品转让给该客户后，双方对合同进行了变更，甲公司承诺向该客户额外销售30件相同的产品，这30件产品与原合同中的产品可明确区分，其售价为每件95元（假定该价格反映合同变更时该产品的单独售价）。上述价格均不包含增值税。假定不考虑其他因素，下列关于甲公司的会计处理中正确的有（　　）。

A. 对原合同中的120件产品按每件产品100元确认收入

B. 对尚未转让给该客户的90件产品按每件产品100元确认收入

C. 对额外销售的30件产品按每件产品95元确认收入

D. 对尚未转让给该客户的90件产品按每件产品95元确认收入

3. 某企业为增值税一般纳税人，确认商品销售收入的同时结转成本。2019年11月2日，该企业赊销一批商品开具的增值税专用发票上注明的价款为100 000元，增值税税额为13 000元，合同规定的现金折扣条件为“1/10，0.5/20，N/30”。该批商品的成本为70 000元，符合收入确认条件。假定采用总价法核算，不考虑其他因素，该企业销售商品会计处理正确的有（　　）。

A. 借记“主营业务成本”科目70 000

B. 贷记“主营业务收入”科目99 000

C. 借记“应收账款”113 000　　D. 贷记“库存商品”70 000

4. 下列关于收入确认的表述中正确的有（　　）。

A. 已确认收入的商品发生销售退回，除属于资产负债表日后事项外，一般应在发生时冲减当期销售收入

B. 采用支付手续费方式委托代销商品的，应在发出商品时确认收入

C. 销售商品发生商业折扣的，销售收入应按扣除商业折扣后的金额确认

D. 对于在某一时点履行的履约义务，在客户取得相关商品控制权时确认收入

5. B公司于2019年12月5日收到A公司因质量不合格而被退回的商品100件，每件商品的成本为200元。该批商品于2019年9月3日出售给A公司，每件商品的售价为300元。B公司适用的增值税税率为13%，货款尚未收到，未确认销售收入。A公司提出的退货要求合理，B公司同意退货，并向A公司开具了增值税专用发票（红字），以下描述中错误的有（　　）。

A. B公司应冲减发出商品20 000元　　B. B公司应增加库存商品20 000元

C. B公司应冲减当月主营业务收入30 000元

D. B公司应冲减当月主营业务成本20 000元

6. 下列各项中既影响企业营业利润又影响利润总额的有（　　）。

A. 出租包装物取得的收入　　B. 经营租出固定资产的折旧额

C. 接受捐赠利得　　D. 所得税费用

7. 下列各项中不应确认为营业外收入的有（　　）。

A. 存货盘盈　　B. 固定资产出租收入

C. 固定资产盘盈　　D. 无法查明原因的现金溢余

8. 下列应计入营业外支出的有（　　）。

A. 固定资产出售损失　　B. 固定资产减值损失

C. 固定资产毁损损失　　D. 固定资产盘亏损失

9. 下列各项中，计算应纳税所得额需要进行纳税调整的项目有（　　）。

A. 税收滞纳金　　B. 超过税法规定标准的业务招待费

C. 国债利息收入　　D. 超过税法规定标准的职工福利费

10. 下列各项中，企业期末应将其本期发生额结转至“本年利润”科目的有（　　）。

A. 营业外收入　　B. 管理费用　　C. 财务费用　　D. 制造费用

11. 按照《企业会计准则第 14 号——收入》的规定，企业确认收入的方式应当反映其向客户转让商品或提供服务的模式。下列选项中，属于收入确认和计量五步法模型的有（　　）。

A. 识别与客户之间的合同和合同中的单项履约义务

B. 确定交易价格

C. 将交易价格分配至各单项履约义务

D. 在企业履行履约义务时确认收入

12. 下列关于合同变更的表述中，正确的有（　　）。

A. 合同变更是指经合同各方批准对原合同范围或价格作出的变更

B. 合同变更增加了可明确区分的商品及合同价款，且新增合同价款反映了新增商品单独售价的，应当将该合同变更部分作为一份单独的合同进行会计处理

C. 合同变更增加了可明确区分的商品及合同价款，新增合同价款未反映新增商品单独售价的，且在合同变更日已转让的商品与未转让的商品之间可明确区分的，应当视为原合同终止；同时，将原合同未履约部分与合同变更部分合并为新合同进行会计处理

D. 合同变更增加了可明确区分的商品及合同价款，新增合同价款未反映新增商品单独售价的，且在合同变更日已转让的商品与未转让的商品之间不可明确区分的，应当视为原合同终止；同时，将原合同未履约部分与合同变更部分合并为新合同进行会计处理

13. 2020 年 1 月 1 日，甲公司与客户乙公司签署了一份管理咨询合同，为乙公司提供管理咨询服务，合同期限为 3 年，乙公司每年向甲公司支付咨询服务费 30 万元（该价格反映了合同开始日该项服务的单独售价）。2021 年 12 月 31 日，合同双方对合同进行了变更，以 66 万元的价格将合同期限延长了 3 年（每年的服务费为 22 万元，假定该价格不能反映合同变更日该咨询服务 3 年的单独售价），咨询服务费于每年年初支付。不考虑其他因素，下列关于上述合同变更会计处理的表述中，不正确的有（　　）。

A. 2020 年和 2021 年按照履约进度分别确认收入 30 万元

B. 合同变更后，2022 年应确认收入 22 万元

C. 合同变更部分作为单独合同进行会计处理

D. 合同变更部分作为原合同组成部分进行会计处理

14. 下列选项中，会影响企业交易价格的有（　　）。

A. 商业折扣　　B. 价格折让

C. 返利　　D. 奖励积分

15. 企业在确定可变对价的最佳估计数时，可以采用（　　）进行估计。

A. 市场调整法　　B. 成本加成法

C. 最可能发生金额法　　D. 期望值法

16. 如果单独售价无法直接观察，企业应当综合考虑其能够合理取得的全部相关信息，采用（　　）进行单独售价的估计。

A. 市场调整法　　B. 成本加成法

C. 余值法　　D. 投入法

17. 在判断客户是否已取得商品控制权时，下列选项中，属于企业应当考虑的迹象有（　　）。

A. 客户就该商品负有现时付款义务

B. 客户已拥有该商品的法定所有权

C. 客户已实际占有该商品或已接受该商品

D. 客户已取得该商品所有权上的主要风险和报酬

18. 企业为取得合同发生的下列支出中，不应确认为资产的有（　　）。

A. 销售佣金

B. 差旅费

C. 投标费

D. 为准备投标资料发生的相关费用

19. 下列选项中，不应作为合同履约成本确认为合同资产的有（　　）。

A. 为取得合同发生但预期能够收回的增量成本

B. 该成本与一份当前或预期取得的合同直接相关，但该成本预期无法收回

C. 与履约义务中已履行（包括已全部履行或部分履行）部分相关的支出

D. 为履行合同发生的非正常消耗的直接材料、直接人工和制造费用

三、判断题

1. 根据企业会计准则对收入的定义，收入不仅包括主营业务收入和其他业务收入，也包括营业外收入。（　）

2. 商业折扣和现金折扣都会影响销售的会计处理。（　）

3. 确定交易价格时，企业代第三方收取的款项不应计入交易价格。（　）

4. 如果销售折让发生在确认收入之后并且不属于资产负债表日后事项，企业应按实际给予客户的销售折让，冲减销售收入和销售成本。（　）

5. 若销售商品不符合收入确认条件，在商品发出时不需要进行会计处理。（　）

6. 损失是指由企业非日常活动所发生的，会导致所有者权益减少的，与向所有者分配利润无关的经济利益的流出。（　）

7. 企业出售生产经营用固定资产实现的净收益，应列入利润表的“营业收入”项目。（　）

8. 企业年末将损益类科目结转后，“本年利润”科目的借方余额表示实现的净利润，贷方余额表示发生的净亏损。（　）

9. 企业应当在履行了合同中的履约义务，即在与商品所有权有关的风险报酬转移时确认收入。（　）

10. 企业应当在客户取得相关商品控制权时确认收入。取得相关商品控制权是指能够主导该商品的使用并从中获得几乎全部的经济利益。（　）

11. 合同变更增加了可明确区分的商品及合同价款，且新增合同价款反映了新增商品单独售价的，应将原合同未履约部分与合同变更部分合并为新合同进行会计处理。 （ ）

12. 甲公司与乙公司签订了一项合同，甲公司为乙公司生产设备并提供安装服务。安装过程需要根据现场条件对设备进行重大修改与调整。甲公司将设备与安装服务一同售卖。在该合同中，甲公司应将转让商品的承诺与提供安装服务作为两项履约义务进行会计处理。 （ ）

13. 企业应将向客户转让商品而预期有权收取的对价金额作为交易价格，不应当考虑可变对价、合同中存在的重大融资成分、非现金对价、应付客户对价等因素的影响。 （ ）

14. 合同资产和应收款项一样都是企业无条件收取合同对价的权利。 （ ）

15. 对合同折扣，企业应在各单项履约义务之间按相对单独售价的比例分摊。 （ ）

16. 企业为取得合同发生的成本预期能够收回的，应当作为合同取得成本确认为一项资产。 （ ）

17. 对附有销售退回条款的销售，企业应当在退货期满时确认收入。 （ ）

18. 企业应当将售后回购交易视为融资交易，在收到客户款项时确认金融负债，并将该款项与回购价格的差额在回购期间内确认为利息费用等。 （ ）

19. 企业应当在履行了合同中的履约义务，即客户取得相关商品控制权时确认收入，即使企业在某一时段内履行履约义务，也应当在客户取得相关商品控制权时确认收入。 （ ）

四、业务题

1. 甲集团公司（以下简称甲公司）是一家集电视机生产销售和房地产开发于一体的多元化上市企业集团。甲公司 2019 年发生的有关业务事项如下，适用的增值税税率为 13%。假定不考虑企业会计准则有关将可变对价计入交易价格的限制要求，根据下列资料，逐项计算甲公司的合同交易价格。

（1）2019 年 3 月，甲公司向零售商乙公司销售 1 000 台电视机，每台价格为 3 000 元，合同价款合计 300 万元。甲公司向乙公司提供价格保护，同意在未来 6 个月内，如果同款电视机售价下降，则按照合同价格与最低售价之间的差额向乙公司支付差价。甲公司根据以往执行类似合同的经验，预计各种结果发生的概率如表 13-1 所示。

表 13-1　预计各种结果发生的概率

未来 6 个月内的每台降价金额/元	概率/%
0	40
200	30
500	20
1 000	10

注：上述价格都不包含增值税。

（2）2019 年 6 月，甲公司为其客户建造一栋厂房，合同约定的价款为 100 万元，但是如果甲公司不能在合同签订之日起的 120 天内竣工，则必须支付 10 万元罚款，该罚款从合同价款中扣除。上述金额不含增值税。假设甲公司对合同结果的估计如下：工程按时完工的概率为 90%，工程延期的概率为 10%。

（3）2019 年 8 月，甲公司与丙公司签订固定造价合同，在丙公司的厂区内为其建造一栋办公楼，合同价款为 500 万元。根据合同约定，该项工程的完工日期为 2019 年 12 月 31 日，如果甲公司能够在该日期之前完工，则每提前一天，合同价款将增加 2 万元；相反，如果甲公司未能按期完工，则每推迟一天，合同价款将会减少 2 万元。甲公司根据以往执行类似合同的经验，预计各种结果发生的概率如下：提前 5 天的概率为 30%，提前 3 天的概率为 20%，按期完工的概率为 40%，延期 3 天的概率为 10%。此外，合同约定，该项工程完工之后将参与省级优质工程奖的评选，如果能够获奖，丙公司将额外奖励甲公司 20 万元。假设甲公司对获奖结果的估计如下：获奖的概率为 90%，工程未能获奖的概率为 10%。

2. 甲公司于 2019 年 5 月 20 日销售 A 商品一批，增值税专用发票上注明售价为 350 000 元，增值税税额为 45 500 元，该批商品成本为 182 000 元。A 商品于 2019 年 5 月 20 日发出，购货方于 5 月 27 日付款，甲公司对该项销售确认了销售收入。2019 年 9 月 16 日，该商品质量出现严重问题，客户将该批商品全部退回给甲公司。甲公司同意退货，于退货当日支付了退货款，并按规定向购货方开具了增值税专用发票（红字）。

要求：编制甲公司相关业务的会计分录。

3. 甲公司 2019 年度利润总额（税前会计利润）为 1 980 万元，所得税税率为 25%。甲公司全年实发工资、薪金为 200 万元，职工福利费为 30 万元，工会经费为 5 万元，职工教育经费为 21 万元。经查，甲公司当年营业外支出中有 12 万元为税收滞纳罚金（假设职工福利费 14%，工会经费 2%，职工教育经费 8%）。

要求：计算甲公司 2019 年的应纳税所得额、应交所得税，并写出相关会计分录。

4. 甲公司采用支付手续费方式委托乙公司代销一批商品，商品成本为 43 200 元。根据代销协议，商品售价为 48 000 元，增值税税额为 6 240 元，甲公司按销售价款（含增值税）的 3%支付手续费。乙公司将该批商品售出后给甲公司开具代销清单，甲公司根据代销清单所列的已销商品金额给乙公司开具增值税专用发票。

要求：分别编制甲公司和乙公司代销商品的相关会计分录。

（1）甲公司委托代销商品的会计分录。

①发出委托代销商品。

②收到乙公司开来的代销清单。

③确认应付的代销手续费。

④收到乙公司支付的货款。

（2）乙公司受托代销商品的会计分录。

①收到受托代销商品。

②将受托代销商品售出。

③收到增值税专用发票。

④结清代销商品款并计算代销手续费。

5. 2021 年 1 月 1 日，甲公司董事会批准了管理层提出的一项奖励积分计划。根据该计划，持积分卡的客户在甲公司消费时，每消费 1 元可获得 1 个奖励积分，每个奖励积分从当月开始在购物时可抵减 0.1 元。奖励积分自授予之日起 2 年内有效，过期作废。

2021 年度，甲公司销售各类商品共计 3 000 万元（不包括客户使用奖励积分购买的商品，下同），授予客户奖励积分共计 3 000 万分，客户使用奖励积分共计 1 620 万分。

2021 年年末，根据过往经验，甲公司估计奖励积分的兑换率为 90%。

假定不考虑增值税及其他因素，计算结果保留至元。

要求：计算甲公司 2021 年度分摊至商品和积分的交易价格，并编制相关会计分录。

6. 2021 年 6 月 2 日，甲公司以每件 1 000 元的价格销售 2 000 件 A 产品（商品均已发出，商品的控制权已转移），收到 2 000 000 元的货款及 260 000 元的增值税税款。按照销售合同的约定，产品如有质量问题，客户可以在 3 个月内退回任何没有损坏的产品，并得到全额现金退款。A 产品的成本为每件 820 元。甲公司预计会有 200 件（10%）A 产品被退回，而且即使估算发生后续变化，也不会导致大量收入的转回。甲公司预计收回产品的成本较小，并认为再次出售产品时还能获得利润。甲公司为增值税一般纳税人，增值税税率为 13%，产品发出时发生纳税义务，实际发生销货退回时取得税务机关开具的红字增值税专用发票可以冲减销项税额。

2021 年 9 月 2 日，甲公司发生销货退回，实际退货量为 150 件，退货款项已经支付。

要求：根据上述资料，编制甲公司的相关会计分录。

第三节　练习题参考答案

一、单项选择题参考答案

1. D。收入只包括企业自身活动获得的经济利益流入，而不包括企业的所有者向企业投入资本导致的经济利益流入。所有者向企业投入的资本，在增加资产的同时，直接增加所有者权益，不能作为企业的收入。

2. D。收入是指企业日常活动中形成的、会导致所有者权益增加的、与所有者投入资本无关的经济利益的总流入。选项 D 属于非日常活动发生的利得，计入营业外收入，不属于企业日常活动中形成的收入。

3. A。选项 B，该合同有明确的与所转让的商品相关的支付条款，不是风险和时间分布；选项 C，该合同具有商业实质，才能确认收入，没有实质不能确认收入；选项 D，企业因向客户转让商品而有权取得的对价应是很可能收回，不是可能收回。

4. C。选项 A，合同有书面形式、口头形式以及其他形式；选项 B，交易价格不包括企业代第三方收取的款项及企业预期将退还给客户的款项；选项 D，按照各单项履约义务承诺商品的单独售价的相对比例，将交易价格分摊至各单项履约义务。

5. B。当履约进度不能合理确定时，企业已经发生的成本预计能够得到补偿的，应当按照已经发生的成本金额确认收入，直到履约进度能够合理确定为止。

6. C。2020 年甲公司应确认的收入＝1 000×70%－400＝300（万元）

7. D。“发出商品”科目核算一般销售方式下已经发出但尚未确认收入的商品成本。

8. D。选项 A，支付的代销手续费应计入销售费用；选项 B，发出委托代销商品应计入发出商品，不需要确认主营业务成本；选项 C，企业应在收到受托方开出的代销清单时确认销售商品收入。

9. B。相关会计分录如下：

借：应收账款　　3 05 100

　贷：主营业务收入［20 000×15×(1－10%)］　　270 000

　　应交税费——应交增值税（销项税额）　　35 100

10. D。相关会计分录为借记“库存商品”，贷记“主营业务成本”。

11. C。相关会计分录为借记“库存商品”，贷记“发出商品”。

12. A。选项 B 和选项 D 是控制权转移的迹象，选项 C 表述不完整。

13. C。营业收入＝主营业务收入+其他业务收入＝60+10＝70（万元）

14. A。营业利润＝1 000－600－20－50－10+40－70+80＝370（万元）

因自然灾害发生固定资产的净损失为 25 万元和因违约支付罚款 15 万元均应记入“营业外支出”科目，不影响企业营业利润。

15. B。选项 A，影响当期净利润；选项 C，为所有者权益类科目，对当期利润无影响；选项 D，影响当期利润总额。

16. C。选项 A，计入营业外收入，导致利润总额增加；选项 B，计入资产减值损失，导致营业利润减少；选项 C，计入资产处置损益，导致营业利润增加；选项 D，计入在建工程，不影响营业利润。

17. C。选项 A，计入信用减值损失；选项 B，计入营业收入；选项 D，计入投资收益，以上三项都会影响利润总额。所得税费用是根据利润总额计算的，影响的是净利润，选项 C 正确。

18. C。捐赠支出和税收滞纳金记入“营业外支出”科目，因此确认的营业外支出金额为 8+3＝11 万元。非专利技术转让损失记入“资产处置损益”科目。

19. C。专利权提前失效的净损失计入营业外支出，企业支付的诉讼费和律师费计入管理费用。计入营业外支出的金额＝100－80＝20（万元）

20. B。选项 A，记入“管理费用”科目；选项 C，记入“销售费用”科目；选项 D，记入“资产减值损失”科目。

21. D。所得税费用=(1 350-150+3)×25%=300.75（万元）

22. B。2019年该企业的净利润=利润总额-所得税费用=150-(150-5)×25%=113.75（万元）

23. C。所得税费用=当期应交所得税+递延所得税=当期应交所得税+(递延所得税负债的期末余额-递延所得税负债的期初余额)-(递延所得税资产的期末余额-递延所得税资产的期初余额)=100+(35-30)-(18-20)=107（万元）

24. A。合同修改符合将合同变更部分作为一份新的单独合同的条件，应作为一个新的单独合同处理，选项A正确。

25. B。《企业会计准则第14号——收入》规定，对已履行的履约义务，其分摊的可变对价后续变动额应当调整变动当期的收入，因此2021年第二季度确认销货收入为1 200×90-200×100=88 000元。

26. C。合同中存在可变对价的，企业应当对计入交易价格的可变对价进行估计。由于只存在两种可能性，甲公司采用“最可能发生金额”的方法来确定可变对价金额，即甲公司将预期有权获得的金额为20 000元的奖金作为可变对价，并将满足条件的可变对价的金额20 000元计入交易价格。

27. A。该合同中60万元的折扣应全部分摊给B产品和C产品。该合同中各产品的交易价格具体分摊如下：

A产品的交易价格=50（万元）

B产品分配的交易价格=70÷160×100=43.75（万元）

C产品分配的交易价格=90÷160×100=56.25（万元）

28. C。甲公司为履行合同发生的上述成本中，购买设备100 000元应当按固定资产的规定进行会计处理；购买相关软件60 000元应当按无形资产的规定进行会计处理。甲公司为取得该合同支付的提交标书的差旅费20 000元，属于为取得合同所发生的费用，而该费用无论甲公司能否取得合同都会发生，应在发生时计入当期损益。向销售人员支付的佣金40 000元属于为取得合同发生的增量成本，应当将其作为合同取得成本确认为一项资产。

29. B。销售折让是企业因售出商品的质量不合格等原因而在售价上给予的减让，应作为可变对价抵减主营业务收入。

30. A。采用支付手续费方式的委托代销安排下，当作为委托方的企业将商品发送给受托方时，受托方虽然占有了该商品的实物但并未取得该商品的控制权，因为委托方仍然可以将商品调回或调往到其他客户，所以企业不应在向受托方发出商品时确认销售商品的收入，而仍然应当根据商品的控制权是否转移来判断何时确认收入，即应当在受托方售出商品时确认商品销售收入（在收到代销清单时确认收入）。

31. B。对附有销售退回条款的销售，企业应在客户取得相关商品控制权时，按因向客户转让商品而预期有权收取的对价金额（不包含预期因销售退回将退还的金额）确认收入；按照预期因销售退回将退还的金额确认负债（预计负债）。甲公司2021年6月应确认商品销售收入的金额为（5 000-200）×1 000=4 800 000元。

32. C。法定保修属于保证型质量保证，其预计的修理费用8万元应确认为预计负债；服务型质量保证应作为单项履约义务，应将合同交易价格在销售电梯和延长保修两项履约义务之间按其单独售价比例进行分摊，即应确认电梯销售收入532万元［570×

560÷(560+40)]，服务性质量保证确认合同负债38万元［570×40÷(560+40)］（在延长的2年内平均分摊确认为各期的收入）。

33. B。该项合同属于在某一时段内履行的履约义务，企业应当在该段时间内按照履约进度确认收入，履约进度=100÷（100+150）=40%。2021年年末应确认的合同收入=400×40%-0=160万元。

34. B。2020年确认收入金额=1 800×450÷(450+1 050)=540（万元）

2021年应该确认收入的金额=1 800×1 200÷(1 200+300)-540=900（万元）

35. D。企业为取得合同发生的增量成本预期能够收回的，应作为合同取得成本确认为一项资产。尽职调查的外部律师费和差旅费不属于增量成本，应在发生时计入当期损益；销售人员佣金属于增量成本应予以资本化，因此甲公司应确认的合同资产（合同取得成本）为8万元。

36. C。甲企业2021年1月1日应确认的合同负债=1 000×10%=100（万元）

37. D。企业因存在与客户的远期安排而负有回购义务或企业享有回购权利的，表明客户在销售时点并未取得相关商品控制权，企业应当作为租赁交易或融资交易进行相应的会计处理。其中，回购价格低于原售价的，应当视为租赁交易。因此，选项D不正确。

二、多项选择题参考答案

1. ABCD。企业与客户之间的合同同时满足下列五项条件的，企业应当在客户取得相关商品控制权时确认收入：第一，合同各方已批准该合同并承诺将履行各自义务；第二，该合同明确了合同各方与所转让商品相关的权利和义务；第三，该合同有明确的与所转让商品相关的支付条款；第四，该合同具有商业实质，因履行该合同将改变企业未来现金流量的风险、时间分布或金额；第五，企业因向客户转让商品而有权取得的对价很可能收回。

2. AC。由于新增的30件产品是可以明确区分的，且新增的合同价款反映了新增产品的单独售价，因此该合同变更实际上构成了一份单独的、在未来销售30件产品的新合同，该新合同并不影响对原合同的会计处理。甲公司应当对原合同中的120件产品按每件产品100元确认收入，对新合同中的30件产品按每件产品95元确认收入。

3. ACD。相关会计分录如下：

借：应收账款	113 000	
贷：主营业务收入		100 000
应交税费——应交增值税（销项税额）		13 000
借：主营业务成本	70 000	
贷：库存商品		70 000

4. ACD。企业采用支付手续费方式委托代销商品的，应在收到受托方代销清单时确认收入，选项B错误。

5. CD。B公司未确认销售收入，无需冲减主营业务收入及主营业务成本，选项C和选项D均不正确。

6. AB。选项C，计入营业外收入；选项D，在利润表项目“营业利润”的下面，两者均不影响营业利润。

7. ABC。选项 A，冲减管理费用；选项 B，计入其他业务收入；选项 C，通过“以前年度损益调整”科目核算。

8. CD。出售损失计入资产处置损益，减值损失计入资产减值损失。

9. ABCD。选项 A、选项 B、选项 D，计算应纳税所得额时应该纳税调增；选项 C，计算应纳税所得额时应该纳税调减。

10. ABC。企业期末应将损益类科目的本期发生额全部结转至“本年利润”科目。选项 D，属于成本类科目，不结转至“本年利润”科目。

11. ABCD。按照《企业会计准则第 14 号——收入》的规定，企业确认收入的方式应当反映其向客户转让商品或提供服务的模式，确认收入的金额应当反映企业因转让这些商品（或服务）而预期有权收取的对价金额，并设定了统一的收入确认和计量的五步法模型：第 1 步，识别与客户之间的合同；第 2 步，识别合同中的单项履约义务；第 3 步，确定交易价格；第 4 步，将交易价格分配至单项履约义务；第 5 步，在企业履行履约义务时确认收入。

12. ABC。选项 D，合同变更增加了可明确区分的商品及合同价款，新增合同价款未反映新增商品单独售价的，且在合同变更日已转让的商品与未转让的商品之间不可明确区分的，应当将该合同变更部分作为原合同的组成部分进行会计处理，在合同变更日重新计算履约进度，并调整当期收入和相应成本等。

13. BCD。由于在剩余合同期间需提供的服务与已提供的服务可明确区分，甲公司应当将该合同变更作为原合同终止，同时将原合同中未履约的部分与合同变更部分合并为一份新合同进行会计处理，即新合同的期限为 4 年，对价总额为 96 万元（原合同下尚未确认的 30 万元+新增的 3 年管理咨询服务相应的对价 66 万元）。因此，合同变更后，2022 年应确认收入 24 万元，选项 B、选项 C 和选项 D 不正确。

14. ABCD。企业与客户的合同中约定的对价可能会因折扣、价格折让、返利、退款奖励积分、激励措施、业绩奖金、索赔等因素而变化。选项 A、选项 B、选项 C、选项 D 均会影响交易价格。

15. CD。企业应当按照期望值或最可能发生金额确定可变对价的最佳估计数。市场调整法、成本加成法属于估计单独售价的方法。

16. ABC。企业应当在合同开始日估计单独售价，如果单独售价无法直接观察，企业应当综合考虑其能够合理取得的全部相关信息，采用市场调整法、成本加成法、余值法等方法合理估计单独售价。选项 D，投入法是确定履约进度的方法。

17. ABCD。在判断客户是否已取得商品控制权时，企业应当考虑下列迹象：第一，企业就该商品享有现时收款权利，即客户就该商品负有现时付款义务；第二，企业已将该商品的法定所有权转移给客户，即客户已拥有该商品的法定所有权；第三，企业已将该商品实物转移给客户，即客户已实际占有该商品；第四，企业已将该商品所有权上的主要风险和报酬转移给客户，即客户已取得该商品所有权上的主要风险和报酬；第五，客户已接受该商品。

18. BCD。企业为取得合同发生的增量成本预期能够收回的，应当作为合同取得成本确认为一项资产，如销售佣金等。但企业为取得合同发生的、除预期能够收回的增量成本之外的其他支出（如无论是否取得合同均会发生的差旅费、投标费、为准备投标资料发生的相关费用等），应当在发生时计入当期损益，但明确由客户承担的除外。企业因现有合同续约或发生合同变更需要支付的额外佣金，也属于为取得合同发生的增量成本。

19. ABCD。选项 A，为取得合同发生但预期能够收回的增量成本应作为合同取得成本确认为一项资产。选项 B、选项 C 和选项 D，企业为履行合同发生的成本，不属于其他企业会计准则规范范围且同时满足下列条件的，应当作为合同履约成本确认为一项资产：第一，该成本与一份当前或预期取得的合同直接相关，包括直接人工、直接材料、制造费用（类似费用）、明确由客户承担的成本以及仅因该合同而发生的其他成本；第二，该成本增加了企业未来用于履行履约义务的资源；第三，该成本预期能够收回。

三、判断题参考答案

1. ×。营业外收入属于非日常活动形成的经济利益流入。

2. ×。现金折扣会影响销售的会计处理，而商业折扣是在交易成立之前予以扣除的折扣，只是购销双方确定交易价格的一种方式，因此并不影响销售的会计处理。

3. √。

4. ×。如果销售折让发生在确认收入之后并且不属于资产负债表日后事项，销货方应按实际给予购货方的销售折让，冲减销售收入，但不存在冲减销售成本的问题。

5. ×。“发出商品”科目核算企业商品已发出但客户未取得商品控制权时的商品成本。企业借记“发出商品”科目，贷记“库存商品”科目。

6. √。

7. ×。企业出售固定资产的净收益计入资产处置损益，不属于营业收入项目。

8. ×。“本年利润”贷方表示企业的净利润，借方表示企业的净亏损。

9. ×。企业应当在履行了合同中的履约义务，即在客户取得相关商品控制权时确认收入。

10. √。取得相关商品控制权是指能够主导该商品的使用并从中获得几乎全部的经济利益，也包括有能力阻止其他方主导该商品的使用并从中获得经济利益。

11. ×。合同变更增加了可明确区分的商品及合同价款且新增合同价款反映了新增商品单独售价的，应当将该合同变更部分作为一份单独的合同进行会计处理。

12. ×。因为安装过程需要根据现场条件对设备进行重大修改与调整，所以在该合同中，转让商品的承诺与提供安装服务的承诺在合同层面是不可明确区分的，提供安装服务不能作为单项履约义务。

13. ×。企业在确定交易价格时，应当考虑可变对价、合同中存在的重大融资成分、非现金对价、应付客户对价等因素的影响。

14. ×。合同资产是指企业已向客户转让商品而有权收取对价的权利，且该权利取决于时间流逝之外的其他因素。应收款项是企业无条件收取合同对价的权利。应收款项仅承担信用风险，而合同资产除承担信用风险之外，还承担其他风险（如履约风险）。

15. √。对合同折扣，企业应在各单项履约义务之间按相对单独售价的比例分摊。有确凿证据表明合同折扣仅与合同中一项或多项履约义务相关的，企业应当将该合同折扣分摊至相关一项或多项履约义务。

16. ×。企业为取得合同发生的增量成本预期能够收回的，应当作为合同取得成本确认为一项资产。企业为取得合同发生的、除预期能够收回的增量成本之外的其他支出

（如无论是否取得合同均会发生的差旅费、投标费、为准备投标资料发生的相关费用等），应当在发生时计入当期损益，但明确由客户承担的除外。

17. ×。附有销售退回条款的销售应按下列原则进行会计处理：企业应在客户取得相关商品控制权时，按因向客户转让商品而预期有权收取的对价金额（不包含预期因销售退回将退还的金额）确认收入；按预期因销售退回将退还的金额确认负债（预计负债）。同时，企业按预期将退回商品转让时的账面价值，扣除收回该商品预计发生的成本（包括退回商品的价值减损）后的余额，确认为一项资产（应收退货成本）。企业按所转让商品转让时的账面价值，扣除上述资产成本的净额结转成本（主营业务成本）。

18. ×。企业对售后回购交易应区分不同情况进行会计处理：企业负有回购义务或企业享有回购权利的售后回购交易，如果回购价格低于原售价的，应当视为租赁交易，按企业会计准则的相关规定进行会计处理；如果回购价格不低于原售价的，应当视为融资交易，在收到客户款项时确认金融负债，并将该款项与回购价格的差额在回购期间内确认为利息费用等。

19. ×。企业应当在履行了合同中的履约义务，即客户取得相关商品控制权时确认收入。其中，属于在某一时段内履行履约义务，相关收入应当在该履约义务履行的期间内确认；属于在某一时点履行履约义务，企业应当在客户取得相关商品控制权时确认收入。

四、业务题参考答案

1.（1）如果企业拥有大量具有类似特征的合同，企业据此估计合同可能产生多个结果时，按照期望值估计可变对价金额通常是恰当的。因此，甲公司应当用期望值预测其有权获取的对价金额。在该方法下，甲公司估计交易价格为每台 2 740 元（3 000×40%+2 800×30%+2 500×20%+2 000×10%）。按 1 000 台计算，交易价格为 2 740×1 000=2 740 000 元。

（2）当合同仅有两个可能结果（按时完工或延期）时，按照最可能发生金额估计可变对价金额可能是恰当的。因此，甲公司估计的交易价格为 100 万元，即为最可能发生的单一金额。

（3）产生可变对价的事项有两项：一为是否按期完工；二为能否获得省级优质工程奖。甲公司可以采用不同的方法对其进行估计：对于前者，甲公司按照期望值进行估计，交易价格为 510×30%+506×20%+500×40%+494×10%=503.6 万元；对于后者，甲公司按照最有可能的金额进行估计，交易价格为 503.6+20=523.6 万元。

2. 甲公司应编制如下会计分录：

（1）2019 年 5 月 20 日确认收入。

借：应收账款	395 500	
贷：主营业务收入		350 000
应交税费——应交增值税（销项税额）		45 500
借：主营业务成本	182 000	
贷：库存商品		182 000

（2）2019 年 5 月 27 日收到货款。

借：银行存款	395 500	
贷：应收账款		395 500

(3) 2019 年 9 月 16 日销售退回。

借：主营业务收入　　350 000

　　应交税费——应交增值税（销项税额）　　45 500

　贷：银行存款　　395 500

借：库存商品　　182 000

　贷：主营业务成本　　182 000

3. 甲公司 2019 年纳税调整数 = 职工福利费 + 工会经费 + 职工教育经费 + 罚金 = (30-28) + (5-4) + (21-16) + 12 = 20（万元）

应纳税所得额 = 1 980+20 = 2 000（万元）

当期应交所得税额 = 2 000×25% = 500（万元）

借：所得税费用　　5 000 000

　贷：应交税费——应交所得税　　5 000 000

4. 采用支付手续费方式委托代销商品的会计处理如下：

(1) 甲公司委托代销商品的会计分录。

①发出委托代销商品。

借：发出商品　　43 200

　贷：库存商品　　43 200

②收到乙公司开来的代销清单。

借：应收账款——乙公司　　54 240

　贷：主营业务收入　　48 000

　　　应交税费——应交增值税（销项税额）　　6 240

借：主营业务成本　　43 200

　贷：发出商品　　43 200

③确认应付的代销手续费。

手续费 = 54 240×3% = 1 627.2（元）

借：销售费用　　1 627.2

　贷：应收账款——乙公司　　1 627.2

④收到乙公司支付的货款。

借：银行存款　　52 612.8

　贷：应收账款——乙公司　　52 612.8

(2) 乙公司受托代销商品的会计分录。

①收到受托代销商品。

借：受托代销商品　　48 000

　贷：受托代销商品款　　48 000

②将受托代销商品售出。

借：银行存款　　54 240

　贷：受托代销商品　　48 000

　　　应交税费——应交增值税（销项税额）　　6 240

③收到增值税专用发票。

借：应交税费——应交增值税（进项税额）　　6 240

　贷：应付账款——甲公司　　6 240

借：受托代销商品款　48 000
　贷：应付账款——甲公司　48 000

④结清代销商品款并计算代销手续费。

借：应付账款——甲公司　54 240
　贷：银行存款　52 612.8
　　其他业务收入　1 627.2

5. 根据上述奖励积分计划，甲公司通过授予客户奖励积分为客户提供了一项重大权利，应当作为一项单独的履约义务。

2021 年度分摊至商品和积分的交易价格计算如下：

合同交易价格总额＝30 000 000（元）

客户购买商品的单独售价合计＝30 000 000（元）

考虑兑换率的积分的单独售价＝30 000 000×0.1×90%＝2 700 000（元）

分摊至商品的交易价格＝30 000 000×30 000 000÷32 700 000＝27 522 936（元）

分摊至积分的交易价格＝30 000 000×2 700 000÷32 700 000＝2 477 064（元）

借：银行存款　30 000 000
　贷：主营业务收入　27 522 936
　　合同负债　2 477 064

兑换积分时应当确认的收入＝2 477 064×16 200 000÷27 000 000＝1 486 238（元）

借：合同负债　1 486 238
　贷：主营业务收入　1 486 238

6. 相关会计分录如下：

（1）2021 年 6 月 2 日销售商品时：

借：银行存款　2 260 000
　贷：主营业务收入　1 800 000
　　预计负债——应付退货款　200 000
　　应交税费——应交增值税（销项税额）　260 000

结转销货成本时：

借：主营业务成本　1 476 000
　应收退货成本　164 000
　贷：库存商品　1 640 000

（2）2021 年 9 月 2 日发生退货 150 件时：

借：库存商品　123 000
　应交税费——应交增值税（销项税额）　19 500
　预计负债——应付退货款　200 000
　贷：应收退货成本　123 000
　　主营业务收入　50 000
　　银行存款　169 500

借：主营业务成本　41 000
　贷：应收退货成本　41 000

第十四章 财务报告

第一节 学习指导

一、本章结构

本章结构如图 14-1 所示。

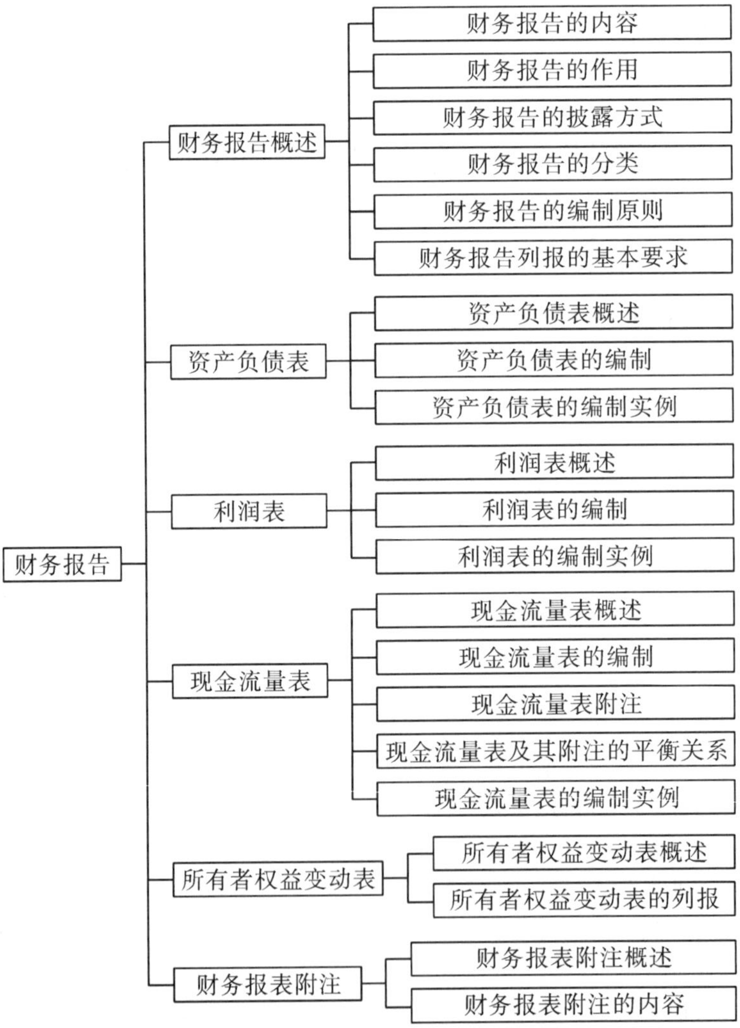

图 14-1 本章结构

二、学习目的和要求

了解：企业财务会计报表的种类、作用和编制的基本要求。

理解：资产负债表主要项目的填列、利润表及其附表的数字来源、经营活动现金流量各项目的填列方法。

掌握：资产负债表、利润表、现金流量表的编制方法。

三、本章重点难点

1. 财务报告的目标与作用

财务报告是企业正式对外揭示或表述财务信息的总结性书面文件。财务报告又称财务会计报告，我国《企业会计准则——基本准则》将其定义为“企业对外提供的反映企业某一特定日期的财务状况和某一会计期间的经营成果、现金流量等会计信息的文件”。一般来说，财务报表是财务报告的核心，企业对外提供的主要财务信息都应纳入财务报表。

财务报告的目标是向财务报告使用者提供与企业财务状况、经营成果和现金流量等有关的会计信息，反映企业管理层受托责任的履行情况，有助于财务报告使用者做出经济决策。财务报告使用者包括投资者、债权人、政府及其有关部门和社会公众等。

财务报告的作用表现在以下几个方面：第一，财务报告有助于投资者和债权人等进行合理的决策；第二，财务报告反映企业管理层的受托经营管理责任；第三，财务报告能够帮助企业管理层改善经营管理，协调企业与相关利益集团的关系，促进企业快速、稳定地发展；第四，财务报告能够帮助国家有关部门实现其经济与社会目标，并进行必要的宏观调控，促进社会资源的有效配置。

2. 财务报告列报的基本要求

财务报告列报主要是指财务报表的列报。财务报告列报的基本要求主要是针对财务报表的列报要求提出的。财务报表列报的基本要求如下：

（1）以持续经营为列报基础。企业应当以持续经营为基础，根据实际发生的交易和事项，按照《企业会计准则——基本准则》和其他各项企业会计准则的规定进行确认和计量，在此基础上编制财务报表。企业不应以附注披露代替确认和计量，不恰当的确认和计量也不能通过充分披露相关会计政策而纠正。如果按照各项企业会计准则的规定披露的信息不足以让报表使用者了解特定交易或事项对企业财务状况和经营成果的影响，企业还应当披露其他的必要信息。

在编制财务报表的过程中，企业管理层应当利用所有可获得信息来评价企业自报告期末起至少 12 个月的持续经营能力。

企业正式决定或被迫在当期或者将在下一个会计期间进行清算或停止营业的，则表明以持续经营为基础编制财务报表不再合理。在这种情况下，企业应当采用其他基础编制财务报表，并在附注中声明财务报表未以持续经营为基础编制的事实，披露未以持续经营为基础编制的原因和财务报表的编制基础。

（2）按重要性原则进行项目列报。在合理预期下，财务报表某项目的省略或错报会影响使用者据此做出经济决策的，该项目具有重要性。重要性应当根据企业所处的具体环境，从项目的性质和金额两方面予以判断，且对各项目重要性的判断标准一经确定，不得随意变更。

判断项目性质的重要性，应当考虑该项目在性质上是否属于企业日常活动，是否显著影响企业的财务状况、经营成果和现金流量等因素；判断项目金额大小的重要性，应当考虑该项目金额占资产总额、负债总额、所有者权益总额、营业收入总额、营业成本总额、净利润、综合收益总额等直接相关项目金额的比重或所属报表单列项目金额的比重。

非日常活动产生的利得和损失，以同一交易形成的收益扣减相关费用后的净额列示更能反映交易实质的，不属于抵销。

《企业会计准则第30号——财务报表列报》规定在财务报表中单独列报的项目，企业应当单独列报。其他企业会计准则规定单独列报的项目，企业应当增加单独列报项目。

（3）可比期间的数据列报。当期财务报表的列报，至少应当提供所有列报项目上一个可比会计期间的比较数据以及与理解当期财务报表相关的说明。

财务报表的列报项目发生变更的，企业应当至少对可比期间的数据按照当期的列报要求进行调整，并在附注中披露调整的原因和性质以及调整的各项目金额。对于可比数据进行调整不切实可行的，企业应当在附注中披露不能调整的原因。

（4）财务报表表首的列报要求与报告期间。财务报表一般分为表首、正表两部分。其中，在表首部分，企业应当在财务报表的显著位置至少披露下列各项内容：编报企业的名称；资产负债表日或财务报表涵盖的会计期间；人民币金额单位；财务报表是合并财务报表的，应当予以标明。

企业至少应当按年编制财务报表。根据《中华人民共和国会计法》（以下简称《会计法》）的规定，会计年度自公历1月1日起至12月31日止。年度财务报表涵盖的期间短于一年的，应当披露年度财务报表的涵盖期间、短于一年的原因以及报表数据不具可比性的事实。

3. 资产负债表

（1）资产负债表的概念及作用。资产负债表是反映企业在资产负债表日（或报告期末）全部资产、负债和所有者权益情况的报表。它是一张揭示企业在一定时点财务状况的静态报表。资产负债表的作用主要表现在以下几个方面：

①反映企业的经济资源及其分布情况以及企业的资本结构。资本结构是指在企业的资金来源中负债和所有者权益的比值。资产负债表把企业的资金来源划分为负债和所有者权益两大类，而后又进一步将负债划分为流动负债和非流动负债，将所有者权益划分为股本或实收资本、资本公积、留存收益，从而充分反映了企业的资本结构情况。

②据以评价和预测企业的短期偿债能力。短期偿债能力主要体现在企业资产和负债的流动性上。资产负债表分门别类地列示流动资产与流动负债，本身虽然未直接反映出短期偿债能力，但通过将流动资产与流动负债进行比较，并借助报表，可以评价和预测企业的短期偿债能力。

③据以评价和预测企业的长期偿债能力。企业的长期偿债能力主要指企业以全部资产清偿全部负债的能力。一般认为，企业资产越多，负债越少，其长期偿债能力越强；反之，若资不抵债，则企业缺乏长期偿债能力。资产负债表按资产、负债和所有者权益三大会计要素分类，列示了重要项目，可据以评价、预测企业的长期偿债能力，为管理

部门和债权人信贷决策提供了重要的依据。

④有助于评价、预测企业的财务弹性。财务弹性来自资产的流动性或变现能力、由经营产生资金流入的能力、向投资者和债权人筹措资金的能力、在不影响正常经营的前提下变卖现有资产取得现金的能力。资产负债表展示的资源分布情形及对资源的请求权，有助于评价、预测企业的财务弹性。

⑤有助于评价、预测企业的经营绩效。企业的经营绩效主要反映在其获利能力上，获利能力直接影响企业能否有稳定而逐步增长的盈利水平，能否按照约定向债权人还本付息，能否维持甚至逐步提高股东的投资报酬。衡量企业获利能力的指标主要有资产报酬率、股东权益报酬率等。

（2）资产负债表的列报格式和列报方法。根据企业会计准则的规定，我国资产负债表采用账户式的格式，即左侧列报资产方，一般按资产的流动性大小排列；右侧列报负债方和所有者权益方，一般按要求清偿时间的先后顺序排列。账户式资产负债表中的资产项目的合计等于负债和所有者权益项目的合计，即资产负债表左方和右方平衡。因此，账户式资产负债表可以反映资产、负债、所有者权益之间的内在关系，即“资产=负债+所有者权益”。

同时，企业需要提供比较资产负债表，以便报表使用者通过比较不同时点资产负债表的数据，掌握企业财务状况的变动情况及发展趋势。因此，资产负债表将各项目再分为“年初余额”和“期末余额”两栏分别填列。

资产负债表“年初余额”栏内各项数字，应根据上年末资产负债表“期末余额”栏内所列数字填列。如果上年度资产负债表规定的各个项目的名称和内容同本年度不一致，企业应对上年年末资产负债表各项目的名称和数字按照本年度的规定进行调整，填入表中“年初余额”栏内。

资产负债表“期末余额”栏内各项数字，一般应根据资产、负债和所有者权益类科目的期末余额填列，主要包括以下方式：根据总账科目的余额填列、根据有关明细账科目的余额计算填列、根据总账科目和明细账科目的余额计算填列、根据有关科目余额减去其备抵科目余额后的净额填列、综合运用上述填列方法分析填列。

4. 利润表

利润表又称收益表、损益表，是反映企业在一定会计期间的经营成果的财务报表。利润表的作用表现在以下几个方面：

（1）为企业外部投资者及信贷者做投资决策及贷款决策提供依据。通过利润表，财务报表使用者可以计算利润的绝对值指标，也可以计算投资报酬率及资金利润率等相对值指标，并通过前后两个时期及同一时期不同行业或企业的同类指标的比较分析，了解该企业的获利水平、利润增减变化趋势，据此决定是否投资、是否追加投资以及是否改变投资方向。

（2）为企业内部管理层的经营决策提供依据。利润表综合地反映营业收入、营业成本以及期间费用等，披露利润组成的各大要素。企业通过比较分析利润的增减变化，可以寻求其根本原因，以便在价格、品种、成本、费用及其他方面揭露矛盾，找出差距，明确今后的工作重点，做出正确的决策。

（3）为企业内部业绩考核提供重要的依据。企业一定时期的利润总额集中地反映了各部门工作的结果，它既是制订各部门工作计划的参考，又是考核各部门计划执行结果的重要依据，利润表提供的相关数据可以用来评判各部门工作的业绩，以便企业做出正确的奖罚决策。

5. 现金流量表

（1）现金流量表的概念及作用。现金流量表是反映企业一定会计期间现金和现金等价物流入与流出的报表。编制现金流量表的主要目的是为财务报表使用者提供企业一定会计期间内现金和现金等价物流入与流出的信息，以便于财务报表使用者了解与评价企业获取现金和现金等价物的能力，并据以预测企业未来的现金流量。现金流量表的作用主要体现在以下几个方面：

①现金流量表可以提供企业的现金流量信息，从而对企业整体财务状况做出客观评价。

②财务报表使用者通过现金流量表可以对企业的支付能力和偿债能力以及企业对外部资金的需求情况做出较为可靠的判断。

③财务报表使用者通过现金流量表不但可以了解企业当前的财务状况，而且可以预测企业未来的发展情况。

④现金流量表便于财务报表使用者评估报告期内与现金有关和无关的投资及筹资活动。

（2）现金流量表的编制基础。现金流量表以现金及现金等价物为基础，按照收付实现制原则编制。

现金是指企业库存现金以及可以随时用于支付的存款，主要包括库存现金、银行存款、其他货币资金。

现金等价物是指企业持有的同时满足以下四个条件的投资：期限短、流动性强、易于转换为已知金额的现金、价值变动风险很小。

不同企业现金及现金等价物的范围可能不同。企业应当根据经营特点等具体情况，确定现金及现金等价物的范围，一经确定不得随意变更。如果发生变更，企业应当按照会计政策变更处理。

（3）现金流量的分类。现金流量表中应当按照企业发生的经济业务性质，将企业一定期间内产生的现金流量分为经营活动产生的现金流量、投资活动产生的现金流量和筹资活动产生的现金流量三类。

①经营活动产生的现金流量。经营活动是指企业投资活动和筹资活动以外的所有交易和事项。各类企业由于行业特点不同，对经营活动的认定存在一定差异。对于工商企业而言，其经营活动主要包括销售商品、提供劳务、购买商品、接受劳务、支付税费等。对于商业银行而言，其经营活动主要包括吸收存款、发放贷款等。

②投资活动产生的现金流量。投资活动是指企业长期资产的购建和不包括在现金等价物范围内的投资及其处置活动。长期资产是指固定资产、无形资产、在建工程、其他资产等持有期限在一年或一个营业周期以上的资产。

③筹资活动产生的现金流量。筹资活动是指导致企业资本及债务规模和构成发生变化的活动。这里所说的资本，既包括实收资本（或股本），也包括资本溢价（或股本溢价）。这里所说的债务是指对外举债，包括向银行借款、发行债券以及偿还债务等。

（4）列报经营活动现金流量的直接法和间接法。直接法是指按现金收入和现金支出的主要类别直接反映企业经营活动产生的现金流量的方法，如直接列报“销售商品、提供劳务收到的现金”，“购买商品、接受劳务支付的现金”等。在直接法下，企业一般是以利润表中的营业收入为起算点，调节与经营活动有关项目的增减变动，之后计算出经营活动产生的现金流量。间接法是指以净利润为起算点，调整不涉及现金的收入、费用、营业外收支等有关项目，剔除投资活动、筹资活动对现金流量的影响，据此计算出经营活动产生的现金流量。

企业采用直接法编报现金流量表，便于分析企业经营活动产生的现金流量的来源和用途，预测企业现金流量的未来前景；采用间接法编报现金流量表，便于将净利润与经营活动产生的现金流量净额进行比较，了解净利润与经营活动产生的现金流量差异的原因，从现金流量的角度分析净利润的质量。因此，我国企业会计准则规定企业应当采用直接法编报现金流量表，同时要求在附注中提供以净利润为基础调节到经营活动现金流量的信息。

（5）直接法下主要项目的填列。

①“销售商品、提供劳务收到的现金”项目。“销售商品、提供劳务收到的现金”项目反映企业销售商品、提供劳务实际收到的现金，包括销售收入和应向购买者收取的增值税销项税额。其具体包括本期销售商品、提供劳务收到的现金以及前期销售商品、提供劳务，本期收到的现金和本期预收的款项减去本期销售本期退回的商品和前期销售本期退回的商品支付的现金。企业销售材料和代购代销业务收到的现金，也在该项目反映。

企业在填列“销售商品、提供劳务收到的现金”项目时，应考虑的因素有营业收入的发生额、应收账款的增减变动、应收票据的增减变动、预收款项的增减变动、核销坏账引起的应收账款的减少以及收回以前年度核销的坏账、销售退回、应交增值税销项税额的发生额等。企业根据利润表、资产负债表有关项目及部分账户记录资料填列的计算公式为：

销售商品、提供劳务收到的现金=营业收入+应收票据项目(期初余额-期末余额)+应收账款项目(期初余额-期末余额)+预收款项(期末余额-期初余额)-债务人以非现金资产抵债减少的应收票据及应收账款-本期计提坏账准备导致的应收票据及应收账款项目减少数

②“购买商品、接受劳务支付的现金”项目。“购买商品、接受劳务支付的现金”项目反映企业购买材料、商品、接受劳务实际支付的现金，包括支付的货款及与货款一并支付的增值税进项税额。其具体包括本期购买商品、接受劳务支付的现金以及本期支付前期购买商品、接受劳务的未付款项和本期预付款项，减去本期发生的购货退回收到的现金。企业为购置存货而发生的借款利息资本化部分，应在“分配股利、利润或偿付利息支付的现金”项目中反映。企业在填列“购买商品、接受劳务支付的现金”项目时，应考虑的因素有营业成本、存货增减变动、应交增值税（进项税额）的发生额、应付票据及应付账款增减变动、预付账款增减变动以及购货退回收到的现金等。企业根据报表资料填列的计算公式如下：

购买商品、接受劳务支付的现金=营业成本+存货项目(期末余额-期初余额)+应付票据项目(期初余额-期末余额)+应付账款项目(期初余额-期末余额)+预付款项(期末余额-期初余额)

企业还要考虑与投资、交换非流动资产、抵偿非流动负债等有关的存货增减数，非

现金抵债、非存货抵债引起的应付账款、应付票据减少数，直接购货业务应交增值税（进项税额）的发生额及营业成本中的非外购存货费用。

③“支付给职工以及为职工支付的现金”项目。“支付给职工以及为职工支付的现金”项目反映企业实际支付给职工的现金以及为职工支付的现金，包括企业为获得职工提供的服务，本期实际给予的各种形式的报酬以及其他相关支出，如支付给职工的工资、奖金、各种津贴和补贴等以及为职工支付的其他费用，不包括支付给在建工程人员的工资。支付给在建工程人员的工资，在“购建固定资产、无形资产和其他长期资产支付的现金”项目中反映。

企业为职工支付的医疗、养老、失业、工伤、生育等社会保险基金、补充养老保险、住房公积金，为职工缴纳的商业保险金，因解除与职工劳动关系给予的补偿，现金结算的股份支付以及企业支付给职工或为职工支付的其他福利费用等，应根据职工的工作性质和服务对象，分别在“购建固定资产、无形资产和其他长期资产支付的现金”和“支付给职工以及为职工支付的现金”项目中反映。

该项目可以根据“库存现金”“银行存款”“应付职工薪酬”等科目的记录分析填列。

6. 所有者权益变动表

所有者权益变动表是反映构成所有者权益的各组成部分当期的增减变动情况的报表，所有者权益变动表应当全面反映一定时期所有者权益变动的情况，不仅包括所有者权益总量的增减变动，还包括所有者权益增减变动的重要结构性信息，让报表使用者准确理解所有者权益增减变动的根源。

所有者权益变动表的列报格式如下：

（1）以矩阵的形式列报。为了清楚地表明构成所有者权益的各组成部分当期的增减变动情况，所有者权益变动表应以矩阵的形式列示。一方面，列示导致所有者权益变动的交易或事项，改变了以往仅仅按照所有者权益的各组成部分反映所有者权益变动情况，而是按所有者权益变动的来源对一定时期所有者权益变动情况进行全面反映；另一方面，按照所有者权益各组成部分（包括实收资本、资本公积、盈余公积、其他综合收益、未分配利润和库存股）及其总额列示交易或事项对所有者权益的影响。

（2）列示所有者权益变动的比较信息。根据企业会计准则的规定，企业需要提供比较所有者权益变动表，因此所有者权益变动表还就各项目再分为“本年金额”和“上年金额”两栏分别填列。

第二节　练习题

一、单项选择题

1. 下列关于财务报表的说法中不恰当的是（　　）。

A. 一套完整的财务报表至少应当包括资产负债表、利润表、现金流量表和所有者权益（或股东权益）变动表

B. 资产负债表反映企业在某一特定日期的财务状况

C. 利润表反映企业在一定会计期间的经营成果

D. 所有者权益变动表反映构成所有者权益各组成部分当期增减变动情况

2. 在填列资产负债表时，根据几个总账科目余额计算填列的是（　　）。

A. 应收账款　B. 货币资金　C. 预付款项　D. 固定资产

3. 对于资产负债表中的“未分配利润”项目，应作为填列依据的是（　　）。

A.“利润分配”科目余额　B.“本年利润”科目余额

C.“本年利润”和“利润分配”科目余额的差额

D.“盈余公积”科目余额

4. 2019 年 12 月 31 日，A 公司有关科目余额如下：“工程物资”科目的借方余额为 100 万元，“发出商品”科目的借方余额为 300 万元，“生产成本”科目的借方余额为 200 万元，“原材料”科目的借方余额为 50 万元，“委托加工物资”科目的借方余额为 40 万元，“材料成本差异”科目的贷方余额为 20 万元，“存货跌价准备”科目的贷方余额为 10 万元，“受托代销商品”科目的借方余额为 150 万元，“受托代销商品款”科目的贷方余额为 150 万元。2019 年 12 月 31 日，A 公司资产负债表中“存货”项目“期末余额”的列报金额为（　　）万元。

A. 660　B. 260　C. 560　D. 360

5. 下列关于企业的固定资产在资产负债表中填列方法的表述中正确的是（　　）。

A. 固定资产期末余额－累计折旧期末余额－固定资产减值准备期末余额+固定资产清理期末余额

B. 固定资产期末余额+固定资产清理期末余额

C. 固定资产期末余额+在建工程期末余额

D. 固定资产期末余额+工程物资期末余额

6. 如果企业有一年内到期的长期待摊费用，则应当在资产负债表（　　）项目中列示。

A. 长期待摊费用　B. 其他流动资产

C. 一年内到期的非流动资产　D. 一年内到期的非流动负债

7. 某股份有限公司从 2019 年 1 月 1 日起对期末存货采用成本与可变现净值孰低法计价，成本与可变现净值的比较采用单项比较法。该公司 2019 年 6 月 30 日，A、B、C 三种存货的成本分别为 60 万元、42 万元、72 万元；A、B、C 三种存货的可变现净值分别为 56 万元、50 万元、72 万元。该公司当年 6 月 30 日资产负债表中反映的存货净额为（　　）万元。

A. 170　B. 174　C. 176　D. 182

8. 某企业 2019 年 12 月 31 日“固定资产”账户余额为 3 000 万元，“累计折旧”账户余额为 1 200 万元，“固定资产减值准备”账户余额为 150 万元，“在建工程”账户余额为 300 万元。该企业 2019 年 12 月 31 日资产负债表中“固定资产”项目列报的金额为（　　）万元。

A. 1 800　B. 1 350　C. 3 300　D. 1 650

9. A 公司 2019 年年末有关明细科目余额如下："应收账款——甲"科目借方余额 80 万元，"预收账款——丙"科目借方余额 20 万元，"预收账款——丁"科目贷方余额 35 万元，与"应收账款"科目有关的"坏账准备"科目贷方余额为 3 万元。假定不考虑其他因素，A 公司 2019 年 12 月 31 日资产负债表中"预收款项"项目的期末余额是（　　）万元。

A. 115　　B. 112　　C. 35　　D. 55

10. 某企业 2019 年发生的营业收入为 800 万元，营业成本为 480 万元，销售费用为 16 万元，管理费用为 40 万元，财务费用为 8 万元，投资收益为 32 万元，资产减值损失为 56 万元（损失），公允价值变动损益为 64 万元（收益），营业外收入为 20 万元，营业外支出为 12 万元。该企业 2019 年的利润总额为（　　）万元。

A. 304　　B. 264　　C. 256　　D. 312

11. A 公司 2019 年度减值损失发生额如下：存货减值损失合计 25 万元，坏账损失合计 10 万元，固定资产减值损失合计 200 万元，无形资产减值损失合计 100 万元。A 公司 2019 年利润表中"资产减值损失"项目"本期金额"的列报金额为（　　）万元。

A. 300　　B. 325　　C. 35　　D. 335

12. 甲公司 2014 年 1 月 20 日购入一项无形资产。该无形资产的实际成本为 3 000 万元，摊销年限为 10 年，无残值。2018 年 12 月 31 日，该无形资产发生减值，预计可收回金额为 1 080 万元。计提减值准备后，该无形资产原摊销年限不变。2019 年 12 月 31 日资产负债表中"无形资产"项目填列的金额为（　　）万元。

A. 864　　B. 1 080　　C. 1 200　　D. 1 284

13. 下列各项中不应列入利润表"营业成本"项目的是（　　）。

A. 随同商品出售单独计价的包装物成本

B. 销售材料的成本

C. 商品流通企业销售外购商品的成本

D. 随同商品出售不单独计价的包装物成本

14. A 公司 2019 年度"财务费用"科目的发生额如下：银行长期借款利息支出 10 万元，银行短期借款利息支出 3 万元，银行存款利息收入 1 万元，银行手续费支出合计 0.5 万元。A 公司 2019 年度利润表中"财务费用"项目"本期金额"的列报金额为（　　）万元。

A. 12　　B. 13.5　　C. 12.5　　D. 11

15. 下列不影响营业利润的项目是（　　）。

A. 财务费用　　B. 投资收益

C. 资产减值损失　　D. 营业外支出

16. 企业银行本票存款 10 万元，收到商业承兑汇票 8 万元，库存现金 15 万元，银行结算账户存款 40 万元，则企业资产负债表中"货币资金"项目的金额为（　　）万元。

A. 18　　B. 65　　C. 55　　D. 50

17. 下列经济事项中能使企业经营活动产生的现金流量发生变化的是（　　）。

A. 缴纳增值税　　B. 购买工程物资

C. 赊销商品　　D. 发放股票股利

18. 下列经济业务所产生的现金流量中属于“投资活动产生的现金流量”的是（　　）。

A. 收到的现金股利　　B. 支付的各种税费

C. 吸收投资收到的现金　　D. 支付货款

19. 企业偿还的长期借款利息，在编制现金流量表时，应列报的项目是（　　）。

A. 偿还债务支付的现金　　B. 分配股利、利润和偿付利息支付的现金

C. 支付其他与筹资活动有关的现金　　D. 支付的各项税费

20. 下列各项中不属于筹资活动产生的现金流量的是（　　）。

A. 吸收权益性投资收到的现金　　B. 收回债券投资收到的现金

C. 分配现金股利　　D. 借入资金收到的现金

21. 下列经济业务产生的现金流量中，属于“投资活动产生的现金流量”的是（　　）。

A. 收回投资收到的现金　　B. 销售商品、提供劳务收到的现金

C. 收到的税费返还　　D. 购买商品、接受劳务支付的现金

22. 甲公司为增值税一般纳税人。2019 年度，甲公司主营业务收入为 2 000 万元，增值税销项税额为 260 万元；应收账款期初余额为 200 万元，期末余额为 300 万元；预收账款期初余额为 100 万元，期末余额为 20 万元。假定不考虑其他因素，甲公司 2019 年度现金流量表中“销售商品、提供劳务收到的现金”项目的金额为（　　）万元。

A. 2 080　　B. 2 240　　C. 2 280　　D. 2 440

二、多项选择题

1. 下列资产负债表项目中需要根据明细科目的期末余额计算填列的有（　　）。

A. 预付款项　　B. 短期借款　　C. 资本公积　　D. 应付账款

2. 下列资产中属于流动资产的项目有（　　）。

A. 一年内到期的非流动资产　　B. 交易性金融资产

C. 货币资金　　D. 开发支出

3. 下列各项中影响资产负债表日“在建工程”项目金额的有（　　）。

A.“在建工程”科目期末余额　　B.“在建工程减值准备”科目期末余额

C.“工程物资”科目期末余额　　D.“工程物资减值准备”科目期末余额

4. 下列各项中不应在资产负债表“预付款项”项目列示的有（　　）。

A.“应付账款”科目所属明细账科目的借方余额

B.“应付账款”科目所属明细账科目的贷方余额

C.“预付账款”科目所属明细账科目的借方余额

D.“预付账款”科目所属明细账科目的贷方余额

5. 资产负债表中的“应付账款”项目填列的依据是（　　）。

A. 应付账款所属明细账贷方余额合计

B. 预付账款所属明细账贷方余额合计

C. 预付账款所属明细账借方余额合计

D. 应付账款所属明细账借方余额合计

6. 利润表中的“营业收入”项目应包含的账户金额有（　　）。

A. 营业外收入　　B. 投资收益

C. 主营业务收入　　D. 其他业务收入

7. 现金流量表中的“支付给职工以及为职工支付的现金”项目包括的内容有（　　）。

A. 支付给职工的工资和奖金　　B. 支付给退休人员的福利费

C. 支付给职工的津贴　　D. 支付给在建工程人员的工资

8. 在下列事项中，影响投资活动现金流量的项目有（　　）。

A. 以存款购买设备　　B. 购买 3 个月内到期的短期债券

C. 取得债券利息和现金股利　　D. 处置无形资产收到的现金

9. 下列各项中影响利润表中营业利润的有（　　）。

A. 营业外收入　　B. 财务费用

C. 投资收益　　D. 公允价值变动损益

10. 某企业 2019 年度发生的下列交易或事项中，会引起投资活动产生的现金流量发生变化的有（　　）。

A. 向投资者派发现金股利 60 万元

B. 转让一项专利权，取得价款 200 万元

C. 购入一项专有技术用于日常经营，支付价款 10 万元

D. 采用权益法核算的长期股权投资，实现投资收益 500 万元

11. 甲公司当期发生的交易或事项中，会引起现金流量表中筹资活动产生的现金流量发生增减变动的有（　　）。

A. 支付短期借款利息　　B. 向投资者分派现金股利

C. 收到被投资企业分来的现金股利　　D. 购入固定资产

12. 资产负债表中的“存货”项目，需要根据（　　）科目的分析汇总数填列。

A.“发出商品”　　B.“库存商品”

C.“委托加工物资”　　D.“材料采购”

13. 下列项目中影响现金流量表中的“购买商品、接受劳务支付的现金”项目的有（　　）。

A. 偿还应付账款　　B. 支付的进项税额

C. 预付购货款　　D. 支付管理部门耗用的水电费

14. 资产负债表中“期末余额”的填列方法有（　　）。

A. 根据总账科目余额填列　　B. 根据明细账科目余额计算填列

C. 根据总账科目和明细账科目余额分析计算填列

D. 根据有关科目余额减去其备抵科目余额后的净额填列

三、判断题

1. 资产负债表是根据“资产=负债+所有者权益”这一平衡公式，按照一定的分类标准和一定的次序，将某一特定日期的资产、负债、所有者权益的具体项目予以适当的排列编制而成的。 （ ）

2. 如果企业研发的无形资产在资产负债表日尚未达到预定用途，其中符合资本化条件支出的部分，计入资产负债表“开发支出”项目下。 （ ）

3. 企业期末各项原材料、包装物、在途物资、周转材料、工程物资都需要计入“存货”项目。 （ ）

4. 如果“生产成本”“制造费用”科目存在期末余额，则应在资产负债表“存货”项目下列示。 （ ）

5. 企业支付给全体职工的工资，应作为经营活动产生的现金流量，计入“支付给职工以及为职工支付的现金”项目。 （ ）

6. 预付账款属于资产类的会计科目，预付款项属于资产类的报表项目。 （ ）

7. 财务报表就是对企业财务状况和经营成果的结构性表述。 （ ）

8. 投资活动包括取得和收回投资、购建和处置固定资产、购买和处置无形资产等。 （ ）

9. 现金流量是指现金和现金等价物的流入，可以分为三类，即经营活动产生的现金流量、投资活动产生的现金流量和筹资活动产生的现金流量。 （ ）

10. 投资活动是指企业长期资产的构建和不包括在现金等价物范围内的投资及其处置活动。 （ ）

11. 资产负债表“年初余额”栏内各项目数字，应根据上年末资产负债表“期末余额”栏内所列数字填列。 （ ）

12. 营业收入减去营业成本（主营业务成本、其他业务成本）、税金及附加即为营业利润。 （ ）

13. 现金等价物是指企业持有的期限短、流动性强、易于转换为已知金额的现金、价值变动风险很小的投资。期限短，一般是指从购买日起6个月内到期。 （ ）

14. 营业利润加上营业外收入，减去营业外支出，即为利润总额。 （ ）

15. 利润总额减去所得税费用，即为净利润。 （ ）

16. 附注是财务报表不可或缺的组成部分，是对在资产负债表、利润表、现金流量表和所有者权益变动表等报表中列示项目的文字描述或明细资料以及对未能在这些报表中列示项目的说明等。 （ ）

四、业务题

1. 甲公司2019年12月31日的有关资料如下：

（1）科目余额表如表14-1所示。

表 14-1　科目余额表　　单位：元

科目名称	借方余额	贷方余额
库存现金	10 000	
银行存款	57 000	
应收票据	60 000	
应收账款	80 000	
预付账款		30 000
坏账准备——应收账款		5 000
原材料	70 000	
周转材料——低值易耗品	10 000	
发出商品	90 000	
材料成本差异		55 000
库存商品	100 000	
交易性金融资产	2 000	
固定资产	800 000	
累计折旧		300 000
在建工程	40 000	
无形资产	150 000	
短期借款		10 000
应付账款		70 000
预收账款		10 000
应付职工薪酬	4 000	
应交税费		13 000
长期借款		80 000
实收资本		500 000
盈余公积		200 000
未分配利润		200 000

（2）债权债务明细科目余额。

①应收账款明细资料如下：

应收账款——A 公司　　借方余额 100 000 元

应收账款——B 公司　　贷方余额 20 000 元

②预付账款明细资料如下：

预付账款——C 公司　　借方余额 20 000 元

预付账款——D 公司　　贷方余额 50 000 元

③应付账款明细资料如下：

应付账款——E 公司　　贷方余额 100 000 元

应付账款——F 公司　　借方余额 30 000 元

④预收账款明细资料如下：

预收账款——G 公司　　贷方余额 40 000 元

预收账款——H 公司　　借方余额 30 000 元

（3）长期借款共2笔，均为到期一次性还本付息。金额及期限如下：

①从工商银行借入30 000元（本利和），期限从2016年6月1日至2020年6月1日。

②从建设银行借入50 000元（本利和），期限从2017年8月1日至2021年8月1日。

要求：编制甲公司2019年12月31日的资产负债表。

2. 大明有限责任公司（以下简称大明公司）为增值税一般纳税人，适用的增值税税率为13%。2019年11月30日的科目余额（部分科目）如表14-2所示。

表14-2　科目余额表　　单位：元

科目名称	借方余额	贷方余额	科目名称	借方余额	贷方余额
银行存款	27 000		短期借款		17 500
交易性金融资产	800		应付账款		10 000
应收账款	20 000		预收账款		25 600
坏账准备		80	应交税费	1 250	
预付账款	3 500		应付利息		3 920
原材料	10 000		实收资本		120 000
库存商品	45 000		资本公积		9 000
债权投资	27 000		盈余公积		5 500
固定资产	64 000		利润分配		4 950
累计折旧		13 000	本年利润		10 000
在建工程	21 000				

假定坏账准备都为应收账款计提，大明公司12月有关资料如下：

（1）大明公司本月销售商品不含税售价25 000元，增值税税额3 250元，款项尚未收到。商品成本为21 000元。

（2）大明公司收回以前年度已核销的坏账4 800元。

（3）大明公司向承包商支付部分工程款6 500元，工程尚未完工。

（4）大明公司计提本月管理用固定资产折旧 1 250 元，另用银行存款支付其他管理费用 2 000 元。

（5）大明公司购入交易性金融资产，买价 5 000 元，另支付交易费用 60 元，款项用银行存款支付。

（6）大明公司本月支付已计提的短期借款利息 3 500 元。

（7）大明公司用银行存款偿还短期借款 5 500 元。

（8）大明公司发生财务费用 283 元，都以银行存款支付。

（9）大明公司经过对应收账款风险的分析，决定年末按应收账款余额的 1%计提坏账准备。

（10）大明公司适用的企业所得税税率为 25%，1~11 月的所得税费用已转入本年利润。本月应交所得税为 1 198.63 元，大明公司已用银行存款缴纳，假定不存在纳税调整事项。

（11）大明公司按规定计提的法定盈余公积和任意盈余公积的金额均为 1 359.59 元。

要求：根据上述资料，计算大明公司 2019 年 12 月 31 日资产负债表中下列项目的金额（保留小数点后两位小数），编制相关会计分录。

①货币资金。

②交易性金融资产。

③应收账款。

④存货。

⑤固定资产。

⑥在建工程。

⑦短期借款。

⑧应付利息。

⑨应交税费。

⑩资本公积。

⑪未分配利润。

3. 甲股份有限公司（以下简称甲公司）为增值税一般纳税人企业，适用的增值税税率为13%。假设商品销售价格中都不含增值税，甲公司按每笔销售分别结转销售成本，甲公司销售商品、零配件及提供劳务都为主营业务。

甲公司2019年9月发生的经济业务如下：

（1）甲公司以分期收款销售方式向A公司销售商品一批。该批商品的销售价格为20万元，实际成本为17万元，提货单和增值税专用发票已交A公司。根据合同，该价款（含增值税，下同）分三次收取，第一次收取货款的20%，10月1日和11月1日分别收取货款的40%。第一次应收取的货款已于本月收存银行。

（2）甲公司与B公司签订合同，委托其代销商品一批。根据代销合同，B公司按代销商品合同价的5%收取手续费，并直接从代销款中扣除。该批商品的合同价为5万元，实际成本为3.6万元，商品已运往B公司。甲公司于本月末收到B公司开来的代销清单，列明已售出该批商品的50%；同时，收到已售代销商品的代销款（已扣除手续费）。

（3）甲公司向E公司销售一批零件。该批零件的销售价格为100万元，实际成本为80万元。增值税专用发票及提货单已交给E公司。E公司已开出承兑的商业汇票，该商业汇票期限为3个月，到期日为12月10日。E公司因受场地限制，推迟到下月23日提货。

（4）M公司退回2018年12月28日购买的商品一批，该批商品的销售价格为6万元，实际成本为4.7万元。该批商品的销售收入已在售出时确认，但款项尚未收取。经查明，退货理由符合原合同规定。甲公司于本月末已办妥退货手续并开具红字增值税专用发票。

（5）计算本月应交所得税，假定甲公司适用的企业所得税税率为25%，采用资产负债表债务法核算所得税；本期无任何纳税调整事项，且不考虑递延所得税的影响。

除上述经济业务外，甲公司登记9月发生的其他经济业务形成的账户余额如表14-3。

表14-3 其他经济业务形成的账户余额 单位：元

账户名称	借方余额	贷方余额
其他业务收入		200 000
其他业务成本	10 000	
投资收益		15 300
营业外收入		20 000
营业外支出	40 000	
税金及附加	100 000	
管理费用	50 000	
财务费用	10 000	

要求：（1）编制甲公司上述（1）~（5）项经济业务相关的会计分录（“应交税费”科目要求写出明细科目及专栏名称）。

（2）编制甲公司9月的利润表（简表）（见表14-4）。

表 14-4　利润表（简表）

编制单位：甲公司　　　　2019 年 9 月　　　　单位：元

项目	本期金额	上期金额（略）
一、营业收入		
减：营业成本		
税金及附加		
销售费用		
管理费用		
研发费用		
财务费用		
其中：利息费用		
利息收入		
加：其他收益		
投资收益（损失以“-”号填列）		
公允价值变动收益（损失以“-”号填列）		
信用减值损失（损失以“-”号填列）		
资产减值损失（损失以“-”号填列）		
资产处置收益（损失以“-”号填列）		
二、营业利润（亏损以“-”号填列）		
加：营业外收入		
减：营业外支出		
三、利润总额（亏损以“-”号填列）		
减：所得税费用		
四、净利润（净亏损以“-”号填列）		

第三节　练习题参考答案

一、单项选择题参考答案

1. A。一套完整的财务报表至少应当包括资产负债表、利润表、现金流量表、所有者权益（或股东权益）变动表以及附注。附注是不可缺少的。

2. B。选项 A、选项 C、选项 D 都是根据有关科目余额减去其备抵科目余额后的净额填列。

3. C。“本年利润”科目记录本年实现的利润，“利润分配”科目记录本年分配的利润，两者的差额即为列报在资产负债表中的“未分配利润”项目的金额。

4. C。“存货”项目应根据“材料采购”“原材料”“发出商品”“库存商品”“周转材料”“委托加工物资”“生产成本”“受托代销商品”等科目的期末余额合计数，减去“受托代销商品款”“存货跌价准备”科目期末余额后的净额填列。工程物资不属于存货项目，因此 2019 年 12 月 31 日，A 公司资产负债表中“存货”项目“期末余额”的列报金额=300(发出商品)+200(生产成本)+50(原材料)+40(委托加工物资)-20(材料成本差异)-10(存货跌价准备)+150(受托代销商品)-150(受托代销商品款)= 560 万元。

5. A。资产负债表中“固定资产”项目应根据“固定资产”科目期末余额减“累计折旧”和“固定资产减值准备”科目期末余额后的金额以及“固定资产清理”科目的期末余额填列。

6. C。长期待摊费用中在一年内（含一年）摊销的部分，在资产负债表“一年内到期的非流动资产”项目中列示。

7. A。该企业当年 6 月 30 日资产负债表中反映的存货净额=56+42+72=170 万元。

8. D。该企业 2019 年 12 月 31 日资产负债表中“固定资产”项目列报的金额=3 000-1 200-150=1 650 万元。

9. C。“预收款项”应根据“预收账款”和“应收账款”科目所属各明细科目的期末贷方余额合计数填列，因此 A 公司 2019 年 12 月 31 日资产负债表中“预收款项”项目的期末余额为 35 万元。

10. A。该企业 2019 年的利润总额=800-480-16-40-8+32-56+64+20-12=304 万元。

11. B。A 公司 2019 年利润表中“资产减值损失”项目“本期金额”的列报金额=25+200+100=325 万元。坏账损失反映在“信用减值损失”项目。

12. A。资产负债表中“无形资产”项目填列的金额=1 080-1 080÷5=864 万元。

13. D。营业成本包括主营业务成本和其他业务成本。选项 A、选项 B 计入其他业务成本；选项 C 计入主营业务成本；选项 D 随同商品出售不单独计价的包装物，应按实际成本计入销售费用。

14. C。A 公司 2019 年度利润表中“财务费用”项目“本期金额”的列报金额=10+3-1+0.5=12.5 万元。

15. D。“营业外支出”是影响利润表中利润总额的项目，但不影响营业利润。

16. B。货币资金项目金额=10(其他货币资金)+15(库存现金)+40(银行存款)=65

万元。收到商业承兑汇票是属于应收票据，不属于企业的货币资金。

17. A。赊销商品和发放股票股利不涉及现金，购买工程物资不属于企业经营活动。

18. A。支付的各种税费及支付货款属于经营活动产生的现金流量，吸收投资收到的现金属于筹资活动产生的现金流量。

19. B。“偿还债务支付的现金”反映企业以现金偿还债务的本金，包括归还金融企业的借款本金，偿付企业到期的债券本金等。企业偿还的借款利息、债券利息，在“分配股利、利润和偿付利息支付的现金”项目中反映。

20. B。吸收权益性投资收到的现金、借入资金收到的现金和分配现金股利属于筹资活动产生的现金流量；收回债券投资收到的现金属于投资活动产生的现金流量。

21. A。销售商品、提供劳务收到的现金，收到的税费返还和购买商品、接受劳务支付的现金属于经营活动产生的现金流量。

22. A。该企业 2019 年度现金流量表中“销售商品、提供劳务收到的现金”项目的金额=2 000+260+(200-300)+(20-100)= 2 080 万元。

二、多项选择题参考答案

1. AD。资产负债表中的“预付款项”项目应根据“预付账款”和“应付账款”科目所属各明细科目期末借方余额的合计数减去“坏账准备”科目中有关预付账款计提的坏账准备期末余额后的金额填列，选项 A 正确；“短期借款”“资本公积”项目应根据总账科目余额直接填列，选项 B、选项 C 不正确；“应付账款”应根据“应付账款”和“预付账款”科目所属的相关明细科目的期末贷方余额合计数填列，选项 D 正确。

2. ABC。开发支出属于非流动资产项目。

3. ABCD。“在建工程”项目根据“在建工程”科目期末余额，减去“在建工程减值准备”科目期末余额以及“工程物资”科目期末余额，减去“工程物资减值准备”科目期末余额后的金额填列。

4. BD。“预付款项”项目应当根据“预付账款”和“应付账款”科目所属各明细科目的期末借方余额合计数，减去“坏账准备”科目中有关预付账款计提的坏账准备期末余额后的金额填列。

5. AB。选项 C、选项 D 属于应收性质。

6. CD。投资收益是营业利润的构成项目，营业外收入显然不是营业收入。

7. AC。支付给退休人员的福利费在“支付其他与经营活动有关的现金”项目中列报，支付给在建工程人员的工资属于投资活动。

8. ACD。投资活动是指企业长期资产的购建和不包括在现金等价物范围的投资及其处置活动。购买 3 个月内到期的短期债券属于现金等价物范围，投资视同现金。

9. BCD。营业外收入不会影响营业利润。

10. BC。选项 A 属于筹资活动，选项 D 未涉及现金流量发生变化。

11. AB。选项 C 和选项 D 是投资活动。

12. ABCD。所有选项都符合填列要求。

13. ABC。支付管理部门耗用的水电费在“支付其他与经营活动有关的现金”项目中列报。

14. ABCD。所有选项都符合列报要求。

三、判断题参考答案

1. √。
2. √。
3. ×。工程物资需要列示在“在建工程”项目中，不能包括在“存货”项目中。
4. √。
5. ×。支付给在建工程人员的工资属于投资活动产生的现金流量，不能列入“支付给职工以及为职工支付的现金”项目。
6. √。
7. ×。财务报表是对企业财务状况、经营成果和现金流量的结构性表述。
8. √。
9. ×。现金流量指企业现金和现金等价物的流入与流出。
10. √。
11. √。
12. ×。营业收入减去营业成本、税金及附加、销售费用、管理费用、研发费有、财务费用、资产减值损失、信用减值损失，加上其他收益、公允价值变动收益（减去公允价值变动损失）、投资收益（减去投资损失）和资产处置收益（减去资产处置损失）等于营业利润。
13. ×。期限短，一般是指从购买日起 3 个月内到期。
14. √。
15. √。
16. √。

四、业务题参考答案

1. 相关计算如下：

货币资金 = 10 000+57 000 = 67 000（元）

应收账款 = 100 000+30 000−5 000 = 125 000（元）

预付款项 = 20 000+30 000 = 50 000（元）

存货 = 70 000+10 000+90 000−55 000+100 000 = 215 000（元）

应付账款 = 100 000+50 000 = 150 000（元）

预收款项 = 40 000+20 000 = 60 000（元）

一年内到期的长期负债 = 30 000 元

[从资料（3）分析①属于一年内到期的长期负债。]

长期借款 = 80 000−30 000 = 50 000（元）

甲公司 2019 年 12 月 31 日的资产负债表（简表）如表 14-5 所示。

表 14-5　资产负债表（简表）

编制单位：甲公司　　2019 年　　单位：元

资产	期末余额	负债和所有者权益	期末余额
流动资产：		流动负债：	
货币资金	67 000	短期借款	10 000

表14-5(续)

资产	期末余额	负债和所有者权益	期末余额
交易性金融资产	2 000	应付账款	150 000
应收票据	60 000	预收款项	60 000
应收账款	125 000	应付职工薪酬	-4 000
预付款项	50 000	应交税费	13 000
存货	215 000	一年内到期的非流动负债	30 000
流动资产合计	519 000	流动负债合计	259 000
固定资产	500 000	非流动负债：	
在建工程	40 000	长期借款	50 000
无形资产	150 000	非流动负债合计	50 000
非流动资产合计	690 000	负债合计	309 000
		所有者权益：	
		实收资本（或股本）	500 000
		盈余公积	200 000
		未分配利润	200 000
		所有者权益合计	900 000
资产总计	1 209 000	负债和所有者权益总计	1 209 000

2. 相关计算如下：

①货币资金＝27 000+4 800−6 500−2 000−5 060−3 500−5 500−283−1 198.63
＝7 758.37（元）

②交易性金融资产＝800+5 000＝5 800（元）

③应收账款＝20 000+28 250−482.5＝47 767.5（元）

④存货＝10 000+45 000−21 000＝34 000（元）

⑤固定资产＝64 000−13 000−1 250＝49 750（元）

⑥在建工程＝21 000+6 500＝27 500（元）

⑦短期借款＝17 500−5 500＝12 000（元）

⑧应付利息＝3 920−3 500＝420（元）

⑨应交税费＝4 250−1 250＝3 000（元）

⑩资本公积＝9 000（元）

⑪未分配利润＝10 000+25 000−21 000−3 250−60−283+4 397.5−1 198.63−1 359.59×2+4 950＝15 836.69（元）

根据上述资料给出的经济业务，编制相关会计分录如下：

（1）借：应收账款　　28 250
　　贷：主营业务收入　　25 000
　　　　应交税费——应交增值税（销项税额）　　3 250

借：主营业务成本　　21 000
　贷：库存商品　　21 000

（2）借：应收账款　　4 800
　贷：坏账准备　　4 800
借：银行存款　　4 800
　贷：应收账款　　4 800

（3）借：在建工程　　6 500
　贷：银行存款　　6 500

（4）借：管理费用　　3 250
　贷：累计折旧　　1 250
　　银行存款　　2 000

（5）借：交易性金融资产　　5 000
　投资收益　　60
　贷：银行存款　　5 060

（6）借：应付利息　　3 500
　贷：银行存款　　3 500

（7）借：短期借款　　5 500
　贷：银行存款　　5 500

（8）借：财务费用　　283
　贷：银行存款　　283

（9）计提坏账准备前，坏账准备科目贷方余额为 80+4 800=4 880 元，期末应有的余额为（20 000+28 250+4 800−4 800）×1%=482.5 元，本期应冲减坏账准备=4 880−482.5=4 397.5 元。

借：坏账准备　　4 397.5
　贷：信用减值损失　　4 397.5

（10）借：所得税费用　　1 198.63
　贷：应交税费——应交所得税　　1 198.63
借：应交税费——应交所得税　　1 198.63
　贷：银行存款　　1 198.63

（11）借：利润分配——提取法定盈余公积　　1 359.59
　　——提取任意盈余公积　　1 359.59
　贷：盈余公积　　2 719.18

3.（1）编制相关会计分录如下：

①一年内收回款项可以不考虑货币时间价值，在发货时一次确认收入。

借：银行存款　　45 200
　应收账款　　180 800
　贷：主营业务收入　　200 000
　　应交税费——应交增值税（销项税额）　　26 000
借：主营业务成本　　170 000
　贷：库存商品　　170 000

②借：委托代销商品　36 000
　贷：库存商品　36 000
借：银行存款　27 000
　销售费用　1 250
　贷：主营业务收入　25 000
　　应交税费——应交增值税（销项税额）　3 250
借：主营业务成本　18 000
　贷：委托代销商品　18 000

③借：应收票据　1 130 000
　贷：主营业务收入　1 000 000
　　应交税费——应交增值税（销项税额）　130 000
借：主营业务成本　800 000
　贷：库存商品　800 000

④借：主营业务收入　60 000
　应交税费——应交增值税（销项税额）　7 800
　贷：应收账款——M 公司　67 800

企业在资产负债表日后期间发生的以前年度的销售退回，通过“以前年度损益调整”科目核算，非资产负债表日后期间发生的销售退回直接冲减退回当月的销售收入和成本。甲公司是 9 月发生销售退回，因此直接冲减主营业务收入。

借：库存商品　47 000
　贷：主营业务成本　47 000

⑤利润总额 = 1 365 000 − 951 000 − 100 000 − 1 250 − 50 000 − 10 000 + 15 300 + 20 000 − 40 000 = 248 050（元）

所得税费用 = 248 050×25% = 62 012.5（元）

借：所得税费用　62 012.5
　贷：应交税费——应交所得税　62 012.5

（2）编制甲公司 9 月的利润表（简表）如表 14-6 所示。

表 14-6　利润表（简表）

编制单位：甲公司　2019 年 9 月　单位：元

项目	本期金额	上期金额（略）
一、营业收入	1 365 000	
减：营业成本	951 000	
税金及附加	100 000	
销售费用	1 250	
管理费用	50 000	
研发费用		
财务费用	10 000	

表14-6(续)

项目	本期金额	上期金额（略）
其中：利息费用	10 000	
利息收入		
加：其他收益		
投资收益（损失以“-”号填列）	15 300	
公允价值变动收益（损失以“-”号填列）		
信用减值损失（损失以“-”号填列）		
资产减值损失（损失以“-”号填列）		
资产处置收益（损失以“-”号填列）		
二、营业利润（亏损以“-”号填列）	268 050	
加：营业外收入	20 000	
减：营业外支出	40 000	
三、利润总额（亏损以“-”号填列）	248 050	
减：所得税费用	62 012.5	
四、净利润（净亏损以“-”号填列）	186 037.5	

第十五章
非货币性资产交换

第一节 学习指导

一、本章结构

本章结构如图 15-1 所示。

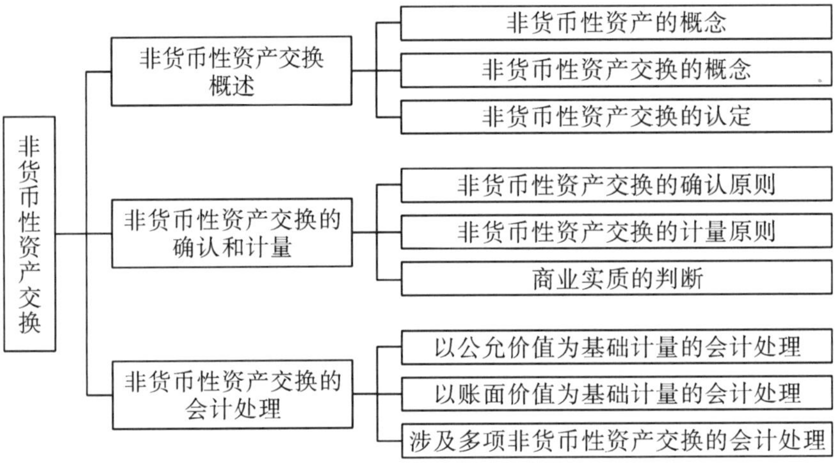

图 15-1 本章结构

二、学习目的和要求

了解：货币性资产交换的概念及其认定。

理解：非货币性资产交换的确认和计量原则、商业实质的判断。

掌握：非货币性资产交换的会计处理。

三、本章重点难点

1. 非货币性资产交换的概念

非货币性资产交换是指企业主要以固定资产、无形资产、投资性房地产和长期股权投资等非货币性资产进行的交换。该交换不涉及或只涉及少量的货币性资产（补价）。从非货币性资产交换的定义可以看出，非货币性资产交换具有如下特征：

第一，非货币性资产交换的交易对象主要是非货币性资产。企业用货币性资产（如现金、银行存款）来交换非货币性资产（如存货、固定资产等）的交易最为普遍，但是在有些情况下，企业为了满足各自生产经营的需要，同时减少货币性资产的流入和流出，而进行非货币性资产交换交易。例如，A 企业需要 B 企业闲置的生产设备，B 企业需要 A 企业闲置的办公楼，双方在货币性资产短缺的情况下，可能会出现非货币性资产交换的交易行为。

第二，非货币性资产交换是以非货币性资产进行交换的行为。交换，通常是指一个企业和另一个企业之间的互惠转让。通过转让，企业以让渡其他资产或劳务，或者承担其他义务而取得资产或劳务（或偿还负债）。非互惠的非货币性资产转让不属于本章所述的非货币性资产交换，如企业捐赠非货币性资产等。

第三，非货币性资产交换一般不涉及货币性资产，但有时也可能涉及少量的货币性资产。

2. 非货币性资产交换的计量原则

在非货币性资产交换的情况下，不论是一项资产换入一项资产、一项资产换入多项资产、多项资产换入一项资产，还是多项资产换入多项资产，《企业会计准则第 7 号——非货币性资产交换》（以下简称非货币性资产交换准则）均规定了换入资产成本的计量基础和交换所产生损益的确认原则。

（1）以公允价值为基础计量。非货币性资产交换同时满足下列两个条件的，应当以公允价值和应支付的相关税费作为换入资产的成本，公允价值与换出资产的账面价值的差额计入当期损益：

①该项交换具有商业实质。

②换入资产或换出资产的公允价值能够可靠计量。

换入资产和换出资产的公允价值均能够可靠计量的，应当以换出资产的公允价值作为确定换入资产成本的基础。一般来说，取得资产的成本应当按照所放弃资产的对价来确定。在非货币性资产交换中，换出资产就是放弃的对价，如果其公允价值能够可靠确定，应当优先考虑按照换出资产的公允价值作为确定换入资产成本的基础。如果有确凿证据表明换入资产的公允价值更加可靠的，应当以换入资产的公允价值为基础确定换入资产的成本。

对于非货币资产交换中换入资产和换出资产的公允价值均能够可靠计量的情形，企业在判断是否有确凿证据表明换入资产的公允价值更加可靠时，应当考虑确定公允价值所使用的输入值层次。企业可以参考以下情况：第一层次输入值为公允价值提供了最可靠的证据，第二层次直接或间接可观察的输入值比第三层次不可观察的输入值为公允价值提供了更确凿的证据。在实务中，在考虑了补价因素的调整后，正常交易中换入资产的公允价值和换出资产的公允价值通常是一致的。

（2）以账面价值为基础计量。不具有商业实质或交换涉及资产的公允价值均不能可靠计量的非货币性资产交换，应当按照换出资产的账面价值和应支付的相关税费，作为换入资产的成本，无论是否支付补价，均不确认损益。收到或支付的补价作为确定换入资产成本的调整因素。

3. 非货币性资产交换以公允价值为基础计量的会计处理

在以公允价值为基础计量的情况下，不论是否涉及补价，只要换出资产的公允价值与其账面价值不相同，就一定会涉及损益的确认，因为换出资产的公允价值与换出资产的账面价值的差额，通常是通过非货币性资产交换予以实现的。

企业应当在换出资产终止确认时，将换出资产的公允价值与其账面价值之间的差额计入当期损益。换出资产的公允价值不能够可靠计量，或者换入资产和换出资产的公允价值均能够可靠计量但有确凿证据表明换入资产的公允价值更加可靠的，应当在终止确认时，将换入资产的公允价值与换出资产的账面价值之间的差额计入当期损益。

非货币性资产交换的会计处理，视换出资产的类别不同而有所区别：

（1）换出资产为固定资产、在建工程、生产性生物资产、无形资产的，换出资产的公允价值和换出资产的账面价值的差额计入资产处置损益。

（2）换出资产为长期股权投资的，换出资产的公允价值和换出资产的账面价值的差额计入投资收益。

（3）换出资产为投资性房地产的，按换出资产的公允价值或换入资产的公允价值确认其他业务收入，按换出资产的账面价值结转其他业务成本，两者之间的差额计入当期损益。

在以公允价值为基础确定换入资产成本的情况下，发生补价的，支付补价方和收到补价方应当分别按以下情况处理：

（1）支付补价方。

①以换出资产的公允价值为基础计量的，应当以换出资产的公允价值，加上支付补价的公允价值和应支付的相关税费，作为换入资产的成本，换出资产的公允价值与其账面价值之间的差额计入当期损益。

②有确凿证据表明换入资产的公允价值更加可靠的，即以换入资产的公允价值为基础计量的，应当以换入资产的公允价值和应支付的相关税费作为换入资产的初始计量金额，换入资产的公允价值减去支付补价的公允价值，与换出资产的账面价值之间的差额计入当期损益。

（2）收到补价方。

①以换出资产的公允价值为基础计量的，应当以换出资产的公允价值减去收到补价的公允价值，加上应支付的相关税费，作为换入资产的成本，换出资产的公允价值与其账面价值之间的差额计入当期损益。

②有确凿证据表明换入资产的公允价值更加可靠的，即以换入资产的公允价值为基础计量的，应当以换入资产的公允价值和应支付的相关税费作为换入资产的初始计量金额，换入资产的公允价值加上收到补价的公允价值与换出资产的账面价值之间的差额计入当期损益。

在涉及补价的情况下，对于支付补价方而言，作为补价的货币性资产构成换入资产所放弃对价的一部分；对于收到补价方而言，作为补价的货币性资产构成换入资产的一部分。

4. 非货币性资产交换以账面价值为基础计量的会计处理

非货币性资产交换不具有商业实质，或者虽然具有商业实质但换入资产和换出资产的公允价值均不能可靠计量的，应当以换出资产的账面价值为基础确定换入资产成本，无论是否支付补价，均不确认损益。

（1）不涉及补价的情况。在以账面价值为基础计量的情况下，对换入资产，企业应当以换出资产的账面价值和应支付的相关税费作为换入资产的初始计量金额；对换出资产，企业在终止确认时不确认损益。

（2）涉及补价的情况。对以账面价值为基础计量的非货币性资产交换，涉及补价的，企业应当将补价作为确定换入资产初始计量金额的调整因素，区分下列情况进行处理：

①支付补价方应当以换出资产的账面价值，加上支付补价的账面价值和应支付的相关税费，作为换入资产的初始计量金额，不确认损益。

②收到补价方应当以换出资产的账面价值，减去收到补价的公允价值，加上应支付的相关税费，作为换入资产的初始计量金额，不确认损益。

第二节　练习题

一、单项选择题

1. 下列选项中，不属于货币性资产的是（　　）。

A. 预付账款　　B. 应收利息

C. 应收账款　　D. 以摊余成本计量的金融资产

2. 在不涉及补价的情况下，下列选项中，应按非货币性资产交换准则进行会计处理的是（　　）。

A. 开出商业承兑汇票购买存货

B. 用存货换入权益法核算的长期股权投资

C. 以交易性金融资产换入一台设备

D. 以专利技术换入固定资产

3. 下列关于非货币性资产交换的判断的表述中，正确的是（　　）。

A. 甲公司以一项固定资产出资取得对被投资方乙公司的权益性投资，取得该项投资后对乙公司具有重大影响，对于甲公司来说，换出资产为固定资产，换入资产为长期股权投资，属于非货币性资产交换

B. 甲公司以一项固定资产出资取得对被投资方乙公司的权益性投资，取得该项投资后对乙公司具有重大影响，对于被投资方乙公司来说，属于非货币性资产交换

C. 甲公司以一项固定资产取得乙公司持有的对丙公司30%的股权，甲公司取得该项投资后对丙公司具有重大影响，对于乙公司来说，不属于非货币性资产交换

D. 甲公司以发行股票方式取得固定资产的，属于非货币性资产交换

4. 对以公允价值为基础计量的非货币性资产交换，换出资产应当在终止确认时将其公允价值与账面价值之间的差额计入当期损益。下列选项中，不正确的是（　　）。

A. 换出资产为固定资产、在建工程、生产性生物资产和无形资产的，计入当期损益的部分通过“资产处置损益”科目核算，在利润表“资产处置收益”项目中列示

B. 换出资产为投资性房地产的，按换出资产的公允价值或换入资产的公允价值确认其他业务收入，按换出资产的账面价值结转其他业务成本，二者之间的差额计入当期损益，二者分别在利润表“营业收入”和“营业成本”项目中列示

C. 换出资产为长期股权投资的，计入当期损益的部分通过“投资收益”科目核算，在利润表“投资收益”项目中列示

D. 换出资产为金融资产的，由于不属于非货币性资产交换准则适用范围，因此不确认损益

5. 甲公司将一项用于出租的投资性房地产（写字楼）与乙公司拥有的固定资产（厂房）进行交换。甲公司换入的厂房作为自用固定资产，乙公司换入的写字楼作为出租的投资性房地产。下列判断两项资产的交换具有商业实质的理由的表述中不正确是（　　）。

A. 属于不同类别的非货币性资产之间的交换

B. 不同类别的非货币性资产产生经济利益的方式不同，其产生的未来现金流量在风险、时间或金额方面也很可能不相同

C. 换出的投资性房地产的未来现金流量为每期的租金，换入的固定资产的未来现金流量为该厂房独立产生或包括该厂房的资产组协同产生的现金流量

D. 由定期租金带来的现金流量与用于生产经营的固定资产产生的现金流量在风险、时间或金额方面显著相同

6. 甲公司以一台生产设备和一项专利权与乙公司的一台机床进行非货币性资产交换。甲公司换出生产设备的账面原值为 1 000 万元，累计折旧额为 250 万元，公允价值为 780 万元；换出专利权的账面原值为 120 万元，累计摊销额为 24 万元，公允价值为 100 万元；设备和专利权均未计提减值准备。乙公司换出机床的账面原值为 1 500 万元，累计折旧额为 750 万元，已计提减值准备为 32 万元，公允价值为 700 万元。甲公司另向乙公司收取银行存款 180 万元作为补价。假定该非货币性资产交换不具有商业实质。不考虑增值税等其他因素，甲公司换入乙公司机床的入账价值为（　　）万元。

A. 538　　B. 666　　C. 700　　D. 718

7. 甲公司和乙公司均为增值税一般纳税人，销售动产适用的增值税税率为 13%。2×21 年 3 月，甲公司以其持有的 10 000 股丙公司股票（作为交易性金融资产核算，免征增值税）交换乙公司生产的一台办公设备，并将换入的办公设备作为固定资产核算。甲公司持有丙公司股票的账面价值为 180 万元（成本为 170 万元，公允价值变动收益为 10 万元），在交换日的公允价值为 200 万元。乙公司的办公设备在交换日的账面价值为 170 万元，公允价值和计税价格均为 200 万元。甲公司另向乙公司支付价款 26 万元。假定该项资产交换具有商业实质，不考虑其他因素。甲公司换入办公设备的入账价值为（　　）万元。

A. 180　　B. 200　　C. 226　　D. 190

8. A 公司用一栋厂房换入 B 公司的一项专利权。厂房的账面原值为 4 000 万元，已提折旧 800 万元，已提减值准备 400 万元。A 公司另向 B 公司支付补价 400 万元。假定该项资产交换不具有商业实质且不考虑相关税费，A 公司换入专利权的入账价值为（　　）万元。

A. 4 000　　B. 3 200　　C. 2 800　　D. 2 400

9. 甲公司以 A 设备换入乙公司专利权。在交换日，A 设备账面原价为 136 万元，已计提折旧 18 万元，已计提减值准备 16 万元，公允价值无法合理确定；专利权的公允价值为 144 万元。甲公司另向乙公司支付补价 4 万元，该项交换具有商业实质。假定不考

虑税费等因素，该项交换对甲公司当期损益的影响金额为（　　）万元。

A. 46　　B. 42　　C. 36　　D. 38

10. 甲公司以一项长期股权投资与丙公司的一项其他权益工具投资、一台设备和一项专利权进行交换。长期股权投资的公允价值为 92 万元，其他权益工具投资、设备和专利权的公允价值分别为 20 万元、50 万元和 30 万元。不考虑其他因素的影响，甲公司换入设备的入账价值为（　　）万元。

A. 46　　B. 27　　C. 45　　D. 50

11. A 公司以无形资产交换 B 公司的一项其他权益工具投资，有关资料如下：

①A 公司换出：无形资产的账面价值为 500 万元，公允价值为 600 万元。

②B 公司换出：其他权益工具投资账面价值为 550 万元（其中，成本为 540 万元、公允价值变动为 10 万元），公允价值为 660 万元。

假定该项交换具有商业实质且有确凿证据表明换入资产的公允价值更加可靠。A 公司收到银行存款 20 万元补价，不考虑增值税及其他因素，A 公司换入金融资产分类为以公允价值计量且其变动计量当期损益的金融资产。A 公司和 B 公司下列有关非货币性资产交换的会计处理的表述中，不正确的是（　　）。

A. A 公司换入交易性金融资产的成本为 660 万元

B. A 公司换出无形资产的应确认的处置损益为 100 万元

C. B 公司换入无形资产的成本为 680 万元

D. B 公司换出其他权益工具投资应确认的留存收益为 120 万元

12. 甲公司发生的下列各项交易或事项中，适用非货币性资产交换会计准则进行会计处理的是（　　）。

A. 以库存商品交换 A 公司的一项无形资产

B. 以无形资产作为对价自 B 公司原股东取得 B 公司 60%的股权并达到控制

C. 以无形资产作为对价自 C 公司原股东取得 C 公司 20%的股权并对其具有重大影响

D. 以非货币性资产向职工发放福利

二、多项选择题

1. 下列选项中，不应按非货币性资产交换准则进行会计处理的有（　　）。

A. 企业以非货币性资产向职工发放非货币性福利

B. 用一项专利技术换入由《企业会计准则第 21 号——租赁》规范的使用权资产

C. 房地产开发企业用一幢商品房换入一块土地使用权

D. 在最终控制方的安排下，企业以明显不公允的价格将非货币性资产转让给集团内其他企业

2. 下列选项中，属于非货币性资产的有（　　）。

A. 长期股权投资　　B. 银行本票存款

C. 其他权益工具投资　　D. 债权投资

3. 不考虑其他因素，下列选项中，属于非货币性资产交换的有（　　）。

A. 以 800 万元应收债权换取生产用设备

B. 以债权投资换取一项对合营企业的长期股权投资

C. 以公允价值为600万元的厂房换取投资性房地产，另收取补价140万元

D. 以公允价值为600万元的专利技术换取其他权益工具投资，另支付补价160万元

4. 下列选项中，不适用非货币性资产交换准则进行会计处理的有（　　）。

A. 以对联营企业的股权投资换入一项投资性房地产

B. 以本公司生产的产品换入生产用专利技术

C. 以债权投资换入固定资产

D. 定向发行本公司股票取得某被投资单位40%的股权

5. 2021年1月1日，甲公司以一栋自用办公楼换入乙公司一台生产用设备、一项交易性金融资产和一批原材料。甲公司换出办公楼的账面价值为370万元，公允价值为520万元。乙公司换出设备的账面价值为150万元，公允价值为180万元；换出交易性金融资产的账面价值为160万元，公允价值为200万元；换出原材料的账面价值为100万元，公允价值为120万元。乙公司另向甲公司支付银行存款30万元。甲公司为换入设备发生运输费2万元，为换出办公楼发生清理费用7万元。双方交换后资产性质不变，假定该项交易具有商业实质。不考虑其他因素，下列有关甲公司会计处理的表述中，正确的有（　　）。

A. 确认固定资产176万元　　B. 确认交易性金融资产196万元

C. 确认原材料116万元　　D. 确认资产处置损益150万元

6. 下列关于非货币性资产交换的相关表述中，正确的有（　　）。

A. 换入资产与换出资产的公允价值均能可靠计量且交换具有商业实质的，以换入资产的公允价值为基础确定换入资产的入账价值

B. 不具有商业实质的非货币性资产交换，以换出资产的账面价值为基础确定换入资产的入账价值

C. 换入资产与换出资产的公允价值均不能可靠计量的，以换入资产的账面价值为基础确定换入资产的入账价值

D. 换入资产与换出资产的公允价值均不能可靠计量的，以换出资产的账面价值为基础确定换入资产的入账价值

7. 2×21年7月10日，甲公司以其拥有的一辆作为固定资产核算的轿车换入乙公司一项非专利技术，并支付补价10万元。当日，甲公司的该轿车原价为160万元，累计折旧为32万元，未计提减值准备，公允价值为120万元；乙公司该项非专利技术的公允价值为130万元。该项交换具有商业实质，不考虑相关税费及其他因素，甲公司进行的下列会计处理中，正确的有（　　）。

A. 按10万元确定营业外支出

B. 按130万元确定换入非专利技术的成本

C. 按-8万元确认资产处置损益

D. 按2万元确认资产处置损益

8. 非货币性资产交换以公允价值计量并且涉及补价的，在确定计入当期损益的金额时，应当考虑的因素有（　　）。

A. 支付补价的公允价值　　B. 换入资产的成本

C. 换出资产的账面价值　　D. 收到补价的公允价值

三、判断题

1. 房地产开发企业将开发的商品房换入机器设备应按非货币性资产交换准则进行会计处理。 （ ）

2. 集团重组中发生的非货币性资产划拨，在股东或最终控制方的安排下，企业无代价或以明显不公平的代价将非货币性资产转让给其他企业或接受其他企业的非货币性资产，应当适用权益性交易的有关会计处理规定。 （ ）

3. 不具有商业实质的非货币性资产交换，应当按照换出资产的公允价值和应支付的相关税费，作为换入资产的成本。 （ ）

4. 使用换入资产所产生的预计未来现金流量现值与继续使用换出资产所产生的预计未来现金流量现值不同，且其差额与换入资产和换出资产的公允价值相比是重大的，视为具有商业实质。 （ ）

5. 企业应当在换出资产终止确认时，将换出资产的公允价值与其账面价值之间的差额计入当期损益。 （ ）

6. 企业以一项用于出租的土地使用权交换一项自用的土地使用权，如果由定期租金带来的现金流量与自用的无形资产产生的现金流量在风险、时间和金额方面显著不同，那么这两项资产的交换应当视为具有商业实质。 （ ）

7. 在非货币性资产交换的核算中，无论是支付补价的一方还是收到补价的一方，都要确认换出资产的处置损益。 （ ）

8. 企业购入的准备在两个月后转让的股票投资属于货币性资产。 （ ）

9. 非货币性资产交换不具有商业实质或虽具有商业实质但换入资产和换出资产的公允价值均不能可靠计量的，应以换出资产的账面价值为基础确定换入资产的成本。

（ ）

四、业务题

1. A 公司与 B 公司均为增值税一般纳税人，不动产适用的增值税税率均为 9%。有关非货币性资产交换的资料如下：

资料一：2021 年 5 月 2 日，A 公司与 B 公司签订协议，进行资产交换，A 公司换出其在老城区具有完全产权并用于经营出租的写字楼，B 公司换出其在新城区作为固定资产的办公楼。2021 年 6 月 30 日，A 公司写字楼租赁期届满，与 B 公司办理完毕相关资产所有权转移手续。当日的资料如下：

（1）A 公司换出：采用成本模式进行后续计量的投资性房地产原值为 10 000 万元；至 2021 年 6 月 30 日已计提折旧 1 000 万元，尚未计提减值准备；开出增值税专用发票，不含税公允价值为 18 000 万元，增值税销项税额为 1 620 万元。

（2）B 公司换出：固定资产账面价值为 18 000 万元（其中成本为 20 000 万元，已计提折旧为 2 000 万元）；开出增值税专用发票，不含税公允价值为 19 000 万元，增值税销项税额为 1 710 万元。

（3）协议约定，A 公司应向 B 公司支付银行存款 1 090 万元，当日已支付。

资料二：A 公司换入办公楼确认为固定资产，用于行政办公，预计尚可使用年限为 20 年，采用年限平均法计提折旧，不考虑净残值；B 公司换入写字楼当日经营出租给某公司，并采用公允价值模式进行后续计量。假定整个交换过程中没有发生其他相关税费，该项交易具有商业实质且公允价值能够可靠计量。

资料三：2021 年 12 月 31 日，B 公司换入投资性房地产的公允价值为 23 000 万元。

要求（不考虑其他因素）：（1）计算 2021 年 6 月 30 日 A 公司支付不含税的补价、换入固定资产的成本。

（2）编制 2021 年 6 月 30 日 A 公司换入固定资产的会计分录。

（3）计算 2021 年 6 月 30 日 B 公司换入投资性房地产的成本、资产交换确认的损益。

（4）编制 2021 年 6 月 30 日 B 公司换入投资性房地产的会计分录。

（5）编制 2021 年 12 月 31 日，A 公司计提固定资产折旧和 B 公司有关投资性房地产公允价值变动的会计分录（采用公允价值模式计量的投资性房地产应写出必要的明细科目，答案中的金额单位以万元表示）。

2. 甲公司经与乙公司协商，进行资产置换，资产置换日资料如下：

资料一：甲公司换出固定资产的账面价值为 500 万元（成本为 600 万元，已计提折旧为 100 万元），公允价值为 600 万元。

资料二：乙公司换出：

（1）交易性金融资产的公允价值为 550 万元。

（2）投资性房地产的公允价值为 200 万元。

资料三：有确凿证据表明甲公司换入资产的公允价值更加可靠，甲公司支付补价为 50 万元。假定上述资产交换具有商业实质，双方资产交换前后用途不变，不考虑增值税等税费。

要求：计算甲公司换入资产的成本、换出资产的公允价值和换出资产的处置损益，并编制甲公司的相关会计分录。

第三节　练习题参考答案

一、单项选择题参考答案

1. A。货币性资产是指企业持有的货币资金和收取固定或可确定金额的货币资金的权利。预付账款不是收取固定或可确定金额的货币资金的权利，属于非货币性资产。

2. D。选项 A，应付票据属于一项负债；选项 B，适用收入准则；选项 C，适用金融工具准则。因此，选项 A、选项 B 和选项 C 均不适用非货币性资产交换准则。

3. A。选项 A、选项 B，投资方以一项固定资产出资取得对被投资方的权益性投资，取得该项投资后对乙公司具有重大影响。对投资方来说，换出资产为固定资产，换入资产为长期股权投资，属于非货币性资产交换；对被投资方来说，属于接受权益性投资，不属于非货币性资产交换。选项 C，对于乙公司来说，以一项长期股权投资换入固定资产，属于非货币性资产交换。选项 D，企业以发行股票方式取得非货币性资产的，相当于以权益工具结算买入非货币性资产，适用其他相关会计准则。

4. D。选项 D，换出资产为金融资产的，满足终止确认的条件，计入当期损益的部分通过“投资收益”科目核算，在利润表“投资收益”项目中列示；计入当期留存收益的部分通过“盈余公积”“利润分配”科目核算，在资产负债表“盈余公积”和“未分配利润”项目中列示。

5. D。选项 D，由定期租金带来的现金流量与用于生产经营的固定资产产生的现金流量在风险、时间或金额方面显著不同。

6. B。甲公司换入机床的入账价值=(1 000−250)+(120−24)−180=666（万元）

7. B。因不涉及换入资产相关税费，换入办公设备的入账价值为其公允价值 200 万元。办公设备的入账价值=换出资产的公允价值+支付补价的公允价值−换入资产可抵扣增值税进项税额=200+26−200×13%=200（万元）

8. B。A 公司换入专利权的入账价值=(4 000−800−400)+400=3 200（万元）

9. D。甲公司换入资产的公允价值减去支付补价的公允价值=144−4=140（万元）

换出资产的账面价值=136−18−16=102（万元）

该项交换对甲公司当期损益的影响金额=140−102=38（万元）

10. C。甲公司换入设备的入账价值=(换出资产的公允价值总额 92 万元−换入金融资产的公允价值 20 万元)×50÷(50+30)= 45（万元）

11. B。选项 B，A 公司换出无形资产的公允价值=换入资产的公允价值+收到补价的公允价值=660+20=680（万元）

A 公司换出无形资产的应确认的处置损益=680−500=180（万元）

选项 D，B 公司换出其他权益工具投资应确认的留存收益=660−540=120（万元）

12. C。选项 A，甲公司应按照收入准则进行会计处理；选项 B，甲公司应按照企业合并准则进行会计处理；选项 D，甲公司应按照职工薪酬准则进行会计处理。

二、多项选择题参考答案

1. ABCD。选项 A，适用职工薪酬准则；选项 B，适用租赁准则；选项 C，适用收入准则；选项 D，适用权益性交易的有关会计处理规定。

2. AC。货币性资产是指企业持有的货币资金和收取固定或可确定金额的货币资金的权利；非货币性资产是指货币性资产以外的资产。因此，选项 A 和选项 C 属于非货币性资产。

3. CD。应收债权和债权投资均属于货币性资产，因此选项 A 和选项 B 不属于非货币性资产交换；选项 C，补价的比例为 140÷600×100%≈23.33%，小于 25%，属于非货币性资产交换；选项 D，补价的比例为 160÷（160+600）×100%≈21.05%，小于 25%，属于非货币性资产交换。

4. BCD。选项 B，企业以存货换取客户的非货币性资产的，不属于非货币性资产交换准则规范的内容，遵循收入准则；选项 C，债权投资属于货币性资产，且属于金融资产，遵循金融工具列报准则；选项 D，属于发行权益工具换入非货币性资产，不属于非货币性资产交换。

5. AC。甲公司换入交易性金融资产应以公允价值确定其入账价值，即入账价值为 200 万元。换入设备的入账价值=(520-30-200)×180÷(180+120)+2=176（万元）

换入原材料的入账价值=(520-30-200)×120÷(180+120)= 116（万元）

因此，选项 A 和选项 C 正确，选项 B 不正确。甲公司应确认资产处置损益为 520-370-7=143 万元，因此选项 D 不正确。

6. BD。换入资产与换出资产的公允价值均能可靠计量且交换具有商业实质的，以换出资产的公允价值为基础确定换入资产的入账价值，选项 A 错误。换入资产与换出资产的公允价值均不能可靠计量的，以换出资产的账面价值为基础确定换入资产的入账价值，选项 C 错误。

7. BC。以公允价值计量的非货币性资产交换，甲公司确认资产处置损益=换出资产的公允价值-换出资产的账面价值=120-（160-32）=-8 万元，选项 C 正确，选项 A 和 D 错误；甲公司换入非专利技术的成本为该非专利技术的公允价值 130 万元，选项 B 正确。

8. ACD。以公允价值计量的非货币性资产交换，应将换出资产的公允价值与其账面价值之间的差额计入当期损益。若无法确定换出资产的公允价值，将换入资产的公允价值减去支付补价（或加上收到补价）的公允价值金额，与换出资产的账面价值之间的差额计入当期损益，选项 A、C 和 D 正确。

三、判断题参考答案

1. ×。应按收入准则进行会计处理。

2. √。

3. ×。不具有商业实质或交换涉及资产的公允价值均不能可靠计量的非货币性资产交换，应当按照换出资产的账面价值和应支付的相关税费，作为换入资产的成本。

4. √。

5. √。

6. √。

7. ×。一般只有在非货币性资产交换具有商业实质且换入或换出资产的公允价值能够可靠计量的情况下，才确认换出资产的处置损益。

8. ×。股票投资不是以固定或可确定的货币收取的资产，不符合货币性资产的定义。

9. √。

四、业务题参考答案

1.（1）换入资产成本=换出资产含税公允价值(18 000+1 620)+支付的含税补价(1 090)-可抵扣的增值税进项税额(1 710)+为换入资产应支付的相关税费(0)= 19 000（万元）

A 公司资产交换确认的损益=18 000-(10 000-1 000)= 9 000（万元）

（2）借：固定资产 19 000
　　应交税费——应交增值税（进项税额） 1 710
　贷：其他业务收入 18 000
　　应交税费——应交增值税（销项税额） 1 620
　　银行存款 1 090
借：其他业务成本 9 000
　投资性房地产累计折旧 1 000
　贷：投资性房地产 10 000

（3）换入资产成本=换出资产含税公允价值(19 000+1 710)-收到的含税补价(1 090)-可抵扣的增值税进项税额(1 620)+为换入资产应支付的相关税费(0)= 18 000（万元）

B 公司资产交换确认的损益=19 000-18 000=1 000（万元）

（4）借：固定资产清理 18 000
　　累计折旧 2 000
　贷：固定资产 20 000
借：投资性房地产——成本 18 000
　应交税费——应交增值税（进项税额） 1 620
　银行存款 1 090
　贷：固定资产清理 18 000
　　资产处置损益 1 000
　　应交税费——应交增值税（销项税额） 1 710

（5）A 公司计提固定资产折旧：

借：管理费用 （19 000÷20×6÷12）475
　贷：累计折旧 475

B 公司确认投资性房地产公允价值变动：

借：投资性房地产——公允价值变动 （23 000-18 000）5 000
　贷：公允价值变动损益 5 000

2.（1）换入资产的成本=换入资产的公允价值(550+200)+应支付的相关税费(0)=750（万元）

（2）换出资产的公允价值=换入资产的公允价值(750)-支付补价的公允价值(50)=700（万元）

（3）换出资产的处置损益=换出资产的公允价值（700）-换出资产的账面价值（500）=200（万元）

（4）会计分录编制如下：

借：固定资产清理 500

　　累计折旧 100

　贷：固定资产 600

借：交易性金融资产 550

　　投资性房地产 200

　贷：固定资产清理 500

　　　资产处置损益 200

　　　银行存款 50

第十六章
债务重组

第一节　学习指导

一、本章结构

本章结构如图 16-1 所示。

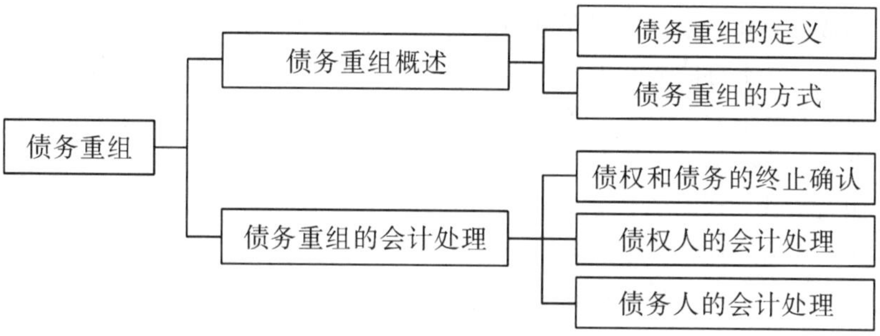

图 16-1　本章结构

二、学习目的和要求

了解：债务重组的定义。
理解：债务重组的方式、债权和债务的终止确认。
掌握：债务重组的会计处理。

三、本章重点难点

1. 债务重组的方式

债务重组的方式主要包括债务人以资产清偿债务、债务人将债务转为权益工具、修改其他条款以及前述一种以上方式的组合。这些债务重组方式都是通过债权人和债务人重新协定或法院裁定达成的，与原来约定的偿债方式不同。

（1）债务人以资产清偿债务。债务人以资产清偿债务是债务人转让其资产给债权人以清偿债务的债务重组方式。债务人用于偿债的资产通常是已经在资产负债表中确认的资产。例如，库存现金、应收账款、长期股权投资、投资性房地产、固定资产、在建工程、生物资产、无形资产等。债务人以日常活动产出的商品或服务清偿债务的，用于偿债的资产可能体现为存货等资产。

在受让上述资产后，按照相关会计准则要求及本企业会计核算要求，债权人核算相关受让资产的类别可能与债务人不同。例如，债务人以作为固定资产核算的房产清偿债务，债权人可能将受让的房产作为投资性房地产核算；债务人以部分长期股权投资清偿债务，债权人可能将受让的投资作为金融资产核算；债务人以存货清偿债务，债权人可能将受让的资产作为固定资产核算等。

（2）债务人将债务转为权益工具。债务人将债务转为权益工具，这里的权益工具是指根据《企业会计准则第 37 号——金融工具列报》分类为“权益工具”的金融工具，会计处理上体现为“股本”“实收资本”“资本公积”等科目。

在实务中，有些债务重组名义上采用“债转股”的方式，但同时附加相关条款，如约定债务人在未来某个时点有义务以某一金额回购股权，或者债权人持有的股份享有强制分红权等。对于债务人而言，这些“股权”可能并不是根据《企业会计准则第 37 号——金融工具列报》分类为权益工具的金融工具，从而不属于债务人将债务转为权益工具的债务重组方式。债权人和债务人还可能协议以一项同时包含金融负债成分和权益工具成分的复合金融工具替换原债权债务，这类交易也不属于债务人将债务转为权益工具的债务重组方式。

（3）修改其他条款。修改其他条款，即修改债权和债务的其他条款，是债务人不以资产清偿债务，也不将债务转为权益工具，而是改变债权和债务的其他条款的债务重组方式，如调整债务本金、改变债务利息、变更还款期限等。经修改其他条款的债权和债务分别形成重组债权和重组债务。

（4）组合方式。组合方式是采用债务人以资产清偿债务、债务人将债务转为权益工具、修改其他条款三种方式中一种以上方式的组合清偿债务的债务重组方式。例如，债权人和债务人约定，由债务人以机器设备清偿部分债务，将一部分债务转为权益工具，调减剩余债务的本金，但利率和还款期限不变。又如，债务人以现金清偿部分债务，同时将剩余债务展期等。

2. 债务重组中债权人的会计处理

（1）以资产清偿债务或将债务转为权益工具。债务重组采用以资产清偿债务或将债务转为权益工具方式进行的，债权人应当在受让的相关资产符合其定义和确认条件时予以确认。

①债权人受让金融资产。债权人受让包括现金在内的单项或多项金融资产的，应当按照《企业会计准则第 22 号——金融工具确认和计量》的规定进行确认和计量。金融资产初始确认时应当以其公允价值计量，金融资产确认金额与债权终止确认日账面价值之间的差额，记入“投资收益”科目。但是，收取的金融资产的公允价值与交易价格（放弃债权的公允价值）存在差异的，应当按照《企业会计准则第 22 号——金融工具确认和计量》的规定处理。

②债权人受让非金融资产。债权人初始确认受让的金融资产以外的资产时，应当按照下列原则以成本计量：第一，存货的成本，包括放弃债权的公允价值以及使该资产达到当前位置和状态所发生的可直接归属于该资产的税金、运输费、装卸费、保险费等其他成本。第二，对联营企业或合营企业投资的成本，包括放弃债权的公允价值以及可以直接归属于该资产的税金等其他成本。第三，投资性房地产的成本，包括放弃债权的公允价值以及可以直接归属于该资产的税金等其他成本。第四，固定资产的成本，包括放弃债权的公允价值以及使该资产达到预定可使用状态前所发生的可以直接归属于该资产

的税金、运输费、装卸费、安装费、专业人员服务费等其他成本。确定固定资产成本应当考虑预计弃置费用因素。第五，生物资产的成本，包括放弃债权的公允价值以及可以直接归属于该资产的税金、运输费、保险费等其他成本。第六，无形资产的成本，包括放弃债权的公允价值以及可以直接归属于使该资产达到预定用途所发生的税金等其他成本。放弃债权的公允价值与账面价值之间的差额，记入“投资收益”科目。

债权人和债务人以资产清偿债务方式进行债务重组的，债权人初始确认受让非金融资产时，应以放弃债权的公允价值和可以直接归属于受让资产的其他成本作为受让资产初始计量成本。如果债权人与债务人间的债务重组是在公平交易的市场环境中达成的交易，放弃债权的公允价值通常与受让资产的公允价值相等，且通常不高于放弃债权的账面余额。

（2）修改其他条款。债务重组采用以修改其他条款方式进行的，如果修改其他条款导致全部债权终止确认，债权人应当按照修改后的条款以公允价值初始计量新金融资产。新金融资产的确认金额与债权终止确认日账面价值之间的差额，记入“投资收益”科目。

如果修改其他条款未导致债权终止确认，债权人应当根据其分类，继续以摊余成本、以公允价值计量且其变动计入其他综合收益，或者以公允价值计量且其变动计入当期损益进行后续计量。对于以摊余成本计量的债权而言，债权人应当根据重新议定合同的现金流量变化情况，重新计算该重组债权的账面余额，并将相关利得或损失记入“投资收益”科目。重新计算的该重组债权的账面余额，应当根据将重新议定或修改的合同现金流量按债权原实际利率折现的现值确定；购买或源生的已发生信用减值的重组债权，应按经信用调整的实际利率折现。对于修改或重新议定合同所产生的成本或费用而言，债权人应当调整修改后的重组债权的账面价值，并在修改后重组债权的剩余期限内摊销。

（3）组合方式。债务重组采用组合方式进行的，一般可以认为对全部债权的合同条款作出了实质性修改，债权人应当按照修改后的条款，以公允价值初始计量新的金融资产和受让的新金融资产，按照受让的金融资产以外的各项资产在债务重组合同生效日的公允价值比例，对放弃债权在合同生效日的公允价值扣除受让金融资产和重组债权当日公允价值后的净额进行分配，并以此为基础分别确定各项资产的成本。放弃债权的公允价值与账面价值之间的差额，记入“投资收益”科目。

3. 债务重组中债务人的会计处理

（1）债务人以资产清偿债务。债务重组采用以资产清偿债务方式进行的，债务人应当将所清偿债务账面价值与转让资产账面价值之间的差额计入当期损益。

①债务人以金融资产清偿债务。债务人以单项或多项金融资产清偿债务的，债务的账面价值与偿债金融资产的账面价值的差额，记入“投资收益”科目。偿债金融资产已计提减值准备的，应结转已计提的减值准备。对以分类为以公允价值计量且其变动计入其他综合收益的债务工具投资清偿债务的，之前计入其他综合收益的累计利得或损失应当从其他综合收益中转出，记入“投资收益”科目。对以指定为以公允价值计量且其变动计入其他综合收益的非交易性权益工具投资清偿债务的，之前计入其他综合收益的累计利得或损失应当从其他综合收益中转出，记入“盈余公积”“利润分配——未分配利润”等科目。

②债务人以非金融资产清偿债务。债务人以单项或多项非金融资产清偿债务，或者以包括金融资产和非金融资产在内的多项资产清偿债务的，不需要区分资产处置损益和债务重组损益，也不需要区分不同资产的处置损益，而应将所清偿债务的账面价值与转让资产的账面价值之间的差额，记入“其他收益——债务重组收益”科目。偿债资产已计提减值准备的，应结转已计提的减值准备。

（2）债务人将债务转为权益工具。债务重组采用将债务转为权益工具方式进行的，债务人初始确认权益工具时，应当按照权益工具的公允价值计量，权益工具的公允价值不能可靠计量的，应当按照所清偿债务的公允价值计量。所清偿债务的账面价值与权益工具确认金额之间的差额，记入“投资收益”科目。债务人因发行权益工具而支出的相关税费等，应当依次冲减资本溢价、盈余公积、未分配利润等。

（3）修改其他条款。债务重组采用修改其他条款方式进行的，如果修改其他条款导致债务终止确认，债务人应当按照公允价值计量重组债务，终止确认的债务账面价值与重组债务确认金额之间的差额，记入“投资收益”科目。

如果修改其他条款未导致债务终止确认，或者仅导致部分债务终止确认，对于未终止确认的部分债务而言，债务人应当根据其分类，继续以摊余成本、以公允价值计量且其变动计入当期损益或其他适当方法进行后续计量。对于以摊余成本计量的债务而言，债务人应当根据重新议定合同的现金流量变化情况，重新计算该重组债务的账面价值，并将相关利得或损失记入“投资收益”科目。重新计算的该重组债务的账面价值，应当根据将重新议定或修改的合同现金流量按债务的原实际利率或按《企业会计准则第24号——套期会计》的规定重新计算的实际利率（如适用）折现的现值确定。对于修改或重新议定合同所产生的成本或费用而言，债务人应当调整修改后的重组债务的账面价值，并在修改后重组债务的剩余期限内摊销。

（4）组合方式。债务重组采用以资产清偿债务、将债务转为权益工具、修改其他条款等方式的组合进行的，对于权益工具而言，债务人应当在初始确认时按照权益工具的公允价值计量；权益工具的公允价值不能可靠计量的，应当按照所清偿债务的公允价值计量。对于修改其他条款形成的重组债务而言，债务人应当参照前述“修改其他条款”部分的内容，确认和计量重组债务。所清偿债务的账面价值与转让资产的账面价值以及权益工具和重组债务的确认金额之和的差额，记入“其他收益——债务重组收益”或“投资收益”（仅涉及金融工具时）科目。

第二节　练习题

一、单项选择题

1. 对于甲公司而言，下列选项中，应当按照债务重组准则进行会计处理的是（　　）。

A. 甲公司放弃应收债权取得子公司投资

B. 甲公司放弃应收债权取得联营企业投资

C. 甲公司放弃应收债权取得其他权益工具投资

D. 甲公司放弃应收债权取得交易性金融资产

2. 甲公司是乙公司的股东。2×21年3月31日，甲公司应收乙公司账款2 000万元，采用摊余成本进行后续计量。为解决乙公司的资金周转困难，甲公司、乙公司的其他债权人共同决定对乙公司的债务进行重组，并于2×21年4月2日与乙公司签订了债务重组合同。根据债务重组合同的约定，甲公司免除70%应收乙公司账款的还款义务，乙公司其他债权人免除40%应收乙公司账款的还款义务，豁免的债务在合同签订当日解除。对其余未豁免的债务，乙公司应于2×21年4月底前偿还。2×21年4月20日，甲公司收到乙公司支付的账款600万元。不考虑其他因素，乙公司2×21年度与甲公司债务重组业务应确认的利得金额为（　　）万元。

A. 0　　B. 600　　C. 800　　D. 1 400

3. 2×21年1月1日，甲公司与乙公司进行债务重组，合同签订日甲公司应收乙公司账款账面余额为240万元，已提坏账准备为20万元，其公允价值为230万元，乙公司以一批存货抵偿上述账款。2×21年1月10日，甲公司收到乙公司交付的商品，该批库存商品的公允价值为200万元，增值税为26万元，为取得库存商品支付的运费和保险费为1万元。假定不考虑其他因素。甲公司债务重组取得乙公司存货的入账价值为（　　）万元。

A. 205　　B. 200　　C. 201　　D. 195

4. 2×21年1月1日，甲公司与乙公司签订债务重组协议，协议签订日甲公司应收乙公司账款账面余额为200万元，已提坏账准备为10万元，其公允价值为180万元，乙公司以持有的A公司3%的股权抵偿上述账款，该项股权投资的公允价值为175万元。2×21年1月20日，乙公司向甲公司转让上述股权投资，该日股权投资的公允价值为178万元，甲公司为取得该项股权投资支付直接相关费用1万元。取得该项股权投资后，甲公司将其作为交易性金融资产核算。假定不考虑其他因素。甲公司债务重组取得交易性金融资产的入账价值为（　　）万元。

A. 178　　B. 175　　C. 180　　D. 179

5. 2×21年6月20日，甲公司与乙公司进行债务重组，合同签订日甲公司应收乙公司账款余额为7 000万元，已提坏账准备为700万元，其公允价值为6 600万元。乙公司按每股6元的价格增发每股面值为1元的普通股股票1 000万股，并以此为对价偿还乙公司前欠甲公司债务，甲公司取得该股权投资后占乙公司发行在外股份的70%，能够对乙公司实施控制。2×21年6月30日，乙公司办理了对甲公司的增资手续，甲公司另以银行存款支付审计费、评估费等共计20万元。在此之前，甲公司和乙公司不存在关联方关系。乙公司可辨认净资产公允价值为8 000万元。不考虑其他因素，甲公司债务重组日影响损益的金额为（　　）万元。

A. −20　　B. 280　　C. 300　　D. −720

6. 乙企业应付甲企业账款的账面余额为260万元，甲企业与乙企业进行债务重组，乙企业以增发其普通股偿还债务。假设普通股每股面值为1元，重组日每股市价为3元，乙企业以80万股普通股抵偿该项债务，并支付给有关证券机构佣金手续费1万元。乙企业应计入当期损益及资本公积的金额分别为（　　）万元。

A. 20，159　　B. 20，160　　C. 19，159　　D. 180，0

7. 甲公司与乙公司均为增值税一般纳税人。甲公司销售给乙公司一批商品，价款为800万元，增值税税额为104万元，款项尚未收到。2×21年4月10日，甲公司与乙公司协商进行债务重组，乙公司用一批材料和一台设备（固定资产）抵偿全部价款。2×21年4月25日，乙公司将原材料和设备运抵甲公司，该原材料的账面余额为220万元，已计提存货跌价准备为40万元，公允价值为200万元，增值税税额为26万元；该设备原价为600万元，已计提折旧为220万元，未计提减值准备，公允价值为400万元，增值税税额为52万元。不考虑其他因素，乙公司应计入营业利润的金额为（　　）万元。

A. 226　　B. 20　　C. 560　　D. 266

8. 债务人将债务转为权益工具，债权人和债务人的下列会计处理的表述中，不正确的是（　　）。

A. 债务人初始确认权益工具时，应当按照权益工具的公允价值计量

B. 债务人初始确认权益工具时，如果权益工具的公允价值不能可靠计量的，应当按照所清偿债务的公允价值计量

C. 债务人所清偿债务账面价值与权益工具确认金额之间的差额，记入“其他收益”科目

D. 重组后，债权人对债务人具有重大影响的，则股权投资的成本为应收款项公允价值与相关税费的合计

9. 债务重组采用以修改其他条款方式进行的，债权人的下列会计处理的表述中，不正确的是（　　）。

A. 如果修改其他条款导致全部债权终止确认，债权人应当按照修改后的条款以公允价值初始计量重组债权，重组债权的确认金额与债权终止确认日账面价值之间的差额，记入“投资收益”科目

B. 如果修改其他条款未导致债权终止确认，债权人应当根据其分类，继续以摊余成本、以公允价值计量且其变动计入其他综合收益，或者以公允价值计量且其变动计入当期损益进行后续计量

C. 对于以摊余成本计量的债权而言，债权人应当根据重新议定合同的现金流量变化情况，重新计算该重组债权的账面余额，并将相关利得或损失记入“投资收益”科目

D. 重新计算的该重组债权的账面余额，应当根据将重新议定或修改的合同现金流量按重新计算的实际利率折现的现值确定

10. 债务重组采用以修改其他条款方式进行的，债务人的下列会计处理的表述中，不正确的是（　　）。

A. 债务重组采用修改其他条款方式进行的，如果修改其他条款导致债务终止确认，债务人应当按照公允价值计量重组债务，终止确认的债务账面价值与重组债务确认金额之间的差额，记入“投资收益”科目

B. 如果修改其他条款未导致债务终止确认，或者仅导致部分债务终止确认，对未终止确认的部分债务，债务人应当根据其分类，继续以摊余成本、以公允价值计量且其变动计入当期损益或其他适当方法进行后续计量

C. 对以摊余成本计量的债务，债务人应当根据重新议定合同的现金流量变化情况，重新计算该重组债务的账面价值，并将相关利得或损失记入“投资收益”科目

D. 对于债务人来说，修改其他条款方式或组合方式进行债务重组，一般为实质性修改

11. 甲公司是乙公司的母公司，为了弥补乙公司临时性经营现金流短缺，2×20 年甲公司向乙公司提供 5 000 万元无息借款，并约定于 1 年后收回。借款期满时，债务人乙公司确实出现财务困难，乙公司与包括甲公司在内的其他债权人进行债务重组。其他债权人对其债务普遍进行了减半的豁免，甲公司作为股东比其他债务人多豁免 1 500 万元债务。不考虑其他因素，下列会计处理中不正确的是（　　）。

A. 债务重组中不属于权益性交易的部分仍然应当确认债务重组相关损益

B. 正常豁免 2 500 万元债务的交易应当确认债务重组相关损益

C. 甲公司作为股东比其他债权人多豁免 1 500 万元债务的交易应当作为权益性交易处理

D. 甲公司和乙公司应当将上述交易全部作为权益性交易处理，不确认债务重组相关损益

12. 下列选项中，属于债务重组会计准则关于债权和债务范围的是（　　）。

A. 合同资产　　　　B. 合同负债

C. 预计负债　　　　D. 租赁应收款和租赁应付款

二、多选题

1. 下列选项中，不应按债务重组准则进行会计处理的有（　　）。

A. 债务重组中涉及的债权、重组债权、债务、重组债务和其他金融工具的确认、计量

B. 通过债务重组形成企业合并

C. 债权人与债务人在债务重组前后均受同一方或相同的多方最终控制，且该债务重组的交易实质是债权人或债务人进行了权益性分配或接受了权益性投入

D. 以存货清偿债务

2. 下列关于债权人债务重组会计处理的表述中，正确的有（　　）。

A. 以资产清偿债务进行债务重组的，应当在相关资产符合其定义和确认条件时予以确认

B. 将债务转为权益工具方式进行债务重组的，应当在相关资产符合其定义和确认条件时予以确认

C. 债权人计入当期损益的金额只是放弃债权的公允价值与账面价值之间的差额

D. 通过债务重组形成同一控制下子公司投资的，长期股权投资成本包括放弃债权的公允价值和可直接归属于该资产的税金等其他成本

3. 以资产清偿债务，下列关于债权人的会计处理的表述中，正确的有（　　）。

A. 取得的金融资产按金融工具确认和计量准则的规定确认和计量

B. 取得的资产为存货，将放弃债权的公允价值与账面价值之间的差额，应当计入当期损益

C. 取得的金融资产为其他债权投资，将放弃债权的公允价值与账面价值之间的差额，应当计入当期损益

D. 取得多项资产时，按金融资产之外的各项资产的账面价值比例，对放弃债权的公允价值扣除受让金融资产和重组债权确认金额后的净额进行分配，并以此为基础分别确定各项资产的成本

4. M公司与N公司均为增值税一般纳税人，购买及销售商品、设备适用的增值税税率均为13%。M公司销售给N公司一批商品，价款为1 000万元，增值税税额为130万元，款项尚未收到。N公司因出现资金困难，已无力偿还M公司的全部货款。2×21年10月5日，双方签订债务重组合同，M公司同意N公司分别用一项债权投资、一批材料和一项设备（固定资产）予以抵偿。M公司对该笔应收账款已计提坏账准备200万元，其公允价值为1 000万元。在合同签订日，债权投资公允价值为300万元，原材料的成本为150万元，已计提存货跌价准备为10万元，公允价值为100万元；设备原价为400万元，已提折旧为100万元，未计提减值准备，公允价值为400万元。2×21年10月25日，M公司收到上述资产，双方解除债权债务关系，该日债权投资的公允价值为305万元。不考虑其他因素，下列关于M公司的会计处理中，正确的有（　　）。

A. 债权投资入账价值为305万元　　B. 原材料入账价值为127万元

C. 固定资产入账价值为508万元　　D. 计入当期损益的金额为70万元

5. 甲公司应付乙公司购货款2 000万元于2×21年6月20日到期，经与乙公司协商进行债务重组，甲公司以其生产的200件A产品抵偿该债务，合同签订日乙公司已就该债权计提了500万元坏账准备，该债权公允价值为1 400万元。2×21年6月30日，甲公司将抵债产品运抵乙公司并开具增值税专用发票后，原2 000万元债务结清。甲公司生产的A产品的市场价格（计税价格）为每件7万元（不含增值税），成本为每件4万元，未计提存货跌价准备。甲、乙公司均为增值税一般纳税人，销售商品适用的增值税税率均为13%。不考虑其他因素，下列关于该交易或事项的会计处理中，正确的有（　　）。

A. 甲公司应计入其他收益的金额为1 018万元

B. 甲公司应确认主营业务收入为1 400万元

C. 乙公司取得A产品的入账价值为1 218万元

D. 乙公司应计入当期损益的金额为-100万元

6. 以资产清偿债务方式进行债务重组的，债权人初始确认受让的金融资产以外的资产时，其会计处理表述正确的有（　　）。

A. 存货的成本包括放弃债权的公允价值和使该资产达到当前位置或状态所发生的可直接归属于该资产的税金、运输费、装卸费、保险费等其他成本

B. 对联营企业或合营企业投资的成本包括放弃债权的公允价值和可直接归属于该资产的税金等其他成本

C. 投资性房地产的成本包括放弃债权的公允价值和可直接归属于该资产的税金等其他成本

D. 固定资产的成本包括放弃债权的公允价值和使该资产达到预定可使用状态前所发生的可直接归属于该资产的税金、运输费、装卸费、安装费、专业人员服务费等其他成本

7. 下列有关债权人进行债务重组的会计处理的表述中，正确的有（　　）。

A. 债权人取得无形资产的成本包括放弃债权的公允价值和可直接归属于使该资产达到预定用途所发生的税金等其他成本

B. 采用修改其他条款方式进行债务重组的，如果其导致全部债权终止确认，债权人应当按照修改后的条款以公允价值初始计量重组债权

C. 将债务转为权益工具方式进行债务重组导致债权人将债权转为对联营企业或合营企业的权益性投资的，债权人应当按照以资产清偿债务方式进行债务重组的规定计量其初始投资成本

D. 债权人放弃债权的公允价值与账面价值之间的差额，应当计入当期损益

8. 下列有关债务人进行债务重组的会计处理的表述中，正确的有（　　）。

A. 以资产清偿债务方式进行债务重组的，债务人应当在相关资产和所清偿债务符合终止确认条件时予以终止确认，所清偿债务账面价值与转让资产账面价值之间的差额计入当期损益

B. 将债务转为权益工具方式进行债务重组的，债务人初始确认权益工具时一般应当按照权益工具的公允价值计量，所清偿债务账面价值与权益工具确认金额之间的差额，应当计入当期损益

C. 采用修改其他条款方式进行债务重组的，如果其导致债务终止确认，债务人应当按照公允价值计量重组债务

D. 以多项资产清偿债务或组合方式进行债务重组的，债务人应当将所清偿债务的账面价值与转让资产的账面价值以及权益工具和重组债务的确认金额之和的差额，计入当期损益

三、判断题

1. 债务重组是指在债务人发生财务困难的情况下，债权人按照其与债务人达成的协议或法院的裁定作出让步的事项。（　　）

2. 在报告期间已经开始协商，但在报告期间资产负债表日后的债务重组，不属于资产负债表日后调整事项。（　　）

3. 债务人以库存商品清偿债务，应将库存商品的公允价值与应付债务的账面价值的差额计入当期损益。（　　）

4. 债权人受让金融资产，金融资产初始确认时应当以其公允价值计量。金融资产确认金额与债权终止确认日账面价值之间的差额，记入“营业外支出”科目。（　　）

5. 债务人以单项或多项金融资产清偿债务的，债务的账面价值与偿债金融资产账面价值的差额，记入“投资收益”科目。（　　）

6. 以资产清偿债务方式进行债务重组的，债权人初始确认受让的金融资产以外的资产时，取得的资产成本包括放弃债权的公允价值和使该资产达到当前位置或状态所发生的可直接归属于该资产的税金、运输费、装卸费、保险费等其他成本。（　　）

7. 债务人以单项或多项非金融资产清偿债务，或者以包括金融资产和非金融资产在内的多项资产清偿债务的，不需要区分资产处置损益和债务重组损益，但是需要区分不同资产的处置损益，分别记入“其他收益”或“投资收益”科目。（　　）

8. 债务人以单项或多项非金融资产清偿债务，应将所清偿债务账面价值与转让资产公允价值之间的差额，记入“递延收益”科目。（　　）

四、业务题

1. 甲公司应收乙公司账款余额为 2 000 万元，已提坏账准备为 200 万元，因乙公司发生财务困难，甲公司于 2×21 年 6 月 10 日与乙公司进行债务重组，合同签订日甲公司

应收债权的公允价值为 1 700 万元。甲公司同意乙公司以处置组抵偿上述债务，处置组中包括其他权益工具投资、库存商品、一台机器设备以及一笔短期借款，合同签订日的公允价值分别为 400 万元、420 万元、980 万元和 200 万元。

2×21 年 6 月 30 日，甲公司和乙公司办理完成处置组转让手续，双方解除债权债务关系。该日，其他权益工具投资的账面价值为 390 万元（成本为 380 万元，公允价值变动为 10 万元），公允价值为 410 万元；库存商品的账面价值为 400 万元；机器设备的账面价值为 900 万元（原价为 1 000 万元，累计折旧为 100 万元）；短期借款的账面价值和公允价值均为 200 万元。

假定甲公司取得处置组中的资产和负债的分类与乙公司相同，甲公司和乙公司按净利润的 10%提取法定盈余公积，不考虑增值税及其他因素的影响。

要求：(1) 编制甲公司 2×21 年 6 月 30 日债务重组的会计分录。

(2) 编制乙公司 2×21 年 6 月 30 日债务重组的会计分录。

2. 2×21 年 1 月 3 日，B 公司因购买材料而欠 A 公司购货款 2 500 万元。由于 B 公司无法偿付应付账款，2×21 年 5 月 2 日经双方协商同意，B 公司以 300 万股自身普通股偿还债务。B 公司普通股的面值为每股 1 元，公允价值为每股 8 元。同日，B 公司相关增资手续办理完毕，A 公司取得这部分股权后，将其指定为以公允价值计量且其变动计入其他综合收益的金融资产。在债务重组时，A 公司已对该项应收账款提取坏账准备 20 万元。

要求：编制 A 公司和 B 公司的相关会计分录。

3. 甲、乙公司均为增值税一般纳税人，适用的增值税税率为 13%，有关债务重组资料如下：

(1) 2×19 年 11 月 5 日，甲公司向乙公司赊购一批材料，含税价为 5 850 万元。乙公司以摊余成本计量该项债权，甲公司以摊余成本计量该项债务。

（2）2×20 年 9 月 10 日，甲公司因发生财务困难，无法按合同约定偿还债务，双方协商进行债务重组。乙公司同意甲公司用其生产的商品、作为固定资产的生产设备和一项交易性金融资产抵偿欠款。甲公司用于抵债的资料如下：

①库存商品：成本为 2 000 万元，已计提存货跌价准备 250 万元，不含税市价为 2 250 万元，增值税为 292.5 万元。

②固定资产：原价为 3 750 万元，累计折旧为 1 450 万元，不含税公允价值为 1 875 万元，增值税为 243.75 万元。

③交易性金融资产：账面价值总额为 375 万元，市价为 588.75 万元。

2×20 年 9 月 10 日，该项债务的账面价值仍为 5 850 万元。抵债资产于 2×20 年 9 月 20 日转让完毕，甲公司发生设备运输费用 16.25 万元。

（3）乙公司将受让的商品、固定资产和股权投资分别作为原材料、固定资产和交易性金融资产核算。2×20 年 9 月 20 日，乙公司对该债权已计提坏账准备 475 万元，股权投资市价为 525 万元。2×20 年 9 月 10 日、2×20 年 9 月 20 日，该债权的公允价值均为 5 250 万元。

要求：分别编制债权人和债务人债务重组的相关分录（答案中的金额单位以万元表示）。

第三节　练习题参考答案

一、单项选择题参考答案

1. B。选项 A，应按企业合并准则的规定进行会计处理；选项 C 和选项 D，应按金融工具确认和计量准则的规定进行会计处理。

2. C。甲公司比其他债权人多豁免的 30%部分应当作为权益性交易处理，乙公司 2×21 年度与甲公司债务重组业务应确认的利得金额为 2 000×40% = 800 万元，选项 C 正确。

3. A。库存商品的入账价值 = 230−26+1 = 205（万元）

放弃债权公允价值与账面价值的差额 = 230−（240−20）= 10（万元）

会计分录编制如下：

借：库存商品	205
应交税费——应交增值税（进项税额）	26
坏账准备	20

贷：应收账款　　240

　　银行存款　　1

　　投资收益　　10

4. A。取得交易性金融资产应按取得日的公允价值178万元计量。

5. B。应按企业合并准则确定长期股权投资入账价值，长期股权投资入账价值为放弃债权的公允价值6 600万元。

影响损益的金额=6 600-（7 000-700）-20=280（万元）

会计分录编制如下：

借：长期股权投资　　6 600

　　坏账准备　　700

　贷：应收账款　　7 000

　　　投资收益　　300

借：管理费用　　20

　贷：银行存款　　20

6. A。乙企业应计入当期损益的金额=260-3×80=20（万元）

乙企业应计入资本公积的金额=（3-1）×80-1=159（万元）

7. D。应付债务账面价值是904万元，抵债资产账面价值为(220-40)+(600-220)=560万元，增值税销项税额为26+52=78万元，乙公司应计入营业利润的金额为904-560-78=266万元。

8. C。选项C，债务人所清偿债务账面价值与权益工具确认金额之间的差额，记入“投资收益”科目。

9. D。选项D，重新计算的该重组债权的账面余额，应当根据将重新议定或修改的合同现金流量按债权原实际利率折现的现值确定。

10. D。选项D，对于债务人来说，实质性修改的判断，需要考虑10%的标准；对于债权人来说，修改其他条款方式或组合方式进行债务重组，一般为实质性修改。

11. D。债务重组中不属于权益性交易的部分仍然应当确认债务重组相关损益。债务人乙公司确实出现财务困难，其他债权人对其债务普遍进行了减半的豁免，那么甲公司作为股东比其他债务人多豁免1 500万元债务的交易应当作为权益性交易，正常豁免2 500万元债务的交易应当确认债务重组相关损益。

12. D。债务重组涉及的债权和债务，不包括合同资产、合同负债、预计负债，但包括租赁应收款和租赁应付款。

二、多项选择题参考答案

1. ABC。选项A，适用金融工具确认和计量准则；选项B，适用企业合并准则；选项C，适用权益性交易的有关会计处理规定；选项D，适用债务重组准则。

2. AB。选项C，除受让金融资产外，放弃债权的公允价值与账面价值之间的差额，应当计入当期损益；选项D，通过债务重组形成同一控制下企业合并的，长期股权投资成本为被合并方所有者权益在最终控制方合并报表中的账面价值份额与最终控制方收购被合并方时形成的商誉之和。

3. AB。取得的资产为金融资产，影响损益的金额为金融资产的公允价值与放弃应收债权的账面价值的差额，选项C错误；取得多项资产时，按金融资产之外的其他各项资产的公允价值比例分配，选项D错误。

4. ABC。债权投资按取得时的公允价值305万元入账，选项A正确。原材料和固定资产入账总额为放弃债权的公允价值(1 000万元)-协议签订日债权投资公允价值(300万元)-增值税(65万元)=635万元。按原材料和固定资产公允价值比例分配，原材料入账价值为635×100÷500=127万元，固定资产入账价值为635×400÷500=508万元，选项B和选项C正确。计入当期损益的金额=放弃债权公允价值与账面价值的差额70万元［1 000-（1 130-200）］+债权投资重组日公允价值与协议签订日公允价值的差额5万元(305-300)=75万元，选项D错误。

M公司会计分录编制如下：

借：原材料	127	
固定资产	508	
应交税费——应交增值税（进项税额）	65	
债权投资	305	
坏账准备	200	
贷：应收账款		1 130
投资收益		75

5. ACD。甲公司应计入其他收益的金额为2 000-200×4-200×7×13%=1 018万元，选项A正确；甲公司将抵债资产的账面价值和应付债务账面价值的差额计入当期损益，不确认收入，选项B错误；乙公司取得A产品的入账价值为1 400-200×7×13%=1 218万元，选项C正确；乙公司计入当期损益的金额为1 400-(2 000-500)=-100万元，选项D正确。

6. ABCD。

7. ABCD。

8. ABCD。

三、判断题参考答案

1. ×。债务重组是指在不改变交易对手方的情况下，经债权人和债务人协定或法院裁定，就清偿债务的时间、金额或方式等重新达成协议的交易。

2. √。

3. ×。应将应付债务账面价值与库存商品的账面价值的差额计入当期损益。

4. ×。金融资产确认金额与债权终止确认日账面价值之间的差额，记入“投资收益”科目。

5. √。债务人以单项或多项金融资产清偿债务的，债务的账面价值与偿债金融资产账面价值的差额，记入“投资收益”科目。

6. √。

7. ×。不需要区分资产处置损益和债务重组损益，也不需要区分不同资产的处置损益，而应将所清偿债务账面价值与转让资产账面价值之间的差额，记入“其他收益——债务重组收益”科目。

8. ×。债务人以单项或多项非金融资产清偿债务，应将所清偿债务账面价值与转让资产账面价值之间的差额，记入“其他收益——债务重组收益”科目。

四、业务题参考答案

1.（1）合同签订日其他权益工具投资公允价值为 400 万元，短期借款公允价值为 200 万元。

库存商品入账金额 =（1 700+200−400）×420÷（420+980）= 450（万元）

固定资产入账金额 =（1 700+200−400）×980÷（420+980）= 1 050（万元）

按照金融工具确认和计量准则的规定，其他权益工具投资和短期借款应按取得时的公允价值计量，即其他权益工具投资的入账金额为 410 万元，短期借款的入账金额为 200 万元。

甲公司会计处理如下：

借：其他权益工具投资	410	
库存商品	450	
固定资产	1 050	
坏账准备	200	
投资收益	90	
贷：应收账款		2 000
短期借款		200

（2）乙公司会计处理如下：

借：固定资产清理	900	
累计折旧	100	
贷：固定资产		1 000
借：应付账款	2 000	
短期借款	200	
贷：其他权益工具投资		390
库存商品		400
固定资产清理		900
其他收益		510
借：其他综合收益	10	
贷：盈余公积		1
利润分配——未分配利润		9

2. A 公司的会计处理如下：

借：其他权益工具投资（300×8）	2 400	
坏账准备	20	
投资收益	80	
贷：应收账款		2 500

B 公司的会计处理如下：

借：应付账款	2 500	
贷：股本		300
资本公积——股本溢价［300×(8−1)］		2 100
投资收益（2 500−300×8）		100

3.（1）债权人的会计处理。2×20 年 9 月 10 日合同生效日，原材料和固定资产的成本应当以其公允价值比例对放弃债权公允价值扣除受让金融资产公允价值后的净额进行分配后的金额为基础确定。

原材料的成本=(5 250−588. 75−536. 25)×2 250÷(2 250+1 875)= 2 250（万元）

固定资产的成本=(5 250−588. 75−536. 25)×1 875÷(2 250+1 875)= 1 875（万元）

2×20 年 9 月 20 日，乙公司的账务处理如下：

借：原材料	2 250	
固定资产	1 875	
应交税费——应交增值税（进项税额）	536. 25	
交易性金融资产	525	
坏账准备	475	
投资收益	188. 75	
贷：应收账款——甲公司		5 850

（2）债务人的会计处理。甲公司 9 月 20 日的账务处理如下：

借：固定资产清理	2 300	
累计折旧	1 450	
贷：固定资产		3 750
借：固定资产清理	16. 25	
贷：银行存款		16. 25
借：应付账款	5 850	
存货跌价准备	250	
贷：固定资产清理		2 316. 25
库存商品		2 000
应交税费——应交增值税（销项税额）		536. 25
交易性金融资产		375
其他收益——债务重组收益		872. 5

第十七章
会计调整

第一节　学习指导

一、本章结构

本章结构如图 17-1 所示。

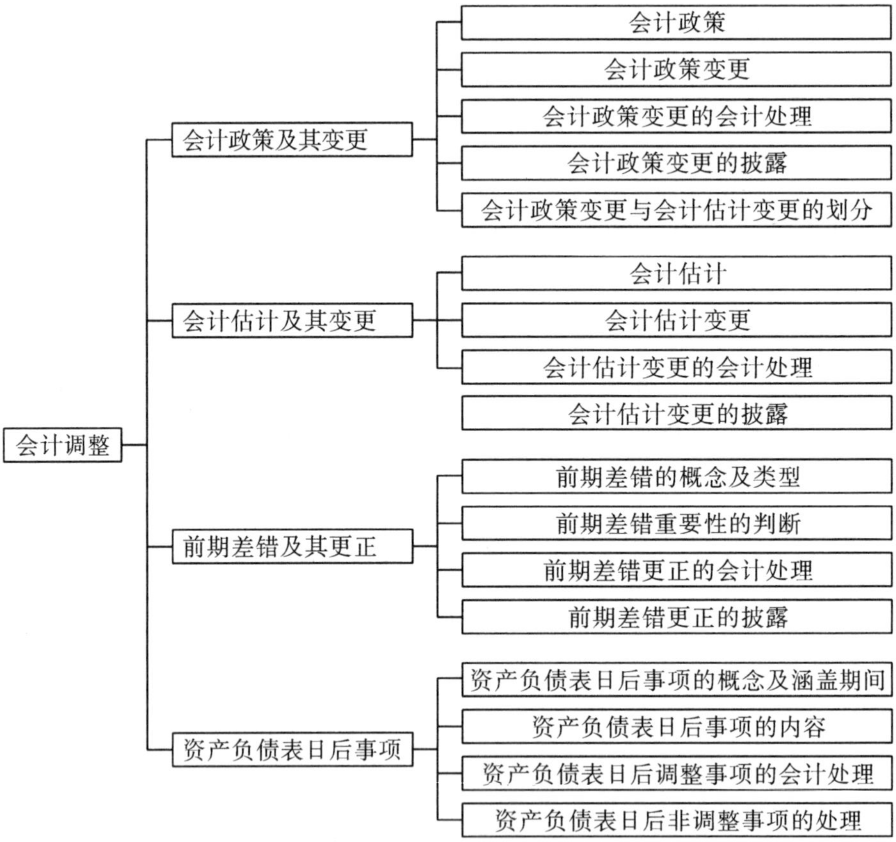

图 17-1　本章结构

二、学习目的和要求

了解：会计变更的种类及构成内容。

理解：会计变更处理的追溯调整法和未来适用法的基本原理。

掌握：各类会计差错的调整方法、资产负债表日后事项的类别及调整事项的调整方法。

三、本章重点难点

1. 会计政策及其变更

（1）会计政策及其特点。会计政策是指企业在会计确认、计量和报告中所采用的原则、基础与会计处理方法。会计政策包括的会计原则、基础与处理方法是指导企业进行会计确认和计量的具体要求。

企业应当披露的重要会计政策一般包括：确定发出存货成本所采用的会计处理方法；长期股权投资的后续计量采用成本法还是权益法；企业对投资性房地产的后续计量采用成本模式还是公允价值模式；企业对取得的固定资产初始成本是以购买价款为基础进行计量，还是以购买价款的现值为基础进行计量；企业内部研究开发项目开发阶段的支出是确认为无形资产，还是在发生时计入当期损益；非货币性资产交换是以换出资产的公允价值作为确定换入资产成本的基础，还是以换出资产的账面价值作为确定换入资产成本的基础；企业是按照从购货方已收或应收的合同或协议价款确定销售商品收入金额，还是按照应收的合同或协议价款的公允价值确定销售商品收入金额；借款费用的会计处理是采用资本化方法，还是采用费用化方法；等等。

企业基本上是在法律允许的范围内选择适合本企业实际情况的会计政策。因此，会计政策具有强制性和多层次的特点。

（2）会计政策变更的会计处理原则。会计政策变更是指企业对相同的交易或事项由原来采用的会计政策改用另一种会计政策的行为。一般情况下，企业采用的会计政策在每一会计期间和前后各期应保持一致，不得随意变更。

企业会计政策变更要根据具体情况，分别按以下规定进行会计处理：

①在按照法律、行政法规以及国家统一的会计制度等要求变更的情况下，企业应当分别按规则进行处理：一是国家发布了相关的会计处理办法的，则按照国家发布的相关的会计处理办法进行处理；二是国家没有发布相关的会计处理办法的，则采用追溯调整法进行会计处理。

②在会计政策变更能够提供更可靠、更相关的会计信息的情况下，企业应当采用追溯调整法进行会计处理，即用会计政策变更的累积影响数去调整列报最早期初留存收益。其他相关项目的期初余额和列表前期披露的其他比较数据也一并调整。

③确定会计政策变更对列报前期影响数不切实可行的，企业应当从可追溯调整的最早期间期初开始应用变更后的会计政策。

④在当期期初确定会计政策变更对以前各期累计影响数不切实可行的，企业应当采用未来适用法进行处理。

（3）追溯调整法的含义及会计处理步骤。追溯调整法是指对某项交易或事项变更会计政策，即采用变更后的会计政策，视同该项交易或事项初次发生时，并以此对财务报表相关项目进行调整的方法。

追溯调整法的运用通常由以下几步构成：第一步，计算会计政策变更的累积影响数；第二步，编制相关项目的调整分录；第三步，调整列报前期最早期初财务报表相关项目及其金额；第四步，附注说明。

企业采用追溯调整法时，对于比较财务报表期间的会计政策变更，应调整各期间净损益项目和财务报表其他相关项目，视同该政策在比较财务报表期间内一直采用。对于比较财务报表可比期间以前的会计政策变更的累积影响数，企业应调整比较财务报表最早期间的期初留存收益，财务报表其他相关项目的数字也应一并调整。因此，追溯调整法是用会计政策变更的累积影响数调整列报前期最早期初留存收益，而不计入当期损益。

2. 会计估计及其变更

（1）会计估计变更的概念及内容。会计估计是指企业对结果不确定的交易或事项以最近利用的信息为基础所做的判断。会计估计变更是指由于资产和负债的当前状况及预期经济利益和义务发生了变化，从而对资产或负债的账面价值或者资产的定期消耗金额进行调整。会计估计变更的情形包括赖以进行估计的基础发生了变化、取得了新的信息、积累了更多的经验。

在通常情况下，企业应披露的会计估计包括：存货可变现净值的确定；采用公允价值模式下的投资性房地产公允价值的确定；固定资产的预计使用寿命、预计净残值和折旧方法弃置费用的确定；存货及消耗性生物资产可变现净值的确定；使用寿命有限的无形资产预计使用寿命、净残值和摊销方法的确定；非货币性资产公允价值的确定；固定资产、无形资产、长期股权投资等非流动资产可收回金额的确定；职工薪酬金额的确定；与股份支付相关的公允价值的确定；与债务重组相关的公允价值的确定；预计负债金额的确认；收入金额的确定，提供服务完工进度的确定；与政府补助相关的公允价值的确定；一般借款资本化金额的确定；应纳税暂时性差异和可抵扣暂时性差异的确定；与非同一控制下的企业合并相关的公允价值的确定；等等。

（2）会计估计变更的会计处理方法。企业对会计估计变更应当采用未来适用法处理，其处理方法如下：

①会计估计变更仅影响变更当期的，其影响数应当在变更当期予以确认。

②会计估计变更既影响变更当期又影响未来期间的，其影响数应当在变更当期和未来期间予以确认。

3. 前期差错及其更正

（1）前期差错的概念及重要性的判断。前期差错是指由于没有运用或错误运用下列两种信息，而对前期财务报表造成省略或错报：第一，编报前期财务报表时预期能够取得并加以考虑的可靠信息；第二，前期财务报告批准报出时能够取得的可靠信息。前期差错通常包括计算错误、应用会计政策错误、疏忽或曲解事实以及舞弊产生的影响以及存货、固定资产盘盈等。

重要的前期差错是指足以影响财务报表使用者对企业财务状况、经营成果和现金流量做出正确判断。不重要的前期差错是指不足以影响财务报表使用者对企业财务状况、经营成果和现金流量做出正确判断的前期差错。一般来说，前期差错影响的财务报表项目的金额越大，性质越严重，其重要性水平越高。

（2）前期差错更正的处理规则。对于不重要的前期差错，企业不需要调整财务报表相关项目的期初数，但应调整发现当期与前期相同的相关项目。对于影响损益的，企业应直接计入本期与前期相同的净损益项目；对于不影响损益的，企业应调整本期与前期相同的相关项目。

对于重要的前期差错，企业应当在其发现当期的财务报表中，调整前期比较数据。具体而言，企业应在重要的前期差错发现当期的财务报表中，通过下述处理对其进行追溯更正：第一，追溯重述差错发生期间列报的前期比较金额；第二，如果前期差错发生在列报的最早前期之前，则追溯重述列报的最早前期的资产、负债和所有者权益相关项目的期初余额。

对于发生的重要前期差错，如影响损益，企业应将其对损益的影响数调整发现当期的期初留存收益，财务报表其他相关项目的期初数也应一并调整；如不影响损益，企业应调整财务报表相关项目的期初数。

企业在编制比较财务报表时，对于比较财务报表期间的重要的前期差错，应调整各该期间的净损益和其他相关项目，视同该差错在产生的当期已经更正；对于比较财务报表期间以前的重要的前期差错，应调整比较财务报表最早期间的期初留存收益，财务报表其他相关项目的数字也应一并调整。

4. 资产负债表日后事项

（1）资产负债表日后事项的概念。资产负债表日后事项是指资产负债表日至财务报告批准报出日之间发生的有利或不利事项。

资产负债表日是指会计年度末和会计中期期末。其中，年度资产负债表日是指公历12 月 31 日。会计中期通常包括半年度、季度和月度等，会计中期期末相应地指公历半年末、季末和月末等。

财务报告批准报出日是指董事会或类似机构批准财务报告报出的日期，通常是指对财务报告的内容负有法律责任的单位或个人批准财务报告对外公布的日期。

（2）资产负债表日后调整事项的含义及特点。资产负债表日后调整事项是指对在资产负债表日已经存在的情况提供了新的或进一步证据的事项。如果资产负债表日及所属会计期间已经存在某种情况，但当时并不知道其存在或不能知道确切结果，资产负债表日后发生的事项能够证实该情况的存在或确切结果，则该事项属于资产负债表日后事项中的调整事项。

资产负债表日后调整事项有两个特点：一是在资产负债表日或以前已经存在，在资产负债表日后得以证实的事项；二是对按资产负债表日存在状况编制的财务报表产生重大影响的事项。

（3）资产负债表日后非调整事项的含义及特点。资产负债表日后非调整事项是指表明资产负债表日后发生情况的事项。非调整事项的发生不影响资产负债表日企业的财务报表数字，只说明资产负债表日后发生了某些情况。对于财务报告使用者来说，非调整事项说明的情况有的重要，有的不重要。其中，重要的非调整事项虽然与资产负债表日的财务报表数字无关，但可能影响资产负债表日以后的财务状况和经营成果，因此应在附注中适当披露。

资产负债表日后非调整事项有两个特点：一是资产负债表日并未发生或存在，完全是期后才发生的；二是对理解和分析财务报告有重大影响。

（4）资产负债表日后调整事项的会计处理。企业发生资产负债表日后调整事项，应当调整资产负债表日已编制的财务报表。对于年度财务报表而言，由于资产负债表日后事项发生在报告年度的次年，报告年度的有关账目已经结转，特别是损益类科目在结账后已无余额。因此，年度资产负债表日后发生的需调整事项，应分别按以下情况进行处理：

①涉及损益的事项，通过“以前年度损益调整”科目处理。企业应调整增加以前年度利润或调整减少以前年度亏损的事项，记入“以前年度损益调整”科目的贷方；反之，记入“以前年度损益调整”科目的借方。

需要注意的是，涉及损益的调整事项如果发生在资产负债表日所属年度（报告年度）所得税汇算清缴前，企业应调整报告年度应纳税所得额和应纳所得税额；如果发生在报告年度所得税汇算清缴后，企业应调整本年度（报告年度的次年）应纳税所得额和应纳所得税额。

②涉及利润分配调整的事项，企业直接在“利润分配——未分配利润”科目中处理。

③不涉及损益与利润分配的事项，企业调整相关科目。

④通过上述账务处理后，企业还应同时调整财务报表相关项目的数字，包括资产负债表日编制的财务报表相关项目的期末余额或本年金额；当期编制的财务报表相关项目的期初余额或上年数。经过上述调整后，如果涉及财务报表附注内容的，企业还应当调整报表附注相关项目的数字。

第二节　练习题

一、单项选择题

1. 在会计实务中，下列项目中属于企业会计政策的是（　　）。

A. 会计信息的质量要求　　B. 会计核算的假设前提条件

C. 企业采纳的具体会计处理方法　　D. 复式记账方法

2. 下列项目中属于会计政策的是（　　）。

A. 收入确认的方法　　B. 无形资产的使用寿命

C. 估计坏账的方法　　D. 固定资产的使用年限

3. 在会计政策变更的追溯调整法下，会计政策变更的累积影响数应调整的项目是（　　）。

A. 当期损益　　B. 某项资产价值

C. 期初留存收益　　D. 管理费用

4. 下列项目中属于会计估计项目的是（　　）。

A. 固定资产的耐用年限和净残值

B. 借款费用是资本化还是费用化

C. 发出存货的计价方法

D. 长期股权投资后续计量的成本法与权益法

5. 下列项目中属于会计政策的是（　　）。

A. 会计信息质量达到客观性　　B. 会计信息质量达到可比性

C. 会计信息质量达到谨慎性　　D. 存货计价采用先进先出法

6. 某项固定资产原估计使用年限为 12 年，采用平均年限法计提折旧。因环境变化，重新估计的折旧年限为 6 年，折旧方法调整为年数总和法。此会计事项应纳入（　　）。

A. 非重要会计差错　　B. 重要会计差错

C. 会计估计变更　　D. 会计政策变更

7. 某公司某项长期股权投资原持股比例为80%，采用成本法核算；后因处置投资持股比例降为30%，但仍有重大影响，决定改用权益法核算。此会计事项属于（　　）。

A. 正常会计处理　　B. 会计差错

C. 会计政策变更　　D. 会计估计变更

8. 因会计政策变更而采用追溯调整法计算累积影响数时，不应包括的项目是（　　）。

A. 提取的法定盈余公积　　B. 提取的任意盈余公积

C. 未分配利润　　D. 补分的股利

9. 甲股份有限公司2020年实现净利润1 000万元。该公司2019年发生和发现的下列交易或事项中，会影响其年初未分配利润的是（　　）。

A. 发现2019年少计财务费用240万元

B. 发现2019年少提折旧费用0.08万元

C. 为2019年售出的设备提供售后服务发生支出40万元

D. 因客户资信状况明显改善将应收账款坏账准备计提比例由15%改为5%

10. “以前年度损益调整”科目核算的是（　　）

A. 本年度发现的以前年度非重大差错涉及损益调整的事项

B. 资产负债表日后事项中的非调整事项涉及损益调整的事项

C. 本年度发现的以前年度重大差错涉及损益调整的事项

D. 本年度发现的以前年度重大差错涉及利润分配调整的事项

二、多项选择题

1. 会计政策变更采用追溯调整法时，属于追溯调整的内容有（　　）。

A. 应计算会计政策变更的累积影响数

B. 应调整变更当期的期初留存收益

C. 应调整财务报表其他相关项目的期初数

D. 重新编制以前年度财务报表

2. 通常在财务报表附注中加以披露的企业会计政策的项目有（　　）。

A. 外币报表折算方法　　B. 所得税会计处理方法

C. 发出存货的计价方法　　D. 无形资产受益期限

3. 下列项目中应改变原会计政策的有（　　）。

A. 增加一条生产线　　B. 企业管理层的意愿

C. 法律或企业会计准则等行政法规、规章的要求

D. 会计政策的变更能够提供企业更可靠、更相关的会计信息

4. 下列项目中属于会计政策变更的有（　　）。

A. 存货计价方法由原来的先进先出法变为个别计价法

B. 因租约条件的改变而将经营租赁会计改为融资租赁会计

C. 投资人新投入的某项专利

D. 因修订了企业会计准则而改变长期股权投资权益法的使用标准

5. 下列项目中属于会计估计变更的有（　　）。

A. 因固定资产改扩建而将其使用年限由 5 年延长至 10 年

B. 将发出存货的计价方法由先进先出法改为加权平均法

C. 将坏账准备按应收账款余额的 3%计提改为按 5%计提

D. 将固定资产按直线法计提折旧改为按年数总和法计提折旧

6. 下列年度资产负债表日至财务报告批准报出日之间发生的事项中，属于资产负债表日后事项的有（　　）。

A. 支付生产工人工资　　B. 固定资产和投资发生严重减值

C. 股票和债券的发行　　D. 火灾造成重大损失

三、判断题

1. 发现前期不重要的会计差错应调整期初留存收益以及财务报表其他相关项目的期初数。（　）

2. 本期发生的交易或事项与以前相比具有本质差别而采用新的会计政策属于会计政策变更。（　）

3. 对初次发生的或者不重要的交易或事项采用新的会计政策，不属于会计政策变更。（　）

4. 由于经济环境、客观情况的改变而变更会计政策，以便提供企业财务状况、经营成果和现金流量等更可靠、更相关的会计信息，企业应采用追溯调整法进行会计处理。（　）

5. 如果会计政策变更的累积影响数不能合理确定，无论属于什么情况，企业都采用未来适用法进行会计处理。（　）

6. 对于发生的重要的前期差错，如影响损益，企业应将其对损益的影响数调整发现当期的期初留存收益，至于财务报表其他相关项目的期初数就不必调整了。（　）

7. 企业选择存货计价方法属于会计政策。（　）

8. 坏账损失的金额确定属于会计政策。（　）

9. 在追溯调整法下，企业应计算会计政策变更的累积影响数，并调整当期损益。（　）

10. 会计差错仅指会计核算时由于记录方面出现的错误。（　）

四、业务题

1. 甲公司为一家设备制造企业，按照当年实现净利润的 10%提取法定盈余公积。

2020 年 3 月，星海会计师事务所对甲公司 2019 年度财务报表进行审计时，现场审计人员关注到其 2019 年以下交易或事项的会计处理：

（1）10 月 22 日，甲公司与乙公司合作生产销售 D 设备，乙公司提供专利技术，甲公司提供厂房及机器设备，D 设备研发和制造过程中发生的材料和人工费用由甲公司和乙公司根据合同规定各自承担，甲公司具体负责项目的运作，但 D 设备研发、制造以及销售过程中的重大决策由甲公司和乙公司共同决定。D 设备由甲公司统一销售，销售后甲公司需按销售收入的 30%支付给乙公司。当年，D 设备共实现销售收入 1 600 万元。

甲公司进行如下会计处理：2019 年，确认主营业务收入 1 600 万元，并将支付给乙公司的 480 万元作为生产成本结转至主营业务成本。

（2）12 月 31 日，因合同违约被诉案件尚未判决，咨询法律顾问后，甲公司认为很可能赔偿的金额为 640 万元。2020 年 2 月 5 日，经法院判决，甲公司应支付赔偿金 400 万元。当事人双方均不再上诉。

甲公司进行如下会计处理：2019 年年末，确认预计负债和营业外支出 640 万元；法院判决后未调整 2019 年度财务报表。

假定甲公司 2019 年度财务报表于 2020 年 3 月 31 日对外公布（本题不考虑增值税、所得税及其他因素）。

要求：根据资料（1）和（2），逐项判断甲公司的会计处理是否正确，并简要说明判断依据。对于不正确的会计处理，编制相应的调整分录。

2. 甲公司为股份有限公司，适用的增值税税率为 13%，销售价格中都不含增值税税额；适用的企业所得税税率为 25%（不考虑其他税费，并假设除下列各项外，无其他纳税调整事项），企业所得税采用资产负债表债务法核算。甲公司 2019 年度的财务报告于 2020 年 4 月 20 日批准报出。甲公司 2020 年度发生的一些交易和事项及其会计处理如下：

（1）2019 年度的财务报告批准报出后，甲公司发现 2019 年度购入的一项专利权尚未入账，其累积影响利润数为 1 万元，该公司将该项累积影响数计入了 2020 年度利润表的管理费用项目。

（2）甲公司从 2020 年 1 月 1 日起将发出存货的计价由先进先出法改为加权平均法（符合会计政策变更条件），因该项变更的累积影响数难以确定，甲公司对此项变更采用未来适用法，未采用追溯调整法。

（3）甲公司于 2020 年 6 月 30 日分派 2019 年度的股票股利 1 000 万股，按每股 1 元的价格调减了 2020 年年初未分配利润，并调增了 2020 年年初的股本金额。

（4）甲公司与 A 公司在 2019 年 11 月 1 日签订了一项销售合同，合同中约定甲公司在 2019 年 11 月销售一批物资给 A 公司。由于甲公司未能按照合同发货，致使 A 公司发生重大经济损失。A 公司通过法律形式要求甲公司赔偿经济损失 500 万元。该诉讼案件在 2019 年 12 月 31 日尚未判决，甲公司根据律师的意见，认为很可能赔偿 A 公司 300 万元。因此，甲公司记录了 300 万元的其他应付款，并反映在 2019 年 12 月 31 日的财务报表上。

（5）2020 年 3 月 20 日，甲公司发现 2019 年行政管理部门使用的固定资产少计提折旧 20 万元（金额较大）。甲公司对此项差错调整了 2019 年度财务报表相关项目的数字。

要求：(1) 根据企业会计准则的规定，说明甲公司上述交易和事项的会计处理哪些是正确的，哪些是不正确的［只需注明上述资料的序号即可，如事项（1）处理正确，或事项（1）处理不正确］。

（2）对上述交易和事项不正确的会计处理，简要说明不正确的理由并简述正确的会计处理。

3. 甲股份有限公司（以下简称甲公司）2019 年度实现净利润 1 000 万元，适用的企业所得税税率为 25%，按净利润的 15%提取盈余公积。甲公司的所得税采用资产负债表债务法核算。有关事项如下：

（1）考虑到技术进步因素，甲公司自 2019 年 1 月 1 日起将一台管理用设备的使用年限改为 5 年。该设备为 2016 年 12 月 28 日购入并投入使用的，原价为 61 万元，预计使用年限为 8 年，预计净残值为 1 万元（同税法规定），采用直线法计提折旧。按照税法的规定，该设备的使用年限为 8 年，并按直线法计提折旧。

（2）甲公司在 2019 年年底发现如下差错：

①甲公司将 2019 年 2 月购入的一批管理用低值易耗品，价款为 6 000 元，误记为固定资产，至年底已提折旧 600 元并计入管理费用。甲公司对低值易耗品采用领用时一次摊销的方法，至年底该批低值易耗品已被管理部门领用 40%。

②甲公司于 2019 年 1 月 3 日购入的一项专利权，价款为 18 000 元，会计和税法规定的摊销期均为 15 年，但 2019 年未予摊销。

③甲公司于 2018 年 11 月 3 日销售的一批产品，符合销售收入确认条件，因为还没有收到款项，所以未确认收入 30 万元，但是销售成本 25 万元已结转，甲公司在计算 2018 年度应纳税所得额时也未包括该项销售收入。

要求：(1) 计算 2019 年该管理用设备应计提的折旧额以及上述会计变更对 2019 年度所得税费用和净利润的影响额，并列出计算过程。

（2）编制上述会计差错更正相关的会计分录。

第三节　练习题参考答案

一、单项选择题参考答案

1. C。会计政策是指企业在会计确认、计量和报告中采用的原则、基础和会计处理方法，选项 A、选项 B、选项 D 不属于确认、计量和报告的问题。

2. A。无形资产的使用寿命、估计坏账的方法和固定资产的使用年限都属于会计估计的范围。

3. C。会计政策变更的累积影响数不可以计入当期损益和管理费用，更不能计入某项资产价值。会计政策变更一般发生在期初，对于新旧政策的差额要调整变更当期的期初留存收益。

4. A。选项 B、选项 C、选项 D 属于会计政策范畴。

5. D。会计信息的质量要求不属于会计确认、计量和报告中所采用的原则、基础和会计处理方法。

6. C。固定资产折旧年限及折旧方法的改变属于会计估计变更。

7. C。长期股权投资成本法与权益法的转换是会计政策变更。

8. D。因会计政策变更而采用追溯调整法计算累积影响数时，要调整期初留存收益，选项 D 不符合要求。

9. A。选项 A 属于前期重要差错，更正时会影响年初未分配利润；选项 B 属于不重要的前期差错，视同 2020 年的差错处理；选项 C 和选项 D 是 2019 年的正常业务。

10. C。选项 A 是以前年度非重大差错，不涉及“以前年度损益调整”；选项 B 不用调整；选项 D 未涉及损益。

二、多项选择题参考答案

1. ABC。企业因会计政策变更而采用追溯调整法时，不需要重新编制以前年度财务报表。

2. ABC。无形资产受益期限属于会计估计。

3. CD。会计政策变更是指企业对相同的交易或事项由原来采用的会计政策改用另一种会计政策。企业只有在以下两种情况下才可以变更会计政策：第一，依法变更；第二，自行变更。选项 A、选项 B 不是会计政策变更的情况。

4. AD。选项 B 和选项 C 属于因新增加业务而选用一种会计政策。

5. ACD。企业将发出存货的计价方法由先进先出法改为加权平均法属于会计政策变更。

6. BCD。选项 A 属于日常事项。

三、判断题参考答案

1. ×。对于不重要的前期差错，企业不需要调整财务报表相关项目的期初数，但应调整发现当期与前期相同的相关项目。属于影响损益的，应直接计入本期与上期相同的净损益项目；属于不影响损益的，应调整本期与前期相同的相关项目。

2. ×。企业本期发生的交易或事项与以前相比具有本质上的差别而采用新的会计政策不属于会计政策变更。例如，企业以往租入的设备都为临时需要而租入的，因此按经营租赁会计处理方法核算，但自本年度起租入的设备都采用融资租赁方式，因此该企业自本年度起对新租赁的设备采用融资租赁会计处理方法核算。

3. √。

4. √。

5. √。

6. ×。对于发生的重要前期差错，如影响损益，企业应根据其对损益的影响数调整发现当期的期初留存收益，财务报表其他相关项目的期初数也应一并调整；如不影响损益，企业应调整财务报表相关项目的期初数。

7. √。

8. ×。坏账损失金额的确定属于会计估计。

9. ×。对于比较财务报表可比期间以前的会计政策变更的累积影响数，企业应调整比较财务报表最早期间的期初留存收益，财务报表其他相关项目的数字也应一并调整。因此，追溯调整法是将会计政策变更的累积影响数用于调整列报前期最早期间的期初留存收益，而不计入当期损益。

10. ×。会计差错通常包括计算错误、应用会计政策错误、疏忽或曲解事实、舞弊产生的影响以及存货和固定资产盘盈等。

四、业务题参考答案

1. 事项（1）会计处理不正确。

调整分录如下：

借：以前年度损益调整——调整主营业务收入　　4 800 000

　贷：以前年度损益调整——调整主营业务成本　　4 800 000

事项（2）会计处理不正确。资产负债表日后期间判决结果已经确定，因此应该调整。

调整分录如下：

借：预计负债　　6 400 000

　贷：以前年度损益调整——调整营业外支出　　2 400 000

　　　其他应付款　　4 000 000

2. 事项（1）和（2）会计处理正确。事项（3）~（5）会计处理不正确。

事项（3）不属于资产负债表日后事项，甲公司应于实际发放股票股利时作为发放股票股利当年的事项进行处理。

事项（4）300 万元赔偿款应在“预计负债”科目反映，而不应在“其他应付款”科目反映。

事项（5）属于资产负债表日后期间发现报告年度的会计差错（金额较大），应按资产负债表日后调整事项处理，即调整报告年度财务报表相关项目的数字。

3. 具体处理过程如下：

（1）年折旧额 =（610 000−10 000）÷8 = 75 000（元）

已计提折旧 = 75 000×2 = 150 000（元）

2019 年应计提折旧 =（610 000−10 000−150 000）÷（5−2）= 150 000（元）

对 2019 年度所得税的影响额 =（150 000−75 000）×25% = 18 750（元）

对 2019 年度净利润的影响额 = 150 000−75 000−18 750 = 56 250（元）

（2）会计差错更正的会计分录如下：

①甲公司应于发现时进行更正。

借：周转材料	6 000	
贷：固定资产		6 000
借：累计折旧	600	
贷：管理费用		600
借：管理费用	2 400	
贷：周转材料		2 400

②甲公司在发现该项会计差错时，应补提无形资产摊销。

借：管理费用	1 200	
贷：累计摊销		1 200

③因为是重要的会计差错，所以需要追溯调整。

借：应收账款	300 000	
贷：以前年度损益调整		300 000
借：以前年度损益调整	75 000	
贷：应交税费——应交所得税		75 000
借：以前年度损益调整	225 000	
贷：利润分配——未分配利润		225 000
借：利润分配——未分配利润	33 750	
贷：盈余公积		33 750

图书在版编目(CIP)数据

新编中级财务会计学习指导/徐蓉主编.—成都:西南财经大学出版社,2022.8(2023.8 重印)
ISBN 978-7-5504-5493-4

Ⅰ.①新… Ⅱ.①徐… Ⅲ.①财务会计—高等学校—教学参考资料 Ⅳ.①F234.4

中国版本图书馆 CIP 数据核字(2022)第 146225 号

新编中级财务会计学习指导

主　编　徐蓉
副主编　朱小云

责任编辑:李晓嵩
责任校对:王甜甜
封面设计:何东琳设计工作室
责任印制:朱曼丽

出版发行	西南财经大学出版社(四川省成都市光华村街 55 号)
网　　址	http://cbs.swufe.edu.cn
电子邮件	bookcj@swufe.edu.cn
邮政编码	610074
电　　话	028-87353785
照　　排	四川胜翔数码印务设计有限公司
印　　刷	郫县犀浦印刷厂
成品尺寸	185mm×260mm
印　　张	20
字　　数	523 千字
版　　次	2022 年 9 月第 1 版
印　　次	2023 年 8 月第 2 次印刷
印　　数	2001—4000 册
书　　号	ISBN 978-7-5504-5493-4
定　　价	35.00 元